流金岁月
——上海名商百年史话
(1843—1949)

秦亢宗　编著

东华大学出版社

图书在版编目(CIP)数据

流金岁月:上海名商百年史话:1843~1949 / 秦亢宗编著.
—上海:东华大学出版社,2014.9
ISBN 978-7-5669-0605-2

Ⅰ.①流… Ⅱ.①秦… Ⅲ.①商业史-上海市-1843~1949
Ⅳ.①F729.5

中国版本图书馆 CIP 数据核字(2014)第 202420 号

责任编辑　竺海娟
封面设计　潘志远

出　　　版:东华大学出版社(上海市延安西路1882号,200051)
本 社 网 址:http://www.dhupress.net
天猫旗舰店:http://dhdx.tmall.com
营 销 中 心:021-62193056　62373056　62379558
印　　　刷:苏州望电印刷有限公司
开　　　本:787 mm×1 092 mm　1/16　印张　19.25
字　　　数:360 千字
版　　　次:2014 年 9 月第 1 版
印　　　次:2014 年 9 月第 1 次印刷
书　　　号:ISBN 978-7-5669-0605-2/F・061
定　　　价:48.00 元

序

本书作者秦亢宗先生系上海钱业界领袖秦润卿之孙，曾编有秦润卿先生研究资料和纪念册，著有《宁波帮百年风云录》，并发表研究上海名商论文多篇。作者经多年潜心研究，收集有关上海名商的史料，终于使本书问诸于世。

本书自1843年上海被迫开放为国际商埠至1949年新中国成立，从各个角度介绍60余位上海名商，着重阐述他们百年来历经磨难的拼搏奋进精神，既有史料价值，更有现实意义。

"前事不忘，后事之师。"自我国新时期经济领域改革开放以来，在商海大潮中涌现出大批著名金融家、企业家，探其成功的因素不难发现，他们继承了新中国成立前百年名商的传统精神，例如引领时代潮流，奋发进取；抓住机遇，独树一帜；多面出击，挑战拼搏等等。当然，不同的时代自有不同的弄潮儿，同一时期海域也有不尽相同的使舵手法。如，同样是白手起家的"草根商人"，叶澄衷的机遇与鲁冠球不同，虞洽卿的霸气要远胜于宗庆后，当时的地产大王哈同与如今的汤臣、绿城老板有别，昔日的中行经理宋汉章与今日的中信老板荣智健，当年大世界老板黄楚九与当代影视界大王邵逸夫等等，均不可同日而语。但各类商界精英在其成功的经历中，不无可资借鉴之处。原因之一是这两代人的商界群体均身处市场经济的体制之中。书中许多名商在抗日战争时期大多拒任伪职，为人处世大节可风。但旧上海是一个大染缸，也是藏污纳垢之地，名商中也有像傅筱庵之类的道德败坏、劣迹昭彰的民族败类，诚可从中吸取教训。

我认为，这本"史话"可以帮助人们了解上海的商史知识和商道智慧，同时对于从事研究工商专业的读者不乏为一部良好的辅导教材，意义所在，广袤至远，兹特予以推荐。

邱夷平　2013年8月7日

前言　触摸上海名商的历史脉络

鸦片战争以后，西方列强打开了中国的大门，1843年上海被迫开放为商埠。其后的一百多年间，随着城市建设和经济建设的迅速发展，上海成为全国最大的国际大都市，在经济领域涌现出大批名商。据1936年《中国工商名人录》统计，在沪工商界名人有1836人；又据同年《中国近代工业史料》记载，在沪著名企业有238家。从开埠到1936年，上海已成为五大中心：(1) 国际贸易和商业中心；(2) 国际航运中心；(3) 国际金融中心；(4) 中国工业制造中心；(5) 国内文化娱乐中心。

上海商人经历了清末洋务运动时期、北洋军阀统治时期、国民政府和日伪统治时期、抗战胜利后国共内战时期，他们历经磨难，审时度势，在波涛汹涌的商海中不断拼搏。

回顾百年来沪商群体，尤其是民营企业家们，他们不仅给我们留下了可观的物质财富，还留下了一笔无形的精神财富。他们在顽强不屈的拼搏奋进中创造了一段辉煌的史绩，其特有的精神素质，至今仍有可资借鉴之处。

一、白手起家，奋发进取

在上海名商群体中，有不少人出身贫寒，仅读过几年私塾。他们背井离乡，既无背景依傍，又无学历资产，以一介学徒身份为创业起点，勤奋学艺，脚踏实地，奋发进取。朱葆三14岁丧父，只身去沪当学徒时想学英语，但付不起3元钱的夜校补习费，便每月省下5角月规钱给邻居一名学徒在读夜校后授课，从而学会了"洋泾浜"英语。虞洽卿自幼丧父，从小到海边捡海螺蛤蜊，卖了补贴家用。下雨天到私塾旁听，三年后学完了国文基础课，人称"读雨书少年"。15岁到上海当学徒，最终成为上海大闻人。钱业领袖秦润卿幼时家中经常断炊，15岁到上海钱庄当学徒，两年不回家探亲，晨则练字，夜则学算，由于长期挑灯苦读，不久便成了高度近视眼。董竹君出身青楼，从良后奋发自强，成为锦江饭店女老板。其他如鲍咸昌、项松茂、周祥生、穆藕初、荣敬宗兄弟、李平书、金鸿翔等都是学徒出身。吴蕴初、刘鸿生等虽未当过学徒，但在创业时均无多少资本。吴蕴初为试制味精，日夜在亭子间里做化学试验，一年多后终于获得成功。至于外商和买办也非个个挟巨资来沪，不少人也是白手起家。房地产大王哈同少年时曾拣破烂，后与卖花女罗迦陵邂逅才成巨富。创办汇丰银行的麦克林早期要回英国集资，连路费都要去向钱庄跑街借。他们的创业之路无不经过一番奋发进取的历程。

二、开拓闯新，打出名牌

1914年第一次世界大战爆发，外商纷纷回国服役，上海商人抓住机遇，开办企业，打造名牌产品。他们中不少人出国访问，引进西方先进技术和科学管理体制。

求新造船厂厂长朱志尧赴英美访问，回国后办厂，造出蒸汽机轮船40艘，为当时全国之冠。后又制造火油内燃机新产品，并打出国门，获得国际赛会头等奖。创办商务印书馆的鲍咸昌首创了中日合资股份公司，引进先进的印刷机，使商务印刷品的质量居全国之首。银行家陈光甫自美学成回国后，集资7万元创办"一元即开户"的上海商业储蓄银行，18年后资本额增加60倍。成功的企业家都把产品质量视为企业第一生命，同时具有强烈的商标意识，并且重视广告效应。余芝卿为提高轮胎质量，派技术员到日本学习熬油技术，经过多次试验，终于攻克熬油和烘烤技术难关。他把"大中华橡胶厂"的轮胎取名为"双钱牌"，借喻"名利双收，两全其美""团体联心，钱财滚滚"。荣宗敬兄弟创办的企业有"茂新""福新""申新"，都有一个"新"字，显示了企业家在办厂时的创新意识。黄楚九创制了名牌产品"艾罗补脑汁"，一畅销便有人假冒，他告上法庭后取胜，趁机在报上大事宣传，使该产品销量大增。他开办"新世界"游乐场后被人排挤，决心再创办一家规模比"新世界"更大、设备更为新颖齐全的"大世界"，压倒"新世界"，名扬全国。创办德大纱厂的穆藕初是我国第一个引进美国"泰罗制"科学管理制度的企业家，他运用这一先进管理制度，接连创办五家纺织厂。

三、爱国情怀，勇于挑战

鸦片战争后，中国被列强蚕食、欺凌，"实业救国""工业救国"已成为广大上海爱国名商的共同理念。许多商人参与了对列强商人的多次斗争。1898年，在法租界强拆四明公所的事件中，严信厚、朱葆三、叶澄衷、沈仲礼、虞洽卿等组织宁波同乡举行罢工罢市，表现出了可贵的民族气节。1906年4月，上海总商会总董曾铸斥责美国排华政策，发动上海和全国民众抵制美货运动取得了胜利。

辛亥革命后，在上海光复时期，李平书与包达三等参加了攻克上海的民运敢死队。上海光复时，朱葆三为支援孙中山革命出任财政总长和中华银行总董，为革命军积极筹饷。

虞洽卿在上海光复后策动了苏州巡抚起义，并亲自将一批枪支弹药送往南京，接济革命军攻克南京，回沪后任上海军政府外交部副部长。

秦润卿提出的"商人亦可以救国"的口号很有代表性。在1919年"五四"运动、1925年"五卅"运动，"一·二八""八一三"两次淞沪抗战以及反内战、争民主运动中，虞洽卿、秦润卿、胡厥文、章乃器、贲延芳、包达三等人在不同时期参加爱国斗争，其中项松茂、方液仙在对敌斗争中惨遭杀害，为国捐躯，堪称民族烈士。在日伪统治时期的上海，除了如傅筱庵等一小撮民族败类外，大多数上海名商采取多种方式拒任伪职，表现了崇高的民族气节。

上海名商在提倡"实业救国""工业救国"，开发国产品牌过程中必然会遭到洋商的各种阻挠与压制。清末以降，上海的航运业全被洋商霸占。1873年1月，洋务派领袖李鸿章在上海成立轮船招商局。1875年，李鸿章委派唐廷枢任招商局总办与洋商航运公司开展了一场场票价战，迫使美国旗昌公司将产业出让。1913年虞洽卿在创办宁绍轮船公司时，英国太古等洋商联合起来与宁绍轮船公司开展票价战。宁绍轮船公司提出"永立洋五角"的价牌，宁可亏本也不妥协，终于使洋商调价而获胜。

余芝卿创办大中华橡胶厂时，国内的汽车轮胎全部由外国品牌把持。当他推出名牌"双钱"轮胎后，英商邓禄普公司联合其他外商采取降价、限制购洋商汽油以及起诉告状等各种手段，企图将双钱轮胎逼出市场。余芝卿经过十年的商标战，才使双钱牌轮胎立于不败之地。黄楚九为打破日商仁丹独占市场的局面，开发了龙虎牌人丹，并采用多种促销手段，最终打败了对手。项松茂开发固本皂，以质量取胜，使英商名牌祥茂皂销路锐减。胡西园为开发亚浦耳灯泡,以质量高、价格廉而击败洋商奇异牌灯泡,长期以来该名牌产品一直畅销海内外。20世纪30年代,上海民族资本家在"九一八"事变后,方液仙、李康年等名商联合起来,开展国货运动,成立了"九一八"商场,创建中国国货公司,大灭洋商威风,大长国人志气。

四、造福乡梓,风范长存

在上海众多名商中,不少人发迹以后,对于家乡的社会事业多有善举,或修桥铺路,或振兴实业,或创办学校,或建造医院,或赈济救灾,其事迹与精神代代相传,感人至深。

穆藕初在创办实业时认为"兴实业必先谋实学"。他参与黄炎培创办的中华职业教育学校,任该校校董。1920年向北京大学捐资5万银两,用于派遣留学生出国深造,后罗家伦、段锡朋、汪敬熙学成回国后集资设立了"穆藕初奖学金"。1940年获得该奖学金的有杨振宁、周大晶等。

虞洽卿在发迹后热衷于家乡建设。他投资的最大项目是龙山三北轮埠公司码头及相配套的发电厂、电报局、电话处、铁路和救火会等。1931年竣工后,他自称:"可使三北乡民所种棉花大增,每年可省60余万元。"虞洽卿长期主持宁波旅沪同乡会,除收容大批难民和免费遣返同乡回甬外,主要是维护同乡利益,处理多件冤假错案并帮助释放有共党嫌疑的无辜青年。同乡会曾在8年中设立10所小学,使3460人免费入学。

"取之于社会,用之于社会"是秦润卿一生之宗旨。他自感幼年失学之苦,1915年起在慈溪创办普迪学校,学杂费全免。1944年该校被日寇炸毁,两年后他无钱重建,迫于无奈在恩业银行董事会上提出将他的退休金提前支付以重建普迪校舍,与会者闻之无不动容。秦润卿一生不留资产住房,在沪两套住房均为租赁,家乡自建的图书馆和两套民房均上交政府,去世时仅留一些建设公债。

另外,如宋汉章为中国银行职工建了一批"中行别业",而自己却居住在一座小屋中。项松茂被日寇杀害后,家人拿不出入殓经费,全由职工出资办理。董竹君所办的锦江饭店产业在建国后全部赠予政府。众多事迹,不胜枚举。

上海名商在日伪时期大多拒任伪职,对家乡事业尽力创建、资助,不遗余力。其乡梓之情可鞠,亮节高风可钦,风范长存,懿德千秋,值得后人敬仰。

本书以上海商业发展历程为序,分买办、金融、实业、商业、娱乐五章,各章名商介绍以其出身年月为序。书中对名商一般不作生平事迹的全面叙述,而选取其突出事迹或有传奇性的故事,以增强本书的可读性。

作者在编写过程中查阅、参考了大量资料,以求真务实的态度加以选材,当然在叙述过程中也渗透着作者的某些观点。月旦人物,各有所见,舛误之处,祈盼读者正之。

目　录

序 ··· 邱夷平

前言　触摸上海名商的历史脉络 ·· 1

第一章　买办——沟通中西贸易的桥梁 ··· 1
　　一、怡和洋行买办杨枋 ·· 2
　　二、王槐山借钱助人成汇丰买办 ·· 3
　　三、买办唐廷枢与洋商争利 ··· 4
　　四、席正甫三代当汇丰银行买办 ··· 5
　　五、"千里马"周宗良成颜料总买办 ··· 6
　　六、买办起家的实业家徐润 ··· 9

第二章　金融——从钱庄到银行的发展 ·· 13
　　一、盛宣怀与中国通商银行 ··· 14
　　二、麦边与橡皮股票风潮 ·· 18
　　三、铮铮铁骨宋汉章 ··· 20
　　四、利令智昏的傅筱庵 ··· 28
　　五、孙衡甫与四明银行的兴衰 ··· 32
　　六、钱业领袖秦润卿 ··· 36
　　七、陈光甫——银行界的一颗巨星 ··· 44
　　八、徐寄庼策反日伪高官立功 ··· 51
　　九、吴鼎昌与四行储蓄会 ·· 53
　　十、"不倒翁"银行家周作民 ··· 55
　　十一、杜月笙如何开办中汇银行 ·· 58

十二、张嘉璈：从中行经理到交通部长 ················ 61
十三、被日军劫持后的唐寿民 ···················· 63
十四、"远东保险王"史带发迹前后 ················· 66
十五、王伯元三请秦润卿办垦业银行 ················ 68
十六、俞鸿钧偷运大量黄金美钞到台湾 ··············· 73
十七、爱国金融家和政治家章乃器 ·················· 74
十八、周佛海与上海银行大血案 ···················· 81
十九、长寿老人朱博泉一生大起大落 ················ 85
二十、我国第一个女银行家——张幼仪 ·············· 87

第三章 实业——在洋务运动推动下工厂林立 ········ 90
一、李鸿章在上海办二大实业 ···················· 91
二、近代民营企业的开拓者——严信厚 ·············· 94
三、状元实业家张謇 ···························· 96
四、爱国爱民的实干家李平书 ···················· 99
五、朱志尧与求新造船厂 ························ 103
六、卷烟工业巨擘简照南兄弟 ···················· 106
七、处于多事之秋的荣宗敬兄弟 ·················· 108
八、余芝卿办橡胶厂为国争光 ···················· 112
九、学者型爱国企业家穆藕初 ···················· 115
十、恒丰纱厂的掌门人聂云台 ···················· 121
十一、项松茂办实业以身殉国 ···················· 123
十二、贲延芳开拓水陆铁路联运 ·················· 127
十三、陈万运组织义勇军爆发"一·二八"事变 ······ 129
十四、企业大王刘鸿生 ·························· 131
十五、味精大王吴蕴初 ·························· 140
十六、国货旗手方液仙惨遭日伪杀害 ················ 143
十七、领导战时工厂内迁的胡厥文 ·················· 146
十八、中国的爱迪生——胡西园 ·················· 148

第四章 商业——公司百货荟萃之地 ················ 152
一、诚信为本的叶澄衷 ·························· 153
二、名扬上海滩的朱葆三 ························ 158
三、曾铸领导抵制美货运动 ······················ 165
四、捡破烂出身的哈同和哈同花园 ················ 166
五、鲍咸昌与商务印书馆 ························ 170
六、上海大闻人虞洽卿 ·························· 174

七、商界奇才黄楚九 ……………………………………………………… 196
八、报业巨子史量才 ……………………………………………………… 206
九、跷脚沙逊建造"远东第一楼" ……………………………………… 208
十、红色资本家包达三 …………………………………………………… 211
十一、海派女装权威金鸿翔 ……………………………………………… 216
十二、出租车大王周祥生 ………………………………………………… 218
十三、永安公司老板郭琳爽 ……………………………………………… 222
十四、"中国的娜拉"董竹君 …………………………………………… 225
十五、王宽诚凭诚信智慧创业致富 ……………………………………… 233
十六、卢绪章深入虎穴办企业 …………………………………………… 236
十七、白手起家的金笔女王汤蒂因 ……………………………………… 241

第五章 娱乐——全国游艺业的中心 245
一、刘维忠办丹桂茶园开创海派京剧 …………………………………… 246
二、顾竹轩与天蟾舞台拆迁风波 ………………………………………… 248
三、张石川创办明星影片公司 …………………………………………… 251
四、邵醉翁办天一影片公司创三个第一 ………………………………… 258
五、顾联承办百乐门舞厅时发惨案 ……………………………………… 259
六、夏云瑚合建昆仑影片公司创四大名片 ……………………………… 261
七、拍180部电影的老板张善琨 ………………………………………… 264
八、戏霸张春帆逼死名伶筱丹桂 ………………………………………… 267

附录一：部分上海名商简介 …………………………………………… 270

附录二：上海名商百年大事记（1843—1949） …………………… 284

第一章　买办——沟通中西贸易的桥梁

1843年上海被迫开为商埠，外商纷纷在沪建立银行、洋行。1844年，在上海的英、美、日、俄等银行、洋行最初为10家，10年后剧增至120多家。到1876年前后，已达200多家，投资总额达2500万英磅。上海已成为中国对外贸易的中心。

洋商要到中国推销洋货，收购土产，在与国人经商中会遇到一系列的困难，如语言障碍、商业习惯等等。这就需要与洋商打交道的中间人和代理人。于是就有了一批从事对外贸易的新式商人——买办，他们是沟通中西贸易的桥梁。

宁波人穆炳元为上海买办之第一人。他在鸦片战争中被俘，学会了英语，颇受英国人信用，于是从翻译而充任英商买办，"无论何人接有大宗交易，必央穆为之居间"。随着买卖的扩大，穆炳元吸收了一批弟子，教以英语与贸易的方法，培养出了一批买办。因此穆炳元被称为"上海买办之父"。

买办具有两大优势：（1）他们精于鉴别茶叶、棉花、生丝等的质量和熟悉生产基地；（2）他们黯通钱庄业务往来，便于收购土特产和推销洋货以及货币往来。因此深得洋商的青睐。怡和及琼记两洋行曾竭力拉拢一位叫叶德盛的买办，但他却被另一家洋行拉去了。买办的收入颇丰，社会地位在清末受列强庇护，具有领事裁判权。他们虽受外商雇佣，其实有很大的独立性。甚至有一名洋商大叫："外商已经不是一名商人，而不过是买办的代理人。"

上海买办名人辈出，除穆炳元、王槐山、唐廷枢、徐润、席正甫、周宗良等之外，上海许多名商如杨枋、朱葆三、虞洽卿、贝润生、许春荣、刘鸿生、邬挺生、谢蘅聪等均出身于买办，其中不少人成为著名的民族资本家，为我国工商业的发展作出了各自的贡献。

一、怡和洋行买办杨坊

杨坊（1803—1865），浙江鄞县人，字启堂，一字憩棠。早年在宁波一家绸布店当店员，后入教会学校学英语，因赌博欠债流浪到上海，后在上海经营丝业。1851年出任怡和洋行买办。

怡和洋行是最早进入上海的洋行，1843年香港的怡和洋行在上海外滩开设分行。该行早期对中国的贸易主要是鸦片和茶叶的买卖。其中鸦片贸易为怡和洋行带来了巨额的利润。该行在"这桩事业中，不到20年已获得100万金镑的巨利。"（《出卖上海滩》）杨坊在任怡和洋行买办时，从鸦片买卖中积累了不少利润。他一面帮助怡和洋行进口鸦片运往苏州，一面从苏州产丝区购回生丝出口，被称为"苏州制度"。后在上海东门外开设泰记商号，以贩卖鸦片牟取暴利。他又自设嘉湖客栈，进行轮运业务，并捐资取得候选同知。

1853年9月，上海小刀会起义，起义军占领上海县城，时杨坊为清军管理军需。小刀会在活捉上海道台吴健彰后，杨坊伙同美国商人潜入县城，将吴健彰化装成小伙计越过城墙救出，将他藏匿在美国领事馆。1854年9月，清军多次攻县城未成，杨坊勾结英、法、美三国领事馆在城外修筑围墙，切断城内外交通，使起义军无法获得接济，迫使起义军在弃城突围中失败。由此，杨坊由候选同知升为道员，后又加盐运使衔。

1860年，太平军攻克苏州时，杨坊逃往上海，奉英国领事之命要求法国军队代守上海城。不久，太平军矛头直至上海。是年6月，杨坊主持成立了一支"华尔洋枪队"。华尔原为美国一名水手，在1860年4月来上海时与杨坊结识。当时上海道台正缺少兵力来阻止太平军进攻，华尔通过杨坊向道台自荐，可招募一批士兵成立"洋枪队"打败太平军。1862年2月，一支由以菲律宾水手为主的200人的"华尔洋枪队"在英法军的配合下，先后击败了高桥、奉贤的太平军。慈禧得知华尔功绩，敕封洋枪队为"常胜军"。杨坊与华尔同时被委为管带。后华尔成为杨坊的女婿，翁婿两人联袂经商，在上海开设泰记钱庄，并拥有两艘美制军舰。杨坊除办钱庄外，又广置房地产和经营银楼，并任四明公所董事。

1862年9月20日，华尔在攻打慈溪太平军时被枪弹击中身亡。华尔死后，英人戈登将军成为其后，对杨枋多次讹诈勒索，其寓所被抢。事后杨枋被清廷革职，从此他郁闷不止，于1865年病死寓所。

二、 王槐山借钱助人成汇丰买办

1843年上海对外开放后，在南京路外滩，英、法、日、美、俄等外资银行纷纷开业，至20世纪初计有9个国家的68家银行。其中在上海最早开业的外资银行有英商三家，即丽如银行（1847年）、有利银行（1854年）和麦加利银行（1857年）。汇丰银行开办于1863年，但后来居上，很快赶上了各外资银行，在上海金融业独占鳌头。

汇丰银行，全称"香港上海汇丰银行"。"汇丰"之名，含有预期汇兑业务发达的意思。汇丰银行为外资银行中对中国最具有影响力的银行，这是由于它在经营上有两大优势：一是它左右着外汇牌价。每天上午9时30分，掮客们纷纷赶到汇丰大楼门前待候挂出先令牌价，这是上海也是全国各地的外汇结算标准；二是汇丰银行与清政府关系密切，当时清政府为了筹措福建、台湾海防经费，总向汇丰借款。我国每家官商合办的中国通商银行成立时，它的洋大班也是由汇丰银行请来，其经营体制也是模仿汇丰的。另外，它吸收皇亲国戚、满族大臣、将军巡抚、总督道台等的巨额资金。至于清政府遇到重大金融风潮或向列强赔款，也均仰助汇丰银行。而汇丰能在中国开办却全靠一名叫王槐山的中国人。

王槐山（1822—1874），浙江余姚人，是汇丰银行的首任买办。他当上首任买办有一段传奇故事。早年，王槐山在上海三余钱庄当跑街，因业务关系识了英商会德丰洋行的大班麦克林。1863年初，麦克林在上海德丰洋行做大班，得悉在香港的英商有组建上海汇丰银行的打算，便想捷足先登，决定回英国筹措资金，因路费不足，到处借贷无着便想到王槐山。王为人忠厚老实又讲信义，得知麦克林筹资困难便同意借给他2千银两，讲明半年后还本付息。王槐山竟擅自从三余钱庄客户存款中挪用一笔银两借给麦克林。哪里知道麦克林一去就杳无音讯。年终钱庄结账，王槐山挪用公款事发。尽管钱庄老板陈三余是王槐山的母舅，但迫于庄规还是把他开除了。王槐山只得回余姚老家务农。两年后，麦克林携巨款来上海创办汇丰银行，得知王槐山的遭遇，万分内疚。他连忙拍电报，邀王槐山来沪当汇丰银行首任买办。

出于对王槐山的信任，麦克林甚至把金库的钥匙也交给他掌理。他可以利用汇丰拆票利息与市场挂牌利息的差额，以及洋厘行市的涨落，自己买进卖出，获利极丰，短短几年就积攒了白银80万两。他还投资外商股票，以及在上海设立钱庄、当铺，还在原籍买了数千亩土地和办慈善事业等。

王槐山出身于钱庄，1869年起他首次提出汇丰银行应向钱庄做拆放款项。其他外资银行亦随之与钱庄接上关系，拆票业务由此风行。这项推动中外金融业务的新举措，深受广大钱业界人士的欢迎。清政府为筹军饷，经与王槐山联系，多次获得成功，王槐山被清政府授予四品顶戴，赐戴花翎，俨然成为我国第一个"红顶买办"。

三、 买办唐廷枢与洋商争利

以洋行买办出身后转而从事民族工商业为国争利者众多，唐廷枢是其中的代表。唐廷枢（1832—1892），广东香山县唐家村（今属珠海市）人，字星景。早年毕业于香港马利逊学堂，后任香港当局翻译多年。1863年任上海怡和洋行总买办，负责经理库款、收购茶丝及推销鸦片。他不仅在怡和洋行的轮船公司中持有股票，同时参与其他外国轮船公司股权十余家，并在华商华海轮船公司占有1/4股本，成为当时轮船商务的著名人物。唐廷枢不愿为怡和洋行从事鸦片贩卖，不久便离开怡和，自办棉花行、丝厂、茶栈和钱庄，遂成巨富，任上海丝业茶业公所董事。

自开埠以来，上海成为长江口海岸线的中心。李鸿章于1873年1月创办轮船招商局，经营半年后很不景气，遂于同年7月聘请唐廷枢任轮船招商局总办。唐廷枢出于爱国热忱，临危受命，为国争利。出任之初，唐廷枢表示，"沿海之间的运输贸易应全归中国自身所有"。他对招商局进行大力整改，首先是学习西方"商本商办"的经验，大力招商入股成立股份制，使上海商人对招商局产生信任感。他通过媒体为招股作广告宣传，筹集民间资本。自他上任总办以来，10年间增资总额达200余万两，对原有官本只取红利不负盈亏责任，从而使招商局成为以民间资本为主的商办企业。

招商局成立以来，冗员繁多，管理混乱，营私舞弊。唐廷枢上任后进行了全面改组，大减冗员，引进西方先进轮船和设备，至1876年添购了27艘船。随着船只的增加，航线也越来越长，从长江各口岸至福州、香港、横滨、新加坡等19处设立招商分局。自1873至1885年10余年间招商局总盈利达100多万两。招商局航运业的发展必然引起外商的忌恨，外商轮运公司多次采用跌价竞争的办法，企图压垮招商局。唐廷枢在同乡徐润的帮助下，与洋商们展开一场场血拼，后在李鸿章的支持下调拨官款终于渡过难关。

1877年唐廷枢开始筹办开平煤矿，并兴建唐胥铁路和唐山水泥厂等，为我国早期工矿企业的发展作出了重要的贡献。

四、席正甫三代当汇丰银行买办

席正甫（1838—1904）出身于江苏洞庭山的一个大户人家，其父去世后，家境衰落。1857年，19岁的席正甫随舅父到上海一家钱庄当学徒，他刻苦学习英语，28岁时经人介绍到汇丰银行当跑楼，他对买办王槐山仰慕不已，从他那里学得了与清政府贷款的门径和与钱庄做拆款的种种手段，可以说王槐山是他的恩师。

1874年王槐山辞去汇丰买办并于同年去世，此时席正甫开始踏上买办生涯之路。他之所以代王槐山之职，起因于那年王槐山派他去天津办"福建台防借款"。当时清政府面临沿海防务危机，派福建船务大臣沈葆桢出面向汇丰银行借款200万两，年息8厘。王槐山面对这项政治贷款感到心中没底，沈葆桢对王槐山要求甚高，万一汇丰不借，得罪了朝廷，后果不堪设想。加上当时王槐山骨疾在身，不愿北上，遂想找席正甫作替身。他对席正甫说："我近日身体欠佳，清政府这笔借款，只有请你去天津汇丰办了。如办不了我再替你设法。"席正甫凭自己的胆量和为今后前程着想，欣然允诺。

天津是北洋大臣李鸿章的势力范围。席正甫一到天津便去拜访李鸿章的门僚，得知海防正在吃紧，中法战争迫在眉睫，朝廷迫切需要购买大批军火，并在马尾开办造船厂。他还了解到一个内情：如果汇丰不能借款，清廷将向别的外资银行求助。

经过与汇丰银行的多次交涉，席正甫最终办成了这笔借款，条件是以清政府盐税作担保，年息8厘，分10年还清。

席正甫自天津返沪后，汇丰大班称赞他办事干练，立即赏他一笔可观的奖金。后王槐山称病辞职，席正甫便当上了汇丰银行买办。

席正甫上任后，汇丰银行给他的任务是专与清廷办政治贷款。当时清政府的财政一年不如一年，年年靠借款度日。1877年左宗棠出兵平定新疆，所有军需由胡雪岩办理，而胡则通过席正甫向汇丰借款达1075万两。甲午战争后清廷支付《马关条约》的赔款，又是向外国银行大举借债，其中通过席正甫向汇丰银行借款达1600万两。

席正甫这时已成为李鸿章、左宗棠等大臣府上的座上客。不久席正甫与苏松太道袁树勋结成换帖兄弟，还捐了二品衔的红顶花翎，又花钱捐了一个道台，成为一名"红顶买办"。汇丰银行以有这位"红顶买办"为荣，对席特别赏识。一次汇丰分行某大班与席正甫发生冲突，席一气之下申请辞职，汇丰总行坚决不允，不仅多次挽留，还撤换了与他冲突的那名大班。

由于席正甫与外商银行关系密切，许多钱庄求他向外商银行借款，席从中捞取大量好处，成为上海金融界炙手可热的大红人。同时，席正甫利用与外商银行的关系，介绍其亲族进入外商银行办事，其中有17家由席氏家族担任买办。席正甫晚年聚集了大量财富，与同乡严芝卿合办协升钱庄，另有投资银楼、典当、金号，以及在南京路、凤阳路一带购置不少房地产。

1904年席正甫去世后，他的儿子席立功（1864—1925）继任汇丰银行买办。席立功曾在其父手下做了近20年的跑街，对汇丰买办业务已十分精通。他除了给汇丰办事外，还在上海开办久源、正大、裕祥等六家钱庄，并投资大清户部银行，买下1320只股票，成为该行上海分行的经理。另外，他还投资怡和洋行买办祝大椿开设的公益纱厂。辛亥革命后，他参与筹设中国华商银行，并经营银楼、金号和绸缎庄号。后又任江苏银行董事，曾被推为中华商会议董、上海商务总会议董。当时其产业约有3000万两。

1925年席立功去世后，其子席鹿笙又继承了汇丰银行买办，直到1929年在上海一品香菜馆门口，遭绑匪抢劫去世为止。至此，席家祖孙三代，在汇丰银行任买办共55年，为近代我国买办史上所罕有。

五、"千里马" 周宗良成颜料总买办

在商海中拼搏如果有三个条件就可能会改变他的一生而成为一个成功者：一是机遇，二是才能，三是诚信。曾在德商洋行任买办35年的周宗良便是一个典型范例。

周宗良（1875—1957）出生于宁波，其父是牧师。他早年就读于一位英国牧师所办的斐迪书院，毕业后到宁波海关担任译员。由于他勤奋好学，常与海关外籍职员交往，学得一口流利的英语。几年后他离开海关转入德商爱礼司洋行经销颜料，又学会了德语。一日，德商谦信洋行大班轧罗门到宁波销售颜料，在爱礼司洋行与充当翻译的周宗良相遇。轧罗门见他服务殷勤，

外语流畅，才思敏捷，对他十分赏识。轧罗门问他：

"你很有才能，譬如骏马，安伏于槽枥，何如驰骋于野外？你不想去兜销业务，施展一番才能吗？"

周宗良回答："真是骏马的话，食饱而后力足，又不能限制它驰聘，那么行千里是可能的。"

也许周宗良在校求学时读过韩愈的《马说》，所以对答如流。轧罗门马上明白了周宗良的言外之意，对他十分赏识，不久就请他到上海谦信洋行任买办。在此期间，周宗良为谦信开展颜料业务奔波于全国各大城市。他每到一地，就访问当地的颜料号经理、染厂负责人，乃至棉布店老板等，向他们了解各种信息，如各类染料的年销量，流行的花色，染厂爱使用的染料牌号，以及各颜料号、染厂的资金和信用情况、销售价格、付款方式等等。获得这些信息后，经周宗良一番努力，谦信洋行的业务有了大幅度的增长。大班轧罗门见这名"千里马"才华卓越，趁原跑街病重为由将他辞退，于1910年提拔周宗良为洋行买办，时年仅25岁。

1914年，第一次世界大战爆发，在沪德商纷纷回国，轧罗门也即将离沪。他深恐谦信的许多不动产业遭到损失，遂与周宗良密商，将洋行资产委托周宗良出面代为保管，全部栈存染料折价归周所有，周立即答应对方要求。后中国成为参战国，谦信财产丝毫未受到影响，而周所掌握的大批染料在战时由于德国染料来源不继，价格飞涨，周宗良因此发了一笔大财。

大战结束后，轧罗门派魏白兰继任大班，嘱他在抵沪后要周宗良将代管的谦信房产重新过户给本洋行，并把当时的染料货款如数付清。他还特地嘱咐魏白兰："周宗良是个人才，你要继续任他为买办，所有谦信大小业务要与他商量、向他请教。"魏白兰来沪后，周宗良按轧罗门的要求如数照办，一丝不差，深得魏白兰之信任。凡周宗良来大班办公室无需通报可直接进出，魏白兰遇事亦亲自到买办间来，足见谦信对周宗良的信任和器重程度。

（一）任德孚洋行总买办

周宗良在继任谦信买办后不久，便想参与包销靛青业务，但谦信的靛青一向由瑞康号包销，他一时难以插足。一日，他得知瑞康号两合伙人贝润生与薛宝润之间有矛盾，遂往贝润生家拜访。贝润生为华商颜料业巨头，是周宗良的宁波同乡，又是周任买办时的担保人，比周大3岁，两人亲如手足。他对贝润生说："贝兄与薛某合作如何？听说你准备与朱葆三合办面粉厂？"

"这位姓薛的江北人，脾气大得很，他正要向我退股，你来得正好，我俩合作如何？"贝润生说，"你消息灵通，我确实在与朱葆三筹办面粉厂，所以如果我与你合作,你入股数一定要比我多。"

数日后,薛宝润果然拆股退出,周宗良如愿以偿,与贝合作改组为谦和靛油公司。由贝润生任总经理,周宗良为副经理,实际业务由周负责,专门经营谦信洋行的靛青业务,专销谦信的"信狮"牌颜料。

为扩大销售机构,周宗良以上海谦信总号为中心,在济南、天津、西安、汉口、长沙等17个大城市设立分号,又在每家分号设了支店。由于德商谦信与爱礼司、拜耳等7洋行合并组成一个托拉斯集团——德孚洋行,从而操纵了中国的颜料市场。该洋行由魏白兰任大班,周宗良任总买办。周在德孚购进不少股票,当上了该行董事,成为颜料买办中之权威人物。

1937年,上海沦为"孤岛",七十六号特工吴四宝盯上了周宗良,早就想绑架这位财神。周宗良每天上班时带上保镖,还签署了一张德国领事馆签证,以防万一。但麻烦还是找上门来。一天,日本宪兵借口周与重庆有钱往来,闯入他家,周宗良即从后门逃出,但其妻被抓进宪兵司令部,结果托人花了4万元才赎了回来。

(二) 经营金融和实业

周宗良任德商洋行买办35年来,积累财富约400万美元(在当时约合法币1000万元)。像许多宁波商人一样,周宗良在当时的商海大潮中也是一名弄潮儿,他决不会驻足于一个行业之内,把自己的产业闲置起来,而开始从事多种经营。首先,凭着他与李铭、钱新之等金融界朋友的关系广泛投资于金融业。1923年,他应李铭之邀入股浙江实业银行,成为该行大股东,任该行董事;后又当上中国垦业银行董事。1927年后当上了中国银行董事、中央银行理事、政府公债基金保管委员会委员。周宗良在活跃于银行界的同时也获得了大笔股息。

其次,周宗良在浙江实业银行任董事期间获得了大量金融信息,特别是掌握了炒外汇的门路。有一次,他一笔资金就赚进了200万元。

周宗良在投资中国垦业银行时,与该行副总经理"金子大王"王伯元过从甚密。他从王的身上学会了炒标金做"套头"的经验,多次获得大利。

1930年后,周宗良开始涉足工商业。他独资经营周宗记、宗泰进出口行和镇东机器厂;另与人合资经营的企业有信余汽灯厂、如生罐头食品厂、康元制罐厂、公和纺织厂、振丰毛纺织厂等轻工业10余家。在抗战时期,他还在上海购买了不少房地产。

以诚信为本起家的洋行总买办,经过多元经营成为沪上著名的金融家和实业家。在淞沪抗战前后,周宗良开始从事社会公益事业。他捐给德国人办的上海宝隆医院一笔数目可观的钱款，与同济大学合作投资100万元建造了一家宗良医院。"八一三"战事起，他作为上海红十字会的创办人之一，在江宁路开办了一所伤兵医院，积极投身难民救护活动，曾一时救出难民6万多人。在当时的《申报》刊出消息后，他被聘任为上海国际救济会、上海市政府救济委员会的董事、委员，为战时难民救济工作作出了很大的贡献。

在宁波家乡，周宗良也举办了多种公益事业，如任宁波佛教孤儿院、四明孤儿院等慈善机构的董事长等。1939年，他一次给宁波临时教养所捐款2000元，还多次向学校等公益事业捐款。

1957年，周宗良病故于香港，终年82岁。

六、 买办起家的实业家徐润

（一）"近代中国的茶王"

徐润（1838—1911），广东香山（今中山市）人，字润立，号愚斋，出生于一个显赫的买办家庭，其叔伯均为上海买办。徐润在15岁时随伯父徐钰亭进入英商宝顺洋号当学徒。他在洋行时勤勉好学，深得行内上下看重。19岁时任丝、茶栈务，后又任帮账，5年后升任主账、副买办。

第二次鸦片战争后，宝顺洋行很快在烟台、天津、镇江、芜湖、汉口、九江等地设立分行，徐润已成为统领各分行的总买办。他在经手的巨额进出口生意中可按3%的比率提取佣金，由此积累了相当可观的财富。1866年，宝顺洋行在国际金融风波冲击下破产，徐润开始独自开办宝源祥茶栈。他在办茶栈之前已开始与人合办一家绍祥字号，从内地收购生丝、茶叶和棉花，然后转卖给各洋行，从中获利颇丰。

当时，中国市场的高额利润令外商蜂拥而至，洋行与洋商之间竞争十分激烈。1866年初，徐润的叔父徐荣村对他说："从英国大班处得到消息，伦敦即将爆发金融风暴，很快要波及上海，你要作好充分准备。"

徐润回答说："叔叔，请你放心，我在宝顺洋行这几年已在外面经营商号，其中以茶丝出口贸易为主。"

徐荣村见这位贤侄已有两手准备，心中一宽，便说："我家久居洋行买办，终是仰人鼻息，希望成为我国的实业家。"

叔侄谈话不到两月，伦敦果然爆发了一场金融风潮，影响所及甚广，上海许多洋行破产,宝顺洋行也未能幸免于难。这时徐润已脱离宝顺,自立门户。他于1865年已创办一家宝源祥茶庄,后又与人合办一家绍祥字号,从内地收购生丝、茶叶和棉花,在与上海各洋行的价格战中频频获胜,从中取得巨额利润。

徐润在从事买办行业中总结出两条经验:一是要不断调查研究,取得第一手资料,掌握各地行情;二是办实业要以一个行业为主,兼办多种行业。其中第一条经验是徐润在办进出口行业中以茶业为主的指导思想。他曾将这一思想与荣村老叔商量,深得其叔赞同,使他专事茶业的信心大增。

徐润在开设宝源祥茶庄的同时,还开设了两家钱庄,以通融资金。他又亲自到温州试办一家茶号,从而直接掌握了茶源和市场行情。后又到湖南、湖北、江西等10余处产茶地区开设多家茶号,从而形成了一条茶业网络。由此可清楚地了解各茶区的收成,掌握多条供货渠道,给上海各洋行提供不同成色和价格的产品。他深知英国人喜爱喝下午茶,品种为红茶,俄国人与英国人习性相仿。所以他针对英、美、俄等国消费者的不同爱好,源源不断地向各国洋行提供合适的出口货源,并根据行情随时调整茶价,谋取高额利润。当时上海的茶叶出口量占全国出口总量的三分之二以上,而宝源祥茶栈又是上海最大的经营茶叶出口的茶栈,因此徐润被人称为"近代中国的茶王"。

(二) 出任轮船招商局会办

徐润与唐廷枢都是广东香山同乡,徐比唐小11岁,两人又是事业和志趣相同的忘年交。唐廷枢在任上海怡和洋行总买办时与徐润共同创办上海茶叶公所、丝业公所,对上海及周边地区的茶、丝贸易进行控制并操纵市场,两人相互信任,获利颇巨。1873年,洋务派领袖李鸿章开设轮船招商局,令唐廷枢任总办。在拟首期招股100万两时,唐廷枢首先想到的就是同乡徐润。徐润在脱离茶业之后一心投入唐兄的轮船招商局。该招商局最初是"官办民协"的企业,徐润第一次投资24万两,又广招亲友入股,一下子就完成招股100万两。第二次又招股100万两,徐润又入股24万两,另又招亲友入股约50万两,使徐润成为在招商局内入股最多的股东。总办唐廷枢兼办矿务等洋务,平时很少时间在局里办公,所有局中大事均委托徐润管辖。

地处洋泾浜(今延安东路)永安街的上海轮船招商局最初开发自上海至长崎、厦门、烟台、神户、汕头、香港、广州等8条航线,从而打破了黄浦江上由洋商一统天下的局面。第二年招商局已拥有16艘轮船,并开辟了长江航运。这就遭到了洋商的忌恨。怡和、太古、旗昌三家洋商联合起来决心打垮招商局,他们以多次降低票价的手段,使招商局难以维持。徐润临危不惧,他先在各钱庄借款50万两，后又向李鸿章提议将江浙漕米统归招商局运输，不久便使他渡过了难关。后徐润又出一招，他得知美商旗昌在跌价战中亏损严重，准备全盘出让。徐润当机立断，以222万两将该公司16条轮船全部买下。

招商局在徐润的领导下，与洋商竞争中不断得到发展。到1895年甲午战争前，招商局已形成远洋、内河、沿海三大系统，远洋可至英国、美国、日本、南洋各处。从此，徐润已成为我国航运领域的一位著名人物。1904年，他被清政府委任上海商务总会第一任协理。

徐润不仅在招商局任内立了大功，而且在经济和文化领域也多有建树。他在招商局任内兼任直隶开平矿务局会办，又与郑应观等在上海办义赈公所，赈济山西、河南、直隶、陕西等省灾荒。后又被李鸿章委派办理开平煤矿、承平三山银矿，以及建平、水平等处的金矿。又在塘沽开办种植公司、香港利远糖榨公司与玻璃公司、山东烟台缫丝局以及上海虹口伦章造纸公司等。1889年，徐润在上海开办景纶袜衫厂，直至上海解放后还是一家著名的轻工企业。另外，徐润还在上海创办了一家地产公司和华兴保险公司，可称为近代经济领域的多面手。

（三）热心倡导文教事业

1871年曾国藩与李鸿章联名奏请光绪帝派遣幼童到美国留学，说这是"中华创始之举，古今未有之事"。奏准后，曾国藩派容闳主持其事。容闳是信仰基督教的美籍华人，在美国耶鲁大学毕业后于1855年归国，抱着"以西方之学术，灌输于中国，使中国日趋于文明富强之境"的志愿，建议曾国藩派幼童赴美留学。容闳受命后首先想到曾在宝顺洋行同事兼同乡的徐润。1871年10月，曾国藩下令容闳与徐润具体"办理挑选幼童出洋肄业"，拟选120名中国幼童，分4年赴美留学，每年30人。

从1872至1875年，容闳和徐润所选定的四批幼童，分期分批先到上海考试，再由徐润作担保送往美国。

徐润十分关注这批幼童在美学习情况，后他曾接到耶鲁大学校长来信说："贵国派遣的青年学生，人人善用时间，研究学术，各门学科都有极佳的成绩。他们的道德，也无不优美高尚。他们不愧是大国国民的代表，足以为贵国争光……"徐润读后感到十分欣慰。

1881年，使徐润感到惊讶的是清廷突然中止了留学计划，将尚在留美的学生全部召回。被迫回国的学生一度遭到冷落，后由徐润出资并担保，将留学生陆续分派到政府部门和电报、铁路、轮船、矿务等近代企业服务。其中的著名人物有铁路工程师詹天佑、民国政府首任总理唐绍仪、北洋大学校长蔡绍基、清华大学首任校长唐国安、矿冶专家吴仰曾、民初外交部长梁如浩等等。他们是我国第一批留美名人,在推动中国近代化事业中留下了自己的足迹。

徐润曾受同乡兼同事郑应观《盛世危言》一书的影响,积极从事教育和救济事业,创办格致书院、仁济医院和中国红十字会等等。另外,他在上海见英国出版商采用石印工艺来印刷图书,字迹清晰。1882年,他出资购买国外12台轮转印制机,雇工500人,创办同文书局。该书局搜罗各种善本,陆续印行《二十四史》《古今图书集成》《资治通鉴》《佩文韵府》《全唐诗》《康熙字典》等中国典籍,发掘和保存祖国文化遗产。李鸿章赞他一生"掺罗海外奇书,彰阐中西新学"。

晚年的徐润曾撰写《徐愚斋自叙年谱》,并在家乡北岭村捐资办义学。1911年3月9日,徐润在沪逝世,终年73岁。

第二章　金融——从钱庄到银行的发展

上海的钱庄有二百余年的历史，据位于豫园"内园"记载，1797 年上海已有钱庄 102 家，南市十六铺码头帆墙如林，县城内各地商贾云集，商人们交割货款、兑币、借贷、存款均需钱庄代理。上海开埠后，外资银行在沪开设银行，于 20 世纪初已有 68 家，但钱庄仍然站稳脚跟，经久不衰。上海外商多愿意与钱庄来往，主要原因是钱庄开出的"庄票"，素有信用，可在全国大城市流通，史称"金蝴蝶"。

在 20 世纪前后上海有 9 家钱庄家族集团，即镇海新老方家、李家、叶家，慈溪董家、严家，宁波秦家，湖州许家，苏州程家。这些钱庄集团均以开设大批钱业而致富，后又投资民族工商企业。以秦家恒泰钱庄为例，自 1919—1927 年间，对恒丰、大生两纱厂放款达 30 余万两。

上海钱庄名人众多，在 9 大钱庄家族集团中有方介堂、李也亭、叶澄衷、董棣林、严信厚等，另外有宋炜臣、秦润卿、徐云卿、薛文泰、俞佐庭等等。其中福源钱庄经理秦润卿任上海钱业公会会长 15 年，为近代钱业界的杰出代表。

由于钱庄的机构分散、资金短缺、业务保守，逐渐开始难以适应近代经济生活的发展需要，不少钱业名人开始涉足银行业。1897 年中国第一家华商银行——中国通商银行创设于上海。此后，中国、交通、中央等官办银行随之兴起。在民营银行领域，较著名的有四明银行、上海银行、浙江兴业银行、中国垦业银行、浙江实业银行等，另有"北四行""南四行"在沪兴起，至 1949 年沪上银行达 100 余家。著名的银行家有吴鼎昌、张嘉璈、宋汉章、陈光甫、李铭、孙衡甫、钱新之等等，他们在开发、投资我国工矿企业中作出了巨大的贡献。除了钱庄、银行之外，沪上金融家还开设了证券、保险、交易所、信托公司等金融业,他们成为这些新兴金融行业的先驱者。

一、盛宣怀与中国通商银行

1895年甲午战争后,清政府签订了屈辱的《马关条约》,条约规定政府需赔款二万万两白银。这笔巨款如何而来?付了赔款之后,兵饷等开支又如何筹划?一系列的问题均有待解决。当时清政府问计于盛宣怀时,盛即提出除裁绿营、旗兵军饷外,当务之急宜速办银行。

盛宣怀(1844—1916),江苏武进人,字杏荪,号愚斋。1873年入李鸿章幕僚,后任轮船招商局会办。1880年任中国电报局总办。三年后创办上海南洋公学,又奉命督办中国铁路总公司事务,并经营淞沪铁路任总办。1897年在沪创办中国通商银行。1911年任邮传部大臣。1911年武昌起义后被革职,逃亡日本,次年回国任汉冶萍公司董事长。他一生主要从事洋务运动,李鸿章称誉他:"一手官印,一手算盘,亦官亦商,左右逢源。"

(一)冲破内外压力首办华人银行

中国通商银行成立于1897年。在此之前,在沪的外资银行机构不下几十家,它们操纵着中国金融市场,榨取大量的高额利润,使中国的财富源源不断地外流。面对这种情况,我国士大夫中的有识之士认为:非自筹银行不能挽救商情,要求自办银行的呼声日益高涨。他们中的代表人物即洋务总管盛宣怀。他的朋友郑观应在写《盛世危言》一书中提出"银行之盛衰隐关国本"。当时盛宣怀正在筹建铁厂、铁路,花费甚巨,他认为:"今因铁厂不能不办铁路,又因铁路不能不办银行。"于是他在1896年10月向朝廷呈递了一份"请设银行片"奏折,其中提出英、法、德、俄、日之银行在华业务中"攘我大利。近年中外士大夫灼见本末,亦多建开银行之议。现今举办铁路,造端宏大,非急设中国银行,无以通华商之气脉,杜洋商之挟持"。但他的建议遭到内外压力,困难重重。

首先是清廷满人官员中的顽固派竭力反对自办银行,多方制造障碍。他们唯恐洋务派汉人控制经济命脉,使他们掌握的户部丧失权力。其中有的满员甚至认为,有洋人银行可以借款,朝廷何必多此一举。当时一些顽固派还恶言攻击,说盛宣怀创办银行、兴办铁厂、修筑铁路等,都是在假公济私,浑水摸鱼，借机中饱私囊等等。

其次是洋人阻挠中国自办银行。筹办通商银行的消息传出，海关总税务司赫德扬言要招华资开设中英银行，企图争夺商股。接着帝俄道胜银行要挟清廷投资联办道胜银行，并以户部支付500万两作为要挟。法国、奥地利两国的领事也遂即提出要求通商银行与法、奥银行合办。

对于来自国内的压力，盛宣怀上书他的后台——洋务派领袖李鸿章，在给李的章禀上激昂地表白：

"必欲使人人谋私利，而不为天下谋公利，方始甘心。又必使外人夺吾公利而不为我有，方始缄口！似此糊涂世界，何以尚想做事？不过要想就商务开拓渐及自强，做一个顶天立地之人，使各国知中原尚有人物而已！"

这一章禀使李鸿章看了极为感动，遂与翁同龢和王文韶等共同支持盛宣怀，并嘱他早日筹办，以成其事。

对于国外阻力，盛宣怀最担心的是英国人赫德。当他闻到赫德要中英合办银行的消息时，大为失色，"赫有海关在手"，倘在握有银行，"华商必为笼络"，一旦势态形成，必使中国的经济对外商更有依附性。他致力于民族工业必将遭到困境。当他得知李鸿章的复函后，即向翁同龢（户部尚书）、王文韶（直隶总督）、张之洞（湖广总督）等大官僚呼吁，强调华人自办银行的利害得失，指出"闻赫德觊觎银行"事关重大，要求他们正视事态，敦请朝廷早日批准开办。

在内外种种压力之下，清廷终于批准筹办华资银行。盛宣怀开始筹划招股之时，清廷内部顽固派对盛宣怀提出二十二条银行章程，又提出种种责难和限制：将来办理不善，发生亏损，由谁负责；总行设在上海而不是北京是"外重内轻，不足以崇体制"；回报朝廷的利润应由二成提高到五成；发行钞票和铸币获利亦应提成报效等等。最可笑的是，顽固派甚至提出银行不能投资工业、做房地产营业，10万两以上账目都要上报立案。

盛宣怀闻之万分气愤，一方面据理力争，另一方面以不管银行事务为要挟，并通过李鸿章等洋务派人物暗中疏通。结果清政府终于批准通商银行按原定日期开业。忽然，顽固派御史管廷又打了一发横炮，呈上"官设银行，流弊宜防"的奏折，于是朝廷责成王文韶、张之洞再次审议。张之洞因恐怕银行铸造银币对他的湖北铸币局带来不利，伺机作梗。盛宣怀早知张之洞心怀鬼胎，遂通过王文韶对张晓之以理，特别向张之洞提出两点：赫德插手之危害和盛本人不任银行总董，并同意银行不铸银币。这样，张之洞才向清廷具名同意开设银行。

1897年5月27日，定名为"中国通商银行"终于经过困难曲折的过程在上海黄浦路6号（今中山东一路7号）正式开业。

通商银行成立时额定资本500万两，先收一半开业。盛宣怀任总办的招商局和电报局分别投资80万两和20万两，占实收资本的40%。盛宣怀名下，包括他本人和代表其他大官僚的投资达73万两。积极支持盛宣怀的直隶总督、北洋大臣王文韶也投资5万两。两行总董中，张振勋和严信厚分别投资10万两和5万两，是通商银行的民间大股东。

通商银行成立时，总行的9个总董是由盛宣怀指派，而不是由股东会议选举产生的。这9个总董是：张振勋、叶澄衷、严信厚、杨文骏、刘学询、严滢、杨廷杲、施则敬、朱葆三。这9个总董中，官僚身份的只有广东雷琼道台杨文骏一人，杨廷杲是上海电报总局提调，为亦官亦商人物，其他都是当时商界闻人。

盛宣怀对通商银行采取"拿来主义"，以汇丰的规章制度为楷模，亦步亦趋。上海总行和重要口岸的分行都用洋人为大班，掌握业务经营的实权。通商银行第一任洋大班是英国人米德伦，原仁记洋行大班，曾在汇丰银行任大班职。通商银行成立时钱庄势力很大，因此，又把钱庄中的头面人物，上海北市钱业会馆的首创人、咸康钱庄经理陈笙郊拉来提任华大班。通商银行既有洋大班，又有华大班，账房也分洋账房和华账房。两个账房各自为政，互不相谋，有事接洽，还要用一个翻译。总行的账册、簿据等全部用英文记载。先后在香港、广州、九江、天津、镇江、汕头、北京、汉口等地开设分行，银行的业务迅速扩大。它在筹办铁路和其他企事业上颇有盈利。据1899年盛宣怀统计，银行"每六个月结账一次，除开销外，发给股商利银四十万两，缴呈户部利银十万两，尚属平稳。"对此盛宣怀颇为自夸："询诸汇丰开办之初，尚无如此景象。"

（二）发现伪钞引发挤兑风潮

中国通商银行开办后，经清政府批准，发行银元和银两两种钞票（银行券）。该行在英国伦敦印制的银元券分1元、5元、10元、50元、100元五种，合计235万元；银两券分为1两、5两、10两、50两、100两五种，合计50万两。

1903年，即该行开业后第五年，2月4日，有一名钱庄伙计持钞票前往通商银行兑取现银，经查验，其中几张10元券系假钞。消息一经媒体传出后，"市中大闹"，先是不少钱庄开始担心和不满，相约不用中国通商银行钞票。但有些小钱庄决定投机，收受兑现，索取高额贴水。贴水由开始时为每元一角几分，后来竟有收取二角几分的。于是，持有该行钞票的市民莫不担心蒙受损失，纷纷前往通商银行要求兑现。一时间，在该行门口排起长龙。三日后，该行在兑现时又发现10元的伪票，于是银行职员发觉后当场收回伪钞，并盖上"假币"字样，不仅不予兑现还托辞等调查核实后再予答复。有人不服，与之论理，银行立即以维持秩序为由，令门口巡捕扭进里屋。消息传来，挤兑者更是人山人海，争先恐后，把银行门口围得水泄不通。银行连通常中午休息也不关门。在挤兑最拥挤时，为维持秩序，防止少数无赖"混水摸鱼"，银行请来巡捕帮助弹压，甚至动用消防水龙驱散人群。

消息传到银行创办人盛宣怀处，他立即电告华总理陈笙郊：以通商银行库存金银作为抵押，向汇丰银行商借70万元应付挤兑。汇丰银行一口答应。另外，盛宣怀自己也挤出10万元电汇通商银行，并电告汇丰银行协助早日破案。

自8至10日三天内通商银行即兑出50万元，它还通过媒体宣告，周日银行照常营业，并称汇丰银行已准备110万元现银存放在通商银行，至此持续一周的风潮遂告平息。据后来统计，因收进伪票，外加请中西巡捕等开支，通商银行总共损失约10万元。这是我国银行史上第一次挤兑风潮，对盛宣怀是一次不小的精神上的打击。

这次伪票是怎样出笼的？是谁制造了伪钞？一共伪造了多少？

汇丰银行在盛宣怀的催促下，经过周密调查，确认伪钞制造者为日本人。2月6日，有一日本人持通商银行钞票前往汇丰银行兑现，结果发现其所持4000元钞票全系伪钞。汇丰银行本来就怀疑假币来源于国外，因为当时中国人尚无制作假币的能力，又见此日本人假币数额巨大，遂暗地里跟踪他回家并记录下住址，然后报告租界巡捕房，由租界巡捕房派人将其逮捕审讯。

据这个日本人供认，他叫中井义之助，在上海开办一家贸易公司。假币源自日本大阪，系由日本浪人山下忠太郎、管野源之助、上田元七等人与他密谋偷运至上海后秘密放置在他家，再由他通过在上海的日本商社等途径流散到外面。后经查实，这几个日本人谙熟刻印、制版和印刷技术，先后共印5元和10元的通商银行伪币30万元。此项制作假币的事情，全部安排在大阪郊区的一座民房里进行，连当地居民都不清楚他们的罪恶勾当。经中国驻日使馆交涉，日本警察袭击了这些嫌犯的住地，并将他们一一抓获，所有机器、假钞全部予以销毁。

为彻底平息风波，中国通商银行将所有发出的钞票一律收回，连已印好尚未发出的钞票也一并销毁，以杜后患。新钞均委托英国伦敦印钞厂重新开印，于1905年陆续运抵上海使用。

盛宣怀获知这些情况后，立即通过外交途径与日本政府交涉，要求日本政府"外部严办，讯其伪造若干"。不久，日本政府侦破了此案，但只是告诉"通商"："伪票所造不多，并已破获，全数烧毁，制造伪票的机器、版面和纸张等也一并烧毁，请放心。"又说，"伪造他国票日律无专条"，实难以进一步惩处。结果是不了了之。正是弱国无外交！

二、 麦边与橡皮股票风潮

20世纪初，随着汽车工业的迅速发展，汽车轮胎的市场需求剧增，价格不断上涨。上海许多外商投资橡胶业，开办公司，发行股票，并在沪上市。当时上海人称橡胶为"橡皮"，故将橡胶公司发行的股票称为"橡皮股票"。

1908年，外商在上海开设的橡皮公司有渣华、达区、萨马格、克罗华等10余家，至1910年已发展至40余家。起初，橡皮股票仅在洋商间争购，如发行最早的英商渣华橡胶公司每股为9两，开市不久即涨到30两，轰动一时。麦加利银行某经理按原始价买进该公司股票1000股，转手之间即获暴利。但橡皮股票在众业公所很难买到，仅有黑市交易，一时间上海居民掀起了一阵抢购黑市股票的浪潮。

1909年，32岁的英商麦边见发行橡皮股票如此有利可图，便在沪开设了一家兰格志橡皮股份有限公司，公开向上海市民招股，他采取了一系列舆论宣传攻势。

首先，在上海几家著名报纸上刊登了一篇题为《今后的橡胶世界》的文章，先介绍橡胶的性能和用途，再分析世界上橡胶市场在今后30年内的供求趋势，给读者造成橡胶产品身价百倍的印象。

其次，在报上刊登整版广告，宣传兰格志公司除在海外拥有许多橡胶种植园之外，还从事木材、石油等行业，资金充足，实力强盛。

再次，拼凑一个董事会，声称该公司在新加坡的橡胶种植园获得丰收，在英国伦敦股市，该公司的股票不断上涨。另外，将新加坡一家橡胶种植园的外景摄制成幻灯片，招待上海市民观看，并宣称该公司的股票每年分红可达45%。

最后，采取提早发红利的办法来抬高股票声誉。该公司宣称，兰格志比其他公司业绩显著，其发行的股票在三个月后即发放股息，每股可得12.5两。通过这种宣传造成该公司股票势必大涨的轰动效应，一时间人们趋之若鹜。

为了吸引一时缺少资金的购买者入股，不少洋商与外商银行互相串通，凡购买洋商橡皮股票的人可向汇丰银行、麦加利银行、花旗银行押款，从而引来了大批股民，促使股价不断攀升。如当时面值仅 10 先令的股票，在尚未开市时已有人以 10 余倍的价格承购。

兰格志公司还设置了一个骗局，宣称凡购买该公司的橡皮股票可采用期货交易，规定在祥茂洋行预约登记，再在某月某日到汇丰银行缴款，领取股票。到了领股那天，股民们蜂拥赶到，汇丰银行门前人山人海，拥挤不堪。汇丰银行见势立即通知祥茂洋行派出了一批爪牙混入人群制造混乱，再调动租界英警强制股民退出，银行大门关闭，宣布另候通知，改期办理股票手续。经过这一番精心策划，全市轰动，争购客户大量增加。数日后，两家洋商又出一招，由祥茂洋行宣布，由于认购者太多，客户需求一时难以满足，因此规定凡认购 100 股以内者，按 20% 缴款；认购 100 股以上者，按 10% 缴款。经过这一番表演，进一步刺激了大批股民，激起了一场争购橡皮股票的热潮。

随着橡皮股票价格的不断上升，上海众业公所里人头攒动，日夜开市，争购橡皮股票已经到了疯狂的地步。沪上一批达官贵人、公司经理、钱庄老板，以及一般市民纷纷投入到这场股票投资狂潮之中。

上海道台蔡万煌率先投入其中，他将道库存入钱庄的资金不断透支，购进大量橡皮股票。候补道台施典章也动用了四川铁路公司的公款购进兰格志股票达 485 股，每股市价为 1400 两。许多钱庄老板也卷入了这场漩涡之中。据统计，华商在 1909—1910 年初投入橡皮股票交易市场的金额约为 4000 万两，于是上海钱庄的可流通资金几乎全部被橡皮股票套住。

1910 年春，橡皮股票的价格已经上涨到十分惊人的程度。以兰格志公司为例，该公司的橡皮股票至 3 月底已涨到每股 1650 两，为原票面的 275 倍。麦边审时度势，见股票已经涨到饱和状态，于是迅速趁机出手，携巨款逃往国外。与此同时，外商银行不断催赎橡胶股票的押款。至当年 7 月，外商银行同时宣布停止橡胶股票押款。消息一经传出，上海股市一片混乱。股民们见势纷纷将手中股票抛出，但为时已晚，平均每股 90 余两的股票，狂跌至每股 2~3 两，且有卖无买，股票形同废纸。其时，大批股民围住上海众业公所要求抛股，但公所已经无力兑付，即告破产。被这场股票狂潮所殃及的数十家钱庄纷纷倒闭。

正元钱庄经理陈逸卿通过借远期庄票，向正元、谦余、兆康三家钱庄借现金购买橡皮股票金额达 4000 万两，无法归还。兆康钱庄老板戴家宝、谦余钱庄老板陆达生均热衷于橡皮股票投资，资金也被套住。于是这三家沪上著名钱庄于 1910 年 7 月 22 日关闭停业。继后，大批钱庄宣告歇业或破产。叶澄衷家族的升大、余大、瑞大、承大四家钱庄也在这场狂潮冲击下同时宣告歇业清理，被称为"四大皆空"；德源钱庄经理严锡龄、森源钱庄经理刘向笏等因资金无法周转而致使两庄相继破产；顺康钱庄在这场风暴中亏损了20万两，亦宣告歇业整顿。宁波帮钱庄被卷入这场漩涡中者更多，除上述"四大"和顺康外，最著名的金融家严信厚家族的源丰润票号于这一年9月宣告倒闭，其在全国各地的17家分支票号同时停业，负债2000余万两，严氏家道遂由此中落。与此同时，甬帮会大、晋大两钱庄宣告歇业；镇海方氏家族在沪经营的钱庄先后有16家倒闭；镇海李氏、叶氏家族所经营的大部分钱庄也在劫难逃，纷纷于1911年前后歇业。

上海钱庄在这次"大倒闭"风潮中，由原来的82家锐减为24家，总资本由数千万两骤跌至150万两，整个沪上金融界呈现一派萧条之势。

三、铮铮铁骨宋汉章

（一）从通商银行到中国银行

宋汉章（1872—1968），浙江余姚人，少年时随父到上海，毕业于中西书院，后任上海电报局会计。1897年进中国通商银行，开始在行里做"跑楼"，其日常事务为沟通洋大班与华经理之间的关系。其间，宋汉章掌握了外国银行和旧式钱庄的业务经营和管理制度。后因通商银行在清廷官僚掌管下，弊端丛生，不少呆账无法收回，宋汉章被派往北京处理债务，迅速取得成效，其卓越才能被当局所器重。

1908年，户部银行改为大清银行，宋汉章被委任为大清银行上海分行经理。至1911年，大清银行在各省省会和通商口岸所设分支机构已达35处，成为清末规模最大的官办银行，而上海则是全国经济金融中心，这些都为宋汉章在金融界的发展奠定了基础。

1911年10月武昌起义爆发。随着革命形势的迅速发展，大清银行除上海分行外，许多分支机构均已停业。大清银行原为股份制银行，官商股各占一半，资本总额为1000万两。宋汉章时任大清银行上海分行的经理，于1912年11月提出为保全资本成立商股联合会。经过南北各地分支机构股东的酝酿筹划，商股联合会致电中华民国临时大总统孙中山，建议"就原有之大清银行改为中国银行，重新组织，作为政府的中央银行"。孙中山立即批示："所请将大清银行改为中国银行,添招商股500万两,认为新政府之中央银行,由部筹款,以雄财力,并请派正副监督,先行开办,克期成立。"

1912年2月5日,中国银行在上海汉口路大清银行旧址正式对外营业并举行成立大会。宋汉章任中国银行上海分行协理,翌年升任经理,由张嘉璈任协理。

(二) 被陈其美拘押案

宋汉章出任中国银行上海分行经理不久,上海发生了一起震惊全国的沪军都督逮捕宋汉章案。

陈其美在上海光复后出任沪军都督,由于军需开支庞大,成立不久的中华商业储蓄银行在财力上遇到许多困难,尤其是清政府捐税局等机关人员纷纷携款潜逃,以至实际饷银收入很少,这是陈其美遇到的一大难题。其时,有人向陈其美提议向中国银行上海分行筹款,陈其美即召宋汉章来都督府协商,希望中国银行上海分行同意双方签订定期借款合同。但宋汉章认为中国银行系官商合股银行,个人不能擅自作主,故对陈其美提出的要求婉言拒绝。事后陈其美对宋汉章心存芥蒂,认为宋汉章不过是一名前清留用人员,对革命态度消极,于是萌生拘押宋汉章的念头,并布置好一场周密的计划。

1912年3月24日,宋汉章应华侨梁建臣之邀去曹家渡小万柳堂康惠卿家出席宴会。曹家渡小万柳堂地处租界越界筑路范围,其后门靠近苏州河西段,为沪军都督权力所及。陈其美的下属在宋汉章赴宴时立刻将其拘捕,从后门进入都督府。宋汉章被拘押后,陈其美即向外宣称:"据王兴汉、陈聚于1月4日举报,宋汉章在辛亥革命前夕,任大清银行经理时,有罔利营私、弗顾大局之行为,因此派员拘捕,听候审查。"

宋汉章被捕的消息传出后,上海金融界不少人士认为宋汉章被拘,事出拒绝筹饷问题,纷纷向都督府询问。时交通银行经理、钱业公会等头面人物心中也极恐慌,即与中国银行上海分行副经理张嘉璈商讨对策,并向有关人士电告。第二日,中国银行总监督吴鼎昌、中国银行临时理监会和财政总长陈锦涛分别于当日电陈孙中山、袁世凯,并在报上发表消息,要求迅速电饬陈其美释放宋汉章。袁世凯鉴于当时形势,于25日致电陈其美,"应按法律由司法正式传谕,未便以兵队诱拿",督促陈其美"迅速查明释放"。时任临时政府司法总长的伍廷芳,素闻宋汉章为人正直,陈其美恃权骄横,即在报上表态:陈其美私自拘宋,系侵犯司法权限,有悖民主国家法治精神,陈其美应立即放人。伍廷芳在报上连续刊文向陈其美笔伐。但陈其美对北京政府并不在意,不断督促"查账小组"对中行上海分行进行"查账",意在查出宋汉章侵吞公款的证据，进而向他索款，但结果却一无所获。在公众舆论压力之下，1912年4月15日，宋汉章在被拘三旬后经张嘉璈与上海钱庄业代表具保释放。保释后，宋汉章立即上书北京临时政府财政总长熊希龄要求申雪冤案，并请求辞职，又上书中行股东会申请辞职。4月29日，熊希龄在《申报》发表特批，内云："该员办理前清银行，声誉甚好……前晤沪军陈都督，亦谓该员办事谨慎，廉洁无私。并无所亏，今幸公家彻底清查，水落石出，正以表现该员之无私弊，此后益昭信用，切不可因此灰心也。"至此，一场冤案遂告结束。

陈其美通过限制宋汉章的人身自由进而筹饷之目的未能达到，而宋汉章虽然被关了20多天，但还给他的却是廉洁奉公的清白名声。由此宋汉章进一步获得了社会的称誉。

（三）抗拒北洋政府停兑令

1915年12月，袁世凯阴谋恢复帝制。次年4月，滇、桂、粤各省相继独立。袁世凯虽被迫取消帝制，但仍妄图以武力镇压反袁势力，急需筹集大量军饷；另一方面，北洋政府自成立之日起，财政收入十分拮据。在袁世凯任临时大总统的1912年9至12月，入不敷出之差额已达4290万两，到年底内外债高达1.7亿两，其中还不包括庚子赔款。在财政濒临破产的危机下，袁世凯与时任总统府秘书长的梁士诒策划，准备合并中国、交通两家银行，集中两行在各地分行的所有库存现金，挪作私用。

1916年5月11日，北洋政府突然向全国范围内的中国、交通两家银行发出政府指令：自奉令之日起，所有该两行之纸币及应付款项，暂时一律不准兑现付现。次日，北洋政府又以国务院名义正式向社会各界公布停兑令。

此令一出，犹如一石击起千层浪，迅速震惊全国，引发了民国史上首次全国性的挤兑风潮。这不但使本已举步维艰的中国银行信用锐减，遭受重创，而且也使北洋政府愈加威信扫地，大失民心。

然而，就在外地诸家中行、交行纷纷对北洋政府的停兑令俯首听命、遵照执行之时，唯有以宋汉章与张嘉璈为首的中国银行上海分行却独自挺立潮头，对停兑令拒不执行。

作为国家银行，中行、交行一向是北洋政府的金融支柱。在政府财政每况愈下的情况下，中行、交行为政府垫款大幅激增，到1913年底，中行垫款已达1204万银元，交行因梁士诒兼任总经理，垫款更达4750万银元。两行所发钞票则总计为7000余万元，而两行之库存准备金为2000万元，比差如此悬殊，其金融风险之大可想而知。

1915年12月13日,袁世凯狂妄称帝,上演了一场复辟丑剧。可在他登基仅83天后便在全国上下一片讨伐声中惶然下台。

中国银行上海分行于1916年5月8日接到北洋政府密令,要求该行"迅速迁出租界"。宋汉章立即电询迁址原因但未见答复,他马上意识到其中必大有文章,即将上海中行迁出租界后即可下达停兑令加以控制。于是,宋汉章与张嘉璈商量决定拒绝将行址迁出,并于5月11日专程拜访上海会审公廨的法官,就有关问题向其咨询。

宋汉章询问:"一旦上海中国银行宣布抗拒停兑,是否有办法可以让现任经理、副经理有几天时间留在银行继续工作?"

法官答:"如中行的利害关系人,如股东、存户、持券人等,向会审公廨控诉该行经理,有损其权益行为,要求法庭阻止,即可成立诉讼。因此在诉讼正在进行中,判决尚未宣布之期间,政府不能在租界逮捕或任意撤换现任经理。"

于是宋汉章据法官指点,展开了一番精心策划:当天下午召集上海金融界知名人士叶揆初、项兰生,浙江地方实业银行总经理李馥荪,浙江兴业银行董事蒋抑厄,上海商业储蓄银行总经理陈光甫等人,商定由他们分别作为上海中国银行的股东、存户和持券人代表,各自请律师向法庭提起诉讼,宋汉章、张嘉璈当即代表上海中国银行应诉。

接着,宋汉章召开了上海中国银行股东联合会成员紧急会议,决议具体应对停兑办法。主要内容有:(1)股东联合宣布接管上海中国银行,并推出监察员五人到行内监察事务;(2)聘请外国律师五人,代表上海中国银行股东接收和代管该行全部资产和负债;(3)所有支行准备金移交律师管理;(4)在报上刊登通告,声明上海中行仍照旧章办理各项业务,所有分行支行的钞票一律照常兑现,存款一律到期立兑,照付现金;(5)政府不能随意在该行提用款项。

在会后发表的公告中,股东联合会特别强调:"环顾全国分行之最重要者,莫如上海一埠,上海为全国金融枢纽,且为中外观瞻所系,故以保全中国银行,必先自上海始;且证之辛亥大清银行全体瓦解,幸沪上有股东会之设立,竭全力以维持沪行,沪行因赖以保全。"

中行股东联合会在决定抗令以后,特聘5名英籍、日籍律师代表股东接收全行财产,并委托宋汉章与张嘉璈继续担任中行正副经理。

宋汉章在取得合理合法的上海中行领导权后,立即电复北洋政府:"为对持票人负责,无论处在任何困难的环境中,愿尽一切力量,将库中现金兑至最后一元,始行停兑。"

关于是否会引来挤兑风潮，宋汉章虽已有相当的思想准备，但前景如何，也难以预卜。

当时他看到上海交通银行在前天已令关门，那些手持上海中行的钞票、存单的人们完全有可能前来挤兑。他与张嘉璈商量后决定，上海中国银行一如既往地开门营业，主要原因是行内库存准备有200多万元。

1916年5月12日，是考验上海中国银行的第一天。

当天清早，银行门前迎来了如潮的人流，挤兑者多达2000余人，兑出现洋40余万元。第二天为1000多人，兑出20余万元。第三天，该行在报上发出通告："14日为星期天，本行特别开门半日照常兑付。并宣布凡持本行兑现券者可向本行委托有关钱庄协助办理"。

当时上海中国银行的钞票为400万元，为防止无限制的挤兑，宋汉章四处奔走。首先赶到汇丰、德华两家外商银行，与两家银行商借透支合同，并以银行房产与苏州河两岸堆栈和地产道契作为担保。由于宋汉章在外商银行中的良好信誉，所以很顺利地从外商银行那里得到了支持。

实际上，外商银行提供援助也是为自身利益考虑，一是停兑必将牵动上海市面，而上海市面必然会影响到"华洋共有利害"；二是上海中国银行股东联合会所聘英日两律师早已与英国领事和日本领事商量过北洋政府停兑办法，一致认为此办法不仅不符合租界银行之手续，而且会动摇中国金融基础，将给外商银行带来危害。于是，在沪各外商银行召开会议，一致同意订立高达200万元的透支协议。此款虽未派上用场，但消息传出，许多钱庄纷纷表示支持上海中国银行，从而使前来兑现的人数大幅减少。

至5月19日，持续了一个星期的挤兑风潮终于平息。

经过这场风波后，上海中国银行信誉猛增，业务愈加兴旺发达，其发行的兑换券的信用大为提高，钞票的流通范围更加广泛。江苏、浙江、江西、安徽四省对中行在当地发行的钞票十足使用，甚至流通远至四川等地，影响所及几乎遍达穷乡僻壤，存款数额也超过以往任何时候。这就使外商银行在中国发行的钞票，无形之中受到排挤。

实际上，上海中国银行抗令之举的影响远不止此。风潮过后，中国银行在国际上的信誉和地位也日益提高。每当遇到上海市面上发生金融风潮时，往往由汇丰、麦加利等银行会同中国银行出来维持局面。

上海中国银行抗拒停兑取得胜利的原因，无疑是宋汉章决策果断，能联合张嘉璈同赴大劫。当时《字林西报》的社论对宋汉章颇为称颂："……沪埠赖有此举，而不堪设想之惊慌或暴动得以转为无事，此等举动，乃足以当胆略非常，热心爱国之称誉。至记者所虑及暴动者，则以星期六上午，持票者气势汹汹，苟有迫压，恐难保祸变之弗作，于此又足见该行行长宋汉章氏胆识俱优。"

宋汉章老成持重，精于内部管理，且在外国银行有信用，在沪银行界有名望。张嘉璈灵活机敏，善于对外交际，且有政治头脑与手腕，如利用进步党关系使冯国璋、王占元等军界人物出面支持抗兑现，即为一例。宋汉章、张嘉璈两人各有所长且能通力合作，发挥了相辅相成的作用，才使这一风潮在一周内只动用160万元便平息下去。

除宋汉章、张嘉璈两人之外，此次抗拒停兑之成功还得益于江浙财团著名人物的支持，如股东联合会会长张季直、副会长叶揆初、秘书长钱新之。另外一些金融和工商界的头面人物，如项兰生、蒋抑厄、陈光甫、李馥荪、沈新三、徐寄庼、虞洽卿、荣德生等，非为中行股东即为董事。他们在抗兑事件中纷纷出主意、想办法，有的人从始至终参与其事。如原大清银行秘书长项兰生在文中提到银行停兑事件时说："宋汉章、张公权、胡桂艿等每晚来我家密商应付，每夜宾客不断。我与揆初、抑厄全力支持，决定沪行不奉命，并由浙兴借款中行为后盾。"

通过这次斗争，江浙财团和银钱界名人同中国银行上海分行结下了相互依存的密切关系，并且促成了宋汉章与上海银行家的联谊。1918年，上海银行公会成立，宋汉章被推为首届会长。

北洋政府在这一事件中扮演了极不光彩的角色，许多军政人士在事后纷纷指责，反对最激烈的有张勋、冯国璋等。北洋政府还遭到洋人和商界的反对，在国内外的舆论压力下，于5月17日宣布部分改变停兑办法："凡海关、盐务、铁路等所收中、交两行钞票均可照常兑换现洋。"这样，停兑令下达仅9天，就由政府自己破坏了。

（四）抵制蒋介石的高压政策

1926年，国民革命军开始北伐，时任总司令的蒋介石在北伐初期羽毛未丰而军饷开支巨大，故对上海金融家态度颇为谦恭，多次通过虞洽卿介绍结交上海银钱工商界的著名人士，在往来信件中不惜屈尊以求，称对方为"兄"，自谦为"弟"，冀希获得他们的好感。

1927年初，蒋介石率北伐军到江西时曾说："我们先要占领上海，因为上海是中国的经济枢纽。"又说："仅靠中国银行一家财力远远不够，要通过多种渠道把上海几家大银行拉拢过来。"

1927年3月，蒋介石率领北伐军到达上海。3月22日，北伐军先遣指挥官奉蒋介石之命抵达龙华时，即向中国银行上海分行借款100万元。经理宋汉章一贯作风严谨,加上他并没有收到中行总董的密令,因此坚持银行原则,要求对方提供担保。这一正常手续使蒋介石大为恼火,索性将借款提高到500万元,并令俞飞鹏亲自去上海中国银行提款,告俞:"你非办到不得离行,如果不行,可以一直坐下去,除非银行关门打烊"。宋汉章不甘屈服,坚持银行惯例,双方形成僵局,此事最后由当时任中行副总裁的张嘉璈出面照办才得以平息。

3月26日,蒋介石接见上海中、交两行经理及银钱界、工商界代表,组织"江苏兼上海财政委员会",统一负责筹措北伐军款。时任上海银行公会副会长(会长为宋汉章)的陈光甫为该会主任。4月30日,蒋介石通知陈光甫向上海总商会借款200万元,要求中、交两行先行垫款100万元,于当日运往南京。但宋汉章又不能照办,蒋介石得知后十分恼火地说:"区区100万他竟然还敢顶着我,我自有办法对付他!"当时蒋介石在上海清党后,为对付武汉国民政府,军需开支浩大。陈光甫和虞洽卿已分别向上海金融、工商界借款600万元给蒋介石,但区区600万元之数,犹如杯水车薪,不济于事。4月下旬,南京国民政府成立,当时每月收入还不足300万元,但开支却高达1100万元以上。

上海银行、钱庄界对蒋介石只知拼命搜刮,而不知回报的"借款"深感不满。张嘉璈建议南京政府改现金借款为发行国债。他以为此举可束缚政府手脚,岂不知这一建议正中蒋介石下怀。因国债既可使资本家的经济利益与政府敛财结为一体,又可比借款筹措更多的资金。5月1日,南京政府发行第一笔二五库券3000万元,由上海金融、工商界承购。(10月1日又发行库券4000万元,至1928年6月共发行各种公债、库券达1.36亿元。)

为摊派库券,蒋介石施用了各种流氓恐怖手段。正如《字林西报》记者索克思所指出,"他(指蒋介石)原来对付共产党的恐怖浪潮转向了资本家","借口搜捕共产党,使用了各种形式的迫害"。当时被蒋介石以"反革命"等罪名绑架的有荣德生、席宝顺、欧炳光等10余名著名商人,被勒索数千万元。

在上海银行界,第一个被勒索的是任中国通商银行总经理、上海总商会会长的傅筱庵(傅筱庵得知通缉消息立即逃往大连)。

第二个被勒索的银行家为宋汉章。5月3日,蒋介石电告宋汉章,勒令上海中国银行预购库券1000万元,限于5日内解交财政委员会转解南京。蒋介石在电文里以充满威胁的口气责问宋汉章:"闻贵行上年以大款接济军阀,反抗本军,至今尚有助逆之谋……若不如数筹缴,不惟妨碍革命进行,且不足以表示赞成北伐与讨共大事。"宋汉章不甘屈服,他向蒋介石的督办俞飞鹏解释，中行以前对北伐军资助已达 860 万元，并软中带硬地告诫对方："军政与财政相表里，不要逼人太甚，否则中行不堪重负，对军政未必有利。"其时，中国银行董监事会联合会劝宋汉章"顾行全局与社会责任，勿得以巨款出借"。宋汉章两面受责，左右为难。他于 13 日复函蒋介石，述说所陈之言与事实不符。蒋介石在 20 日电函中严责宋汉章："贵行在汉竟勾结共产政府（按：指当时与南京政府对立的武汉国民政府）以 1800 万元之报效，使其尚敢负隅一方，荼毒同胞，殊感痛惜。此次沪上借款，以有确实二五税作抵，信用卓著，而贵行竟表示反对，始终作梗"，"务请于 23 日之前，设法补足 1000 万元"。这一电报中的罪状，由原来的"资敌""助逆"升级至"资共"，宋汉章在重重压力下只得求助于陈光甫。

身为江苏兼上海财委会主任的陈光甫对宋汉章的处境十分同情，对蒋介石的不断勒索也极为不满，遂通过张静江出面向蒋介石转圜，但蒋介石的态度十分强硬，在给陈光甫的电报中再一次发出警告："宋汉章延宕缴款，如照法律言，谓其阻碍革命，有意附逆亦可，请从严交涉，万勿以私忘公。"宋汉章见此情况，早已置个人安危于度外，准备蒋介石对他以"法律"解决。但他想到的是整个上海金融界的市面，在给俞飞鹏等的信中指出，已无法应付 100 万元库券之局面，"若总司令不予见谅，必令增垫，设谣言一播，纷纷挤兑，汉章个人原不足惜，恐银行从此倾覆，金融亦将不可收拾"。

陈光甫得知宋汉章关于事关沪上金融恐慌的意见后，于 6 月初以长函劝蒋介石慎重处置："若逼中行以准备金提垫将酿成挤兑风潮、金融恐慌"，"操之过急金融发生问题，今后将筹垫无门"，"必遭别国对华反感"。蒋介石在复陈光甫函中表示理解，又怕陈光甫借此辞职，特表示"中行事，鄙意当不使吾兄独为其难"，一场风波终于暂告止息。而宋汉章在蒋介石面前，坚贞不屈，始终不动用中行的准备金，显示了其刚正不阿的品质，为工商、金融各界人士一致称颂。但宋汉章经此番折磨，健康受到影响，他决心辞去上海中行经理职务，得到总部允准改任"沪行总经理"（虚职），上海中行经理一职由贝祖诒接任。

蒋介石在南京政府成立之初，如此不择手段地对待以宋汉章为代表的中行，自有其另一个深层原因。原来，国民政府的中央银行于 1924 年在广州设立时，其财力远远不如中行、交行两行，且经几次金融风潮，央行在国内信用极低。蒋介石北伐到南京后，企图将中国银行直接改组或兼并于中央银行，但遭到宋汉章、张嘉璈等的抵制。后蒋介石于 1928 年公布中国银行条例，提出官商合办的改组方案，规定中行为"特许之国际汇兑银行"，将国家银行之职能逐步转至中央银行。

四、利令智昏的傅筱庵

（一）巴结权贵，骗取钱财

傅筱庵是旧上海滩一名叱咤风云的商界巨子。他于1872年生于宁波海滨镇海李家村，父亲傅晓春是当地源茂木材行运输木材的帆船主，长期在海上过着漂流生活，为此他把儿子寄养在外婆家私塾里读书。为使儿子从小培养顽强开拓的精神，他托人把傅筱庵带到大都市上海。21岁时，傅筱庵经人介绍到美商耶松船厂当学徒。他从小聪敏机灵，善于察颜观色，因此很快脱颖而出，被洋大班派到自己的办公室当"仆欧"，干些替人送文件的杂差。

两年后，傅筱庵在洋行里刻苦攻读外语，进夜校读了三年后便能讲洋泾浜英语，还能抄写英语文件，深得洋老板的赏识，不久便被提拔为写字间的领班，专门负责考核工人出勤和发放工资等事务。当时耶松船厂处于浦东，船厂工人所租房屋的主人为上海商务总会的总董严信厚，严家因收不到房租而深感棘手。傅筱庵得到这一消息便想方设法钻进严家，他请收租人喝酒时说："我保证为严家收到房租，只要你把工人每月的工资单交给我就行"。收租人深为感激，同意傅为他代劳。傅筱庵不顾工人反对，每月强行从工人工资中扣除房租，从此获得严家的信任。

接着，傅筱庵处心积虑地讨好严信厚的妻子杨氏。他常陪严信厚之子严子均外出游玩，结识了宁波帮两位巨商虞洽卿和朱葆三。当他得知杨氏爱搓麻将，便陪她到大官僚、大买办盛宣怀家，与盛的夫人庄氏一起搓麻将，不久杨氏认他为干儿子。他以干儿子身份经常出入盛家，还经常贴钱给庄氏代买日用品，又深得庄氏的欢心，庄氏也认他为干儿子，于是盛宣怀成了他的干爹。

为了进一步巴结盛宣怀，傅筱庵得知盛宣怀的三夫人喜欢马车，便精心设计了一辆小巧玲珑、富丽堂皇的藤椅式马车送给三夫人。不久傅筱庵通过三夫人的"枕边风"，成为盛氏总账房的帮办，后在盛宣怀控制的招商局任船舶科长、产业科长，成为盛宣怀的得力助手和亲信。

1909年，傅筱庵离开耶松船厂，经严子均介绍出任华兴保险公司副经理。傅为人机灵圆滑，又颇有经济才能，把公司打理得井井有条，后总理陈辉庭病故，傅继任了总经理。傅筱庵在招商局和保险公司两处任职收入颇丰。

第二年，傅筱庵先后任长利洋行和美兴洋行买办，推销进口电器五金，发了好几笔洋财。后又与朱葆三、严子均在虹口合伙开办祥大源五金号，包揽招商局轮船上的所有五金材料。从此，傅筱庵成为上海名商，积累了千万以上财产，然后又在上海和镇海老家购置大量地产。

1911年初，时任邮传部大臣的盛宣怀宣布铁路国有，激起民众的不满，引发起保路风潮和武昌起义。盛宣怀被清政府"革职，永不叙用"，有人提议要判盛死刑。盛宣怀闻讯逃往日本。傅筱庵以盛氏代理人自居，代管盛家产业，后盛回上海于1916年病逝。盛宣怀一死，其家属展开了激烈的遗产争夺战。傅筱庵在盛宣怀出逃日本前获得盛家产业代理保护人的资格，而盛的三夫人又是他的干娘。由于盛家的遗产多少只有傅筱庵一人知道，傅筱庵在参与盛家遗产争夺过程中乘机浑水摸鱼，从中攫取大量资产。

在盛宣怀死后，傅筱庵想方设法抓招商局的大权，他收买了招商局下的轮船买办（经理），以时任经理盛重颐"贪污失职"为由将盛赶走，爬上招商局经理职位。他大力培植亲信，走私鸦片，坐地分赃，又在采购燃煤之机受贿营私。他还利用新裕轮被军舰撞沉一事，借招商局购买新船江新轮之机，虚报账目，从中牟利。傅的种种劣迹引起招商局股东和广大职工的强烈不满，决定召开股东大会来处理傅筱庵等一批人的小集团。反傅派股东孙铁舟提出要彻底审查招商局账目，并把傅筱庵赶下台，但傅派人物竭力反对孙的提议。最后，经过双方的激烈争吵，同意以投票方式解决。结果傅筱庵惨败，除了任董事一职外，在招商局内失去经理之职。当股东们要审查局产和全部账目时，傅筱庵不甘罢休，他拉拢朱葆三、陈炳谦等股东宣布成立检查组自查，又请出张謇等名人领衔致电交通部，为傅辩护。北京政府不愿得罪江浙绅董，此案即不了了之。而傅筱庵经过这次风波，因祸得福，于1922年底重新独揽招商局大权。

（二）出任总经理，竞选商会会长

中国通商银行原是盛宣怀和严信厚等官商合办的大企业，由严信厚任该行总董。严去世后，银行的最大股东招商局和电报局将其股票悉数分派给各股东，作为股息。由于股票的分散和股权的转移，使股东人数达1000多户。傅筱庵乘此机会用低价收进大量股票，从中获取巨额利润。在占有多数股份后，傅筱庵出任中国通商银行总经理，把大权掌握在手，并大力进行改革。

为扩大业务，傅筱庵在虹口和南京开设分行，又在宁波设立分支机构。这一时期通商银行业务不断上升，到1919年底，已获利17万两，并不断提高股票利息。

1927到1931年，傅筱庵因遭北伐军通缉潜往大连。1931年10月返沪后，见陈光甫代理通商银行经理时连年亏损，遂复职任总经理兼董事长。他在召开股东大会后对银行进行了五项改革：

第一，银行资本由过去的以银两为单位改为以银元为单位。原来实收资本为250万两，按每两1元4角计算，共计350万元。

第二，改组董事会成员，增添徐圣祥、朱守梅、张啸林、杜月笙为董事。

第三，经傅筱庵通过国民政府财政部次长徐堪的门路，通商银行重新获得发行钞票的权利。为扩大业务和钞票流通范围，在外地设立10家分支机构。由此，通商银行的存款为3100万元，与该行历年发行的钞票最高额2999万元基本持平。

第四，精简机构，裁撤冗员，选用一批有才能的人担任各分行、支行的经理，又调整了总行各部门负责人的人选。

第五，改革记账制度，由过去总行的账册簿据等全部用英文，改为一律用中文。

经过这次改革，中国通商银行的经营业务开始好转。由于过去对北洋政府放款中以债券作抵押，大量资金成为呆账；1935年发生工商业倒闭风潮，致使通商银行出现大量亏空。但傅筱庵为装饰门面，斥巨资在福州路建造了一座中国通商大厦，使银行亏损更大，只得以150万元低价卖给宋子文的中国建设银行公司，并更名为建设大厦。1935年，傅筱庵面对种种困境被迫离开中国通商银行，由杜月笙等接办。

傅筱庵为人机敏，他深知在社会上要名利双收必须抓住机遇、勾结名官，才能不断地往上爬到事业的顶峰。辛亥革命后，北洋军阀统治时期，军阀混战不休，为了筹措经费，政府当局大量发行公债，以此作抵押向银行借款。傅筱庵明知用公债抵押的借款利率较高，但无还款的保证。为了讨好北洋政府，他以中国通商银行名义陆续买进公债，最多时一年达300万元，占银行存款和发行钞票总额之1/3。由于傅在经济上积极支持北洋政府，他出任北洋政府国务院高等顾问、财政部驻沪特派员、中国银行监理官、上海造币厂和全国烟酒公卖局监督等职。

但以上这些高位在傅筱庵看来全是"小儿科"，他的最大夙愿是登上上海总商会会长的宝座。

上海总商会在上海经济领域占有特殊的重要地位。首任会长为严信厚，后任会长为朱葆三。1919年"五四"运动后，一直由上海银行公会会长宋汉章担任。

1924年上海总商会进行改选，原任会长宋汉章称病无意连任，中国银行派史久鳌为代表。后在会董选举时宋汉章名列候补会董之首，因此宋连任会长，傅筱庵落选。

1926年上海总商会再次进行改选，傅筱庵吸取上次失败教训，决心打败对手虞洽卿。他请谢蘅窗出来为其助阵。谢是上海煤业巨子，生性粗鲁，绰号"大炮"，却很讲义气，经不得傅筱庵的几番动员，就四处奔走，摇旗呐喊，设法把虞洽卿搞垮。傅筱庵特别借重军阀孙传芳之力，为他制造舆论。这一次，会长之争，可谓宁波帮的一次大火拼。由于虞洽卿自恃过高，而傅筱庵各方准备充分，在7月8日的正式大选中傅筱庵终于被选为上海总商会会长，实现了他多年的梦想。

1927年7月，广东国民政府组织军队宣誓北伐。为了保持自己的地位，傅筱庵以招商局董事的名义，积极支持孙传芳阻挠北伐。他动用通商银行资金200万元，为孙传芳助饷；还调动招商局9艘商轮为孙传芳运送军火和军队，以至招商局亏损200余万元。

但北伐军势不可挡，先遣部队将进上海时，傅筱庵派代表一面表示欢迎，又在孙传芳逃离上海时亲往送别。当北伐军总司令蒋介石抵达上海时，傅筱庵即以上海总商会名义通电"竭诚拥护"。傅筱庵八面玲珑，两面讨好。但蒋介石得知傅筱庵支持孙传芳后，还是发出了对他的通缉令。傅得知消息，连夜逃往大连日租界。傅身在大连，心在上海，通过杜月笙、张啸林等人的一再疏通，才于"九一八"事变后，通缉令撤销，傅筱庵重返上海。

（三）投靠日伪，死有余辜

自从被撵出通商银行后，傅筱庵感到投靠国民党已无希望，必须另找政治靠山。当时，在与他来往的客人中有一名叫周文瑞的日本通。周原是盛宣怀的孙婿，台湾银行买办，与日本人常有往来。周与在上海任日本支那派遣军总司令松井相识。松井曾物色一名叫苏锡文的人当浦东"上海大道市政府"的市长。此人名不见经传又办事不力，松井对他极为不满，正想另外物色人选。一日，见周文瑞前来推荐傅筱庵，得知傅乃是当年盛宣怀的心腹总管，又当过中国通商银行总经理，后被国民党排挤，现任上海总商会会长。于是一拍即合，当即派特派员到傅家联系。傅筱庵被国民党政府赶出通商银行后，心中一口怨气正无处发泄，想伺机报复，现见日本当局前来说客，正中其下怀。傅筱庵心想，若能东山再起，即可收复失去的一切经济利益。松井令设于南京的伪维新政府任命傅筱庵为伪上海特别市市长。1938年10月16日，傅筱庵走马上任，周文瑞当上了财政局局长，前通商银行翻译吴麦汀当外交秘书。

1938年12月，汪精卫逃离重庆。次年在日军刺刀下成立伪国民政府，维新政府解散，傅筱庵由汪精卫加委继续任伪上海特别市市长。

汪精卫出逃重庆，在南京成立伪政府使蒋介石极为恼火，他决定利用傅筱庵在上海诱杀汪精卫。戴笠奉命制定刺汪计划，先派与傅筱庵有交情的许天民去上海，许按计划去傅宅，告诉傅筱庵重庆密令，商谈刺汪计划。阴险奸诈的傅筱庵早是一个首鼠两端之人，听了许天民的杀汪计划后伪装遵蒋密令，待许离开后他仔细分析当前形势，决定把刺汪计划向日本顾问和汪伪七十六号特工汇报。于是，戴笠所派的许天民、吴赓恕、戴星炳等被七十六号汪伪特工总部抓走。蒋介石得知此项计划落空，十分震怒，决定再派戴笠将傅筱庵秘密处死。

自傅筱庵骗得戴笠特工信任，抓获重庆特工之后，深受日军宪兵司令部的嘉奖。但傅筱庵工于心机，此后每日早晨坐着高级防弹车上班，在前后四辆护卫车保驾之下，从虹口官邸驶往江湾伪市政府，浩浩荡荡，气派不凡，同时防卫格外小心。

傅筱庵就任上海伪市长之时，他的老家宁波镇海万名群众集会，声讨他的汉奸行为。次年，抗日战争纪念日，群众再次集会，把他老宅捣毁。1940年，他先后三次遭暗杀，都狡猾逃脱。从此傅筱庵惶惶不可终日，一出门就有十几名保镖跟着，在官邸和伪市政府大厦周围戒备森严。

1940年10月，戴笠派特工收买傅筱庵家一名老厨工朱升。朱升为傅家做过5年的厨师，深受傅的信任。他在特工启发下，终于提高觉悟，于11日凌晨乘傅筱庵熟睡之际用菜刀把他砍死，然后乘车逃走。这样，傅筱庵终于结束了他风云上海滩的可耻的一生，时年68岁。

五、 孙衡甫与四明银行的兴衰

四明银行是继中国通商银行之后成立于上海的第二家银行。它创办于1808年，是清一色的宁波帮银行。原名上海四明储蓄银行，简称四明银行。它的发起人有袁鎏、朱葆三、李云书、严子彬、周晋镳、虞洽卿等人，由周晋镳为总董，陈薰为总经理，虞洽卿为协理。虞洽卿虽为四明银行协理，但实际上他既是创办人又是实际负责人。

虞洽卿在1898年第二次四明公所事件中表现突出，在上海滩上崭露头角。当时他任荷兰银行买办，后向清政府捐得道台官衔。1907年他以随员身份加入官方代表团赴日本考察。在日本考察半个多月中结识著名华侨、宁波同乡吴锦堂，两人相叙甚欢。吴锦堂对他说，日本之强在于维新，维新之力在于工商。并劝虞洽卿振兴实业，使他深受启发。回国后，他发现"金融乃百业之首"。日本工商业的发展关键是借洋行之力以集中资金，而集中资金的最好办法莫过于银行。自严信厚于1807年去世后，官商合办的中国通商银行继承者陈笙郊、谢纶辉业绩平平，且该行资金大多来自官商。虞洽卿看到纯粹的私立银行一家也没有，决心筹办一家私立银行。1808年9月11日四明银行在上海江西路悬牌开业时，前来道贺的绅商（其中宁波帮钱庄界人士居多）络绎不绝，储蓄存款尤为活跃。

由于总经理陈薰为人忠厚，且出身源丰润钱庄经理，对新兴银行业务缺乏经验，加上虞洽卿当时一心投入筹建公共租界华商体操会，经常带领数百华人出操，无暇顾及"四明"，所以银行经营二年后业绩毫无起色。

一日，虞洽卿拜访浙江兴业银行董事长叶揆初，该行正与四明银行同年开设上海分行，他想提拔孙衡甫从营业部主任升为经理。叶揆初见虞洽卿的来意是请他介绍孙衡甫去四明，他十分为难地说："孙衡甫乃我行一员大将，和德兄是想来拆我台脚？"

虞洽卿连忙解释："我已与衡甫商量过，他似乎没有在'浙兴'的长期打算，一切自愿，我们决不勉强，'拆台脚'之语，老兄讲得多难听。"

孙衡甫（1873—1944），浙江慈溪人，出身于宁波一家烟厂学徒，后进上海仑余钱庄任账房至信房。由于孙自幼聪敏好学且精明能干，于1910年转入浙江兴业银行上海分行任营业部主任。虞洽卿曾以宁波同乡之谊与孙衡甫密商，相约一年后请他出任四明银行总经理。故孙衡甫于次年任浙江兴业银行上海分行经理后不久跳槽，被虞洽卿邀为四明银行总经理。

（一）改革银行的两大举措

1917年4月，孙衡甫到任后对"四明"进行改革。首先，他提出"存款是立行之本"。他千方百计延揽存户，聘请一大批跑街先生，有时自己亲自外出活动，兜揽工商存款及社会游资，并且采用新颖手段来扩大储蓄业务，如学费储蓄、婚嫁储蓄、礼金券等，使该行一时存款额高达4000万元，超过原始资金数十倍。

其次，提高银行信誉。孙衡甫说："争取存款，不在存款利率高低，而在银行信用厚薄。"他深知媒体的宣传作用，除在报刊上进行各种礼品宣传外，还利用行产、房屋大做广告。如在四明银行汉口分行建银行大楼时高达8层，为全市之冠，令人瞩目。该行所拥有的房地产均以"四明"命名，如

"四明里""四明坊""四明村""四明别墅"等等，其中在林森路（今淮海路）的"四明里"占地面积最大，除职员宿舍外，空余之房一律出租，房产最多时达1200幢左右。孙衡甫的这一计划果然达到相当良好的效果。此外，在上海又分设支行，如民国路（今人民路）南市支行，南京路西区支行等，且在南京、杭州、宁波等地设立支行。同时将原江西路总行顶出，在北京路建造一幢四明银行大楼。但孙衡甫显然过多投资于房地产，而较少地投资工商业，后来便显示出资金呆滞，周转不灵的隐患。

（二）突遭挤兑，同乡解危

早在北洋军阀时期，四明银行已获得印钞票发行权，这为其开展业务创造了条件。但孙衡甫只顾发行钞票，却不注意建立准备金。

1935年，四明银行因营业凋蔽，一时无力归还各处借款。该年年初，谣言纷起，说四明银行欠房地产款无法归还，钞票即将作废，又消息说虞洽卿买船向"四明"借款数百万，"四明"资金只出无进等等。某日，因虞洽卿所办的一家扬清肥皂公司半夜失火，全厂一时被火吞噬，300多箱肥皂化为灰烬。这事第二天在报上刊出，其中提到该公司全系四明银行贷款资金所建，且无保险。于是，那些持四明银行所发行的钞票的洋行和银行，立刻来到四明银行，用钞票兑换现银。一些不明真相的客户，也纷纷前来拿钞票要求兑换现银。那天，四明银行门前排起了长龙，孙衡甫立即向董事虞洽卿求助。

虞洽卿面对这种风潮沉着应对，他请总董周晋镳立刻召开董事会，会上虞洽卿呼吁各位董事一起行动，动员宁波帮开设的钱庄、银行、大小商店，一起挂牌代为收兑四明银行的钞票。因四明银行很多董事本身就是钱庄、银行的老板和经理，如严子彬的源丰润钱庄在上海开设的总部和分部便有三家，另在外地设有十余家钱庄分号；此外，周晋镳、李云书、朱葆三、朱联青等均在上海拥有钱庄和银行以及许多工商企业，他们理所当然拥护并支持四明银行。虞洽卿还向上海钱业公会理事长秦润卿求助。秦润卿立即将福源、福康、顺康三大钱庄储备的大批现金调来相助，并以钱业公会名义通知各宁波帮钱庄为四明银行出力。第二天，上海许多钱庄、银号都挂出了招牌"代兑四明银行钞票一元，另赠一枚铜圆"。为了彻底击败这股谣言，虞洽卿将各支援钱庄等票号的现银装入木箱，夜以继日驱车开往四明银行，以示四明银行备银充足，其中有一部分木箱装的是一块块石子。这也是虞洽卿等宁波人头脑灵光的一个例子。前来挤兑的人中有不少是小贩、职员，他们见到四明银行有如此坚挺的后盾，再也没有必要去挤兑了。几天以后，外国洋行、银行的阴谋不攻自破。

在虞洽卿等甬商名人的领导下，终于化解了这次挤兑风潮，使孙衡甫对虞感激不尽。另外，这次风潮的平息也显示了宁波帮的团结协助精神和善与风潮搏击的群体意识。日本社会活动家内山完造先生曾在上海开设一家内山书店，店内伙计都是宁波人，他在《天无绝人之路》一文中描写了"四明"挤兑后对宁波人的印象："上海有一家四明银行，是宁波地方的人开设的银行，有次也发生了纸币行使不通的谣言。那时我对店员们说：'四明银行的纸币有不兑现的谣传传来，如果有客人付四明银行的纸币，务必请他换一下别的纸币才好。'然而我店里人全是宁波人，有一资格最老的店员说：'没有那样的事，内山先生要是不喜欢四明银行的纸币，我情愿调换。'遂把店里所收到的四明银行的纸币都选了出来，自己拿出别种纸币来调换了。我也不知道说什么话才好。一听到同乡人（虽然并不熟悉，如同路人）所开设的银行信用动摇，便立刻维持同乡人的银行的信用。自然金数可谓极少极少，但这种心理却支配着全体宁波人。"正如宁波旅沪同乡会在一次大会宣言中所评价的：吾甬人所以能事必百成，功效显著者，则系于团结之坚，组织之备。一遇有事，即能互相呼应，踊跃争先，以收其合作之效。

（三）遭官僚资本控制

孙衡甫在主持四明银行之时，其经营方式中有一大缺点，即因袭钱庄做法，且因私人关系放债失控。他在大权独揽中任人唯亲，如安排其子孙祥篪任宁波分行经理，甚至家行不分，将家中开支列入银行账内；家中亲戚竟私挪银行资金达数千万元。记账方式到1931年才开始采用银行新式簿记。尤其是他在放款中随意性很大，凡跑街先生来电，他往往对客户不作深入调查研究，凭一次电话裁定。他还自称这是"放款要越快越好，可免得同行抢去户头"。这种急功近利的做法往往使银行吃倒账、呆账。特别是房地产及公债票据投资过度，使银行债台高筑。

1935年，世界上一些主要资本主义国家都先后放弃了金本位，而采用有控制的纸币本位，金汇兑本位对中国已失去了实施价值。加之，此时美国出于自身利益，推行白银收购政策，给中国的货币市场造成了很大的冲击，迫使南京政府加紧币制改革的步伐。1935年11月3日，国民政府财政部公告，宣布实行以中央、中国、交通三家钞票为法币。由此国内银根奇紧，物价暴落。南京国民政府为转嫁危机，加紧掠夺民族资本，并撤销部分银行，又因孙衡甫正面临资金周转困境，财政部长孔祥熙便向四明银行开刀。他采用十分卑劣的手段，先嘱咐中央银行在回笼民营银行钞票时，派人将四明银行钞票拣出，再分批派人向四明银行兑现，造成孙衡甫无法招架，只能将房地产抵债。中央银行乘机提出官商合股,行内股票损失惨重。后孙衡甫被孔祥熙撤换,孙的股票被官方资本掠夺一空。最后四明银行由俞佐宸任总经理,一直至新中国成立后公私合营。1944年1月24日,孙衡甫在上海病故,终年69岁。

六、 钱业领袖秦润卿

(一) 程庄董临终授命

秦润卿,名祖泽,生于1877年,浙江慈溪人。自幼家贫,迫于生计,仅读私塾8年。15岁经表叔介绍进上海协源钱庄当学徒。其间在庄内不辞辛劳,勤勉好学,深得庄主赏识。该庄为苏州典当巨商程衡斋孙辈所设,后改名为福源钱庄。20岁时,秦润卿从账房、信房升为外场(跑街)。在外场时,他恪尽职守,从未收过非分之财。每做一笔信贷,秦润卿有三条原则:一看该企业是否有发展前途;二看企业主是否有信用;三看对方人品是否正派直至有否不良癖好。1906年秋,有东北营口一家客户倒账,当时庄上诸人均不愿往,因数额巨大,且路途遥远,关外民风强悍,盗匪横行。庄主程觐岳与经理罗樾卿十分为难,考虑再三,决定把这一重任交给已任副经理的秦润卿。秦润卿临危授命,回家后告之夫人周幼香。周幼香夜以继日为其夫缝制一件前四袋后两袋的夹层背心。秦润卿北上两个月,路上一直穿着这件贴身背心,途中投宿夜不离身。任务完成后立即返回庄内,向程庄主交差,得到全庄同仁的称颂。

1923年,庄主程觐岳去世。临终前,他召集福源、福康、顺康三家钱庄经理与程氏子弟,对他们说:"秦润卿是个人才,他15年前从烟台收账回来,途中匪徒横行,回来时我见他背心袋汗渍斑斑,其味难闻,所有账款分文不少;最近一家钱庄以重金聘他为经理,但他不为所动;去年我孙子被绑架,全赖他多方奔走,托人保释回家。我去世以后程家子弟今后不得干预钱庄一切。子孙每年只能按名下的一份拿取红利。"程觐岳去世后,福康、顺康两经理不久亦先后去世,于是三家钱庄大事尽取决于秦润卿。后人有评:程董托秦犹如刘备托孤。

滴水之恩,涌泉相报。秦润卿接受程觐岳之重托,在主持福源、福康、顺康三庄中任劳任怨,几十年如一日,使三庄在改革中发展,其资本、存款额等在上海钱庄业中都名列前茅。在20世纪30年代中期以后，由于受美国"白银法案"影响，上海白银外流，市面萧条，引起10多家钱庄倒闭，三联庄盈利亦大幅减少。但在秦润卿稳健经营下，一直挺到上海解放，直至1952年12月福源等三庄参加了公私合营，其总产值在全上海钱庄中冠全行业之首。

（二）"外滩银行犹如笑面虎"

秦润卿在主持钱庄业务时，一贯主张不依赖"外滩银行"（洋商在沪开设的银行之俗称）。这有其历史和自身的原因。其一，秦润卿父亲秦九龄早年曾在上海新康洋行任会计，因不善媚承，备受洋行虐待，直至因病被洋人逐出门外，在贫困中死去。这个丧父之痛使他从小心中滋长了不受洋人欺侮的爱国思想。其二，他深刻认识到"外滩银行"是列强对华进行经济侵略之工具，它们以"洋厘""银拆""低息"等为诱饵，引对方饮鸩止渴，开始仰外国银行之鼻息，逐渐丧失自主权，终至破产。秦润卿在主持福源钱庄时，将庄内流动资金长期存入国家银行、国库等财政机构，从不向外商银行借贷；钱庄量入为出，而决不贪图外商银行低息从事投机，谋取暴利。1925年他在钱业公会的一次谈话中说："外滩银行犹如笑面虎，我一旦入其彀中，就难以脱身，大家勿同他们往来，切勿因贪而被洋人笼入股掌之间。"是年又发表《告各同业钱庄书》，提出"曲突徙薪"的方针，告诫同业要"自力更生，站稳脚跟"，"自立者何？唯有对于营业慎益加慎，宁缩小其范围，勿虚张声势，兢兢业业，时时刻刻，存临深履薄冰之明怀，放远大之眼光，毋临渴而掘井"。其三，有鉴于20世纪初大批钱庄投入洋商掀起的橡皮股票风潮的惨痛教训，以及钱庄界大批人士疯狂投入信交风潮遭到破产的前车之鉴，更坚定了他反对与洋商银行往来和投机买卖的决心。1906年后，大批钱庄陷入橡皮股票投机风潮，损失惨重；嗣后在信交风潮中股票猛跌，大批字号倒闭。由于秦润卿一贯主张勿与"笑面虎"往来，反对投机买卖，他所主持的福源等钱庄无一罹难。附带一提的是，福源大股东程觐岳之子程钟缙和程霭士在橡皮股票风潮时曾联手从苏州赶往上海福源，要福源购买橡皮股票，多次遭到秦润卿的婉拒。1925年冬，秦润卿在一次谈话中说："民国十年，本市有数家交易所先后开业，并有信托公司数家相继成立，其股份在市买卖，价格辄逾票面数倍，一般眩获利之丰，组织之易，遂相率发起交易所及信托公司，一时多至136家。不久倒闭者踵相接，于市面以莫大打击，是为橡皮风潮后又一巨大风潮，幸当时钱业主持者，鉴于橡皮风潮殷鉴不远，老成持重者，避之若免，得以免于牵累，是又不幸中之大幸也。"

秦润卿的"洋商是笑面虎"观点不久便被事实所证实。四明银行董事长孙衡甫在1925年五卅运动期间因向汇丰银行借款达30万两之多,不久接到许多存户和团体的警告,严厉指责他大量"接济外国银行现款"。"企业大王"刘鸿生在1947年发生全面资金困难时曾向汇丰银行求助,即遭汇丰拒绝,后接受蒉延芳主持的浙江兴业银行的资助得渡过难关。刘曾言"有蒉有我"。1935年荣宗敬为挽救申新七厂曾向汇丰银行借款,汇丰银行乘人之危强行拍卖该厂,曾引起上海爱国人士的纷纷谴责,认为汇丰落井下石之手段实在太辣,遂未能得逞,则又是一例。

然而,秦润卿作为上海钱业领袖,钱庄业不可能不与"笑面虎"洋商银行打交道。上海金融业在进入20世纪以后,已呈现出外国银行业、本国银行业和钱庄业三足鼎立的格局。从1921年开始至1928年,经过8年的三方协商,"上海中外银钱业联合会"成立,其宗旨为促进中外各行庄的互助合作,形成了三方面之间的利益互动关系。秦润卿代表上海钱庄业多次参加三方协商会议,并在中外银钱业联合会中担任董事,从而打破了外国银行在中国外汇领域的垄断地位,这对于钱庄业与外国银行之间形成互动,具有积极的意义。

(三) 革故鼎新,屡闯风险

秦润卿经营稳健,富有魄力,在稳中求新,稳中求变,刻意进取。诚如他自己所说:"猛进者固多危险,退守者未免消极。保守虽属老成,渐进乃为干练。虽未必登峰造极,亦不屑固步以自封。"他坚持积极稳健原则,对旧式钱庄实行多项改革。

其一,改革钱庄旧式宕账制度。旧时钱庄,职工薪金菲薄,因而规定除学徒外,每位职工可陆续透支若干,名为宕账,不计利息,三年结算时扣还。经理在庄主默许下,可透支数万两,甚至十余万两,用来存入钱庄生息或经营投机生意。这样,不但影响庄内资金周转,一旦投机失败,无力清账,还会累及钱庄安危。秦润卿任福源经理后带头取消宕账制度,同时适当提高职工工资,并规定职工不得进行任何投机活动。

其二,坚持做"多单",不做"缺单"。"多单"是指放款不超过客户存款及本庄资金,"缺单"是指放款额大于存款额及本庄资金。秦润卿认为,钱庄既是守信用的机构,就必须保持稳健经营方针,不做"缺单";钱庄吸收存款决不能全部放出,在资金上应留有余地,以确保信誉。

其三,逐步向银行经营方式靠拢。过去钱庄只做信用放款,缺乏物质保证,易发生倒账、呆账,风险极大。秦润卿主持福源钱庄后一改旧制,放账对象以民族工业为主，并以纺织业为重点。如1927年，为鸿裕等6家纱厂抵押放款96万两，1932年为鸿章纱厂放款高达237万两，不仅为全市钱庄所未有，且为当时银行所罕见。福源这一雪中送炭之举曾被企业界所称誉。

其四，改进钱庄外部形象，革新钱庄内部业务。旧时钱庄对营业用房往往因陋就简，不甚讲究。秦润卿却认为，钱庄的建筑形象是其财力的象征与标志。为提高福源钱庄的商业地位，他于1933年在宁波路江西路附近筹款建造了一座钢筋水泥的福源营业大楼，其气派与规模可与几处银行大厦相媲美。该楼落成后，福源的声誉大为提高，当年年底的存款余额竟增至500万两以上，跃居同业之首。在内部业务方面，秦润卿也仿效新式银行的有关制度进行了一系列改革，如增设受托部，扩展多种业务；设立保管库，代客户保管有价证券、契约单据及贵重物品；代客户管理房地产，代收房租；代理保险业务；建立存放抵押品的仓库；出租保险箱等。此外，还废除了钱庄繁琐的老式记账制度，全部采用新式复式会计。从1925年起，福源钱庄还率先在同行业中公布营业状况和资产负债表，这在当时无疑是对传统观念和保守心理的一次有力的冲击。

秦润卿所采取的这些措施，使由他管理的钱庄面貌大变、信誉倍增。至1923年，福源钱庄的盈余额比两年前增加了17万两。这些非凡业绩也使秦润卿在上海钱业界的影响越来越大。

秦润卿自1920至1935年历任上海钱业公会会长近15年，在任期间，他努力扩展钱业业务，办了不少实事，留下了良好的声誉。

他推动制定钱业公会章程，多次修订钱业规则。其间，秦润卿努力宣传钱庄业的革新思想和采取新措施，对引入银行业抵押贷款方式作了明确和详细的规定，从而一改以往钱庄以信用贷款的传统业规。另外"规则"中还矫正了钱庄间的不正当竞争，增强钱庄界的协调与合作。

他于1921年创办《钱业月报》。在创刊号上他撰写了《发刊缘起》，提出上海钱庄业必须加强资本、改良营业、分散放款、培养人才、调查统计五项革新措施。秦润卿在该刊多次发表文章，提出有价值的主张，积极向同仁灌输新观念、新知识。在他的提倡下，《钱业月报》于1922年起刊登《同业录》，公布各庄股东、经理姓名、资本总额等，一反过去股东资力对外保密的旧规。另外，该刊及时公布上海金融市场钱庄、银行及票据交换的统计数据，以反映当时银根紧松和金融行情的变动，等等，成为沪上钱业界经济信息的重要资源。

为推动钱庄业的团结与合作，以求行业的进步与发展，秦润卿于1923年将钱业南北市场合而为一，组织"市场委员"，从而掌握了上海金融市场的行市。他还在《钱业月报》基础上建立钱业业务研究会，为钱业应对金融风险与外部世界的挑战奠定了重要基础。

秦润卿还大力培养钱业子弟。1923年，秦润卿有感于"沪上学风之失坠"，"课程偏失，其施教不合国用"，于是利用钱业公会余屋创办"修能学社"，专收同业子弟入学。在该社课程中，增加中国文史教材，兼设外语、数学、商科等，并请同乡学者冯君木、陈布雷为校长。次年冬，钱业公会创设上海钱业公学，后改为钱业中小学，在校董会中秦润卿自任董事长，凡"一切兴革设施均亲自过问"。该校至1947年全校学生达1500余人。

建立现金公库与联合准备库，屡闯金融风险。为避免钱庄现金闲置，在秦润卿倡导下于1924年建造现金公库，后又成立钱庄联合准备库，在抵制金融风险中成效显著。如"一·二八"事变发生后，上海一度发生金融恐慌，由于成立了准备库，使一些小型钱庄"大受其益，履险如夷"。

20世纪初以来，上海的钱庄业曾迭经"风潮"，其中影响较大的有：1910年的"橡皮股票"风潮、1921年的"信交"风潮、1924年的"江浙战争危机"和1933年的"钱业大恐慌"。秦润卿在这些风潮中沉着应付，屡闯难关，显示了他善于排难应变的能力。

1910年的"橡皮股票"风潮，起因是英国商人麦边等人利用外商优势，在沪发行兰格志橡皮股票，并趁机哄抬股价，最后抛股潜逃，致使橡皮股票一文不值，变成废纸，由此酿成风潮。在这次风潮中，上海有17家钱庄先后倒闭，程氏集团的顺康钱庄也因收受橡皮股票30万两押款而吃了大亏。当时，秦润卿一面与南北市钱业3所总董洪念祖、董事朱五楼等人一起共谋对策，要求清政府办理善后；一面则注意从中接受教训，采取多项防范措施。他所主持的福源钱庄就坚持不接受外商银行的资金拆放，不参与做投机买卖，不做"缺单"，因而有效地提高了抗风险的能力。

1921年的"信交"风潮是因上海各信托公司和交易所建立后，其注册资金大大超过全国银行的总资本额，又加上哄抬股票价格、搞投机买卖的行为所造成的。秦润卿此时已担任上海钱业公会会长，他看到钱业中颇多人卷入投机活动，当即召开会议，通告各钱庄禁止参与投机买卖，力劝同业一勿贪图近利，二勿收做股票押款。由于防范措施及时、有力，在这次风潮中，尽管不少信托公司、交易所纷纷倒闭，唯独钱业无一受累，安度难关。

1924年的江浙战争又给上海钱业带来了严峻考验。在战争未起之时，上海市民已纷纷提存取现，银根奇紧。这时正好有几家钱庄因亏损倒闭，就更弄得人心惶惶。秦润卿深知此事如不善加处置，必将给上海钱业造成危害。因此，他一面积极协助有关钱庄进行清理，一面召开紧急会议，提议同业之间通力合作，查明一家一时"缺单"，由同业照数派垫，以共同维护钱业信誉。这一措施落实后，市面迅即趋于平静。以后虽然战争发生，钱业照样安度如常。

1935年，上海钱业界再次面临新的风潮。当时，因美国通过《白银法案》大量收购白银，上海的白银因之大量外流，加上世界经济危机导致市场萧条，各业清淡，上海又有10多家钱庄宣告倒闭，并由此出现了空前的"钱业大恐慌"。为了挽救这一危机，秦润卿受钱业公会之推派，进见国民党政府财政部长孔祥熙，经过交涉，财政部决定从金融公债中拨出2500万元，由需款的钱庄凭金融公债券向放款委员会借款。实施了这个办法，这次风潮才告平息，上海钱庄又一次渡过了难关。

（四）"商人亦可以救国"

秦润卿亲身感受到外国列强对中国的侵略和欺负，以及日寇在沪甬各地的肆虐行为，促使他萌生强烈的爱国激情。他一生不仅致力于振兴民族经济，而且亲自投入当时的反帝爱国运动，是一位具有崇高民族气节的爱国商人。

1919年10月，秦润卿在福源钱庄星期日晚会上演讲时说，"商人亦可以救国"。他身体力行，积极投身于历次反帝爱国斗争。1919年"五四"运动爆发于北京，并迅速扩及到上海。6月4日上海学生和救国十人团挨户动员商号罢市，次日南市大小商店开始罢市。当时任上海钱业公会副会长、福源钱庄经理的秦润卿立即与沪上各主要汇划钱庄商议，立即罢市，至6月11日，各钱庄开业。与此同时，他与同业人士投入当时轰轰烈烈地抵制日货运动。

1925年上海"五卅"惨案发生后，秦润卿率领各钱庄于6月3日停业以示抗议，并且以钱业界代表身份参加上海市总商会组织的"五卅事件委员会"，向英租界工部局提出撤销戒严、惩凶、赔偿等要求。其间，秦润卿主要从事上海总商会为救济上海罢工工人而进行的捐款募集工作，以救助罢工工人维持生活，坚持罢工运动。9月19日，上海总工会被奉系军阀查封后，救济款源告急。为此，上海总商会在虞洽卿主持下组织"中华爱国募金大会"，成立劝募队，秦润卿任副队长，这项活动对激励上海罢工工人斗争发挥了一定的作用。

1927年，南京政府下令严禁现银出口。当时上海外商银行为集中现银抢运国外，拒收钱庄远期庄票，使钱庄营业遭到巨大打击。秦润卿领导钱业公会坚决反对，迫使外商银行做出让步，接收远期庄票。是年7月，秦润卿为争取租界华人的利益和权利，上海公共租界工部局同意推荐华董3人，秦润卿为华董之一。

1931年"九一八"战事爆发，日本帝国主义公然侵占东北。秦润卿积极投入抗日斗争。9月22日，由银行公会与钱业公会联合发出致宁粤双方通电，通电要求国民党内部停止纷争，一致对外抗日。10月1日，在全国掀起抵制日货的高潮中，上海银钱业举行联席会议，表示坚决与日方银行及厂商实行经济绝交。次日，秦润卿主持钱业公会执委会，对与日商有往交的涌记煤号断绝交往，并立即将账目结清。尽管这种经济绝交会对钱业带来损失，但秦润卿出于爱国立场，态度坚决，表现了与敌人毫不妥协的爱国热情。11月15日，秦润卿与虞洽卿等上海各界人士为在黑龙江孤军与日抗战的马占山将军捐款，以鼓励其"奋勇杀敌，为国家争回人格，为民族唤起忠魂"。捐款电文在《申报》上发表后，在社会上产生很大反响，引起一股支援和赞扬马占山的热潮，上海某烟草公司及时推出"马占山"牌香烟即是一例。

1932年"一·二八"淞沪抗战爆发，秦润卿于次日动员钱业界停止营业3天，并发表文章号召："愿吾同胞志此大哀，永志不忘。"后因战火继续扩大，遂继续停业3天，至2月4日忍痛复业。1月30日，秦润卿与史量才、虞洽卿等组织上海地方维持会，推史量才为会长，秦润卿与虞洽卿、杜月笙等9人为理事。该会旨在"慰劳将士，救济难民，调剂金融，维持商业"以及"恢复地方秩序"。此后，秦润卿在积极参与募集活动中不遗余力。2月5日，秦润卿与王晓籁等一行赴前线真如十九路军总指挥部劳军。同日，秦润卿与史量才、黄炎培等以上海维持会名义致电汪精卫、蒋介石等为十九路军求援。1932年5月《淞沪停战协定》签订后，秦润卿以钱业公会名义与四家商会团体，联名通电天津等大城市商会，发起成立"废止内战大同盟"，呼吁停止内战，一致对外，得到海内外工商社团的广泛响应。

1937年7月，全面抗战爆发，秦润卿积极参加抗日救亡与难民救济活动。7月22日，上海众多团体联合组织"上海各界抗敌后援会"，秦润卿被选为监察委员，在"后援会"设立的"救国捐募筹委会"任副主任委员，为捐募事务竭尽全力，以声援抗日。同年11月，上海沦为孤岛。次年10月傅筱庵出任日伪上海市长，曾邀秦出任市府议员，他坚拒不任。后傅筱庵在上海组织汪伪政府"国庆大典"，邀秦润卿出席，他又借故避席。不久伪市长陈公博派闻兰亭、袁履登多次邀秦润卿出任商会会长，他以年迈为由予以拒绝，并蓄须明志，隐退寓次，并辞本兼各职，保持了崇高的民族气节。

1949年4月，上海解放前夕，南京政府通过俞鸿钧等人多次劝秦润卿去台湾，但他毫不动心。同乡挚友陈布雷的自杀，给他带来莫大刺激；金圆券的发行，大伤银钱业的元气，使他对国民党政府十分厌恶。他曾对民主人士盛丕华说："我不相信共产党会共产，我决不会带福源的资金去台湾。"

1952年，秦润卿将他所主持的福源、福康、顺康、鸿祥四钱庄申请公私合营，遂即被任为上海市公私合营银行副董事长。1955至1964年，秦润卿被聘为上海市第一至第四届政协委员。

（五）抹云楼家训与家事

秦润卿晚年号"抹云老人"。1947年，年届七旬，"为教育子孙，务其使成为社会有用之辈"，将其数十年之人生经历及立身处世之经验编写成《抹云楼家言》，并由陈布雷作序，编印成册分赠亲友，广为家乡传播，颇有影响。秦润卿以"忍耐、勤俭、谦和"为家训，亲自编写《抚孙日课》，内有自重、自立、自省等共20篇，后有人称该书为当今之"草根谭"。秦润卿身教言传，每周日清晨为孙辈授课。在授课之厅堂，中悬《朱伯庐治家格言》，两旁挂有对联："遗金不如遗经，处世做人真学问；授产何若授业，片长薄技免饥寒。"其弟子孙受百曾撰文回忆说："夫子择善固执，卫道有古风，而思想绝对维新，不落于时代之后。"

然而，秦润卿在思想上是否"绝对维新"，在处理家庭问题上是否"不落后于时代"？这里先从一场"赖婚风波"说起。秦润卿长女秦则贤，自幼为父母所宠爱。幼时由其父母作主，与同乡周至卿（秦润卿夫人周幼香之族亲）之子包办婚约，双方约定秦则贤在高中毕业后返乡完婚。1923年，秦则贤在上海启明女中毕业，时年18岁，因受"五四"新思潮影响，终生抱"独身主义"，拒不回乡与周家大少爷结婚。是年夏与包稚颐（沙孟海之后妻）考入北京师范大学教育系，毕业后秦则贤赴美国哥伦比亚大学攻读教育专业，时与攻读法律之湖北同学李子欣相爱后结成伉俪。

周至卿在多次向秦润卿催办婚事未果后，遂在《申报》头版刊登"为秦润卿赖婚启事"，称声：若秦润卿在一月之内不实现诺言将上诉法院。一月后，周见秦润卿借口宕延，食言不诺，后请孙玉声编写《赖婚记》（文明戏），在报上刊出将于某日在戏院公演。事发后，一时秦润卿赖婚新闻轰动沪上。秦时任上海钱业公会会长、上海总商会副会长，为沪上名人，他多次与周至卿洽商求情，冀希双方解除婚约。周表示决不妥协。秦迫于无奈，后托上海大闻人虞洽卿出面调解，在秦润卿支付一笔巨款后方寝其事。秦润卿因封建包办婚姻而自食其果。

秦润卿于1948年7月16日在接受《慈溪报》记者问"为何普迪学校不招收女生"时回答："若兼收女生，难免影响男生就学机会。"男女同校早在民国后已蔚然成风，而秦润卿创办"普迪"于1915年，1925年设立分校扩大招生达千余人，30年来一直未改旧制。1945年，秦润卿修订《抹云楼奖学基金条例》，其中规定，凡秦氏孙辈均供应至大学毕业，成绩优秀者可供出国留学，孙女则供应至初中毕业。足见其重男轻女封建意识之严重。

秦氏育有五子，其婚姻均由秦润卿作主，遂一一酿成苦果：或纳妾，或离婚，或有外遇，无一夫妻俩恩爱到老。秦氏大宅门内各房兄弟妯娌之间时闹争纷，秦润卿遂将孙子远送至家庭外寄宿，以从小培养自主能力，免受大宅门内各长辈纠纷之干扰。他自己则迁出大宅门，于海宁路租一石库门小屋居住。

秦润卿在金融事业中开拓创新，不宥旧规，为人所称颂，而在家庭中则表现出旧观念、旧思想。可见，社会上之名人亦多有两重性格，秦润卿也不免其外。

七、陈光甫——银行界的一颗巨星

（一）捐给孙中山5美元

陈光甫原名陈辉祖，字光甫，以字行。1881年出生于江苏镇江一个商人之家。其父陈仲衡在汉口祥源报关行任职时携年仅12岁的陈光甫在该行当学徒。由于他只读了几年私塾，不通英语，遂拜比利时籍某职员为师，苦读数年后即大有长进。1898年考入汉口海关，后调入江汉关税务司。在与英籍职员接触中因不满洋人对华人的藐视态度，愤而辞职到汉阳兵工厂当译员。其间结识德商买办景维行。景见陈光甫奋发有力，才智出众，遂将其女景韵芳许配他为妻。后岳父请准湖广总督端方，委派陈光甫随湖北代表团赴美参加圣路易市世界博览会。从此，具有高智商高天赋的陈光甫开始了决定他一生命运的事业。

1940年4月30日，美国圣路易市国际博览会终于拉开帷幕。

在展出的琳琅满目的西方先进国家各种工业产品面前，陈光甫既感到新奇又感到自卑。这种出于对自己落后中国的自卑，又使陈光甫深感苦闷和叹息。不久，一个伟人的到来，使陈光甫产生了希望，他就是著名的反清革命家孙中山。

一日，陈光甫怀着敬仰之情去拜访孙中山。当大致了解这位年青人的经历之后，孙中山问陈光甫：

"你认为腐败的清政府不经革命会自动垮台吗?"

"我支持孙先生革命推翻清政府。"陈光甫答道。

孙中山听后点了点头说:"我在国外正筹建兴中会,组织反清志士用武力推翻清朝统治。一旦革命成功,中国也将成为像西方那样具有科学文明的国家。"

陈光甫听了这番话后顿开茅塞,也异常兴奋。但当孙中山问他是否愿意参加兴中会时,陈光甫感到突然,他回答说:"我现在一心想求学,掌握实业救国的本领,马上投入革命政治斗争,我还没有想过,请孙先生原谅"。

"你的想法我能理解,希望你今后真正为振兴祖国作出贡献。"孙中山说完向这位年轻人握手告别时,陈光甫递上了平日节省下来的5美元捐赠给孙中山,表示对革命的支持。

孙中山深为感动,当即收下了年轻人的5美元。

这5美元,孙中山一直铭记在心中。20年后,陈光甫在创办上海储蓄银行时收到了孙中山1万元的存款。

不久,陈光甫考入美国爱德华州的辛普森学校学习。由于他勤奋刻苦,成绩优异,经友人介绍通过中国驻美公使获得了每月100美元的奖学金。1906年,陈光甫考入费城宾夕法尼亚大学商学院,在3年的时间里学完了4年课程。在紧张的学习过程中,他还参加了当地中国留学生联谊会的活动,并被推举为财务委员。此时,陈光甫不仅拥有丰富的财经知识,还增长了社交活动的能力。

(二) 开办银行,一显身手

1909年冬,陈光甫自美留学回国。当时不少留学生回国均想谋求官职,陈光甫则一心想办金融事业。次年,经人推荐,他进入江苏财政局任财务会办,后获得江苏省都督程德全的赏识,委托他在苏州创办江苏银行并任总经理。

正当而立之年的陈光甫在上司的信任下,踌躇满志,决心在这一官办银行大干一场。他引进欧美银行现代金融管理模式,采取了七项改革措施:(1) 将总行迁往上海,以便在全国金融中心拥有一席之地;(2) 聘请专门人才,采取新式银行簿记;(3) 放弃纸币发行权以降低金融风险;(4) 设立货栈,提倡实物信用;(5) 吸引社会游资,开展多种储蓄业务;(6) 建立公开查账制度,提高银行信誉;(7) 培训在职人员,增强银行办事效率。这七项新措举在当时的金融界引起哄动,而实践证明这些举措在几个月内使银行的营业大有起色。

江苏银行刚办得有些气色，突然遭到一场厄运。原来"二次革命"时张勋为袁世凯立下大功后被任命为江苏都督。这位"辫子将军"为了不可告人的目的，居然下令把江苏银行的存户名单抄报上去。陈光甫接到命令感到十分可笑，但又一时感到无奈。最后，他召开董事会，提出"银行有为存户保守秘密的义务"，经董事会通过，拒绝张勋命令。陈光甫向董事会提出辞呈。这一消息向媒体爆光后陈光甫名声大振。

陈光甫遭到以权势压银行的教训之后，感到官办银行很难实现自己的理想，决心远离政治，计划自筹银行。他首先想到了两位"海归"朋友：张嘉璈和李铭。张时任中国银行上海分行副经理，李时任浙江实业银行稽核。三人在商谈中张、李两人认为开办银行首先需要大量资金，而陈光甫却认为开办之初并不需要巨额资金，最重要是吸引平常客户。他指出："目前银行服务的对象不是达官贵人就是著名企业商号，而普通百姓在银行高楼大厦面前不敢问津。这是我常想到的在'真空地带'办银行。"听了陈光甫的精辟见解，二位挚友深为佩服，马上就帮他筹款。

1915年9月，上海商业储蓄银行（后称上海银行）在宁波路一幢石库门房子里开张了，资本不足10万元。董事长是李铭的好友庄得之，出资7万元，陈光甫出任总经理，行员开始时仅7人。

陈光甫办银行的另一个新思路是"顾客至上，服务社会"。一天，刚开张不久的上海商业储蓄银行来了一位奇怪的客户，他要求把100元钱开100个存折。柜面上的营业员以为来者是存心来捣乱，后来想到总经理经常告诫"服务社会"的教导便强压怒气，热情地招呼顾客：

"请先生稍候，我立马给你去办，请你坐在椅子上歇一会儿。"

在3位营业员同时急办后，100张存折开好了，营业员躬身递上：

"谢谢先生对敝行的支持，希望您以后再来。"

这时陈光甫对3位营业员说："这位先生走后，说不定他会给我们当个义务宣传员呢！今后，我们挂出'一元即开户'的牌子。"

不出陈光甫之所料，几天以后，此事传遍了上海银行界。而"一元即开户"的营业方针，在10年后黄楚九的大世界开日夜银行时就模仿陈光甫的开户方针。

"人争近利，我图远功；人嫌细微，我宁繁琐。"陈光甫的这一营业方针果然见效。1917年起上海银行设立"储蓄协赞会"，在社会上广为宣传。经过一番努力，至1933年底，上海银行已拥有15.7万余户，储蓄存款达3330万元，资本额已达500万元，较开办时增加60倍，分支行达80家。上海银行已由一家貌不惊人的小银行发展成为著名的商业银行。

然而，陈光甫不是蝇头小利之辈，他的银行不断增值决不是仅靠小额储蓄。一是依靠著名的民族企业与银行共增长。如工商界巨子夏仲芳（商务印书馆老板）、黄静泉（糖业大王）、荣氏兄弟以及张謇等人均成为他的股东。二是放贷有眼光，重调查。如英商"落魄史蒂"在20世纪20年代初需要贷款，被多家银行拒之门外，可陈光甫经过调查发现，此人所办的美亚保险公司"信誉殊佳"，极有发展前途，陈光甫不仅给予贷款，而且购买了不少美亚股票。后史蒂成为"远东保险王"，上海银行随之获利甚丰。

陈光甫另一个新思路是创办中国旅游事业。旅游是陈光甫在美国求学期间养成的特殊爱好，他自称是"一个酷爱山水、东南西北人"。促成他创办旅游事业的原因是他亲身经历过的两件事。1923年他从香港拟往云南考察，在一家外资旅行社购票时，那位洋职员一直在与她朋友聊天，陈光甫在柜面外站立良久，在无可忍受之下向她质问，回答的却是这样一句话："你们中国人为什么自己不办旅行社？"第二件是陈光甫小时候坐船从镇江到上海的遭遇。那时船主规定西餐的头等舱不是洋人便是官员，普通中国人只能坐三等舱，服务态度十分粗鲁甚至毒打乘客。

沉痛的记忆使陈光甫下决心开办第一家中国旅行社。1928年陈光甫在上海银行设立旅游部（后改为中国旅行社），聘朱成章为经理。他的创办宗旨与办银行一样：顾客至上，服务社会。但在具体方针上：（1）要求经理或副经理每周必有一次当服务员，去车站为旅客租赁招待所和食堂。（2）为出国留学生代办一条龙服务，从介绍各国著名大学的章程起，到登记名单、办理出国护照、入境证、订舱位、代兑外币等一切均由旅行社操办，深受留学生和家长的欢迎。（3）创办《旅行》杂志，除介绍国内外旅游景点和名胜古迹外，他还特请美籍记者斯诺撰写介绍中国风景名胜的散文游记，并用英文小册子分寄到国内外诸旅行社、轮船公司、铁路及航空公司。该刊图文并茂，通俗易懂，受到不少名人来函称道。（4）发行中外旅行支票，不仅方便旅行者，而且为其上海银行多增加不少活期存款。陈光甫的这些创举，后来被我国许多旅行社所效仿。旅行事业办了几年，亏损不少，但经过积累经验，增加旅游项目，至1936年初，中旅社终于盈利60万元。1936年底，西安事变发生，周恩来曾入住中国旅行社，对服务员说："你们中国旅行社是中国最好的服务单位。"

（三）挤兑风潮和贪污事件

在上海的银钱史上，从1910年洋骗子麦边的"橡皮股票"风潮到1921年底的"信交"风潮，以后又发生了多次金融风潮，因挤兑而破产的银行钱庄不止少数几家。一向谨慎从事的陈光甫绝对没有想到，上海银行居然会遇到挤兑风潮的厄运。

1931年6月，上海银行新办公大楼落成，陈光甫望着这座大楼，回想起16年来的风风雨雨，感慨万分。没有想到大楼营业不到3个月，突然发生上海银行面临倒闭的风潮。

事件的发生，一是由于7月下旬长江中下游地区连下暴雨，江水浸没汉口市区，使上海银行存放在汉口仓库里的几十万担食盐淹于江水，损失达200万元；二是"九一八"事变爆发，银行客户发生恐慌；再加上9月21日，英国政府宣布废止金本位，一时国内外债券暴跌，上海银行又遭到不小的损失。那时一些别有用心的人放出谣言，说"上海银行在汉口损失数百万，债券损失数千万，上海银行马上要破产了"。在这些谣言传播下，大批存户担心银行倒闭，纷纷前去提款。一时间，上海银行门前排起了长队，一捆捆的钞票从库里往外搬，一连几天，取款超过总存款一半以上。这一形势使陈光甫始料不及，他只好四处求助。他首先想到的是张嘉璈，拨通了电话，张嘉璈立即命令中国银行以上海银行新大楼作抵押，开仓贷借80万元。但别有用心的黑社会某些人继续放出谣言："张嘉璈借公济私，马上要被置办，陈光甫马上要出国潜逃，上海银行已经顶不住了，马上要停歇一切业务……"上海银行门口的挤兑风潮一时难以煞住，急得陈光甫难以应对。这时他突然想到钱新之，请他设法向南京政府求助。钱新之在电话里告诉他："财政部一时不会出面解救，我会通过杜月笙来帮你，请你放心。"

原来钱新之与杜月笙的关系非同一般。早在1929年，钱新之曾劝杜月笙办一家银行，并给他出了三条妙计，不久杜就按钱的办法，办起了中汇银行，自任董事长，聘钱新之为顾问。杜月笙接到钱新之的电话，表示马上提出100万元现款支援上海银行。第二天，杜月笙亲自押送100多只箱子到上海银行，并且带着几十个门徒到上海银行门口去存款。

"杜先生带人来送钱存钱了！"挤在上海银行门口的人群一下子散开了。陈光甫终于挺住了这场挤兑风潮。他忘不了杜月笙的救命之恩，后投资50万元，成为中汇银行的一名董事。

自上海银行开办以来，陈光甫对于行规一直特别重视，他提出"行即是我，我即是行"，允许职员购买银行股票，并推出"高薪养廉"的不少措施。但是，随着上海银行业务的不断发展，分行陆续开设，他所在的银行多次发生行员舞弊案件。

陈光甫平时最痛恨的，是拿了高薪在十里洋场的上海，经不住物质生活的引诱，吃喝嫖赌，经常到娱乐场所的职员。可是据有关档案，1934年4月银行会计伙同出纳共同舞弊，该行界路分行出纳陈民德利用职务之便连续开出巨额空头支票，"前后被骗去17万余元"，事发后陈即潜逃。不久，信阳寄庄支行办事员程世彰也携款2万余元潜逃。陈光甫得知后怒不可遏，立即向警方报案，并在新闻媒体上发表启事："本行行员陈民德、程世彰先后携款潜逃，虽经法院通缉并由本报登报悬赏，迄未弋获，兹特将该犯照相赏格等列左，务祈严密侦缉，以肃法纪。"并公开悬赏各5000元。

上海银行《行员服务待遇规则》规定："所有进入本行的工作人员，除必须交纳一笔保证金外，尚须有殷实保人作担保。一旦发生诸舞弊或亏欠公款情事，除依法开除惩办当事人外，所有损失均由当事人如数偿还，如无法偿外，则须由保人赔出。"不久，陈、彭舞案经过法律程序，上海银行仅获得数万元的担保人赔款，其余损失经与保险公司交涉后由保险公司赔偿。

此后，上海银行之舞弊案仍屡有发生，为了减少给银行的负面影响，陈光甫一方面加强行内的监督和奖励机制，另一方面采取对银行员工的福利措施，如建造、租赁职工集体宿舍，来回上下班有专车接送，并在宿舍附近建造乒乓、棋牌等文娱活动场所，甚至设有一个灯光篮球场和图书馆等，这在当时银行界为未所有。自上海银行出台以上这些福利措施后，流行舞弊案即未发生，使陈光甫心中得以宽慰。

（四）赴美签约，不辱使命

自上海银行于1931年建造新办公大楼以后，陈光甫在事业上取得成功，其名声也随之大振。早在1927年，南京国民政府任陈光甫为江苏暨上海财政委员会主任，后又任全国财政委员会委员、中央银行理事以及上海银行公会主席等职。

1935年11月，国民政府实施法币政策；12月，美国大量收购白银，迫使世界银价猛跌，对中国外汇基金的稳定造成极大威胁。国民政府决定派陈光甫以财政部首席顾问的身份，赴美国谈判收购中国白银问题。陈光甫欣然应命。1936年3月，他率领代表团赴纽约。由于陈光甫在美国求学时与美财政部长摩根素有交往。在与摩根等财政部官员会谈时气氛相当融洽，经过多次洽商，5月4日签订了《中美白银协定》，其中规定：中国将保持其币制独立，不与世界任何货币集团发生联锁。这次谈判的成功，对当时币制改革初期出现的危机起到了一定的缓解作用。

1931年"七七"事变爆发，陈光甫对国共合作共同抗日战线的形成备受鼓舞。他在一次讲演中说这一形势的变化"堪称否极泰来之象征"，又说："整个中华民族之生存，已遭到严重危机，如再不誓死抗战，无异丧失国格"，并表示"最后胜利，必属于我"。由于陈光甫对抗日的积极态度，他更多地参与政治活动。1938年初，陈光甫任国民政府军委贸易调整委员会主任、国民参政会议员。9月，他代表财政部赴美洽谈战事经济援助。陈光甫抵纽约后，又与美国财政部长摩根见面。摩根说："陈先生，由于我国政府实行'中立法案'，无法对日本政策停止经济援助，请你给予谅解。"

陈光甫胸有成竹，他说："我十分理解摩根先生所面临的难题，但中国的抗战具有牵制日本、保护美国在亚洲的利益的作用，因此，美国对我国有限的援助不妨以民间形式进行。"

"陈先生，你这一建议很好，请你具体地提出你的设想。"摩根说。

经过一番协商，决定以桐油作为借款的担保，在中国成立复兴公司，在美国组织世界贸易公司，以中国银行在纽约的经理处为担保，这样便成为商业机构与银行之间的商业借款。

1939年2月中美双方签订了2500万美元的桐油借款合同。

电报传到中国政府，蒋介石和财政部长孔祥熙立即返电对陈光甫给予褒奖。正当陈光甫准备返回上海时，突然接到财政部长孔祥熙的电令，嘱他继续向美国接洽一笔数额较大的财政借款。陈光甫以抗日救国为重，再次向美国财政部商谈以填锡5万吨贷借美金7500万元。美方只同意借款不得超过3000万美元。经过陈光甫多次努力，遂于1940年4月与美方签订了2000万美元的填锡借款。消息传到国内，我国政商界对陈光甫为抗战所作的贡献赞誉有加，在新闻媒体上称他为杰出的爱国金融家。其时，美国总统罗斯福也十分赞赏陈光甫的才干，于1941年派私人代表向蒋介石当面推荐陈光甫，称赞他是"中国最优秀的金融家"。事后，孔祥熙按蒋介石的意愿，请陈光甫出任贸易部部长，这使陈光甫想到14年前被蒋介石任命为江苏暨上海财政委员会主任时的情景。当时蒋介石为建立南京国民政府和反共需要，多次通过陈光甫向以虞洽卿为代表的上海银钱界逼迫筹款，使陈处于两难境地，陈光甫遂以"在商言商"为由，婉拒担任政府实职。

1945年8月抗日战争胜利，不久，蒋介石发动全面内战。在1947年改组国民政府之际，蒋介石未征求陈光甫的意见，以"社会贤达"身份硬拉他为"国民政府委员"。1948年，随着国民党军队在内战中节节败退，金融市场全面崩溃，陈光甫感到蒋政权末日的来临，遂陆续将上海银行的资金向香港和曼谷分行转移。1949年1月，蒋介石"引退"，由李宗仁代"总统"，李特邀陈光甫参加"上海人民和平代表团"赴北平。陈光甫自认他与共产党之间"缺乏走到一起并且进行商讨的共同基础"而未接受。1949年4月，上海解放前夕，陈光甫去香港，后定居台湾，于1976年去世。

台湾著名作家高阳在《陈光甫外传》中写道:"对国家社会贡献之大,个人成就之多,无疑地应推'光甫先生'。"

八、 徐寄庼策反汪伪高官立功

徐寄庼(1881—1956),浙江永嘉人。早年留学日本,后从事金融工作38年,在金融界和上层社会颇有名望。他曾任浙江兴业银行副总经理、董事长,1931年1月被任命为中央银行代总裁。1937年"八一三"事变后,徐寄庼以上海商会理事长身份积极团结工商界爱国人士,参加支援十九路军淞沪抗战,为国民党特别党员。1940年3月汪伪政府成立前夕,徐寄庼因策动与汪精卫一起潜逃至上海的"首义分子"高宗武脱离汪伪政府而被蒋介石特令嘉奖。

高宗武,浙江温州人。早年毕业于日本九州帝国大学,抗战初期任国民政府外交部亚洲司司长。1939年,他随汪精卫出逃重庆,一直以汪精卫随员身份参加与日方的各种会议。1939年底,汪精卫与日方在上海秘密签订卖国条约——《日华新关系调整纲要》。接着汪精卫准备在南京召开伪政府成立大会。徐寄庼与高宗武是温州大同乡,在重庆时两人素有相交,他闻高宗武出逃重庆后深感忧虑,但一时无法与他接触。

一日,徐寄庼忽然想到一个人,此人叫黄溯初,也是高宗武的同乡,还是高的前辈,曾介绍高宗武到行政院工作。于是约黄溯初同去拜访高宗武。事先徐寄庼从黄溯初口中了解到高最近心情烦燥,又肺病复发,遂带了肺病特效药盘尼西林两盒,两人同去高府。

高宗武见两位不速之客感到非常突然,在客厅坐下后,三人一时不知如何从头说起,还是徐寄庼先笑着说:

"高先生,听说你在汪政府内要任外交部长了,可喜可贺……"

"唉!徐老兄有所不知,我早已成为那个影佐的怀疑对象,哪里还会当什么部长。"高宗武说时一脸苦笑。

"日方和汪先生不是一直很信任你吗?"黄溯初接着说,"这里没有别人,你不妨直言相告。"

原来高宗武随汪精卫出访东京时就被影佐怀疑与重庆政府有联系,因此在预定伪政府名单时给他安排为外交部副部长,部长为陈璧君的亲信诸民谊。加上三日前他收到国民党军统一封警告信,信中有"高先生如继续效忠汪逆，则一切后果自负"等语，高宗武见信后内心一直惊恐不止。

徐寄庼听了高宗武的一番诉说后说：

"高先生的心情我们十分理解，不知你今后将作如何打算？"

黄溯初见高宗武犹疑不决，便劝道："既然日本人已对你不信任，这个副部长也难当下去哟！所以你现在是骑虎难下了？"

"是的，请黄兄、徐兄给我指点迷津。"

"想办法跳出去！"徐寄庼说，"时不宜迟，我这次就是受蒋委员长之命来劝你弃暗投明的。"

"我已是笼中之鸟，身不由己啊！"

"我们可以给你想办法找徐丞采帮忙，他是杜月笙在上海的总代理，他一定会有办法。"徐寄庼见高宗武听了心头一振，便接着说，"听说陶希圣先生也有反正之意，你可以与他试探一下。再一个是在你们决定反正之前一定要迷住汪精卫和周佛海，一旦露出一丝马脚，后果不堪设想。"

"宗武老弟，机不可失，时不待来，你要听徐先生的，必能脱离苦海；徐先生知你有病特地送来盘尼西林，将来你去香港时可用，他是一片真心啊！"

"徐先生，我决定与汪先生分手，我准备将日汪密约的原文和附件的一卷照相底片带到香港去。"

"那太好了，这是你为政府和中国人民作出的最大贡献。"

徐寄庼对高宗武又叮嘱一番后，与黄溯初离开高宅。高宗武送出两人后立即与陶希圣密商了共同反正计划。

第二天是1941年元旦，高宗武与陶希圣商量后各自乘车到愚园路汪府和湖南路周佛海家拜年。高宗武带上一副红联给汪精卫，上书"和平大业，光焰万丈"。送给周佛海的对联是"佛法何如韬略深，海水岂容斗斛量"。

高、陶两人的瞒天过海之计果然把汪、周蒙住。1940年1月4日，徐寄庼派徐丞采向在香港的杜月笙报告。杜月笙接到徐的电报后，立即飞往重庆去见蒋介石，蒋要他稳妥地安排高、陶两人的出逃计划。

1月22日，香港《大公报》在头版头条以醒目的标题刊出《日支新关系调整纲要》，又刊登了原文照片，同时还发表了高宗武、陶希圣致《大公报》的信和给汪精卫等人的电报，要汪精卫一伙"为中国之独立自由和生存计，赶快悬崖勒马，再勿受日阀之欺骗作用"。

不久，重庆各报也纷纷转载了上述报道。

蒋介石在阅读了这些报道后对宋美龄说："徐寄庼和杜月笙为策反工作立了大功，我要送五千美元给高宗武留在香港养病。"

1月23日，蒋介石为"日汪密约"发表《告全国军民书》和《告友邦人士书》，后文指出："日本军阀一面在中国努力制造傀儡政权，一面当在制造中国之傀儡政权签订协定，以组成'日支满'三国经济集团，并以中国之政治、经济、外交、文化等，统由日本统治俾其他各国之一切活动，均受日本国策之打击，且以此《中日新关系调整纲要》之日汪协定，而根本取消各国在东亚之地位矣。"

汪精卫得知高、陶两人出走并发表《纲要》后，火冒三丈，连连对陈璧君说："我对他俩不薄，居然公开背叛于我，难道是我的不德？是我的不德？"

九、吴鼎昌与四行储蓄会

（一）出任盐业银行总经理

吴鼎昌，1884年出生于四川华阳县。早年加入同盟会，后赴日本留学，毕业于日本高等商业学校，回国后任大清银行总务课长。辛亥革命后，任中国银行总裁、造币厂厂长。1918年出任盐业银行总经理。盐业银行原在1915年3月于北京成立，当时由长芦盐运使张镇芳发起，为将政府所收盐税纳入银行，故取名为"盐业"。1918年盐业银行成立董事会，因吴鼎昌与徐世昌、段祺瑞关系密切，吴取得北洋政府支持出任总经理，后进入段祺瑞内阁任财政部次长，为安福系骨干。其时吴鼎昌大力改革盐业银行，一是凡旧官股一律限在年终交齐，从而将张镇芳等旧董事逐出盐业；二是大力增加新股，每年增资25%。北洋政府在京停兑中交两行期间，不少军政费存入盐业银行，吴鼎昌看准时机，将盐业资本增至500万元，1921年又增至1000万元，逐渐将官股挤出。同时，盐业银行在天津、上海成立分行，后将总行设置于上海。

（二）组织"北四行"，成立四行储蓄会

"北四行"是盐业银行、金城银行、中南银行和大陆银行四家民营银行的简称。1922年9月7日，四行的总经理在上海筹办四行储蓄处，以吸收社会闲散资金，壮大四行的力量。吴鼎昌对此表示出极大地兴趣。他在会上提出，以储蓄会名义的金融机构只有洋商三家：万国储蓄会和中法储蓄会，均为法人掌握，另为西班牙人办的东方储蓄会。这三家于上海市民影响不大，因其有奖储蓄规章甚严，在抽签给奖时，储蓄者历久不中，已生厌心。因此，

他建议四行应试办储蓄业务。1923年1月24日，四行代表在北京开会，决定在北京、天津、上海、汉口成立"四行储蓄会"，并组织了由金城银行总经理周作民、中南银行总经理胡笔江、大陆银行总经理谈荔孙和盐业银行总经理吴鼎昌为委员的执行委员会，会上公推吴鼎昌为主任，综理该会一切事务。

民国时期华资银行的经营范围主要为存款、贷款和汇兑三种。而存款一项，实为银行的重要财源。在吸收外来资金中存款与储蓄两者有所不同，前者大多为巨商大贾，以及团体机关，而后者为普通民众。其次，前者进出款项数目较巨，而后者数目细微。当时的一般市民很少与银行往来。1915年，陈光甫创办小型的上海商业储蓄银行时开始办理"一元开户"的新储蓄方式，吸引了大量储户、散客，因而带来了可观的经济效益。一般银行均将存款业务放在主要地位，而将储蓄放在附属地位，而"四行储蓄会"将储蓄作为营业的主业。吴鼎昌拟订了《四行储蓄会章程》，其主要内容为大量吸收小户、散户的定活两期存款。在四行总经理讨论章程时，吴鼎昌在会上提出，"活期办法，手续简单，聚沙成塔，资金必将逐年增加，而四行存款仍以原来经营方式运行，以做大户放贷为主，对吸收新的储蓄客户影响不大"。经过8年实践，四行储蓄会经营有奖储蓄和定活两期成效显著。由于四行储蓄会积极推行吴鼎昌的"聚沙成塔"的经营理念，四行储蓄会与上海商业储蓄银行纯收益率相比超过2.5倍，显示了吴鼎昌的过人胆略。

（三）建造国际饭店

四行储蓄会的存款不断增长，而放款出路却不大。1930年，该会向房地产进军，以45万银两的代价购进位于跑马厅对面派克路（今黄河路）上的一块2亩7分地皮。次年1月，4位四行储蓄会总经理开会决定建造四行大厦，除该会使用外，余均出租。大厦于5月动工至1934年8月完工，耗资420万元。大厦地面22层，地下2层，共24层，高83.6米，为当时上海最高的豪华建筑。通过国内外媒体刊登启事，因本钱太大，一时无人问津，最后只得创办"国际饭店"，集资80万元。饭店风格独特，用料考究，客房布置豪华，设备高档，为远东一流饭店。"四行"的形象工程国际饭店开张后，四行储蓄会和各地分会存款不断增长。饭店最下一层被称为东亚最坚固的保险库，它不仅解决了四行储蓄会的储金保管问题，同时也引来了大批名商巨贾的储存户。

但是国际饭店从1934年11月1日开业，到年底即亏损6万元。1935年起每年连续亏损。究其原因有四：（1）当时国际经济连年不景气，影响旅客来沪消费；（2）各项费用开销过大，连印刷品都要到国外去印，客房入住率不高，如1935年仅为38%，未能达到60%的国际旅游住房率"贺尔威"标准；（3）日本军国主义者的铁蹄日益临近，至1937年8月13日，上海处于战火之中；四、地段定位欠佳，因当时的商务中心在外滩，与饭店距离较远。

十、"不倒翁"银行家周作民

周作民（1884—1955），江苏淮安人，早年就读于广东公学，后赴日本就读于日本帝国大学经济系。1915年赴上海任交通银行稽核课主任。自1917年金城银行创办到1949年一直担任该行总经理达32年之久，其间经历了北洋军阀统治、国民党政府、日伪统治和新中国成立初期四个时期，因此赢得了"不倒翁"的称誉。

（一）投资一万元办金城银行

1917年5月，金城银行在天津成立。在筹办过程中，周作民善于交结逢迎军阀官僚，说服他们投资工商业不如先办银行，从而得到安福系徐树铮、倪嗣冲、王郅隆等人的支持，由倪、王投资27万元，其他官僚投资16余万元，一般散户投资6万元，周作民只投资1万元。总资本约50万元，由王郅隆出任董事长，倪道杰（倪嗣冲之子）、徐树铮等任董事，周作民任总经理。

周作民深知在军阀时代经商首先要获得政界支持，在金城银行成立初期，他不断拉拢梁士诒、徐世昌、黎元洪、熊希龄、曹汝霖、徐树铮、孙传芳、吴佩孚、卢永祥等著名大军阀、大官僚入股，以壮声势。1927年北洋军阀倒台后，周作民采取"官出民入"的策略，逐步将军阀官僚的股份减少，邀银行界名人吴鼎昌、钱永铭等入股，从而使董事会掌握在银行家手中。他又效法日本三井、三菱等株式会社的垄断经营方法，将金融资本融入产业资本中，所控制的有工、商、农、矿、交通等10余家企业。至1919年底金城银行已增资达200万元，在北京、上海等地成立分行，后逐渐将总行移至上海。

1926年，北伐军抵达武汉，周作民发动金融界筹款劳军，又在庐山晋见蒋介石，呈上《改革金融》建议书，并得到张群等人的支持。周作民在与蒋介石谈话中表示，今后将不断向中央政府报告沪上金融业的情况。

周作民能在银行界成为"不倒翁"，除了拉拢权贵之外，还善于支持企业家名人。其中被毛泽东称为"近代最有贡献的实业家"范旭东和卢作孚便是周作民十分看重的两大人物。范旭东为永利制碱公司董事长兼总经理，在英商卜内门洋碱公司企图扼杀"永利"时，周作民于1920至1925年陆续透支给"永利"60万元，终于使"永利"摆脱困境，后周作民出任"永利"董事长。卢作孚是四川"民生实业公司"的创办人，长江航运的著名实业家。该公司在与洋商航运业开展的多次恶性竞争中，周作民慨然向"民生"提供"金城"借款，购买"民生"债券，使卢作孚渡过难关。

金城银行在抗战前夕，存款已达1.5亿多元，1939年增至2.3亿元，一度为"北四行"之首。

（二）屡遭挫伤，化险为夷

1925年5月，奉军第三、四方面军约一排人于某日深夜闯入北平周作民私宅，声称少帅（张学良）有要事查问，并在翻查保险箱后押周作民而去。后周夫人何如珍托吴鼎昌通过赵尔巽电告张作霖和张学良。张氏父子称不知此事，遂通知奉军立即释放。原来奉军士兵在战场上的许多士兵尸体衣服口袋里查到有金城银行存折，在向北平金城银行询问时，银行人员回答军方存款均以某记开户，无法查明。奉军军需人员因不得结果，遂愤而派兵来捕周作民。最后奉系第三、四方面军以在金城银行无条件透支40万元为条件将周释放。金城银行遭到一笔敲诈，使周作民懊恼万分，事后还对向张学良方面进行斡旋的两名军官付出一笔酬谢费，方寝其事。

1933年，蒋介石授意张群组织民间团体进行中日合作。张群即请周作民组织中日贸易协会，周被推为理事长，副理事长为日人儿玉为雄。后周作民组织访日考察团赴日访问，受到日方工商企业界的欢迎，周作民帮助日商采购大量大陆棉花、矿产等。次年在北平遭到绑架，即由黄郛、张群等出面救出。在敌伪统治时期，周作民与汪伪政府财政部长周佛海关系密切。因此，周作民的金城银行在上海不断囤购物资、套购外汇，资产大增。1941年12月8日，太平洋战争爆发，日军占领香港时，周作民被日军逮捕，次年被解送回沪。日军迫使周作民出任伪职，周托病未允。但据周作民日记，这时期他在上海与日本军政界人士川本、小笠原等来往密切，内容涉及军事、日侨和金融等。抗战胜利后，社会上对周作民涉及汉奸嫌疑议论颇多。最初被戴笠特工在宅内抓去，押到秘密机关，拘留2小时放出。后汤恩伯也派兵至周宅。凡此种种，搞得周作民心神不定，遂托张群、吴鼎昌等商量对策。他在张、吴帮助下，蒋介石终于致电何应钦、俞鸿钧、戴笠、汤恩伯等人，电文说："查周作民君过去担任秘密工作，迭有报告，希加保护，以免误会为妥。"1945年12月，蒋介石在重庆亲自接见周作民，才使周作民终于心神安定。但对那些国民党权贵，他付出不少代价。如赠张群在沪的一套花园洋房；给戴笠、吴鼎昌等资助金城银行一笔股票等。其中孙科一次"突击"使他难以预防。

1946年6月，时任立法院院长孙科派两人持立法院介绍信来金城银行，交上一函，内云："作民总经理吾兄台鉴：敝眷顷需头寸运用，数额约2亿元，拟向贵行抵押透支，一切手续即着杨庆簪、蓝业广两君洽办，至希赐予玉成，无任感荷。此候台安！孙科。1946年6月6日。"周作民见此来函，分明是一笔竹杠，他踌躇半天说，这笔数目不小，过几天再办。

当时法币2亿元合1000两黄金。孙科信中的"敝眷"实为他的姘妇、交际花蓝妮。五日后蓝妮来金城银行拿出几张房屋地契作为抵押品，办完借款手续。事过两年后法币不断贬值，周作民索性将"押品"退回去，白白损失了这笔巨款。

周作民自抗战胜利后，不断被捕、被敲诈。他在日记中写道："国民党某部分人对我行蓄意掠夺，施用各种手段无所不至。我曾被拘捕二次，一次被拘二小时，后释放，一次逃避。"他为前金城银行总行协理兼沪行经理吴蕴斋被军统诱捕事件多方奔走、起诉，花费了不少精力和金钱。

原来吴蕴斋在上海金城银行任职20年中，于敌伪时期兼任过伪《新闻报》总经理、区的联保长，于1946年4月被军统诱捕后移送高等检察署。10月，判徒刑2年6个月。周作民开始大力营救。他一方面托不少权贵代吴说情，请许多名律师为吴辩护，另一方面辗转托人请戴笠、陈果夫、陈立夫为吴保释。尤其对法院院长夏勤进行贿赂，还将夏的儿子安排在金城银行任职，并资助他赴美留学。

经过周作民花了一大笔运动费，法院终于判决吴蕴斋徒刑2年零6个月，不久又取保外出就医，后又改判为徒刑1年3个月，缓刑2年。周作民后来自称，"此案经过20余月，遭遇敲诈恐吓及各种手段，笔难罄书，前后共计用去包括法币、美元及金条共约美元22万元，黄金160余条"。

1948年，国民党政府实行金圆券币制改革，蒋经国到上海后一眼盯上金城银行的周作民。第二天蒋经国率领"打虎队"勒令周作民出售金城银行所有黄金外汇，并不准离沪一步。周作民眼看在劫难逃，便想出一条妙计，通过各种关系，由陈纳德（美国驻华飞虎队队长）的航空公司庇护他出逃香港，终于免捕。

1950年秋，在周恩来诚邀下，他排除各种障碍才毅然自香港返回大陆。1951年赴北京受到周恩来总理接见。由于周作民在争取金城、盐业、中南、大陆等"北四行"参加公私合营中起了相当大的作用，1953年被特邀为全国政协委员。1955年3月8日因心脏病复发，周作民在上海逝世，终年71岁。

十一、杜月笙如何开办中汇银行

杜月笙（1888—1951）出生于上海浦东高桥镇。4岁时父母相继去世，由继父和舅父养育。14岁到十六铺一家水果行当学徒。后拜青帮头子陈世昌为"老头子"，成为青帮"八股党"首领，后得到青帮老大黄金荣赏识，成为黄的跟班。1921年与黄金荣、张啸林结成把兄弟，成为青帮头目之一。1925年他与黄、张合办三鑫公司，任董事长，靠贩卖烟土起家。1927年4月，与黄、张组织中华共进会，参加蒋介石发动的"四一二"事变，在杜公馆诱杀上海总工会委员长汪寿华。后法租界当局为倚重他维持社会秩序，聘他为纳税华人会监察，又任他为法租界商会总联合会主席，在上海滩上成为吃得开的大亨。

（一）钱新之提出三条妙计

1928年春节，钱新之一大清早前来杜公馆拜访。钱新之曾任国民政府财政部次长，现是"四行储蓄会"的总经理。钱新之这天来杜公馆既是拜年又是道谢。

原来，钱新之去年冬天在法租界公寓里有两只箱子被人偷走，箱子里装有几件"传家之宝"。他向租界巡捕房报案后，接连几天毫无消息。最后他托几个朋友向杜月笙求助。杜月笙听得银行界名人钱老板上门，不敢怠慢，连忙接见。当杜月笙得知钱新之是为了两只箱子失窃遭到麻烦，便说，"兄弟与钱先生虽是初次相见，但钱先生求我这桩小事一定帮忙，把你的东西找回来"。钱新之见杜月笙出口爽快，便频频点头说："那就麻烦杜先生了。"

第二天，也就是大年夜晚十一时左右，失物由杜月笙司机阿发送到钱新之住处，钱新之打开箱子一看一件不缺，司机说："箱子里有两件东西是杜先生派人从典当里赎回来的。"钱新之要还赎款，司机不肯收，说是杜先生关照过，交个朋友。钱新之感激不尽，特地在年初一到杜公馆上门致谢。

钱新之与杜月笙一阵寒暄之后，就为找到两箱子之事道谢，杜月笙连忙说："我早说过这桩小事算得了什么，以后月笙如有难处，也少不了麻烦你的。"

钱新之说："今后杜先生有什么事，只要你吩咐，我钱某一定照办。"

杜、钱二人在客厅里一见如故，谈得十分投机。在谈了半小时后，钱新之以老朋友的口吻说：

"杜先生，如今依你在上海的名望和手腕，应该大办工商业才对。倘若你建办起自己的实业，我敢说此后你的名望将会大大改观，不仅在上海滩，乃至全国都会有一定影响。"

杜月笙听了这一番话，正好触动了前段时间心中的想法。他一边喝茶，一边低头等着对方。钱新之接着说："我再冒昧说一句，杜先生今后有什么打算？"

杜月笙听了才叹口气说："兄弟何尝不想独自办实业，三鑫公司是三人办的，租界商会主席只是挂个虚名，要办实业我早就想过，但说说容易干起来难啊！"

钱新之微微一笑说："要搞实业，首先要办自己的银行，挤入金融界才能在上流社会里真正站住脚。实不相瞒，我早就听到'三鑫'的名声不雅，杜先生办了银行影响就完全不同了。"

杜月笙听了对方的话句句在理，接着就说起办银行资本不够，人材又缺，困难重重。钱新之听了说："具体做法，容我代先生筹划，过两天，我们详细谈吧！"钱新之当场表态愿意出力就告辞了。

两天后，钱新之送来一套筹款方案，向杜月笙建议从三方面筹集资金：凑、堆、挖。

杜月笙历来贩鸦片、办赌场、开戏馆都是唾手可得，现在听了钱新之的三条建议，哈哈大笑。所谓"凑"，就是从鸦片行、赌场里拼凑。所谓"堆"，也叫"堆花"，是邀银行同业在开幕时向新行存进一笔巨款，表示道贺。杜月笙想，凭自己的名望和势力，谁不会对他"锦上添花"？至于"挖"，钱新之没说明，杜月笙早就心知肚明。

（二）拉股东不择手段

杜月笙获得了钱新之的"三条妙计"后，于第二天备了一份礼品前往均培里黄金荣公馆。

杜月笙向黄金荣拜年后就提出自己想办银行的打算，并拉他一起开银行。黄金荣对他说：

"老弟，你知道办银行我没本事，拉我一起干，我实在帮不了你的忙。"

杜月笙连忙说："师兄，我们光搞鸦片、赌场来发财总不如办银行赚钱来得体面。所以我请你入一股，挂上个常务董事的名，具体操办由我来干，到时你只分红利怎么样？"杜月笙知道师兄爱钱但又十分吝啬，接着又说，

"你不入股也行，我给你一份干股，红利照分，挂一个董事的名……"

黄金荣连忙摆手说："干股我不要，月笙，我入一股聊表心意。"

杜月笙第一次"凑"取得成功，接着到"三鑫"和赌场、戏馆等几个兄弟家，他们知道黄金荣已入了股，便纷纷加入股东行列。

接着就是"挖"。这对杜月笙来说做起来驾轻就熟，他消息灵通，哪家出事就去"调解"。忽一日有一陈家老板陈旺祖，父亲刚死，他家几个姨太太为争夺遗产闹得不可开交，甚至要上法庭。杜月笙得知此事，当即高兴得眉开眼笑，对他的门徒说："快去对姓陈的说，这件事由我为他来摆平，1000万遗产我能让他稳到手，只是他要向银行投资50万，我会给他当个董事"。陈旺祖得知杜月笙替他出面，能给他摆平，当即满口答应，告知来人："杜先生要我投资50万一文不少。"至于那几个姨太太闹事，杜月笙采取连哄带吓的手段，使她们一个也不敢再去跟陈祖旺胡闹。

杜月笙又听得大英银行买办徐懋棠，也是父亲死后留下一千多万遗产，几个遗产共同继承人抓住徐的某些把柄，企图要倾吞全部遗产。杜月笙派门徒告诉徐懋棠："杜先生会来摆平，只要向他的银行投资30万入股，你的遗产一文不会少。"徐懋棠当然求之不得。又如有一名叫赵平德的财主，也是闹出一桩遗产案，全靠杜月笙派人摆平，得了一宗遗产，把其中的三分之一也入了股，成了银行的大股东。杜月笙为了"挖"银行资金，不择手段，无往不利。

经过一番筹划，杜月笙的"中汇银行"资金基本解决，于1929年正式开张。事前发出百余张请柬，开张那天各行同业和诸亲好友前来道贺时少不了存进一笔笔钞票，这就叫"堆花"。"中汇银行"是中国第一家由大亨开办的银行，杜月笙自任董事长，黄金荣、张啸林为常务董事。由于资金充足，一开张就声誉鹊起。可是，到了第二年银行在用人问题上出了麻烦。由于杜月笙缺少管理银行经验，行内那些主任、科员基本上不是杜氏门徒就是黄氏门徒。这些门徒大多出身流氓地痞，当个跑街也许可以办事，至于帮助老板经营却一窍不通。那年年底结算账目，亏损不少，这使杜月笙大伤脑筋。于是想到钱新之，请他出面邀请当时著名银行经理组成一个临时"顾问团"，重新调整人事安排。到了第三年，营业开始好转。1934年，在爱多亚路（今延安东路）建成了中汇大厦，后又于河南路16号建成中汇银行大厦。杜月笙在银行界站稳了脚跟。

1935年，时任中国通商银行董事长兼总经理的傅筱庵，因受国民党财政部排挤，杜月笙乘人之危，接任了该行的董事长，后又进入中国银行、交通银行任董事。此时，杜月笙在金融家声誉日隆，不久出任上海银行同业公会理事,俨然成为上海滩的一名著名银行家。

杜月笙能以600万元资金筹办成中汇银行,此后回想当年钱新之赠他"三条妙计",他不忘此恩,每年春节执礼拜访,并从此刻意改变黑道旧习,以金融界名人身份出现于社会上各界的活动。

十二、张嘉璈:从中行经理到交通部长

(一)为蒋介石多次筹款

张嘉璈(1889—1979),江苏宝山人,号公权。1901年入江南制造局方言馆学法文。1904年中秀才,后考入北京高等工业学堂。1906年赴日本东京庆应大学读经济学。1913年入中国银行连续任职达23年之久。

1916年,37岁的张嘉璈时任中国银行上海分行副经理,迎来了人生第一次的金融风潮。

1916年5月12日,北洋政府为应付财政困难发布通令:各地中国、交通银行,对所发纸币和应付款项一律停止兑现、付现。不久,兑换狂潮即将蔓延上海。其时中行上海分行总经理宋汉章与张嘉璈为维护中行信誉,采取种种手段宣告,"所发钞票,随时兑现"。一些大股东竭诚资助,并分别向外商银行押借现银。

5月13日上午,汉口路3号中国银行门口"挤兑者争先恐后,撞门攀窗,几乎不顾生死"(据《张嘉璈日记》),每日不下千人。至三日后逐渐减少,到第七天已如往常。这次挤兑风潮之后,张嘉璈名声大振,次年升任中国银行总经理,主持银行业务。他努力扩大商股,到1923年商股已占99%,摆脱了北洋政府的控制。

1926年7月,国民革命军出师北伐之始,张嘉璈见北伐军所到之处对中国银行的各地分行加以保护,开始接济30万元,作为北伐军在江西的军费。后北阀军到南昌,张嘉璈密令中行南昌支行向蒋介石提供现银20万元。

1927年3月,北伐军进驻上海,张嘉璈又向蒋介石支出100万元,加强了与蒋介石的关系。后蒋介石派军需处长俞飞鹏向中行上海分行借支100万元,宋汉章不买账。蒋介石大怒,要俞坐在经理室里勒逼,并将款数徒增至500万元。正在家里为母守丧的张嘉璈闻讯赶到中行,再三向俞致歉,并付100万元了事。宋汉章为此坚决要求辞职。后蒋介石开始准备发动政变,成

立以陈光甫为首的江苏省兼上海财政委员会，向江浙财阀多次勒索军款。"四一二"政变后，国际舆论"谓蒋介石的胜利，乃得力于包括中国银行在内的江浙财团的支持"。于是，张嘉璈成为变支持北伐革命为支持反革命政变的历史罪人。

为了既能给蒋介石的南京政府提供大量军费和行政开支，同时又避免因滥发钞票而造成通货膨胀，张嘉璈向宋子文建议，要在发行公债上多动脑筋，南京政府可大量发行公债。

张嘉璈提出的财政计策，得到了蒋介石的赞许，之后南京政府通过发行公债来维持财政。在南京政府成立之初的14个月，发行了总面值1.36亿元之巨的各种公债、库券。其中张嘉璈主持的中国银行负担了最多的数额，使中行资产日益增长。1928年，财政部长宋子文向张嘉璈提出中行增加官股500万元，改组为专业的国际汇兑银行。至1935年，中国银行官股增至2000万元，张嘉璈离开中国银行，被调为中央银行副总裁，实际上是给他一个空衔，这标志着中国银行的黄金时代的结束。

（二）出任国民政府交通部长

1935年夏，蒋介石鉴于张嘉璈在社会和商界的声望，任命他为国民政府铁道部长。是年11月张嘉璈任职时提出"铁路救国"的口号，他说，"欲救中国当先救铁路。挽救之道，固在于旧路之策进，而尤要于新路之建设"。在此之后，铁道部新修铁路1500多公里，粤汉铁路提前一年通车，苏嘉铁路又开始通车，著名的钱江大桥也建成通车。到抗战前夕，沪杭甬铁路通车，陇海铁路向西延伸到宝鸡……

张嘉璈是一位非常能干的理财家，他领导铁道部着手大规模清理外债，在不满一年里把85%的外债清理完毕，获得债权人的信任，从而引进外资投入约3000多万英镑。同时在国内金融家的帮助下，发行铁路公债7455万元。

1938年1月，铁道部并入交通部，张嘉璈以其突出的成绩转任交通部部长，主管全国铁路、公路、水运、航空、邮政、电信等业务。在敌人封锁和沿海省份相继沦陷的情况下，他不顾艰难，多次抢修被日军破坏的公路，如抢筑衡阳至桂林段200余公里。另外计划修筑西北经新疆至苏联的公路，后因苏方不予支持而停止。

1941年12月7日，日军偷袭珍珠港，太平洋战争爆发，香港形势危急。当时发生了一场"机运洋狗"事件。据重庆《新民报》报道，孔祥熙的夫人宋霭龄及其二女儿孔令伟带着老妈子、大批箱笼和几条洋狗从香港飞回重庆机场。由此引发昆明西南联大的学潮，游行中打出"打倒孔祥熙"的标语。

此事经张嘉璈查明，"四条洋狗系两位美国飞行员见仍有余位，顺便携带到渝"。他的发言以交通部长名义刊于《大公报》，但民众仍不以为信，这使张嘉璈深感政府公信力全已失去。经过此事，他意兴阑珊，加上抗战时期官僚之间互相勾心斗角，他的许多计划无法实现，遂于1943年初，以健康不佳辞去交通部长职务。退下以后，张嘉璈用英文写成了《中国铁道建设》一书寄往美国出版，后译成中文，曾引起国际财政金融界的注意，被认为研究中国铁路史的经典之作。

是年秋，张嘉璈奉命赴美考察，并出席美国召开的国际通商会议。会后和陈光甫等与美方合办中国投资公司，以发行债券，吸收外资，为抗战筹措资金。

1945年5月，在张嘉璈未出席的国民党六大会上，蒋介石将他加上中央执委名义。1947年3月，张嘉璈被任命为中央银行总裁。1948年，他鉴于通货膨胀、金融混乱而辞职，致力于学术研究。1955年移居美围，后在洛杉矶洛亚拉大学任教。同时撰写《中国通货膨胀经验》一书。1966年被斯坦福大学胡佛研究所聘为高级研究员。1979年出任"美国亚洲银行"名誉董事长和高级顾问。另有专著《中国发展铁路的斗争》《近代中国经济变化的制度和动力》。

十三、 被日军劫持后的唐寿民

（一） 被迫落水，担任要职

1941年太平洋战争爆发，上海、香港相继沦陷。1942年，上海金融工商界著名人物闻兰亭、袁履登、林康侯等一批名商被日军逮捕后押回上海，其中有一名上海金融界的头面人物——唐寿民。

唐寿民，1891年生于江苏镇江。他从事上海银行界工作甚早历时又极长，早在辛亥革命时期他就参与创办江苏银行，后参与创办上海商业储蓄银行。1929年创办国泰银行任董事长兼总经理，在江西路建造了12层的营业大楼，成为仅次于"北四行"的一家著名银行。1929年后，任交通银行董事兼上海分行经理、中央造币厂厂长，中央、中国、建设、正明、太平、新华、中汇、亚洲等银行董事或经理。1932年后任上海银行公会常委、上海银行业联合准备库常委、上海银行业票据交易所常委等职。

唐寿民被日军押回上海后，汪伪政府财政部长周佛海曾多次与日方财经顾问商议唐的任职问题。自日军占领整个上海后，设在租界里的外国银行被日方分为两类：一类是俄、意所设银行允许有限制的继续营业；一类如英、美等国所设的诸银行被定为"敌性银行"，勒令关闭，接受清理。中国的银行中，中央、中国、交通、农民四行中，中央银行与农民银行被定为"敌性银行"，在接受关闭和清理后其产业均被侵占；中国银行与交通银行虽然其黄金、外汇及其他动产已大部分秘密转移至香港和重庆，但账面上仍有国内存款、外资产以及部分黄金和证券地契等资产。

上海交通银行被日伪政府接管时，由日方派驻交通银行的代表福间忠三郎任顾问，此人由日本住友银行调来，是该行内相当精通业务的科长。他在清理交行财产时，对上述情况已完全掌握。由于上海交行经理王子菘已秘密逃往香港，该行事务群龙无首。清理结束后，福间忠三郎特赴南京与财政部商讨交行总经理任命之事。周佛海向福间忠三郎表示：（1）交行"复业"后，须与重庆国民党政府脱离关系。（2）由唐寿民出任该行董事长兼总经理。他对福间忠三郎介绍时说，唐寿民是上海银行界名人，开办银行近十家，为上海银行公会常委，主持交行非唐莫属。（3）立刻将唐寿民从关押所释放，软禁于华懋公寓。

唐寿民在华懋公寓住了数日后即允许回家团聚，但门外由日军把守。

一日，周佛海由南京来唐府拜访。"寿民兄，你受了痛苦，我未能营救，实在抱歉。现在你回来了，阖府团圆，也是幸事。最近日方逼得紧，请你帮我的忙，继续主持交行。"

唐寿民说："王子菘已经出走，副经理周叔廉出面主政不是也可以了吗？"

"周叔廉的威望与能力怎么能与吾兄相比，他体弱多病，不时请假，我与汪主席商讨多次，由兄主政交行必将使上海金融业逐渐繁荣；若交行遇到困难，佛海和中储银行作你的后盾。"

经过周佛海和梅思平等日伪头面人物多次相逼，唐寿民在软硬兼施之下，终于决定"下海"，出任交行总经理。唐寿民下海的心理原因首先是过去一段时期的失落感。在20年代江浙财团中，他虽未是核心人物，也算得是外围中的精英，特别是在国泰和交行时期出任银行公会常委，确实风光一时。至30年代后，他在交行的地位被董事长胡笔江所压制；胡笔江遇难后，交行又被钱新之把持。他知道钱有蒋介石的背景，而自己与重庆方面政要关系不深，难以出人头地。

其次，他还有自我辩解的心理。唐寿民认为像周佛海、梅思平之流是自告奋勇主动落水，而自己则如闻兰亭等人是被迫下水，性质不同。他在日记中写道："余处兹环境，虽仍觉一无把握，然终迫于责任心之驱使，乃不顾毁誉荣辱，挺身而出。""一来可保全交通银行的财产，二来可以维持职工和家属的生计，耿耿此心，别无他求。"

唐寿民在交行上任之前找副经理周叔廉谈话时说："交行的行产一定要保全，同行的生计一定要维持，存户方面，旧户一定照常保持联系。"接着，又提出业务经营的一些具体要求。

周叔廉是唐寿民的老部下，一向谨慎小心，对唐的一切指示言听计从，毫不含糊。唐寿民对周说："交通银行存户众多，职员数百，如不维持下去，听日本人来搞势必垮台。周佛海多次逼我出山，我考虑再三，若不答应复业，我实在于心不忍。财政部规定我行除日常业务外，特别指定要重点经营农业金融服务，通过苏浙皖三地的土地资金，吸收农民存款，发放农林牧副渔的贷款，可是目前行里资金不足，你想想有什么办法？"

周叔廉说："唐先生的这一困难我也想过，建议行里专门设立农业经理处，资金不足可向财政部申请拨一笔专款。"

唐寿民按周叔廉的建议向财政部作了报告，周佛海立即同意发放资金6000万元。1942年9月1日，伪中国交通银行正式开张，总部设在上海。唐寿民任总经理兼董事长。为表示自己的心迹，他特别在交行徽章上刻了"青白乃心"四字，另设立调查统计室，其任务是收集日占区金融物资及工商界等情报，其中也包括敌伪军政情报。唐寿民派其亲信通过调查统计室与上海军统特务取得联系，然后将情报转至重庆。

（二）多次申辩，难逃罪责

自日本发动太平洋战争两年后，日军在扩大战争中战略物资日益紧缺，加上通货膨胀，沦陷区的日常生活用品随着发生严重困难。在此形势下，1943年3月15日，日伪政府全国商业统制总会在上海成立，是沦陷区物资收买配给的最高统制机关。商统会由日伪各方人员组成。对于理事长的人选，汪精卫、陈公博、周佛海等商议再三，决定由商界著名人物来主持，由于闻兰亭、袁履登、林康侯三人已分别担任另外要职，遂将此职锁定在唐寿民身上。唐得知此事后，再三推辞。

决定唐寿民来任此职最后之决策权在于日军方面。周佛海在给唐寿民的信中告诉他，"请负责商统会之事，乃堀内公使之意"，"弟告以兄之决心，如此勉强，非逃则死"，堀内认为此"无不可解决之困难，决不致如兄所认之严重"，故"请兄勉为其难，毅然担任"云云。周佛海在信中充满着威胁和恫吓,使唐寿民读后惊恐万状,乃不得不走马上任。唐寿民是个脚踏两船的人,在出任商统会理事长一职后,自感将来罪加一等,遂加紧通过其调查统计局向重庆方面发出关于商统会成立会上的议题以及全部理事人员的名单、分工情况。

1945年8月,抗战胜利,负责惩治汉奸的军统派人来到唐寿民寓所。唐寿民自知罪责难逃,当即被关入南京老虎桥狱中。

在接受苏州高等法庭审判期间,唐寿民聘请两名在沪的著名律师进行辩护,还亲自撰写一份《关于出任交通银行及参加商统会之经过》。他称申:"出任伪职,敌方意在必行,与其事后听人摆布,不如自我'复职',盖如是则交行数十年之基础,或尤得保存,数百同人亦或得免于冻饿,数千存户亦得赖以周转也。"关于出任商统会理事长一职,他申辩道:"盖抗战以来沦陷区在敌军统制之下,任意搜刮物资,创巨痛深,如任其继续不已,则社会民生将不堪设想,时至今日,个人毁誉何足惜,一己利害何足计,倘能有补于我国,有俾于吾民,众人虽欲将余推入火坑,余亦甘之。"在这份辩护材料中,唐寿民恣意推宕责任,把自己打扮成一副忧国爱民的面孔。

1946年,上海最高法院以汉奸罪判决唐寿民无期徒刑。唐寿民不服,表示自己"绝无助逆资敌之事",在要求重判中,他提出两条理由:(1)在交通银行时调查统计室曾多次通过上海军统向重庆递送过秘密情报,经收交行情报后上海军统在向重庆戴笠汇报中曾有"一些上海名人利用现有地位,分别为我效用,其中尤以金融界重要分子如唐寿民等出力较多,收效亦巨"。(2)唐寿民还出示了自己曾多次将情报直接密告蒋介石的底稿内容。

由于这次申诉理由的分量较重,遂由最高法院改判为12年。唐寿民仍不服,他通过金融界名人及政要人士如陈果夫、宋子文、吴忠信等人的疏通,最后由蒋介石特批,最高法院终审判决改为8年。1949年初,蒋介石下野,李宗仁为代总统时,实行政治犯大赦,唐寿民终于出狱。解放后,唐寿民在镇反运动时又被管制2年。晚年唐寿民深居简出,在家以练习字画消磨余生。1974年病逝于上海。

十四、"远东保险王" 史带发迹前后

1980年7月,美国《幸福》杂志的封面上刊登了一位其貌不扬的叫史带的人的照片,并介绍了他以经营保险业为主的美国国际集团。他的公司总部

位于纽约松树街70号的一幢巨型摩天大楼里,有员工2万人,总资产达57亿美元,股息增长率居全美第四位。

这位引人注目的巨商史带,1892年出生于美国加利福尼亚州的一个小镇。因幼时脸部瘫痪,生得歪嘴肩斜,人称"歪嘴史带"。他并未受过高等教育,却天资聪颖,待人诚恳。他早年为一家报馆记者,后在律师事务所任职,因一次办案中得罪了名人,无法立足,于1916年孑然一身来到"东方纽约"上海闯荡。当时他身上仅有15美元,住进了一家小屋的阁楼上。由于史带口才、文笔俱佳,被美商《字林西报》聘为记者。一次偶然的机会他与美商汇丰银行大班雷文相识,经雷文介绍他在该行做保险业务。

上海开埠初的保险事业几乎全操诸于洋商之手,民国初年虽有仁济、上海水火等少数几家华商保险公司,但均缺乏新兴保险业务知识。史带进军保险业时,在雷文等银行大班协助下,经过一番奋斗,建立了一家"美亚保险公司",从此青云直上,大发洋财。他建立了以"美亚保险公司"为核心的集团体系,包括保险、银行、地产、报业等业,成为上海保险业多元化经营的一个巨头。史带的发迹史,是旧中国保险市场畸形发展的一个缩影,也是外国冒险家淘金上海的传奇故事之一。

史带究竟采用什么经验和手段,以上海为起点迅速发迹?

其一,开设友邦银行,为他的美亚保险公司作支持。据说,中国银行上海分行总经理宋汉章于1938年在上海分行设保险公司时,曾取法于史带的这一经验。史带竭力拉拢上海银行界知名人士,聘为顾问、董事。他首先看中的是江浙财团代表人物、上海商业储蓄银行总经理陈光甫,聘他为顾问,又送上干股。由陈再拉拢上海金融界和企业界领袖徐新六、李馥荪、刘鸿生以及华商保险公会会长厉树雄等,组织华商泰山保险公司,请徐新六为董事,出资仅数千元的股份,而真正的主人是史带的友邦银行。至1934年,"美亚"及所属"友邦"已雇有华人员工200余人,代理着20多家外商保险公司,分支机构遍布海内外,实力雄厚,规模庞大。后发行"美亚"股票,上海商业储蓄银行等许多银行均购买"美亚"的股票。

其二,扩大经营方式,重用优秀人才。随着"美亚"资金的扩大,史带采用多种经营方式扩大各种企业和分支机构,如在香港开设友邦保险公司、友邦人寿保险公司、恒业建筑公司和房地产公司以及大酒店等。后他又在海外菲律宾、新加坡、古巴、瑞士等地设立多种保险公司,从而史带被誉为"远东保险王"。在扩大经营的同时,史带十分注重人才的选用和奖掖。他高薪聘请"人头熟"和有相当活动能力的通英语和保险业务的买办或跑街,对于富有业绩的职员不论学历破格提升和加薪。他黯知中国人的习俗,逢年过节赠送礼金并组织员工免费旅游、聚餐。如买办赵伯秀曾为"美亚"兜揽不少生意,史带不仅给予重奖,而且还给他家乡建造一座"生墓"。史带笼络人心的善举使他手下的员工发挥了积极性。

其三,注重信誉和广告宣传。1920年,当"美亚保险公司"刚成立不久,立足未稳之际,上海北苏州路豫康公司等堆栈发生大火,大量蚕茧被烧,损失惨重。"美亚"的保费还没赚到多少,倒要先赔出一大笔钱,处境艰难。按常规,保险公司一般能拖则拖,能赖则赖,但史带不惜举债立即赔款,因此获得社会人士信任。一般保险公司营业时间均为上午9点至下午4点,周六、周日均不办公。史带的"美亚"则在夜间和休息时间专门派人值班,值班人可在投保单上直接签字生效。史带擅于广告宣传,他亲自设计了一幅广告,上画一位华人,掌上托着爱妻和一对儿女,文字说明是:"身家性命,娇妻爱子,都在足下掌上;宜其全家,乐尔妻孥,全靠人寿保险。"1933年史带购下英文版《大美晚报》,为"美亚"作喉舌。该报上常有"鸣谢"美亚公司赔款迅速的来函,其"来函"实际上由美亚印好后附在出险单回执内,当对方在回执上签好字,美亚即在报上刊登"鸣谢启事"广告。

其四,打进华商保险同行内部。由于华商保险公司历史短、资力薄,在遇到承保额大时常感无力,史带得知信息便派买办将资金打入华商保险公司,从而提出苛刻条件,如入股、高利率等,从中牟利。上海保险费率委员会一直由洋商把持。史带以其在该公司董事长地位将华商的保险费率加以压低,从而夺走了他们的业务。自1927年史带开设美亚保险公司以来,利用各种手段在中国保险业中占据了垄断地位,其业务收入占华商保险费收入的三分之一以上。

史带初来上海时在《字林西报》当记者,他发迹后将美亚保险公司搬进外滩17号一座高楼。1949年初,美亚将上海的业务撤至香港,1951年史带在美国纽约组建了统辖各子公司的美国国际保险集团。半个世纪后,史带去世,美国友邦保险公司重返中国,再次入驻上海中山东一路17号的桂林大楼,继续由其家族经营保险事业。

十五、 王伯元三请秦润卿办垦业银行

(一)"金子大王"王伯元

王伯元,原籍宁波,1893年出生于苏州,其父亲曾在江苏海门、苏州一

带经商。王伯元13岁应科举试，考中三场，但因父命随家迁沪，未参加复试。

1907年王伯元到上海正丰永金号当学徒，他刻苦好学，善于用脑。3年满师后，被留用当跑街，其间他已参加上海金业公会，从事社会活动。23岁时被聘为涵恒金号经理，后又改任天昌金号副经理。当时第一次世界大战结束后，市面金价与汇率时涨时落，王伯元以其机敏才智不失时机地大做套头交易，因而大发横财，被称为"金子大王"。1921年，他独资创办裕发永金号，自任经理，同时做金业交易所的经纪人。由于王伯元在金业界声誉卓著，不久被选为上海金业交易所理事。

1923年王伯元又独资开设元发证券号，买卖各种有价证券，获利巨大，成为百万富翁。

王伯元深知从事黄金投机买卖风险极大，此后转向投资金融事业。在钱业方面，他先后与人合资在宁波、上海创办了元余、元发、同润、元春、镇泰等钱庄。在银行方面，他于1928年接办天津的中国垦业银行，任董事长兼总经理。次年他与秦润卿、徐寄庼、李铭等改组了天津的中国垦业银行，在上海成立中国垦业银行，王先任常务董事，后任该行副董事长兼副总经理。由于在该行250万元总资本中，他一人就占了58%股权，取得该行的实际控制权。此外，他还担任通和银行、国泰银行、中和银行、上海绸业银行董事长。

除了钱银业外，王伯元还在上海、宁波等地的工商企业广为投资，如任天一保险公司、茂华保险公司董事长，镇江贻成面粉厂、中国纱布公司、中国水产公司、永昶铜厂董事长，在沙市纱厂、四明电话公司、永耀电力公司、宁波和丰纱厂、中国丝业公司、竟成纺织公司、亚浦耳灯泡公司任董事等职。在社会事务方面，他担任上海金业公会议董、上海银行公会执行委员、上海市地方协会委员等职。1931年，王伯元创立了以他名字命名的"王伯元奖学金"，赞助贫困学生攻读高校，又向上海南洋中学、复旦大学等捐资并任校董。还两度在家乡创办难民收容所。

抗日战争时期，日伪曾诱使王伯元出任伪职。对此他在自述中写道："时欲走不能，只能伪装衰老，留须抽烟，敌伪欲拖我下水，来家勾引，见我一榻横陈，吞云吐雾，我谓胃病甚剧，唯吸鸦片可以止痛，非黎明不能入眠，非午后不能起身。实则我生平从未胃痛过，此一伪装果然生效，日伪见我如此颓废，认为已无利用价值，愤然而去。"然而，这也许是王伯元一时的无奈，据《上海名人辞典》记载，王"于1944年出任汪伪上海市财务委员会主任委员、汪伪上海保甲指导委员会副主席"。1948年去台湾，后定居美国，于 1977 年去世。

（二）和衷共济办垦业

中国垦业银行最早于 1925 年在天津开业，该行由宁波商会会长俞佐庭与旅津宁波商人童今吾等人筹建。开业后，俞、童分任正副总经理。垦业银行原以调剂农艺师商及垦牧业金融为宗旨，但在具体经营中仍以商业银行为范式。1928 年，因主持人王伯元经营不善，营业状况日益恶化。次年春，该行股东王伯元、徐寄庼、李馥荪、周宗良等人经过多次商议，决定由王伯元为代表与秦润卿商议，希望他来接办；另外，决定该行总行设于上海，天津为分行。

王伯元与秦润卿虽是宁波同乡，但当时秦润卿已任上海钱业公会会长多年，又任江苏兼上海财政委员会委员等职，在金融界德高望重，王伯元不敢贸然拜会，遂请俞佐庭前去试探。俞与秦润卿乃同乡至交。两人在商谈中，秦润卿向他介绍说，早在 1918 年豫源钱庄曾改组为豫源商业储蓄银行，后因总董程子仁先生去世而停业。因此总董对银行关系十分重大。

俞佐庭说："豫源银行中途夭折之事弟也有所闻；后来薛文泰先生与你筹办上海棉业银行，请你当董事长办了 6 年相当顺利，怎么停业了呢？"

"说来话长，主要是文泰先生拉来的一帮股东内部矛盾重重，才不得不散伙。"秦润卿继续说，"王伯元他们要办银行，我未尝不想参与。开办新式银行也可说是我这十多年来的夙愿，但经过两次教训，是否投入有待我考虑一段时间再与兄相告，再则对王伯元此人我也了解不多……"

第一次邀秦润卿出山，一时没有眉目。俞佐庭与王伯元等人再次商量如何解除秦的顾虑，并取得他对王伯元的信任。在商讨中徐寄庼提出一人可委他与秦润卿接洽，当有九分把握。此人为魏友棐，时任秦润卿创办的《钱业月报》编辑部主任，又为上海市钱业公会秘书。魏友棐年轻有为，才华出众，写得一手颜体，是《钱业月报》的一支"铁笔"，在与马寅初开展"废两改元"笔战中曾名噪一时。魏之堂妹魏秀春又为秦家五房媳妇，故秦润卿与魏友棐既有亲谊又是忘年交。王伯元听了徐寄庼的介绍后，遂即拜访魏友棐。魏与王伯元也是同乡，对这位"金子大王"的经历也有所了解。当他得知王伯元的来意后表示极愿玉成其事。在王临别时，魏友棐向他介绍了秦润卿为人的一些情况。秦润卿不仅办事稳健，为人低调，生活起居极为俭朴，甚至连信封也翻拆再用，尤其热心于家乡所办的一所普迪学校等等。

一日，王伯元满怀诚意，一改平日西装革履，穿着长衫前来海宁路一石库门的秦宅拜访。王伯元在介绍自己在上海筹办"垦业"的决心时，提出银行资本为 500 万元，他愿入 58% 之股份，并请秦润卿担任垦业银行董事长兼总经理。在商谈中，王伯元向秦交上两个卷宗，一为筹办垦业的计划书，一为计划开设"王伯元奖学基金"的条例。秦润卿见王伯元既有办银行之决心，又有办教育之热诚，终于同意参与垦业银行的筹办工作。

在第一次董事会上，秦润卿与王伯元"约法三章"：(1) 银行业务以稳健为主，不得参与标金、股票等投机活动。(2) 本行股东、职员人等不得向本行宕账、透支。(3) 办事、用人一律公开，不得任用家属私人，也不得为谋眼前利益而采取行贿等不正当手段。另外，银行董事长、董事等均须每天到行办公，不得随意缺席。在得到王伯元的承诺后，秦润卿同意出任垦业银行董事长兼总经理之职。

在秦润卿及其他董事的努力下，改组工作相当顺利。1929 年 6 月 6 日，中国垦业银行开业，地址在上海英租界宁波路 65 号，天津中国垦业银行改为分行。除秦润卿任董事长兼总经理外，王伯元、梁晨岚为常务董事，龚子渔、李馥荪、李祖华、楼恂如 4 人为董事，徐寄顾、赵仲英、方巨川为监察人。

垦业银行开业后，秦润卿认为不能因为名称的原因而使垦业银行成为专业性银行，因而除不做外汇外，该行兼营一切银行业务，包括存放款、房地产、信托投资及发行钞票等。

凭借秦润卿在上海金融界的声誉，加之几个大股东的实力地位，垦业银行的业务很快开展了起来。开业当年的 12 月 16 日，便在静安寺路梅白格路转角处设西区支行。当时《申报》报道："开幕后，营业极为发达，存户储蓄尤为拥挤，该行原定星期日休业，近因各存户纷纷要求，于此日照常营业。"其后又在宁波、南京、上海等地开设了数家分行及支行，业务范围进一步扩大。

1934 年农历新春到来之际，秦润卿提出一番储蓄新思路，在霞飞路支行创办一种新储蓄证，并在《申报》上刊出广告："数目自一元起悉可照填，式样精美，极便携带，新春时用以代替现洋，分给子女作压岁钱或茶包，以免沉酒赌博，而导人于节俭储蓄之途。"因而大受欢迎。为增加储蓄，垦业银行与上海市立民众教育馆合办储蓄旅行，1933 年 11 月 13 日，《申报》报道说，"中国垦业银行与市立民众教育馆合办之储蓄银行，昨晨在文庙公园内讲堂厅举行开幕典礼，到银行界教育及民众参与者四百余人，开幕如仪，主席为垦业银行总经理秦润卿氏报告，略述开办储蓄处，完全为服务社会，并谓储蓄事业与国力为正比例，日本国内各银行储蓄存款，共在一百三十万万元，吾国人口土地较之多出无数倍，但储蓄资金不及其百分之一，因此国力不及远甚。希望国人对此事加以注意云云。末并对于到会来宾深致谢意。

后摄影散会。散会时并赠来宾纪念物两种及小册子多种,为各种储蓄存款概括。有节俭储蓄、教育基金储蓄、婚嫁储蓄办法等"。

秦润卿一向为人低调,但在从事垦业活动中却十分重视利用报纸等舆论媒体进行宣传,如在八仙桥开办"中国垦业银行女子分行",在报上广为宣传,行中职员"均选高中以上之程度之女士",凡开业时前来存款均有精美赠品等等。

中国垦业银行成立不久即发行钞票,由于准备充足,信用昭著,流通日广。秦润卿与上海商业储蓄银行行长陈光甫相交甚密,后委托该行各地分支行代兑垦业钞票,于是垦业的业务范围迅速渗透了我国沿海18大城市。即使在"一·二八"战役期间,垦业银行钞票在全国各地仍能充分兑现。

当时银行遭挤兑时有发生,特别是日本人居心叵测,常制造各种谣言以破坏华资银行的信誉。1935年10月,中国垦业银行建成8层大楼。两年后,上海市面上银根吃紧,不少银行、钱庄纷纷倒闭。某日文报纸刊登垦业银行亦将破产的谣言,一时垦业银行门口排起长龙,秦润卿与王伯元和衷共济,沉着应付。王伯元将部分私蓄黄金兑为银元,分头运送各分行。秦润卿一方面动员福源、福康等几家钱庄调运大批银元前来支援;另一方面,他以上海钱业公会名义通知各庄给予协助。另外,在虞洽卿帮助下,由宁波旅沪同乡会出面,动员甬商兑换垦业银行钞票。由于秦、王两人同舟共济,措施得力,此次挤兑风潮很快得以平息。

进入30年代后,秦润卿为垦业银行做了三件大事:

(1) 积极支持民族工商业的发展,发行投资中国水泥厂、永安纱厂等15家公司股票,并向棉织、毛织、电器、玻璃、水泥等大工业给予贷款。

(2) 为支援农业复兴,增加农产品抵押放款,为数约2000万元。如在鄞县、慈溪、余姚一带建筑农村仓库,还于浙东产棉区余姚设立办事处一所。秦润卿在主持揭幕典礼时,各界道贺者络绎不绝。《申报》在报道中说,"此举于农村经济裨益匪浅也。"

(3) 提高垦业银行钞票发行的信任度,秦润卿将保证准备金和发行钞票的检查报告在《申报》上及时公布。

1943年底起,秦润卿因年事已高,辞去垦业总经理之职,由王伯元任总经理。1948年,王伯元离沪,垦业由秦润卿推荐董建侯主持,一直坚持到上海解放后参加公私合营。

这里需要补上一笔的是,秦润卿与王伯元在合办垦业银行时和衷共济,共同创业,但是,他们两人在人品上并不相同。在敌伪统治上海时期,秦润卿蓄须明志,拒绝与敌伪合作;而王伯元则于1944年任汪伪财务委员会主任委员、汪伪上海保甲指导委员会副主席,为上海金融界所不齿。

十六、俞鸿钧偷运大量黄金美钞到台湾

俞鸿钧（1897—1960）,广东新会人。1919 年毕业于上海圣约翰大学,后留校任教。1927 年初任武汉国民政府外交部长陈友仁秘书。"四一二"反革命政变后投靠蒋介石。历任上海市财政局局长、上海市银行监事、上海市兴业信托公司监事。1936 年升任上海市市长。1939 年后任国民政府财政部长、中央银行总裁。1948 年主持发行金圆券,8 月 19 日发布"财政经济紧急处分会",搜括人民所有黄金、白银、银币及外币。

1948 年底,随着东北解放,淮海战役开始,11 月 28 日,宋美龄飞美,争取美国给予紧急军事和经济援助,但遭杜鲁门之冷落。此时,蒋介石又在李宗仁、白崇禧等桂系的压力下,要逼他早日下野,背腹受敌。蒋介石急需将中央银行那些金银美钞在下野前移往安全地点。

当时,以俞鸿钧为总裁的中央银行正按蒋介石的意旨逐步转移国库金银。1948 年 11 月 29 日,中央银行发行局签呈蒋介石:自外滩至吴淞口实施特别戒严,将央行准备库所存部分黄金运至台湾,先将 200 万两装箱,后又装 774 箱,合计为 2004459 两黄金,由海军舰队自上海运往台北。在蒋介石核准后,俞鸿钧亲自领导,组成了一个最机密的工作小组,调用海军舰只,部署沿途警卫,实施陆海戒严,安排驳运人手。俞鸿钧在央行总裁办公室内足不出户,不断发出指令。11 月 29 日夜,电告警备部在运装黄金箱只时派警卫协助。12 月 1 日电告央行沈、何、刘三主任立刻赴台接收舰内所有 774 箱黄金。12 月 8 日,又电告何、刘两人凭运送清单,立即电告报告表。

自海军舰队起运第一批黄金后,俞鸿钧一连几天夜不成寐,坐立不安。直至接获台湾方面发来密电,所运黄金全部平安抵达,他才如释重负。

此外,据中央银行副总裁李立侠回忆,12 月 31 日午夜由上海装载第二批黄金 240 万两,运至基隆。第三批运走 57.2 万两黄金,由厦门登陆后至台北。

1949 年元旦,俞鸿钧向蒋介石报告,"已妥运台北黄金 2004459 市两。又运出黄金 151 箱,合纯金 572899 市两。银币 1000 箱,合 400 万元"。以上合计 500 万两黄金。

蒋介石于 1949 年 1 月 16 日约见俞鸿钧,指示中央、中国两银行外汇处

理要旨，准备藏起 7000 万美元的外汇以备军费等之用。

据台北《俞鸿钧传》，"库存黄金运送台湾一事，完全是俞鸿钧个人鉴于时局逆转，默察形势，秉承蒋介石旨意，当机立断，所作的一项重大决定"，当"在黄金安然运抵台湾之后，即连夜乘车直驶南京，向最高当局当面报告"。

蒋介石鉴于俞鸿钧对他的忠诚和办事果断，在主持发行金圆券，搜括大批黄金赴台中功绩显彰，遂于 1949 年底俞赴台湾后委他为"中央信托局局长"，台湾国民党政府"财政部长"兼"中央银行"总裁，交通银行、农民银行、台湾银行董事长，国民党中央财务委员会主任委员，后又任台湾省政府主席，"行政院"院长。1960 年俞鸿钧在台湾去世。

十七、爱国经济学家和政治家章乃器

（一）银行经理办《新评论》

章乃器（1897—1977），浙江青田人，原名章埏，字子伟。1913 年，他考入浙江省立甲种商业学校。毕业后入杭州浙江兴业银行当练习生。次年，调入通州京兆农工银行任营业部主任。1923 年，在上海的浙江实业银行总经理李铭见章乃器办事干练，勤奋好学，遂提拔章为营业部主任。

浙江实业银行常与财大气粗的外商银行打交道。有一次，章乃器运送大批现银到麦加利银行交割时遭到该行受理人的冷遇，要他把大批现银放着，等另约时间再点收。章乃器毫不客气地向对方说："我们送到了，收不收是你的事；从我送到时算起，以后的拆息应归你们负担。"这一来，洋大人的气焰被压了下去，只好乖乖点收。这件小事在全行传开后，不久李铭遂升章乃器为该行副总经理。

1927 年 4 月 12 日，蒋介石疯狂屠杀革命党人，使一直拥护北伐革命、信仰三民主义的章乃器在思想上受到极大震动，他独自出版和发行了《新评论》，以此来揭露国民党背叛革命、出卖民族利益、压迫广大民众，以及种种背叛三民主义的卑劣行径。他在该刊《国民党的生死关头》中说：

"现在的国民党以'停止民众运动'为名而实施摧残民众组织的手段！在都市里，我们只看见党里要人，勾结政客式的商人，分赃自肥，而没有看到有顾及民众利益的。在乡间，我们只看到党员坐在土豪劣绅的地位，代行压迫民众的职权，专向穷人头上搜刮捐税。"指出，国民党已收起"打倒帝国主义的招牌"而成为"妥协帝国主义"，"国民党和民众俨然成为对立的治者阶级和被治者阶级"。

《新评论》的思想激进，切中利弊，对于国民党反动统治具有相当的冲击力。但其思想倾向，还是陷于超党派的激进改良主义的思想范畴。

（二）金融改革的少壮派

章乃器勤奋好学，他在从事银行本职工作10余年里，通过刻苦自学，成为一个学识渊博的经济学家。在20世纪20年代至30年代初，上海金融界悄然出现了一批思想开明而敏锐，见解新颖独特的"银行少壮派"，逐渐为社会各界人士所瞩目，而其中最为突出的是章乃器。

章乃器曾写过数十篇专论和发表许多次演讲，其中主要涉及的有关整顿我国金融市场秩序、改革混乱的货币制度、建立良好的长短期信用体系、拓宽华商银行经营思路和对农村经济分析等方面。在许多论文里，章乃器特别提醒人们，要牢牢把握中国是一个受帝国主义列强侵略和控制的半殖民地国家，中国的种种经济问题与社会政治是不能分割的，只有在帝国主义和封建势力消灭以后，"我们才可能有一个民族中心的经济建设"。根据这一理论，章乃器分析了中国农村和农民问题，他指出：帝国主义对农村的经济侵略，不在于土地的占领而是通过中国的反动统治阶级来取得原料和廉价劳动力。在《第二次世界大战底前途》一文中，章乃器总结出一条规律，即以追求剩余价值为唯一目的的资本主义生产方式必然造成生产过剩，其经济危机必然转变为战争危机。因此，近百年来帝国主义侵略中国所造成的恶果之一，就是造成中国农村的破产。

中国农村破产的第二个原因就是内战，而每次内战都有帝国主义列强在背后牵线；所谓内战实际上就是帝国主义代理人的战争。

中国农村破产的第三个原因是国外工业品的侵入。因为中国民族资本主义是帝国主义的附庸，因此中国农民受到双重压迫和剥削，其命运格外悲惨。

中国农村破产的第四个原因是天灾，而天灾又与建设有关。但处于半殖民地状态下，当时中国根本谈不上建设。他指出，生产之建设已为帝国主义所嫉视，国防建设更非帝国主义之所能容忍。

因此，他的结论是："中国国民经济建设的先决条件，是民族解放运动——民族革命；中国只能经过民族解放运动取得国民经济建设，而决不能经过国民经济建设取得民族解放。"而民族革命对外是反对帝国主义列强，对内的任务是消灭封建土地所有制。

以上这些主张不仅在当时具有科学性和先进性，而且被30年后中国革命取得胜利后的实践所证实。

另外，章乃器在经济领域研究中的一个突出贡献是对中国货币独立和国内币制统一的主张。在他所写的有关这方面的文章中，归纳起来的观点是：在中国货币相当混乱的情况下，中国货币必须独立和币制统一，反对加入任何国际货币集团；主张废除阻碍民族经济发展的各种封建性的地方货币；积极倡议"废两改元"，以创造一个现代的资本市场。这些主张后来也被1929年币制改革所证实。

总之，章乃器创立的民族经济学理论，既体现了他对历史发展趋势的远见卓识，也体现了他强烈的爱国主义思想。

（三）创办中国征信所

20世纪初，上海银钱市场已有相当规模，信贷问题愈益成为决定金融来往的关键。在开展信用调查方面，外资银行占有着绝对优势。章乃器对这样的局面极为不满。为了改变华资银行在竞争中处于下风的状态，章乃器与上海银行界志同道合的同志们做了不断的努力。首先是成立"中国兴信社"。1928年，章乃器与上海商业储蓄银行陈光甫、浙江实业银行李铭等几家银行首脑合议"中国兴信社"。1931年3月该社成立时，社员包括中国银行、交通银行、国华银行等19家。

在章乃器的积极推动下，于1932年6月6日在上海成立中国征信所。该所的业务范围为：（1）调查工厂商号、个人之身家事业财产信用；（2）调查市场情况；（3）发行信用调查报告书、工商行长名录及其刊物；（4）代收账款；（5）办理其他附属业务。

中国征信所成立不久，就遇到邵万生（南货店）事件。征信所在调查中发现该商号在营业中存在发生亏空隐患，它在上海银行等数家行庄均有透支，征信所立即通报会员银行。由于及时采取防范措施，减少了损失。这一事件使征信所会员数大为增加，至1935年11月底，中国征信所已有会员154家，其中包括30余家外国银行与洋行。其时征信所的业务迅速增长，每天发出调查报告最多时达50份。至次年年底，已发出调查报告书34800余份。

随着业务的扩大，1935年，中国征信所成立股份有限公司，改选董事会，章乃器被任为董事长，一直至太平洋战争爆发，该所被迫停止业务。

（四）参加救国会和"七君子事件"

章乃器是一位赤诚的爱国者。1931年"九一八"事变爆发后，他对国民党的对日不抵抗政策深恶痛绝，不断写文章、作报告，揭穿蒋介石的祸国殃民政策，并猛烈地批评蒋的"攘外必先安内"的反动观点，尖锐地指出，剿共内战，已使民不聊生，"我们应该说'非攘外无以安内'！"

1934年4月，章乃器与宋庆龄、何香凝、马相伯等人发表了《中国人民对日作战的基本纲领》，又参加宋庆龄发起组织的"中华民族武装自卫委员会"。宋庆龄被推举为主席，章乃器任经济部长。1935年，中共中央发表《八一宣言》，为国统区人民指出了斗争的方向。接着，章乃器与上海文化界进步人士以聚餐会的形式共同商讨抗战救国的方针。经常参加的有沈钧儒、章乃器、邹韬奋、陶行知、李公朴、周新民等10人，后来这10人聚餐小组，就成为救国会的雏形。

1936年6月，来自全国20多个省市60余个救国团体的70余名代表，在上海成立全国各界救国联合会，简称"救国会"，主要负责人为沈钧儒、邹韬奋、章乃器、李公朴、沙千里、史良、王造时、陶行知等。会后由章乃器执笔起草成立大会宣言，宣言明确指出："以发动一个'举国一战'的决心去应付华北事件；立刻发动全国对日经济绝交，根本消灭走私，同时表示决心抗日。"

救国会成立后，其主要活动是发表宣言和组织游行示威、散发传单。章乃器回忆说："由于我出手快，起草的任务就经常落到我的头上，因此我有一个'宣言专家'的徽号。"

对于救国会组织，南京国民党政府一开始就视其为非法组织，多次筹划对付之策。

6月20日，上海市市长吴铁城在邀请章乃器、沈钧儒、邹韬奋、李公朴4人赴宴时，双方就救国会的性质展开激烈的辩论。章乃器当场说，请市长要冷静，不要听信特工情报，无事生非。吴铁城最后凶相毕露地宣布："救国会为非法组织，所有印刷品由市政府销毁，否则立即把你们拘捕！"章乃器针锋相对地说："印刷品已统统发出去了，市长要拘捕，那应当依法由法院出拘捕票来拘捕！"吴铁城当场语塞。7月下旬，吴铁城采取调虎离山之计，通知李铭要他将章乃器离开浙江兴业银行出国留学3年。章乃器断然回绝："我愿辞职以免银行受累，但救国会我决不会离开。"在银行辞职后，他毁家纾难，把全部精力投入了救国运动。

1936年11月，上海日商纱厂举行罢工。国民党政府借口运动由救国会煽动，于12日深夜下令将沈钧儒、章乃器、邹韬奋、李公朴、王造时、史良、沙千里等7名救国会领袖抓捕。事先宋庆龄得知这一消息，安排章乃器去广慈医院避难，但章乃器置个人生死于度外，主动到苏州第二法高等院投案。

章乃器等"七君子"因救国而被捕,事件发生后在国内外产生了强烈反响,并展开了一场声势浩大的营救运动。张学良和杨虎城在"西安事变"时即向蒋介石提出要释放"七君子",宋庆龄等16人向法院提出,如果爱国有罪他们要与"七君子"一同坐牢。国民党政府在全国人民营救运动的压力下,"七君子"终于在1937年7月底全部释放。

章乃器在这次事件中态度十分坚定。在法庭上,审判长问他:"是不是你煽动日本纱厂罢工?"章乃器回答:"很遗憾,我的能力不够。如果我的能力够,我一定要发动纱厂工人罢工,因为在日本纱厂的中国工人,过的是猪狗不如的生活。谁看到了能不同情?"新中国成立后,毛泽东、周恩来在接见章乃器时当面称赞他,在国民党法庭上,"你像季米特洛夫那样坚强"。

(五)大力整改安徽财政

1937年11月12日,上海陷落,租界沦为"孤岛"。章乃器到达香港,时受国民政府第五战区司令长官兼安徽省主席李宗仁的指派,邀他到安徽任财政厅长。章乃器欣然受命到达安徽首府六安。

在国难当头期间,皖北大片土地以及蚌埠、合肥、安庆相继沦陷,属于财源之地的富庶地方尽都丧失,税收锐减,支出剧增,省财政枯竭。李宗仁特委章乃器出任省财政厅长,以收拾这个烂摊子。章乃器居然在几个月内将濒于破产的财政厅转入收支平衡而略有结余。那么,章乃器是怎样创造这一奇迹的呢?

其一,严惩贪官污吏,厉行节约开支,杜绝浪费,拨乱反正。章乃器发动青年干部向民间父老调查,向有关老职工讨教,加以开展铲除贪官、反对浪费的运动,结果查出在所有税款中有三分之二被官员中饱私囊。财政厅长杨廉与建设厅长刘式庵等逃之夭夭。后来章乃器组织力量查出杨廉在留学生经费和学校建筑费等项目下贪污了大批款项,立即向行政院报告,要求通缉法办。由于众怒难犯,蒋介石即将杨判处死刑。

其二,广纳人才,开源节流。章乃器到安徽时不带一个亲信。他一到财政厅,将称职的人员一一慰留,并委以重任。如监印官、会计主任离厅后,他经过一番考察,将两名思想进步、作风正派的青年委以重任。章乃器的用人原则如同他在坚持财政纪律一样,彻底大公无私,内举不避亲,外举不避仇。由于厅内派系争斗不断,他聘请公正不阿的谭天寿为主任秘书,把大小事务直至他的私信都由他作主代办。这在当时官场上极为罕见。

章乃器到任后亲自抓单位预算的审核,坚决杜绝吃空额、浮报滥支的弊端。在一次会议上，章乃器当场责问一名姓丘的处长："我向丘处长请教，你是怎样地能使死者复生的？"接着打开花名册："请看这些人原本已死，现皆复生，这都是丘处长的功德也。"姓丘的被当场揭露，弄得他无地自容，呆若木鸡。

在开源方面，章乃器经过调查，发现市场上摆着许多从敌占区贩运过来的日常用品。原来这些商品是由当地小贩将山区生产的农副产品在敌我交界处贩卖给商人进行偷税交易而得。于是，财政厅在省内各处建立起货物检查处 27 个，分处 120 余处，分所 200 余所，检货人员 1500 余人。这一措施既开辟了新的财源，缓解了战时财政的困难，同时又打碎了敌人"以战养战"的阴谋，可谓"一石三鸟"之举。章乃器还专门规定像金、银、铜、铁、锡、猪鬃等战略物资不得运往敌区，凡鸦片等毒品不准入境。他还提出极为响亮的口号，"买一元敌货，等于送给敌人两颗子弹；卖给敌人一升米，等于多杀几个自己人""不买仇货，气死敌人；不运物品资敌，饿死鬼子兵"。

与此同时，他还组织武装护商缉私队，以打击敌伪奸商们的破坏活动。

其三，发行公债货币，培训干部。安徽自省府退居到皖西大别山地区以后，由于交通不便，中央银行的货币投放不能及时到位，造成山区货物匮乏、纸币奇缺，严重影响市场正常贸易往来。章乃器在一次财政厅特别会议上提出这一问题，与会处科级干部经过一番研讨，均想不出一条办法。最后，章乃器提出政府《货币法》规定：中央银行货币不到位时可由地方发行小于一元的角、分小币。办法虽然正确，但由于省银行行长程振荃远离六合，不与财政厅合作，百般阻挠，使发行小币一时陷入困境。章乃器遂申报上级批准撤去程的职务，由厅代理秘书张善章任省银行行长兼总经理，印发了 200 余万元小额钞票，大大改善了皖西财经困顿状况。章乃器遂即补发了公务员的欠薪，还添置了新的军衣。

与此同时，随着战事扩大，军费与日俱增，开支浩大。章乃器通过与财政部长孔祥熙的关系，请求中央政府同意发行安徽省公债，发动地方乡绅购买"爱国债券"，从而筹措到相当数量的资金。

章乃器在省财政厅采取多项整顿改革举措中急需吸收大量干部参与其事。为此，他在武汉特地登报公开招聘吸收流亡青年去充实安徽财经队伍，并请沙千里来做主考官，由章乃器之弟中共地下党员章秋阳负责录取工作。通过招考录取了大批进步青年，经过章乃器亲自讲课，财经干部培训班培训了学员 300 余人。后来，毛泽东在重庆见到章乃器时，曾握手对他表示感谢说："你在安徽为我们党培养了一批财经干部，协助党建立大别山革命根据地，为党为人民做了好事！"

这里所谓"好事",是在安徽六安和金寨撤退时,经过中共地下党的策动,有许多财经干部转移到大别山革命根据地。另外,章乃器在安徽整改省财政厅时,曾每月以3万银元的财政拨款支援新四军,还送去了急需的金鸡纳霜等抗疟疾药品。

(六)组织民主建国会,迎接新中国

1940年6月,章乃器与陈光甫在大后方创办大川实业公司,设酒精厂、手摇发电机厂、畜牧场等,任总经理。酒精厂生产的酒精可代替汽油,因此获利不少。但章在困难当头之时决心弃商从政,遂与陈光甫分手,在重庆与黄炎培、胡厥文、吴羹梅、孙起孟等相识,于1944年5月向国民政府发表宣言,要求实现宪政、开放言论、维护民族工商业等主张。章乃器认为政治民主化为实现民主主义之先决条件,"要动员不靠做官吃饭,不靠做官发财的工商界人士参加民主运动,把他们组织起来,成为一个政治团体,十分必要"。这时,董必武曾秘密派遣中共地下党员陈钧与章乃器联系,传达中共建议:请他出面联络工商界人士组成一个政治团体,推动大后方的民主运动。

抗战胜利后,章乃器与黄炎培、胡厥文等人多次讨论成立民主建国会的筹备问题。1945年11月28日,民主建国会召开筹备大会,会后通过章乃器起草的大会宣言。1945年12月16日,民主建国会在重庆正式成立,章乃器任常务理事。1945年在昆明联大发生"一二·一"惨案,死亡4人,受伤10余人。昆明血案传到重庆,各界人士纷纷集会表示对国民党当局强烈抗议。在各界追悼昆明烈士的大会上,章乃器被选为大会主席团成员,他在挽联上写道:

"反对内战,人民天职。有何理由,置于死地?残暴专制,一至于此,国家之耻,当局之耻;

精灵感召,全民都起。亿兆同心,内战必止!和平以奠,民主以至,独立中华,名垂青史。"

抗日战争胜利后,国际国内舆论都要求和平,强烈反对独裁和内战。在这种背景下,就有了国共两党的重庆谈判和政治协商会议的召开。在此前后,连续发生了"沧白堂事件"和"较场口事件"两次血案。这两次事件,章乃器均亲历其间。在后一事件发生后,章乃器在记者招待会上指出:"光明终要战胜黑暗,正义在我们人民方面,同情也在我们方面,我们要争取民主,为民主而奋斗!"通过这两次血案,章乃器已彻底认清国民党政府的反动面目,并抛弃走"第三条道路"的幻想。

1948年5月1日,中共发布《纪念"五一"节口号》,提出了"打倒蒋

介石，建立新中国"，以及"各民主党派、各人民团体、各社会贤达迅速召开政治协商会议，讨论并实现召集人民代表大会，成立民主联合政府"等口号。

6月4日，章乃器与茅盾、柳亚子等在香港的125名各界民主人士联名发表了响应中共"五一"号召的声明。

1949年初，章乃器作为民主建国会的代表前往中共解放区参加新政治协商会议。在这次会议上，章乃器积极投入到会议的各项筹备工作中。在参与起草《共同纲领》中，章乃器认为，"由马克思、列宁主义发展出来的新民主主义，的确是此时此地的真理"。"新民主主义代表中国政治上一个划时代的进步。"在中国人民政治协商会议结束后，章乃器在新中国成立之初积极参与财经工作，任人民银行的顾问，后任国务院粮食部部长。

十八、周佛海与上海银行大血案

周佛海（1897—1948），湖南沅陵人。1917年留学日本，1921年7月于上海出席中国共产党第一次全国代表大会。1924年出任国民党中央宣传部秘书，同年脱党。1927年"四一二"反革命事变后投靠蒋介石，曾参与筹建国民党特务组织复兴社。抗战爆发后，他任国民党中央宣传部代理部长等职。1938年12月追随汪精卫投敌叛国，在上海组织伪政府时任财政部长和警政部长，控制沦陷区经济和上海七十六号特工总部。汪死后任上海特别市市长、警察局长、保安司令。1945年日本投降后被判处死刑，次年改判无期徒刑。1948年死于南京狱中。

（一）出任伪中央储备银行行长

1940年3月30日，汪伪国民政府在南京成立。第二天，汪精卫与财政部长周佛海谈话时说："新政府成立后目前最要紧的是向日本人要钱，再办银行，请佛海兄出点主意。"

一天，周佛海邀汪精卫同去一家明月料理店与今井、犬养健、岸彼等人会面，向正金银行贷款。

一辆黑色轿车开到餐馆门口，两名浓妆艳抹的日本艺伎向来客低首鞠躬。汪精卫和周佛海昂然而入。这时今井向汪介绍客人，一名矮个子的日本人就是正金银行上海支行行长岸彼，犬养健是汪伪政府的经济顾问，不必介绍，另一名穿西装的叫钱大櫆，是交通银行大连分行经理，周佛海的老朋友，这次聚会是他拉的线、做的东。

"久仰汪先生阁下，请多关照。"岸彼一鞠躬身子一下矮了半截。汪精卫立即欠身与这位财神爷回礼。

酒过三巡，犬养健首先开言：

"周部长提出新政府急需贷款3000万法币，经钱先生与正金银行联系，答应予以考虑。今天双方会谈希望有一个圆满的结果。"

"愿为汪主席的新政府效劳，万分荣幸。"岸彼笑着说，"只是数目以2000万元为度，并以法币折日元支付。"

汪精卫一听数目打了折扣老大不快，他示意周佛海来对付。

周佛海望着钱大櫆的脸，原来商定的数字怎么一下变了卦，心中也觉怫然。

"这个数目是财政部与汪主席仔细研究过的，绝对不能少。犬养君，新政府刚成立，百废待兴，少了是办不了事的。"

在坐诸人一时沉默。不久，犬养健俯身与岸彼耳语几句，岸彼点了点头说：

"好，就3000万，但担保、利息、年限三项要同意本行规定：担保方式，仿照中国历来借外债的方式，指定某种税收作为偿还本息的款，利息按上海汇丰银行牌价，年限三年。"

汪精卫听了脸色一沉：

"请岸彼君注意：那是过去列强对我国不平等条约之下的一种贷款方式，我国的新政府是独立国家，决不能采用。我们没有用日本的钱，你们借给中国的钱还不是关余吗？所以，你们是用中国海关税收的钱借给我们的。"

"我也想告诉岸彼君，关余从下月起，财政部打算不再存入正金银行。"

周佛海的杀手锏使三个日本人惊得面面相觑。岸彼只好向今井求救。

"周部长想把关余存入汇丰，这不行！"今井厉言正色。

"关余由汇丰改存正金，这是你们军部逼我做的。"

汪精卫接周佛海的话说：

"过去英国人控制中国海关，所以关税存入汇丰，现在你们日本人控制海关，于是要存入正金，这都是殖民主义者歧视中国的政策，如果你们不改变这种态度，谈判只好停止，我汪兆铭拿不到钱无所谓，不干事好了。"

"关于利息问题，只能象征性地付一点，不能按汇丰定期牌价，一是我们付不起，二是在利息问题上也应体现中日友好合作、相互提携的原则。"

汪精卫的强硬和周佛海的杀价，使三个日本人十分尴尬。今井和犬养怕汪精卫躺倒不干，以后将受军部责问，岸彼怕这件事闹开来，他的新任支行长的职位保不住。上海是国际金融中心，他舍不得支行长这块肥肉，只好让步：

"我尊重中国政府的立场，周部长的要求也可考虑，只是目前通货膨胀，银行放款是吃亏的。所以……"

钱大櫆打断了他的话说：

"银行放款吃亏，客户存款难道不吃亏？岸彼君，我今天邀大家来，希望双方谈判有一个良好的结果。你是经济学博士，是金融家，但与汪主席合作，不是一般的谈生意，算盘那么紧；这是关系中日友好合作、支持汪主席新政府的大事。今井君、犬养君两位意下如何？"

犬养健笑着说："岸彼君，今天只是双方合作的开始，以后合作的机会多着哪！"

今井听了犬养的话也推波助澜：

"岸彼君不要再讲什么吃亏了，眼光放远一点，吃亏的地方以后在别的地方还可弥补的嘛。"

"好，好！"岸彼笑着起身举杯，"既然各位如此厚爱，贷款3000万，按法币支付，利息比汇丰降低一半，年限5年，由周部长盖上大印后立即交付，但是请周部长早日准备成立中央银行。"

"关于成立银行，确是当务之急，届时还请贵行多多关照。"周佛海歉恭地站起身来向岸彼致意。

1940年11月，中央储备银行在南京正式成立，周佛海以财政部长身份出任中央储备银行总裁，并发行中央储备银行纸币。

（二）戴笠特工与七十六号特工火拼

中央储备银行发行的货币简称为中储券，发行的目的是以它来代替法币，然而一开始就遭到上海各银行钱庄和商店的抵制。周佛海无奈，便派出大批便衣特工采用威吓手段，强迫推行中储券。他们分头前往各大公司、商店购物，如遇拒收伪币就拔枪相对，厉声恫吓。在上海规模较大的银行、钱庄，七十六号特工向它们分发匿名恐吓信，迫使这些银庄以法币兑换中储券。

中储券以一兑二的比率折换法币，使国民党在沪的金融事业蒙受极大损害。为保持法币的地位，打击中储券的发行，蒋介石令戴笠派军统直属行动小组对中储银行上海分行进行袭击。

次年1月30日上午，中央储备银行上海分行专员兼驻沪推销主任季翔卿，在出家门口上班时被两名军统特务枪杀，当场毙命。

2月20日上午10时，位于外滩的中储上海分行突然闯进三名男子。不久，一枚炸弹在楼梯口爆炸，数名职员受伤。这时行内保镖赵某赶来，即被一名便衣开枪击毙。这三名便衣趁着混乱撤走。待日本宪兵和大批中西巡捕闻讯赶来时，凶手已逃之夭夭。

一个月后，3月21日，中储上海分行设计科长楼侗又遭军统特工暗杀。

周佛海闻讯后大为震怒，下令七十六号特工总部进行报复。就在楼侗被杀的那天晚上，七十六号一批特工在吴四宝率领下，各持手提机枪于12时驱车到达霞飞路1411弄，先将汽车在弄口横阻，然后冲入该弄10号江苏农民银行宿舍。暴徒们先将宿舍内职员一一唤醒，然后威胁他们列队集中，再用机枪扫射。瞬间，一阵惨声呼叫，血溅满地，21名职员被集体枪杀。暴徒们见目的已达，立即乘车逃逸而去。

翌日晨2时许，李士群率领一批暴徒乘车驶至沪西极司菲尔路96号"中行别业"，破门而入，将中国银行129人抓走，开往七十六号关押，作为人质。事发后，经中国银行挽请上海各界名人设法营救，经过很大周折，这批人质才被具结释放。

七十六号在制造这两起骇人大案后仍不甘罢休，还要袭击中央银行上海驻地。李士群令七十六号化验室主任特制了两颗大型定时炸弹。3月24日，李士群派专员沈信一带几名特工，将一颗炸弹送到中央银行逸园办事处，偷偷地放在水泥楼梯底下；又令一名特工化装成邮差，谎称是香港寄来的邮件送到白克路中央银行临时办事处柜台前。

不久，两颗定时炸弹同时在两地爆炸。逸园的那颗炸弹因在水泥楼梯处，炸力反应极大，房屋毁坍，血肉横飞，顿时炸死7人，伤1人。另一处伪装为邮包的炸弹因被行员放在电梯旁，该行业务主任陈宗广立时被炸死，其他7人在楼顶炸毁后被压死。

周佛海见行动得手，赏给李士群3万块银元。李士群得意地说："这是周主任给的最高奖赏，也是我有生以来最大的一笔赏金。"

军统上海站站长陈恭澍闻讯后请示戴笠，提出报复计划。经戴笠批准，他派三名特工到大华医院，用利斧将正在治病的中储上海分行业务科张主任活活劈死。

周佛海见自己手下又一名得力干部被杀，要李士群"一命抵三命"。李士群令张鲁再次率领暴徒冲进"中行别业"宿舍，把一批高级职员抓走。因上次被害的业务科主任姓张，他们选出三名姓张的用枪杀死。

银行惨案接连发生，上海各界舆论哗然，他们纷纷指责租界警方治安无能。蒋、汪在上海的银行职员个个惊恐不安，生怕飞来横祸。双方感到再不断厮杀，势必两败俱伤，特别是重庆方面见七十六号特工有日军作后台，可明火执仗地干，显然占了上风。于是戴笠请香港的杜月笙设法斡旋，杜月笙通知上海门徒高兰生出来调停。

高兰生先去找吴四宝。吴四宝与高原是把兄弟，见他带了杜月笙亲笔信后，与李士群商量。李士群与杜月笙的关系很深，他在南京沦陷后投靠日本特务时，曾将日本情报机关印的一份《杜月笙在上海的势力》的材料转交给杜月笙。为了给自己留条后路，李士群说服周佛海和丁默村接受杜月笙的调停。但周佛海提出要把自己的亲信李祖荣派往中国银行上海分行当副经理，作为停止报复的交换条件。中国银行鉴于被七十六号血洗的惨痛教训，只好被迫屈服。

十九、长寿老人朱博泉一生大起大落

（一）才华出众，少年得志

曾经在上海银行界身兼多职的朱博泉先生是位世纪老人，一生活了103岁。朱博泉早年活跃于银行界，才华出众。因生于乱世，一生坎坷，其一生极富传奇色彩。

朱博泉原籍贵州贵阳，1898年出身于上海，7岁入私塾，由于生性聪颖，深得国学基础。后转入虹口区一家西童小学，这是一所外国人办的西式学校，学费昂贵，教师、学生全是英国人，全校只有他一个是中国人。朱博泉一进学校便被校长剪掉辫子。这所西人所办的学校，一般中国人是进不去的。由于朱博泉父亲出身官场才能为其子开了后门。

父亲朱晓南在清光绪年间任广西藩台（相当于今财政厅长），后调至杭州任知县，又出任浙江藩署幕府（相当于财政顾问）。他思想开明，在西方思想影响下，弃官经商，1894年与宁波名商严信厚合办杭州通惠纱厂及合义和丝厂，两家企业规模巨大，不久即获巨利。1909年又与上海五金大王朱葆三及官僚岑春煊等合资创办官商合资的浙江银行，并任第一任董事长。

朱博泉所读西校为九年制，16岁就读于沪江大学经济专业。四年毕业后赴美国哥伦比亚大学深造，获银行专业硕士学位。后在纽约花旗银行实习。时浙江兴业银行总经理李馥荪与朱晓南商量，聘朱为该行上海总行外汇部副经理兼驻美大使。1928年朱博泉回国后，当时财政部长宋子文得知朱博泉在美学业成绩优秀又交际广泛,即任命为中国银行总稽核,后行政院长孙科又任命他为中央银行业务局总经理,上海联合准备委员会经理兼票据交易所经理。这时朱博泉才30出头,可谓才华出众,少年得志。

朱博泉在从事银行业务时,身兼多职,而游刃有余,这固然是与他的聪明能干有关。另一个原因是他父亲与当时金融界名人过往密切不无关系。

1926年,朱晓南在华山路江苏路交界处购得洋房一座,名叫范园。该园共12幢,朱家周围均为当时名人,除了著名律师、医师、官僚外,金融界人士特多,如交通银行行长钱新之,中孚银行创办人孙仲立(朱晓南的连襟),浙江兴业银行总经理李馥荪。另外,还居住有徐志摩的父亲徐申如和徐的亲家张公权,杭州名商蒋抑厄等等。因此,范园在民国时期曾是上流人士聚居的名园。朱博泉随父在此居住23年,直至1949年。1917年朱博泉在沪江大学读书时,奉父母之命,与蒋抑厄之独生女蒋童祁结婚。

(二)孤岛落水,晚年坎坷

1937年抗战爆发后,上海租界成为孤岛。此时贝润生、宋子文、闻兰亭、袁履登等商界名人陆续赴香港、重庆,当时朱博泉已买好去美国的飞机票,准备带着全家去美避难。后在李馥荪、贝润生等前辈劝阻下留居上海,尤其是他的岳父蒋抑扼对他说,"你与日本方面社交甚多,还是留在上海主持金融界,以防日方染指"。在前辈的恳恳之下,加上为保护自己一手创办的上海票据交换所和他监督的一些银行,他决心留下。谁知这一"留下",竟酿成一场大祸,改变了朱博泉的后半生。

1940年3月,汪伪政府成立,时任财政部长周佛海多次邀请朱博泉出任伪储备银行储蓄部主任兼顾问,遭到朱博泉的拒绝。同年11月29日,周佛海派七十六号特工在回家路上将朱博泉绑架,后又将其夫人一同关押在范园附近的一间黑屋子里。朱博泉夫人蒋童祁长期患有痨病,夫妇俩在黑屋子里遥望范园老宅,心绪抑郁,度日似年。后经林康侯等金融界名人奔走营救,才得以释放回家。

朱博泉被释放后,自知周佛海不会放过他,为了保证自己经营的事业和夫人的健康,终于"落水",被任为中国实业银行总经理、大上海保险公司董事长、上海特别市房地产同业公会理事长。1943年3月任伪财政部中央储蓄会监理委员会监理。1945年5月,任伪中央储备银行参事会参事等职。

1945年抗战胜利后,戴笠自重庆来沪派军统特工将朱博泉逮捕,以经济汉奸罪解至南京老虎街优待室。后经李馥荪等人多方奔走,加上朱博泉向法院出示宋子文在抗战时期的一封亲笔信,内有"安定金融、主持正义"等语，并鼓励他"继续努力，共匡国难"。不久朱博泉被释放，回到华山路范园故居，这时朱博泉已48岁。夫妇俩住进范园后，回想当年感慨万千。

朱博泉是个全面发展的人才。他不仅在金融界从事银行业多年，还在教育界向母校沪江大学投资，在校长刘湛恩支持下创办成人夜大学，自任院长。在文娱方面，1935年，英籍华人正在兴建大光明电影院，因资金周旋困难濒于流产，由朱博泉任总经理的光明地产公司以200万银元购下大光明电影院（另设舞厅、弹子房、咖啡厅），以及卡尔登剧场、功德林菜馆等。不久，在朱博泉发起下，大光明还与国泰、南京、大上海等电影院联营，成立亚洲电影院公司，朱博泉任董事长。一年后，朱博泉为宣传电影事业，创办《亚洲影讯》杂志（《大众电影》前身），广交电影界明星胡蝶、陈燕燕、金焰等，常在淮海中路1843号公寓内开PARTY，招待上海各界艺人和作家。

1966年"文革"开始后的10年中，朱博泉被揪斗、抄家，在居民区被监督劳动，逼得夫人病逝。1981年朱博泉获平反，他深居简出，身无产业。据他自称，一生身兼100个职务，除金融界、银行界、文娱界外，还任过劳改队队长。1984年，朱博泉参加了一次沪江大学校友会，他自诩"像出土文物重见天日"。当朱博泉在百岁生日时，英、美、法等8国领事馆专程请他去北京，为他祝寿，正是风光无限。2001年3月13日，朱博泉走完了他充满传奇色彩的一生。这位海上名商，才华横溢，精力充沛，44岁前在上海滩上名声、资产如日中天，此后大难临头，一落千丈，虎落平阳遭人欺，但他在晚年一不写自传，二不收回一片物业，淡泊自甘。他经常对人说："世界上没有永恒的产业，即使有产业也带不进棺材，一生无所求就是'道'的永恒。"

二十、我国第一个女银行家——张幼仪

（一）与徐志摩结合的悲剧

张幼仪，名嘉玲，1900年生于江苏宝山县。祖父为清朝知县，父亲为当地名医，生有8男4女，她是父母的次女。长兄张君励是民国时代著名的政治家，二哥张嘉璈是中国银行总裁，著名的金融家。张幼仪在12岁时求读于苏州第二师范。三年后张嘉璈应浙江都督朱瑞之命视察各校时，发现杭州一中学生徐志摩书法俊秀，文章写得出类拔萃，才华横溢。经过探询，得知该

生乃是海宁富豪人家独子。张嘉璈后亲自访问徐志摩父亲徐申如。徐申如得知张前来与儿子提亲，觉得两家门当户对，一拍即合，愿结为亲家。后张父也同意这门婚事。

1915年，张幼仪年方十五，即奉父母兄长之命，与徐志摩结成伉俪。当时徐志摩尚在北京大学法科读书。后徐志摩远渡重洋，去美国哥伦比亚大学攻读经济学硕士，后又去英国剑桥大学。几年后，张幼仪去英国寻找丈夫，两人相处，毫无共同语言。不久，张幼仪怀孕时，徐志摩居然要她打掉。

1921年的春天，某日，张幼仪在徐志摩书桌上看到署名为林徽因的一封信，其中写道："你若真的能够爱我，你就必须在我与张幼仪之间作出选择……"张幼仪顿时感到头晕目眩，颓然倒在床上。起初，她以为徐志摩要纳妾，便写信向海宁老人徐申如告知一切，徐申如得知这一消息，频频写信怒斥"逆子"，警告儿子若真的要抛弃结发妻子，他将登报同儿子断绝一切关系，并要张幼仪回家主持家政。

林徽因在剑桥与徐志摩相识时仅12岁，便频频向徐发出进攻。两人都爱上文学，不久开始相爱。徐志摩在得知父亲的态度后，终于与林割断情丝，但还是要与张幼仪离婚。张幼仪尝到封建包办婚姻的苦果，考虑再三，在兄长的同意下，忍痛与徐志摩正式离婚。

（二）争取自立办银行

张幼仪在与徐志摩相处几年来，深感自己与徐的感情不合在于自己文化素质太低。在读了徐志摩"此去清风白日，自由道风景好"的诗句后感触很深，心想，你徐志摩心向自由，难道我就不能走向自由？张幼仪在苏州第二师范读书时已接受过新思想，遂将幼子送回海宁老家，重新规划生活。在欧洲时她已学会一口流利的德语，便只身从欧洲回到上海开始在东吴大学教授德文。张幼仪在校时，人称她"其人雅爱淡妆，性情温和，秀外慧中"，深得众人爱戴。当时，上海静安寺路红庙附近有一家"上海女子商业银行"，是一批颇有积蓄的太太们所创办，行内职员大多为女性，但由于经营不善，资金不足，濒于倒闭。这时该行经理徐某得知张幼仪之兄为金融界巨子张嘉璈，遂与张幼仪相商，请她出山。张幼仪不愿意弃教经商，徐某等人多次找张嘉璈，动员其妹改行，而张幼仪也正为此找兄长求教。

张嘉璈对其妹说："徐志摩在抛弃你后与胡适之等办了新月社，出了一本本诗集，成为我国文坛名人，你也要争口气。我看女子银行是有发展前途的。"

"可是我对金融事业一窍不通，怎能就此大任。"

"我看你天资聪慧，金融知识并不比德文难学，明天起你到我行来见习一段时间，就知道了。你上任后我做你的后盾。"

张幼仪受到兄长的一番启发，决心干一番新的事业，要成为一名社会上新的明星，遂离开东吴大学教职。

在中国银行上海分行经过3周见习后，张幼仪于1928年出任上海女子商业银行行长，张嘉璈出任董事长，并投资10万元。

张幼仪走马上任第一天就向全体职工宣布三件事情，也是她的改革新政：（1）银行以存款为本，全体职工一半以上要兼"跑街"，去静安寺附近一家一户动员家庭妇女来行存款。（2）银行储蓄，除了长期短期外，本行还设立"夫妻和睦""子女教育""家庭节约"等储蓄项目。（3）每位职工，特别是女职工安排好家务后，每天9时上班、下午5时下班，不得迟到早退。张幼仪以身作则，经常抽时间到周边各家访问，争取银行存户。她还请了一位老先生，专门教她中文，她学习应用尺牍、打算盘，并晚间到会计学校补习。在张幼仪的努力下，加上乃兄张嘉璈的有力支持，再加上上海商业银行陈光甫和浙江实业银行李馥荪等海上名人对她的帮助，上海女子商业银行的营业很快转亏为盈，在上海银行界名噪一时。

与徐志摩离婚的苦果逐渐变成战果，张幼仪重新找回了自己。她那时30余岁，既成熟又干练，精力充沛。在经营银行的同时，她还在静安寺路开设了一家云裳女子服装公司，专做新款服装，特制新装20余套赠送给各电影明星，并赠一张上海女子商业银行100元存折，一时生意兴隆。

1926年，徐志摩与名媛陆小曼结婚，但徐申如一再申明不认这个离过婚的陆小曼，而一直把张幼仪认作徐家贤媳。1931年11月19日徐志摩因飞机失事去世。张幼仪自始至终操办了徐志摩的整个丧事，并整理出版《徐志摩全集》，还按月给陆小曼生活费，使徐申如深为感动，将徐家财产的三分之一分给她和孩子。

上海解放前，张幼仪离开银行和时装公司，后去美国纽约定居，88岁时病逝。

第三章 实业——在洋务运动推动下工厂林立

自 1894 年甲午战争失败后,李鸿章被称为洋务运动的设计师。他曾在上海开办两大实业——上海江南制造局和机器织布局,是我国最早的官办企业。1867 年,上海江南制造局在南市高昌庙成立,设有机器厂、铸钢厂、炼钢厂、枪炮厂、轮胎厂等 13 个工厂,有职工 3500 余人。三年后制造出第一艘"惠吉"轮,后又为美国制造重万吨的运输船,成为我国航运工业的嚆矢。此后,民营重工业继之而起。1904 年朱志尧在董家渡创办求新造船厂,后与张謇等合资创办大达轮船公司。1920 年刘鸿生在上海龙华创办上海水泥厂,生产象牌水泥,其质量占全沪之冠。1921 年胡厥文创办上海新机器厂,后又创办机制砖瓦厂等,1932 年被任为上海机器同业公会主任。

上海轻工业的发展远超于重工业,主要原因是它与人民日常生活联系密切,投入资金较少,且市场广阔。最早的民营轻工业起步于黄楚九。他在 1890 年设厂创办中法大药房,1907 年与人合办五洲大药房,后又生产龙虎牌人丹。其名牌产品"人造自来血"三次获国际药品博览会奖。1927 年他出任上海新药业工会主席。辛亥革命后,上海名商在"抵制洋货,实业救国"的口号下,涌现了一批爱国实业家,生产了不少著名的产品。1912 年开始,荣宗敬兄弟在上海开设面粉厂、纱厂 10 余家,被称为"面粉大王""棉纱大王"。同年,方液仙开设中国化学工业社生产三星蚊香等日用品。1915 年起,穆藕初创办了德大、厚大、恒大、维大 4 家纱厂。简照南兄弟于 1917 年创办南洋烟草公司。1919 年聂云台创办大中华纱厂。1921 年蔡声白创办亚美丝绸厂,至 1934 年开设了 16 家分厂。同年,吴蕴初创办天厨味精厂。1925 年,胡西园创办亚浦耳灯泡厂。1928 年,刘鸿生创办大中华火柴厂,次年又创办章华毛纺织厂。

在20世纪40年代之前，上海市区周围工厂林立，实业兴旺，居全国之首。

一、李鸿章在上海办二大实业

李鸿章（1823—1901），字少荃，安徽合肥人，道光进士。青年时拜曾国藩为师。1853年在籍办团练，抵抗太平军。1858年为曾国藩幕僚，在皖北编练淮军。次年调赴上海，在列强支持下与太平军作战，升任江苏巡抚，后又任两江总督、钦差大臣。1870年调任直隶总督兼北洋大臣。从此，长期掌握清政府的军事、外交、经济实权，在历次外交事务中与列强签订卖国条约。1862年，洋务运动兴起时，在以奕䜣、曾国藩、左宗棠、张之洞、李鸿章等为代表的洋务派中，李鸿章被称为总设计师。在中日甲午战争中，他所编练的新式陆军溃不成军。1901年病死。

（一）上海江南机器制造局

李鸿章创办上海江南机器制造局的起因是由于1860年太平军第二次打垮清军江南大营后，江浙地区的地主豪绅纷纷盼望当时任淮军提督的李鸿章的支援。1861年11月安徽金匮知县华翼纶向曾国藩上书，说上海繁华，每月可筹饷60万两。曾国藩听之心动，打算派其弟曾国荃率兵援沪，消灭太平军。后李鸿章正想出兵掌握权柄，便向曾国藩"坚请赴申"。次年李鸿章得曾国藩批准赴沪。

与曾国藩湘军比较，李鸿章的淮军的特色在于其武器装备比较近代化。但所谓近代化，说来也实在可怜，如每营只有洋枪三四百杆，其洋枪仍系前膛装弹。

李鸿章深感自己的武器装备落后，早就计划"学习外国利器"。1864年，他致函奕䜣为首的总理衙门，阐明了学习外国利器，引进外国"制器之器"和培养自己"制器之人"的自强主张，并提出仿造外洋船炮，建立近代军工企业。奕䜣等人十分欣赏李鸿章的建议，致函李鸿章"一切章程及如何筹划经费之处，统由阁下通盘核计入告。"

李鸿章获得清廷赞许后，便精心筹划建立以应用机器为基础的军事工业——江南机器制造总局。

1862年李鸿章初到上海时，突发奇想，改装为绅士模样，到黄浦江上停泊着的英国军舰上参观，向海军军官虚心询问、讨教。回来之后他彻夜不眠，半夜起身写下了："火炮之精纯，子药之细巧，器械之鲜明，队伍之雄整，实非中国所能及也！"1865年，李鸿章派丁日昌到上海"有洋人出售铁厂机器，确实查验议价买定"。于是购得设在虹口的美商旗昌铁厂，将丁日昌与韩殿甲主持的两个炮局合并，又将容闳所购得的机器，亦于时迁到，归并一起。1867年9月，李鸿章奏准成立江南制造总局。所有局务，责成丁日昌督察筹划，先制造枪炮兼制炮机器。该局先设在虹口，后迁到上海南城高昌庙。经过不断扩充，至1904年其下属包括机器厂、铸铜厂、铸钢厂、枪炮厂、火药厂、轮船厂等13个工厂，职工3592人。在中法战争和中日甲午战争时期，制造局"加工赶造，昼夜不停"，为前线作战提供了大批军需。

一年后，江南制造局于1868年制造出我国第一艘轮船。该船长185尺，宽27.2尺，马力292匹，受重量600吨。船上除部分机器系买自外国旧件整修而成外，锅炉、船壳等部件均由中国制造。船名由曾国藩命名为"恬吉"号，取"四海波恬，厂务安吉"之意。在举行下水典礼时轰动了上海滩，在驶至美、法两领事馆前时，开炮庆贺。报载："上海军民无不欣喜"。接着制造局又先后造成7艘轮船，均比"恬吉"号有进步。其中"海安""驭远"两船受重2800吨，装炮20尊，可载士兵500名。

李鸿章去世后，1905至1911年间，上海江南制造局造船136艘。其间还为美国制造万吨轮4艘，为当时我国制造的最大轮船。另外，该局在两年内同时还制造洋枪、大小开花炮、洋火箭以及车轮盘架、子弹箱具等不下数千件，以供内外军需之用。该局名为清政府所有，实则控制在李鸿章之手，被视为淮系的私产和政治资本。

（二）上海机器织布局

在鸦片战争后几十年间，伴随着中国商埠增开，外商向中国大量倾销纺织品。据统计，1842年棉织品在中国进口总值中占8.4%，1867年占21%，到1885年直线上攀至35.7%，占进口贸易的第一位。中国一些有识之士提出自办机器织布局，与洋商分利。但呼声虽高，均因清政府垄断特权而未有举办。

1876年，李鸿章委派魏纶先到上海筹办机器织布局。魏纶先是李鸿章的世交，但他在江南官场和上海商界很少联系，缺乏号召力，无法招商股，遂即辞退。从此机器织布局的筹办历经风风雨雨。

两年后，李鸿章委前四川候补道彭汝琮为总办，太古洋行买办郑应观为会办,采用"官督商办",以便控制全局。在筹办中,彭、郑两人发生严重意见分歧,由于彭"为人荒诞,专事骗人",郑愤而辞职。后李鸿章委派翰林院编修戴恒主持局务,郑应观专管商务。郑应观精干练达,且学识广博,曾著《盛世危言》,素有"富强救国"之志。他任经元善为驻局专办。经乃将招商集股章程刊广告登于报上,并声明万一股份不齐,先收之五成银两和利息如数付还。还在国内外36个城市设立股份代收处。入股者十分踊跃,不久即招至50万两,超过原计划10万两。由于织布局内部矛盾重重,派系林立,郑应观被迫离职。李鸿章为织布局奏请"十年专利"权和优免税厘的待遇。这一举措之目的在于阻碍私人纺织业的发展。

正当织布局筹建时,1883年上海发生金融危机,又受挫折。李鸿章经盛宣怀提议任经元善全权主持织布局商务。后经元善发现官僚子弟龚寿图欠款2万余两,即向他追款。龚反诬经元善挪用3万余金。经元善受这次诬害,决意辞职。此后,李鸿章又派马建忠、杨宗谦接办。

经过多次折腾,上海机器织布局终于在1891年扩建一新。1893年因厂内房顶油毛毡受热失火,厂址杨树浦靠近黄浦江,且厂内有救火设置,但无一人能用。遂请租界工部局救火会,可租界以厂房不在租界之内为托辞,"拒不成行",只能坐视大火蔓延。

李鸿章见织布局被焚,毫不气馁,立即调盛宣怀前来重建。盛宣怀会同上海道聂缉椝在盘清灾后资产后,先将所剩资产折价归还商股,官股俟后在出纱后补偿。被焚后不到一年开始建起新的厂房,1894年9月底正式投产。由李鸿章亲自定名为"上海华盛纺织总厂",有纱锭6.5万枚,布机750台,比焚烧前规模更大。

"华盛"投产后,曾一度增产速度迅猛,但不久甲午战争爆发,签订《马关条约》,外国和民营资本纺织厂纷纷在沪设立。而李鸿章在设织布局时上奏"十年之内,只准华商搭办,不准另行设局",说明官府垄断之计划完全破产。

在官方控制的华盛纺织总厂与洋商和民商纱厂的竞争中,"华盛"很快败下阵来,根本原因是内部上下,机构庞杂,管理不善,侵吞挪用公款以为常事,从而使华盛走上失败的道路。20世纪初改名为集成纱厂、新纱厂、三新纱厂。至30年代抵押给汇丰银行,最后转卖给荣氏家族,成为申新纺织第九厂。

二、近代民营企业的开拓者——严信厚

（一）一把团扇结交胡雪岩

"柔日读经刚日读史，有酒学仙无酒学佛。"这是出自宁波慈溪费市村严信厚的一幅对联。

严信厚（1838—1906），字筱舫。自幼聪慧好学，受乃父影响，作诗习画，写得一手赵孟頫体楷书，笔力沉凝晕厚，尤善画芦雁，"鉴藏书画，类多精品"。因任督销长芦盐务，后在上海寓所建"小长芦馆"，著有《小长芦馆集帖》12卷。

严信厚少年时在宁波鼓楼前恒业钱庄当学徒。17岁时，到上海胡雪岩开设的宝成银楼当文书。1862年，胡雪岩在沪为左宗棠办军务。一日，严信厚拜见胡雪岩，将其所绘芦雁团扇相赠。胡雪岩素爱收藏文物书画，见之大喜，赞严信厚"品格风雅，非市侩相比"。严表示希望结识李鸿章，胡雪岩即函介荐，严信厚从此平步青云。

1872年，李鸿章正督军镇压捻军，于是委派严信厚在上海襄办转运饷械。后保荐严为候补道，加知府衔，并负责督销长芦盐务，又任天津盐务帮办。这两份差使均为肥缺，于是他在商潮中大显身手。他凭李鸿章的势力，胡雪岩的财力，于1889年在上海开设源丰润票号总部，分号设于天津及江南各省十余处，专营汇兑及官僚存款业务，很快资本增至100万两，可与当时外商银行匹敌。

1897年，在铁路总办盛宣怀主持下，于上海成立我国第一家官商合办的中国通商银行，严信厚被委为总董。两年后，该行在全国有数十家分支机构，每年可发给股东利息10万两，呈缴户部10万两，使严信厚万万没有想到初创时能达到如此盛况。更使他想不到的是当年赠胡雪岩一把团扇而结识李鸿章，而后盛宣怀，成为一名绅商，正是胡雪岩慧眼识精英。

1898年，清政府下令各省设立商务局，严信厚受商务大臣盛宣怀之托，在上海筹办上海的商业团体。他为此奔走呼号，提出商会"为保护不被外商蒙蔽与欺骗，求得一致对外之精神"，终于1902年创立上海商业会议公所，严任总董及第一届总理。这是我国第一个商会组织，故有"第一商会"之称，在近代中国商界有重大影响。

（二）创办我国首家民办纺织厂

严信厚不仅是在沪商界的杰出人物，而且是我国近代企业界建办纺织厂的首创者。1887 年，他在宁波北郊湾头创办通久源轧花厂。这是宁波第一家近代工厂，也是我国第一家机器轧花厂。宁波附近各县农村普遍栽培棉花，弹花、纺纱、织布等行业均甚发达，是浙东手工棉纺织业的中心。自"五口通商"以来，洋商接踵而至，充斥市场，一斤洋纱几乎等于一斤棉花的价值，使当年宁波"机杼之声，毗户相闻"，变成"巡行百里，不闻机声"，手工棉纺织业因此受到沉重打击。为了改变这一局面，具有强烈民族自尊心的严信厚开始创办通久源轧花厂，就是为了与外商抗衡，以振兴民族经济。

1887 年，严信厚投资 5 万两，使用日本造蒸汽发动机和锅炉，还有 40 台新式轧花机，雇佣工人三四百人，聘请日本技师指导生产。该厂到慈溪、余姚等地收购籽棉，运到轧花厂加工为皮棉，大部分到各口岸销售，小部分到香港或售于洋行出口。1891 年，出产皮棉 3 万担。这是我国从手工工场转化为近代机器工厂的一个典型。1892 年，严信厚扩大招股，增建厂房，购置新式锅炉和纺织机器，两年后生产皮棉 6 万余担。

从生产皮棉获得成功再产生棉纱，与外商匹敌，这是严信厚的一大理想。1894 年初严信厚与周晋镳、汤仰复、戴瑞卿、周熊甫等宁波巨商集资 45 万两，在宁波轧花厂附近设立"通久源纺纱织布局"，使轧花、纺纱、织布相连为一，而以纺纱为主。1896 年正式开工，雇佣女工 1200 人，有纱锭 11048 枚，织机 400 多台，每周出纱布 34525 磅。该厂时称通久源纱厂，开设后头几年，生产"龙门"牌棉纱，畅销宁波、绍兴、温州、福州等地，每年获利丰厚。

通久源纱厂的建立，震动很大。当时英商《捷报》报道，宁郡通久源厂开设后，规模不断扩大，原招女工不敷工作，又造 40 余间宿舍以招募女工，近日女工向该厂报名者颇多。后该报又报道，通久源纺纱厂的建立，"是值得注意的事"，"一只大烟囱耸立在那里，和城市的宝塔一样惹人注目，强大的机器还在安装，前途充满希望"，"这样纱厂将成为与洋布为敌的有力竞争者"。

严信厚创办"通久源纱厂"获得成功之时，正与我国第一家官办纱厂"上海华盛纺织总厂"创办于同一年，一个商办，一个官办，两厂设立于宁波与上海，交相辉映。

严信厚于 1904 年又创办了另一家民营企业——宁波通久源面粉厂。接着又在上海投资的企业有：上海华兴水火保险公司、龙章造纸厂、上海内地自来水公司、同利机器麻袋厂等10余家。严信厚是中国新兴工业和金融业的优秀开拓者，为推动"宁波帮"由一个旧式商帮向近代企业家群体转化作出了重要贡献，被称为宁波商帮的"开山祖"。

三、状元实业家张謇

张謇（1853—1926），字季直，江苏南通人，是名噪东南的实业家。他出身于富农家庭，16岁时便考取秀才，23岁时到南京浦口吴长庆军统领当文书，后随吴赴朝鲜平定兵变，经张謇运筹策划，使乱事迅速平定。1883年他随吴长庆回国。经过10年的幕僚生活，于32岁时中举，39岁时考取状元。时年中日甲午战争爆发，张謇呈上讨李鸿章檄文，迫使清廷将李鸿章"拔去三眼花翎，褫去黄马褂"，于是新科状元名声大振。

（一）张之洞劝他下海

1894年秋，张謇父亲病逝，他回家奔丧。次年两江总督兼南洋大臣张之洞函请张謇到江宁面谈洋务。早在青年时，张母就叮咛他，"你性刚语直，最好不要当官"。他又想到当年在家乡提倡蚕桑，还试制过高粱酒，便毫不犹豫上路去见张之洞。

张之洞对张謇说："中国要振兴实业，还是要看读书人能不能有作为！"

张謇听了深有同感，两人交谈了许多商务上的看法。最后张之洞正式邀请他"总理通海（南通海门）一带商务"。张謇一下感到惊喜：可以带着官衔身份"下海"，这对正想退出官场纷争而去办商的他来说是一个巨大的诱惑。

他对张之洞说："世人都说书生只会空谈，只会负气，我偏要做出个样子来给人看看。"于是下决心"舍身喂虎"。

1885年12月，两江总督张之洞正式委任张謇"总理通海一带商务"。接到任命，张謇一时感到茫然：自己出身农家，苦读成名，虽然状元及第，但毕竟是一介寒士，既无经商经验，又囊中羞涩，一旦失败，奈何奈何！后张謇接张之洞函告："可在通州集资兴办纱厂。"

张謇奉命开始选在通州唐家闸开办纱厂，他取厂名为"大生"，源于《易经》上"天地是在德日生"。定了这一厂名，张謇颇为自得，后撰联一副:"枢机发动乎天地,衣被所及我东南"。既表达了他对民生的关怀,又道出了他实业救国的志向。

(二) 创办纱厂几经磨难

大生纱厂创办时募资 60 万两,每股 100 银两。在官招商办中,张謇老友沈敬夫等南通朋友认购四分之一,沪上朋友购六分之一。张謇只能与人凑成 20 股。后由于得到两江总督刘坤一将一批破旧的纺织机器作价 25 万两入股。东拼西拉,最后还剩 25 万两需张謇自筹。他为此奔走各地,向相识者诉苦求助,但"赞者十,助者不及一"。有时急得他在黄浦江畔徘徊,仰天长叹。他在向各方求援告急信中说,"几乎字字有泪"。张謇在外边奔波,有时连旅费也用尽了,幸亏他书法颇佳,只好在上海摆摊靠卖字来救急。

其中一有次受盛宣怀的作弄使他受了一场骗。一日,张謇到沪向盛求救,盛开始支支吾吾,后来佯称在筹集中要张謇写字题词。张謇花两个月时间写了一批,他估计状元书法可卖得两万银两,可到最后盛大人却一毛不拔,气得张謇几乎要跳楼。

张謇在筹资中受到各种人的冷潮热讽,为了办商只好忍气吞声。他在给刘坤一信中说:"三载以来,謇之所以忍侮蒙讽,伍生平不伍之人,道生平不道之事,舌瘁而笔凋,昼惭而夜继者,不知凡几。"

经历艰辛,大生纱厂终于在 1899 年 5 月 23 日正式生产。

随后几月,大生资产开始顺畅,生产正常,除去一切开支,居然盈利 7~8 万银两。

1903 年,外纱倾销,上海各厂受挫,而大生却扩大至 2 万多纱锭,仅 1905 年就赚回了半个厂。究其成功原因,一是声誉好,机会好。张謇以状元办实业,主张关税自主,实业救国,当时各报称大生已"执东南牛耳"。二是原料及劳力低廉。工厂就地收原料,运费节省,又在南通农村招工。是年年底,大生增资 63 万两,增添纱锭 2 万余枚。1907 年又在崇明建成 2 个厂,后又建 7 个厂。自 1914 至 1921 年 8 年间,大生纱厂的利润有 1000 多万两,进入了大生的"黄金时代"。

(三) 上海金融界通力相助

1920 年,张謇在上海九江路建成四层的"南通大厦"。当时,上海银行钱庄纷纷给大生提供贷款。"南四行""北四行"和其他银行钱庄最多时给大生贷款达 105 家。如 1912 年,浙江兴业银行总经理樊时勋把大生当作放款重点户,至 1922 年共借款 65 万元。张謇曾回忆说此事:"浙江兴业银行之分行成立于上海,十有一稔矣。创始之时,樊君时勋之力最多。余与樊君交二十年,在余经营大生纱厂,艰苦百折,能慰藉而作余气者,樊君其一。"在1923至1924年,大生资金周转困难,即由吴寄尘组织上海永丰钱庄、中一公司出来维持。1935年,永丰钱庄与金城银行组成永金公司,在一年里给大生放款达6次之多。

上海银行总经理陈光甫,在张謇于1926年逝世后继续支持大生集团,至1935年大生运营困难时向其放款17次,在大生濒于破产之际,陈光甫的上海银行同意大生暂停付息,以渡难关。

值得一提的是,1925年,张謇临死前托纺织工业专家李升伯到南通考察,李见张謇在家乡创办的纱厂、农垦、水利、教育、文化等事业后十分敬佩,便提出挽救大生的《计划大纲》。李升伯对张謇说:"'大生'若锐意整顿,实行科学管理,必使上海商人继续投资,大生600万债务必能偿清。"

李升伯到上海向金融界一报告,果然使上海金融界人士对"大生"抱乐观态度。除陈光甫等人外,交通银行看了李的《计划大纲》后与德国AEG电机厂订立合同,表示"大生"的供电厂所需160万元由交通银行全数承担。

"大生"通过整顿和上海银团的支援,并加强了管理后,规模日益扩大,形成了以南通为中心,以崇明、启东等七个区域为产棉、纺纱、制布的基地。大生所生产的上等棉纱、棉布为我国纱布业作出了重大贡献。一直到上海解放后,大生南通棉区的新棉种推广至全国18个省。至1981年产量达1300万包,雄居世界第二位,仅次于美国。这一成就与当年上海金融界对张謇所办的棉纱事业的大力支持是密不可分的。

(四)创办上海大达轮船公司

1900年,大生纱厂为购销原棉等需要,张謇呈两江总督刘坤一批准,开始租一只小轮,往来于南通与上海之间。同年7月,张謇与朱葆三等人组成大生轮船公司。1904年他又与沪绅李厚裕开办上海大达外江轮步公司。1905年,张謇联合汤寿潜、许鼎霖、李云书、朱志尧等创办"大达轮船公司",由大达外江轮步公司及通州天生港轮步公司合并而成。大达公司先后购"大庄""大吉""大豫"江轮3艘。此外,大达公司又从国外购进客货轮两艘,经营自上海至南通、扬州一线,独占24年,获利近160万两。

1909至1912年,"大新""大安"两轮先后被火焚,被撞沉。随即大达向国外买进19艘轮船,航线扩大,生意兴隆,获利甚丰,先后击败英商祥茂等洋行,时称"内河航运巨擘"。

1926年,张謇逝世后,大达公司遭遇多次灾难,公司负债累累,又遇劲敌大通轮船公司,面临倒闭。后由杜月笙投资,任董事长。至 1950 年上海大达轮船公司与大通、志新、联义等几家同行合并组成公私合营长江轮船公司,后改为国营。"大达"自在上海开办长达 50 余年,为我国航运事业作出了不可磨灭的贡献。

(五)办实业又办教育

张謇自 1898 年被清廷委任为上海总务局总办后,相继创办通海垦牧公司、上海大达外江轮步公司、天德港轮步公司后,又开办资生铁冶厂等企业。在家乡南通创办通州师范、女子师范、南通学院、盲哑学校、扬通图书馆与博物苑等文教事业。他还赞助南京高等师范、上海中国公学、上海复旦大学等。1900 年,张謇关心国事,撰《变法平议》,从此开始立宪运动。3 年后,他为湖广总督张之洞、两江总督魏光焘起草《拟清立宪奏稿》,且翻刻日本宪法。次年,任徐家汇法教会震旦学院院董,并在上海成立渔业分局。1905 年参加曾铸领导的抵制美货运动,联络上海各界人士请愿。

1906 年 12 月 16 日,上海成立预备立宪公会,推郑孝胥为会长,张謇为副会长,实际工作由张謇负责,后被推为会长。该会有会员 358 名,来自江、浙、闽各地,其中骨干分子均为张謇密友。1908 年清政府宣布《宪法大纲》以 9 年为立宪期。张謇主张缩短预备立宪期限,要求立即成立责任内阁,并由他领导的代表团三次赴北京请愿,先后被醇亲王等人所拒绝,最后一次代表团竟被清政府派兵逮捕天津代表并宣告禁止一切请愿。张謇对此深表沮丧:"亟求立宪,非以救亡;立宪国之亡,其人民受祸或轻于专制国之亡耳。呜呼!世人知余言之痛耶?"

武昌起义后,张謇电请清廷退位,就任江苏两淮盐政总理。1912 年,上海光复后,张謇任中华民国临时政府实业总长,次年被举为江苏省教育会会长。1916 年,在沪任中国银行商股联合会会长、中华华商纱厂联合会会长,成为名噪东南的实业家和教育家。

四、爱国爱民的实干家李平书

(一)市政建设的多面手

早在 20 世纪 20 年代,上海城隍庙湖心亭前、九曲桥旁,巍巍屹立着一座李平书的铜像。

李平书（1854—1927），号钟珏，出生在上海高桥一个中医世家。早年在私塾接受传统教育，14岁亡父缀学，入上海一家米面行当学徒。19岁考入龙门书院，后襄理《字林沪报》馆笔政。31岁中举。后曾署广东陆丰、新宁、遂溪等县知县。1903年回沪，成为亦官亦商的著名绅商，出任江南制造局提调，后兼任中国通商银行总董、轮船招商局董事、江苏铁路公司董事；又办华成保险公司、昆新垦牧公司，任董事。1905年李平书任上海城乡内外总工程局总董，经办地方自治。为了改变南市常用井水与河滨之水，他筹款在洋泾桥南屋设自来水管道，引租界水厂之水到城里，建成上海人首创的自来水厂。

1906年，为挽回官办南市电灯厂危局，李平书提出"仿照外洋各国及英、法租界办法，把电灯改为商办，成立公司"。当时租界外商想接办南市电灯厂，均遭李平书拒绝。他联系王一亭、穆子经、朱志尧等绅士筹集10万银两着手改造南市电灯厂，由李平书任南市电灯股份有限公司总董。1911年两江总督张人俊派李平书创办闸北水电公司，李任总经理。该公司经营范围后扩大至上海、宝山两县。

当时城厢内外救火会有30余社，都各自为政，遇警喧攘，往往坏事。1907年，李平书集合各社组成救火联合会并自任会长。他建筑钟楼，以警报火情，使城厢内外救火事业有统一调度的消防团体，提高了救助效率。

1907年，上海道瑞徵下令禁绝华界烟馆，交总工程局办理。李平书感到从事烟馆者达数千家，遂联合5家体育会组成南市商团公会，自任会长，负责保卫查禁，昼夜巡逻，历时3天，烟馆禁绝，地方始得安宁。

早在1906年，李平书发起创立上海医务总会。后又创立女子中西医学堂，于学堂之侧设女病院。1908年，李平书获建筑实业家杨斯盛等捐款，在女子中西学堂附近建筑南市上海医院，聘请名医陈莲芳为院长。该医院为上海首家中西医并设的医院。

在地方自治运动中，李平书除办上述诸事外，在他任职6年，统一管理道路，共辟建、修筑道路100多条；修理拆建桥梁60余座，新辟改建城门9座，修筑驳岸码头16处；统一巡警管理，设置巡警400余人，又设警务学堂1所。为发展初等教育，他设立和资助小学、夜塾，无论苦力艺徒均可入学，以扫除文盲。1911年他还在南市创办有轨电车公司。

李平书办事实干且极为细致。他颁布了一系列有关市政管理的章程规约，如违警章程、食品卫生规约、戏院管理规则等。规定中如警察不准乱吹叫鞭，夜间行人不得高歌喧哗，不准毁坏路灯、电杆及桥栏，甚至道路河中抛弃瓜皮垃圾也要处罚。

李平书所主持的总工程局，分议会和参事会两个部分。议会为代议机关，由议董组成；参事会为执行机关，各总董组成董事会，一切在议事会的立法下行事。总工程局和自治公所的人选，均由选举产生。李平书在其《且顽老人七十自叙》中称："地方自治者，专制政治革命之先导也。"足见他推行的自治运动也是一场民主改革运动。

1909年《图画日报》刊登李平书画像，历述他所办各事，称赞他"凡政界、学界、实业界以及慈善各事业，无不力任艰巨，殚心经营，海内外人士识与不识者皆翕然称之"。

（二）领导上海商团起义

李平书是一位爱国主义者。早在他任《字林沪报》笔政时所写的时论中反映了他爱国自强之志。他提醒国人，自强需注意本末，坚船利炮是末，人的政治素质是本。他提出中国所以弱的原因在于政治专制，认为"中国以礼为经，尊卑之分严于天泽，而其弊也，礼失而存势，势隔而情离"。反映了他的立宪救国思想。

1899年，他在任遂溪知县时，支持民团抗击法国侵略军侵占广州湾。一些昏官在两广总督李鸿章面前指责李平书"亡为而招致受辱"，李鸿章大声呵叱："天下州县皆如李钟珏（李平书号），洋人敢要我中国土地耶？"有人劝李平书："君是上海人，当向洋人习，何必与之为敌。"李平书回说："公理所在，主权所在，焉能不争。若惧于势而默然，何以报国。"后李平书因此被革职查处，但在仕林和民众中获得广泛好评。张之洞对他评价很高，立即聘他去武昌任湖北武备学堂提调。

1911年3月11日，李平书在上海被推举为全国商团联合会长，团员人数达2000左右。上海商团是当时上海光复时的一支重要民众武装力量，李平书这时已看破清廷假立宪的真相，积极参加孙中山领导的反清斗争。

上海商团成立后，他在上海起义之前对清政府军警进行策反工作，使吴淞炮台总官姜国良及沪军巡防统领梁敦焯决心反正。他在任江南制造局提调时，与总办张弢楼关系密切，武昌起义后，张将20万两定制军火交由李平书掌握。

当时上海不少立宪派人士要求废止清廷专制，李平书经常在都益处饭店与各界人士议论反清，他向人们指出清政府是搞假立宪，始则哄骗，继则拖延，终则镇压；并经常介绍《时报》上的社论，"革命为专制下之产儿"，"革命则由今日之政府造成"，从而使人们醒悟到非革命不能清除腐败的清廷专制。武昌起义后，他与城厢自治公所和商团领袖密商，积极响应起义。

中国同盟会委派陈其美支持东部总会，他积极联络商团、士绅组织上海起义。1911年10月24日，陈其美派沈缦云去联络李平书。李平书于10月29日组织商团投入起义准备，并于11月3日上午在南市九亩地举行盛大检阅典礼，由李显谟任检阅官兼商团总司令。

11月1日晚，陈其美与李平书商定3日发动起义。上海商团、敢死队、救火会冲向闸北，未经战斗，即被占领，后又接管清政府衙署与监狱。但在进攻江南制造局时很不顺利。陈其美叫大家暂缓进攻，只身入内对守军作了一番演说，却被拘禁起来。直到第二天上午，李平书召集商团报告陈其美被禁，派李显谟指挥作战，自己坐镇救火会，掌握全局。最后于11月4日，制造局攻克，陈其美被救出。

在上海商团与光复会军警光复上海后，孙中山肯定了上海商团的贡献，曾书赠上海商团"光复沪江之主动"的匾额。李平书在上海光复后任上海民政总长。

（三）与陈其美的一场惊险争斗

上海起义成功后，周围各县松江、青浦、嘉定、南汇、奉贤、川沙纷纷宣布独立。

1911年11月6日，上海各界代表陈其美、李平书等近60人在海防厅举行会议，筹组上海军政府，推选都督。会议由李平书主持。会上有人提出，上海为交通大埠，除军政府不够，另举一沪军都督，招集大军北进，使东南门户得以巩固。与会者都表示同意。在提名推选中，提出人选两人：李显谟与陈其美。陈的湖州同乡黄郛拔枪威胁李平书："陈其美率先攻打制造局，立了头功，都督之职非陈莫属。"在场起义军官也拔出手枪说，陈其美进入制造局后即被拘禁，制造局是在李显谟指挥下打下来的。陈其美以同盟会驻东部总会长名义当场提出未经协商的名单：陈其美任都督，李显谟等10人为参谋。与会众人一听立即大哗，会上一片混乱。陈其美卫士刘福标居然高举手榴弹，高呼："都督非陈其美莫属，若有异议，请饷我弹！"顿时，在场代表纷纷夺门而出。事后李平书以大局为重，说服多数代表，才达成协议，由陈其美出任都督。

李平书一生淡泊名利，虽参加革命，其出发点为"以保全地方，勿伤民命为要义"。1913年，"二次革命"爆发，陈其美在讨伐袁军时，李平书联合上海各界人士成立保卫团，自任团长，以保卫人民安全。在南北议和时，李平书被迫离沪逃亡日本。1927年重返上海。由于李平书集爱国与民主于一身，思想开明，造福桑梓，品德高尚，所以上海人民在南市城隍庙内为他竖起了一尊铜像，以志永远之纪念。

李平书晚年寓居昆山，著有《上海自治志》《且顽老人七十岁自叙》。他一生正气，两袖清风，其《自叙》无法自印，全靠朋友资助。

五、朱志尧和求新造船厂

（一）求新产品荣获国际大奖

朱志尧（1863—1955），上海青浦人。他的先辈在黄浦江畔从事造船业有一百多年的历史。朱志尧出生时，他的父亲建造沙船百余条，为上海滩上著名的朱家"沙船帮"，后开办三家钱庄致富。朱志尧少年时代在教会学校徐汇公学求读，毕业后放弃举业，受其两舅父马相伯、马建忠影响从事洋务。由于他生性聪颖又精通英语，20岁开始先后任招商局"汇天"轮买办、法商东方汇理银行买办。24岁时随马建忠赴英、美、法、等国考察，他见西方机器大工业的场景，大开眼界。一次他看到英国伦敦教堂的一只大钟和泰晤士河边的许多大轮船，大为惊讶，想起父亲曾对他讲"木匠一工，不如铁匠一烘"的道理，深有感触。马建忠对他说："我国的机器行业比英国还差一百倍呢！沙船手工行业时代必将被机器轮船所代替。"

1901年，八国联军与清廷签订了屈辱的《辛丑条约》后，我国民族工商业者在"实业救国"的浪潮中纷纷投资现代工业。朱志尧在马建忠的影响下，于1904年创办一家机器铁工厂，造出一条长83英尺的海关灯船。1906年，他取"器惟求新"之意，开办"求新造船厂"。他亲自设计、督工，建成载货250吨，载客250人的蒸汽机轮船"大新轮"，来往于上海与南通之间。1910年，朱志尧与技师研制出第一艘火油内燃机轮船。后张謇多次委托他建造长江轮船，于是"求新造船厂"名声大振，至1912年底，该厂制造了客货轮、兵船、驳船、载泥船共40艘。同年被任为江苏咨议局议员，并任上海机械公会名誉会长。1914年，求新厂的火油内燃机产品打出国门，在当年巴拿马国际赛会上获得头等奖。朱志尧成为近代造船工业的先驱者。

（二）"愿天主保佑"

朱志尧家族百余年来全信天主教。朱志尧在上海徐汇公学读初中时即受洗礼入天主教。求新造船厂的每一次轮船下水之前，他都要跪在地上向主祷告，并口诵《颂主化功歌》：

颂赞上帝功德无边，创造大地诸天；高山峻岭，江河湖海，皆随神意安排；他造日月，遍地亮光，众星高照辉煌……阿门！

有一次，他受盛宣怀之托，代管华盛纺织厂时，厂里工人都信佛。他每到一处即下令将佛像全都拿走。后又看到工厂里的广场上众僧侣在做佛事，许多工人在磕头拜佛。朱志尧一见大怒，立即通报警方，引警察前来干涉。于是全厂工人来找朱老板算账。后朱志尧四弟朱季琳得知消息连忙报案，才将事态平息。而朱志尧那时却把自己关在办公室铁门内安然无恙。从此他不管别人信教，专事企业管理及外事。为了对付王公大臣、军阀官僚以及租界里的洋人，他到处请客送礼，不敢一丝怠慢。

一次有条新船在举行下水典礼，规定要送鲜花和抛酒瓶。那次卢永祥夫人前来参加下水典礼时，因她不懂规矩，竟将鲜花和酒瓶一齐抛到江里。

朱志尧一见大惊失色。原来朱志尧在一束鲜花中放进4只钻戒，以讨好卢永祥。随后他派两名潜水员将钻戒捞回。

（三）连年亏损，工厂被法商并吞

第一次世界大战后，钢材价格暴涨。求新厂原用进口钢材，不得已采用国产钢材，因产品不合格又到江南制造局二道加工，成本一算又亏损几万两。后来朱志尧决心自办钢铁厂，请德国工程师制造冶炼高炉，经过几次试验和翻造，所出钢铁均不符质量要求，又浪费了几万两银子。

经过几年折腾，朱志尧的资本加上利息负债严重，求新造船厂已积欠法商东方汇理银行达100万银两。1919年初，朱志尧将自己投资各工厂企业的股份全部卖掉，一心要救活求新，但随着法商银行利息的水涨船高，他回收的股份款远远不够。东方汇理银行告知朱志尧，若抵押借款173万两不如期归还将上诉法院处理。

在此紧急关头，朱志尧想到舅舅马相伯。马相伯出面向北洋政府财政部作担保，延长4年归还债务。4年后，求新厂因名声不佳订单减少，而旧债未偿，新债又借，在最后关头，朱志尧只得忍痛割肉将求新造船厂作价给法国人，全当抵债。消息传出，民营企业界人士纷纷要求政府财政部来挽回局面。上海总商会会长虞洽卿等人致电请求卢永祥出来周旋解围。经过多次交涉，北洋政府财政部决定"收回官办"。但遭致法国人的强烈反对，对北京政府施加压力，迫使政府收回成命，最后经协商改为"中法合办"，而朱志尧在董事会上只能出10万两股份，被聘为一个挂名董事。1919年6月，法商正式接管了求新造船厂。

朱志尧晚年除任一些企业董事外，专心从事各地天主教会和天主教举办的慈善事业。

六、卷烟工业巨擘简照南兄弟

卷烟，亦称香烟，最早由外国输入到中国的香烟都是外烟。1902年9月，英美烟草公司在伦敦成立，次年在上海浦东陆家嘴兴建第一批厂房，从此该厂制造的香烟在中国各地倾销，而牌子越来越多。我国销售的绝大多数都是该公司的产品，诸如"老刀牌（亦称强盗牌）""红锡色（亦称大英牌）""绿锡色（亦称三炮台）""翠鸟牌"等烟标风靡全国。

1916年，来自香港的华侨商人简照南、简玉阶兄弟在其叔父支持下，在上海东百老汇路一间栈房，置卷烟机6台，开设南洋烟草公司，从此打破了外商一统的格局。

简照南（1870—1923）生于广东南海县黎涌乡的一个贫苦家庭，13岁时父因病去世，他只读了几年私塾，于17岁入香港巨隆瓷器店当学徒、店员，后被店主派往日本。他在日本神户自设东盛泰同号，经营日用品批发买卖，经新加坡等南洋各地推销。1883年，其弟简玉阶（1875—1957）应兄召赴日。后兄弟俩在香港开设怡兴泰商号，因贩运风灯、槟榔等土洋杂货，数年间获利颇丰。简氏兄弟又在日投资航运，创办顺泰轮船公司。后因轮船失事，简氏兄弟遂有在香港开设南洋兄弟烟草公司之举。

（一）南洋烟厂与洋商拼搏10年

南洋兄弟烟草公司于1916年成立后，由简照南和简玉阶分任正副经理。生产"双喜""白鹤""白金龙""黄金龙""飞马"等为老百姓所喜爱的牌号香烟。投产后因出货供不应求，乃于附近购地，扩建厂房，规模增大，日夜加班，仍满足不了市场需求，销售量月增2000箱。

南洋兄弟烟草公司得以迅速发展，是由于在开设时正值中国人民反对日本"二十一条"，提倡国货运动蓬勃开展之际。简照南顺应时代潮流参加了上海国货维持会，在该会陈列出品时，代销商纷纷索货，遂即将新加坡等南洋一带公司分局运来货源以应上海市场急需。

简氏兄弟在沪始终紧握爱国主义旗帜，赢得了各界广泛支持。它在发展一开始就遭到洋商的忌恨，英美烟草公司施出明枪暗箭等种种手段，必欲置以死地而后快。

一是采取垄断、削价手段。英美烟草公司占领茶楼戏院、码头车站等公共场所，以及上海销售卷烟的20余家大代理店"订立合约，不能代售别人之货"，即使是小代理店170余家，亦受大店之压力，不敢代售别人之货。此时，上海仅有4家零售店愿与南洋烟草公司订约代售。后因南洋加入上海国货维持会，其产品受到该会的重视而未受大的影响。为进一步打开市场，简照南在沪开设"南洋在沪发行所"，英美烟草公司获悉后"极为震惊"，一方面继续威胁各代理店不准为"南洋"销售产品；另一方面以降价倾销等手段，企图一举挤垮南洋公司。简照南立即采以对应措施，组织公司推销员王世仁等数十余人，以削价、先销售后结账等手段兜售产品，甚至跑遍了上海2000家妓院，诱之以利，促使他们出售"南洋"香烟。经过一番努力，终于顶住了对方的压力。

二是采用威逼利诱等恐吓手段。英美烟草公司在伦敦成立之时曾雇佣一名原美商老晋隆洋行的买办。此人叫邬挺生，浙江奉化人，出身牧师之家，在上海中西书院求读时成绩优秀，尤精通英语及交际。他在洋行任买办后不久被英美烟草公司聘至上海，后为该公司首席买办，又任该公司营业部主任。由于他点子多、头脑活，为主子出力甚多，曾被称为"英美烟草公司的总走狗"。

邬挺生为公司拓展营业，经常陪公司经理、董事往来于国内汉口、沈阳、重庆、天津各大商埠，考察当地市场行情。为便于活动，他花钱捐了一个候补道官衔，接近各处官商，并宴请、贿赂各界首要及烟行经理，笼络人心，尽力推销英美烟草公司产品。另外，他不惜工本，在各大媒体刊登公司广告，精印各种月份牌赠寄经销商及张贴于城市各码头街道等处。1914年，邬挺生代表英美烟草公司出价300万元（当时"南洋"资产仅50万元）收买南洋烟草公司。简氏兄弟提出要价400万，未能达到目的。1917年2月，邬挺生与简氏兄弟第二次谈判，提出以不干涉南洋旧有规则为条件；通过占股60%达到控制南洋烟草公司。同时，他还扬言，宣称新的日本与花旗两公司即以资本高于"南洋"数倍，来的目的设立烟厂，施之以恐吓。最后又一次遭到简照南的坚决反对。他说："我公司十多年来与之竞争，前者兵败粮尽，尚未畏之。今日已有基础，营业亦年进一年，乃反屈降之，未免失计，人亦必笑我愚。"又说："盖吾国农业之几微，今日稍能与外人竞争，为全国人注目者，以本公司为最；若一旦屈降外人，纵不为社会唾骂，亦令提倡国货者灰心。"

三是再次采取阴谋手段。1919年8月，英美烟草公司趁"五四"运动全国人民反日斗争高涨之机，以简照南曾入日本籍，南洋公司曾以日人出面代表公司与英美烟草公司进行谈判，借此诬对方为日资企业。他们收买上海商人向北洋政府农商部控告，并收买安福系议员串通农商部，迫使吊销南洋公司的营业执照，勒令其停业。上海总商会、中华国货维持会及海外华侨各商界闻之哗然，纷纷表示声援，提出证明南洋烟草公司为华资。简照南在报上公开发表声明已办妥脱离日籍手续，并发表《告国人书》进行辩护，于两月内获得个人和公司批准注册证明，澄清了真相。此事双方斗争历时半年，终于将英美烟草公司策划的阴谋击败。另外，英美烟草公司还打通英国租界领事关系，以"南洋"生产的"白鹤牌"香烟与其公司"翠鸟牌"香烟相似为由，向当局提出侵权诉讼。英租界领事遂强令"南洋"烧毁"白鹤牌"香烟。1920年在"提倡国货，抵制外货"热潮推动下，南洋烟草公司终于恢复"白鹤牌"香烟的生产。简氏兄弟一直坚持爱国办厂的经营理念，他们在"飞马牌"等香烟盒上，特地加印了"振兴国货"字样；在与英美烟草公司竞争中还举办买烟救灾义赈，租用飞机，悬挂香烟广告，在机上拖着两条长长的巨幅标语："中国人请吸中国烟"；"不吸香烟最可敬，要吸香烟请用国货！"同时还在《申报》上刊出："白相要到大世界，香烟要吸飞马牌"等广告。

为争夺烟业市场，在与外商竞争中立于不败之地，简氏兄弟十分重视改进技术及经营管理。为使烟味醇馨，适合客户口味，公司学习西方经验，向烟农发放优良品种并购进西方香料，使产品质量大为提高。另外，还不断降低成本和开发新牌香烟。按简照南的开发思路，重点生产"白金龙""黄金龙"两种香烟。因其价格适中，受到中等收入烟民的欢迎。另外，又开拓"飞艇""新爱国""大爱国""大长城""大福禄""佛手""锦标""梅兰芳"等十多种品标，以符合烟民的好奇趋新心理。

简照南自幼爱读《三国演义》，他将兵战联系到商战，便请画家刘源绘《三国人物图像》画片，制作了全套共145张的"香烟牌子"，插入"白金龙"香烟盒内，推行之后大为走红。该公司至1926年盈利230万元，职工近10000人，卷烟产量占全国烟产量的20%，成为全国最大一家民族卷烟企业。

（二）内外交困中宋子文乘虚而入

正当南洋烟草公司开始欣欣向荣、发展前景辉煌之时，1923年10月28日，简照南因病去世于上海。其弟简玉阶接任公司总经理之职。简玉阶在公司开办第二年，曾多次提出将公司改为股份有限公司。最初简照南不甚赞同，后简玉阶联合简氏家族多次要求，简照南才同意诸弟意见，将公司资本定额为 500 万元，以简照南、简玉阶、简英甫、简孔昭、简寅初五人为董事，仍以简照南、简玉阶分任正副经理。后吸收"日籍"事件的教训，公司扩大新股 1000 万元。在公司改组招股过程中总资本额为港币 1500 万元，简氏兄弟占股 1/2，仍为新公司的最大股东，握有实权。其间，简照南与刘晓齐在上海成立东亚银行，任该行董事。后又于九龙开设事务所兼理银行等金融业务。简照南以在实业界的声望，曾任广东实业团副团长、上海总商会会董和上海华侨联合会董事。

自简照南去世后，南洋公司自 1927 年开始衰退，至 1930 年亏损达 575 万元，资金周转不灵。虽经简玉阶不懈努力，公司于 1930 年停工数月，各分厂一律缩小范围，以勉力维持。同时公司开始向汇丰、花旗银行借款，加以家族内部矛盾重重，简氏亲戚大批盘踞公司要职，借机任意挥霍，舞弊贪污滋生不断。此风之源在简氏幼弟简英甫，他身为总公司协理，借其在位向各分公司任意支用款项，又生活腐化，挥霍无度，将私人所办公司的损失转嫁给总公司。简玉阶面对如此局面不思整改，一度扩大房地产买卖，并拉拢南京政府国民党高官投资并入国营烟厂。后又被买办周寿臣、陈炳谦担任公司董事长。其时简英甫又多次制造事端，逼简玉阶辞职，从而夺去公司总经理之位。在内外重压之下，简玉阶自认年老以至闹着出家做和尚。

1936 年宋子文托人要简氏家族交出大权，收购南洋公司股份，简玉阶不就。至 1936 年底由简英甫牵线将宋子文亲信邓勉仁打入南洋公司。简玉阶误以为宋子文介入南洋公司可改善经营，扭转财务，遂同意以低价给宋子文 14 万股。1937 年，宋子文在派人查账后得知公司底线，遂与南洋公司签订股份出让合同，以 5 元最低价收买股票控制了南洋烟草公司，派宋的亲信程叔任总经理。简玉阶变成空有虚名的董事。

抗日战争时期，上海沦为孤岛，日伪多次劝说简玉阶出任伪职，简以年迈体弱为由予以拒绝。抗战胜利后，南洋烟草公司由于经营不善，长期不振。上海解放后简玉阶抛弃悲观厌世情绪，出任该公司副董事长、全国政协委员、全国人大代表。1957 年因病去世。

七、处于多事之秋的荣氏兄弟

荣宗敬（1873—1938）、荣德生（1875—1952）兄弟，生于无锡，早年均在上海任钱庄经理。1900 年兄弟两人开始投资实业，开办茂新面粉公司、福新面粉公司和申新纺织公司三大企业，规模之大，被人称为"面粉大王""纺织大王"，为我国民族工业的发展作出过巨大贡献。毛泽东曾评价说："荣家是中国民族资本家的首户"。

荣氏兄弟在创办民族工业时经历了 20 世纪 20 年代至 40 年代军阀统治、抗日战争、国共斗争和解放战争多次政治和经济的灾难。在几十年的多事之秋中值得记载的有三件大事。

（一）两次遭到通缉和绑架

1927 年 5 月，以蒋介石为首的国民政府在南京成立。荣宗敬已成为上海滩有头有脸的企业大亨，没有想到一场灾害从天而降。原来荣氏兄弟因反对政府当局强行摊派库券招惹了北伐军总司令蒋介石。

1927 年 5 月 15 日，蒋介石密令："荣宗敬甘心依附军阀孙传芳，平日拥资作恶，劣迹甚多，着即查封产业，并通令各地军警侦缉逮捕"。无锡县政府接到命令后，立即查封荣府财产。这一突如其来的打击，令荣宗敬一头雾水。第二天，荣德生从上海赶到无锡，在车库一角见到垂头丧气的兄长。

荣宗敬对着德生询问、诉苦。兄弟俩商量半天，决定德生赶回上海与朋友们商量。

第二天，上海荣府高朋满座，均为金融家名人，其中有中国银行上海分行总经理宋汉章、浙江兴业银行行长叶揆初、上海纱联会副会长穆藕初、中国通商银行总经理傅筱庵、上海银行总经理陈光甫等贵客。

宋汉章说："德生兄，你有所不知，所谓'依附孙传芳'云云，不过是借口而已。老蒋通缉宗敬兄的真正原因是以他为首的纱厂联会拒绝认购 50 万元的'二五库券'。北伐军到达龙华时，虞洽卿就号召上海各业捐款拥戴。宗敬兄竟不买总司令的面子，当然首当其冲。"

陈光甫说："蒋介石要建都南京，又要对付武汉政府和共产党，这'二五库券'将在江浙一带工商金融各界全面分摊，你们荣家岂能逃脱这一关？"接着穆藕初站起身来向荣德生弯了弯腰："身为纱联会副会长，我在事后没有劝宗敬兄，我有不可推卸的责任。"

荣德生连忙说："这不怪藕初兄，现在时不宜迟，请各位想想办法。"

在商谈半天后，最后由傅筱庵亮出一付绝招："拿算盘的怎能与拿枪杆子干？好汉不吃眼前亏。我想来想去，只有请大家一起去见一位大人物吴稚晖，也许就有希望"。众人听了，一致同意傅筱庵的"破财消灾"之计。

吴稚晖是党国元老，蒋介石的长辈，又是荣宗敬的大同乡。第二天，荣德生带着众人去拜见吴稚晖，吴当即表示愿意出力。次日，吴稚晖与蔡元培、李石曾、张静江等"四老"向蒋介石说情。蒋介石收到荣宗敬承购的50万库券，一分不少，当即表示前令撤销，一场附逆大案终于不了了之。

第二次是发生于1946年的荣德生绑架案。4月25日上午10时许，荣德生偕三儿荣一心及五女婿唐熊源与一个保镖乘自备汽车去总公司途中，被一辆挂有淞沪警备司令部牌照的小汽车拦下，来人出示逮捕证，宣称以经济汉奸罪名逮捕荣德生。事后荣、唐回家告知一切，荣家初步断定与军警有关，不敢报案，也不敢向外声张。

次日，报载"棉纱面粉大王荣德生被绑"。新闻一出，蒋介石严令限时破案。顿时，上海军、警、宪、特在毛森领导下纷纷全力以赴。

据荣德生事后记载："……甫出家门，在弄口高恩路转角，突来匪徒绑架，将余劫上另一汽车，直至中山路，转入小路，停一小舟，将余送入，踏卧舱中，至二十五日晚八时后，始有两匪徒挟余登陆，在申新一厂前半里许之小浜上岸，转入马路，驶来一车，至南车站货栈旁下车，改乘三轮车，至一石库门，入内上楼，藏余于一室，时约九时许矣。室内漆黑，有一人与余同卧，盖看守者也。此室四无窗户，因此白日无光，亦无灯烛，真黑暗世界也。"

这"黑暗世界"小室，即曹家渡公益里的一幢石库门房子。一天，荣德生听见警察已敲开大门，在楼下搜查。楼上匪帮十分紧张，枪弹上膛，亏得这家女人旁的小孩大哭，警察才以为是老百姓家，遂离屋而去。

第二天，匪首骆文庆对荣德生说："荣先生，你要不要活着出去？"

"我要是不想活，警察来时我叫一声就成了。"

"想活，你就写信给儿子叫他立即筹款80万美元，一天也不能拖延！"

"可我这条老命不值80万美金。"

"你就写50万美金，再不答应就撕票！"

荣德生无奈，写信给荣尔仁，要他向申新各厂摊派筹款。匪帮在获得50万美元后不久，即被毛森等人从临安惯匪刘瑞标身上打开缺口，侦破全案，作案匪徒共18人，捕获15人，枪决8人，判刑7人。结案后，荣家仅得18万美元，其余均为警备司令部等占用，其中蒋介石即奖给毛森4万美元。

（二）申新厂被汇丰银行拍卖风波

1929年后，随着西方资本主义经济危机渐次影响我国，1933年，我国农业大歉收，棉纺织业顿时陷于困境，400余厂逐步倒闭。荣氏兄弟所经营的棉纱厂更难以维持，负债累累，眼看借款届期，求援无门。就在此时，上海企业界发生了一场汇丰银行乘人之危强行拍卖申新七厂事件。

1933年10月20日，荣宗敬为挽救上海所属各棉纱厂向汇丰银行签订了以申新七厂作押的一笔借款合同，借款200万银元，规定在1934年底还款。合同中还规定若借款人届时不能还偿本息，则汇丰将申新七厂产业加以拍卖。

荣宗敬在国内经济萧条的背景下，虽力挽狂澜，日夜加班，企图使申新七厂扭亏为盈。但至1934年底仍无力付清汇丰本息。他只得请求汇丰先还清利息和部分押款。汇丰却坚持对申新七厂实行拍卖，并委托英商鲁意摩洋行在报上公布拍卖公告。由上海银行等13家联合组成的申新七厂第二债权人为维护其权益向法院两次申请抑制汇丰的违法行为。但汇丰仍擅自以最低价225万元拍卖给日商丰田纱厂。

消息由上海各报传出后，不少爱国企业家纷纷向媒体表示：汇丰的手段实在太辣，我国纱厂长期受外商压迫，这一事件实是落井下石之举，令人愤慨。

荣宗敬在申新七厂被拍卖后，气愤之余向中国银行总经理张嘉璈和上海银行总经理陈光甫伸出求援之手，转请国民政府给予援助，但国民政府不仅不予支持，反而乘人之危，企图将申新七厂实行"国营"，密谋勾结汇丰以债务面额300万元，向汇丰赎回抵押品，然后再卖给日商丰田。

这一消息传出后，上海实业界人士大为震惊，他们指责国民政府不珍惜、不体恤本国实业家的苦衷，大长洋人威风，手段极为毒辣，令人无法容忍。接着，社会各界人士纷纷谴责汇丰银行无视中国法权的肆无忌惮的行为，批评政府残害民族企业。有着3000多名职工的申新七厂群情激昂，决定奋勇护厂，不准日商进厂。

南京国民政府迫于社会舆论和工人运动的压力才放弃原计划，派实业部长与汇丰磋商，拖延时日，让荣宗敬在1940年底清偿余押款。一场汇丰银行强行拍卖申新七厂事件终于宣告结束。荣宗敬惨遭这一打击后开始患心脏病，在家休养。

（三）拒不与日伪合作

1937年"八·一三"淞沪抗战爆发后，日军占领上海，江南各地相继沦陷。胡厥文和卢作孚多次前往荣府动员荣家诸工厂内迁。荣宗敬说：

"从八国联军、日俄战争、第一次世界大战一直到北伐战争，我们荣家几十年来开办实业没有一台粉磨、没有一枚纱锭迁出过无锡和上海，我们荣家的事业不是在战争中发展壮大起来的吗？"

卢作孚说："这次日本侵华战争不比过去，国民政府即将迁往汉口，内迁是大势所趋。我民生公司轮船厂已准备第一批给荣家搬运机器。"

胡厥文当时正组织江、浙、沪、宁百余家企业内迁，荣氏企业是他计划中的一大重点。他向荣宗敬晓以大义，但荣宗敬丝毫不为所动，决意不内迁。这次留守让荣氏企业付出了惨痛的代价。

不久日军轰炸申新八厂，投下18枚炸弹，当场炸死70多人，伤300余人。荣宗敬事后赶到申新八厂，只见厂房大半成为废墟。他又赶到医院看望受伤职工，并发给死伤者抚恤金3000万余元。夜晚回家，悲愤交加，突发脑溢血倒在沙发上，幸好及时抢救才侥幸脱险。

1938年初，荣宗敬难以忍受日军的压迫和骚扰，决定离沪去港，元月10日突发脑溢血在港去世。荣德生得知噩耗后痛哭不止，多次昏厥过去。从此荣氏家业开始由盛至衰。

荣氏企业中申新八厂拥有126台新式纺织机，日商觊觎已久。1940年3月汪伪政府成立，实业部长陈公博派专员到上海，要荣德生将申新一厂、八厂卖给日商丰田纱厂，当即遭荣严词拒绝。不久，汪伪外交部长褚民谊来沪与荣德生再一次商谈，荣德生派儿子荣尔仁代见。褚民谊威胁道："荣家要看清当前形势，日军将在三个月内消灭重庆政府，不要敬酒不吃吃罚酒！"荣尔仁凛然答道："我们荣家决不会把产业卖给日本人！宁可玉碎，不为瓦全！"褚民谊只得悻然而归。

1941年12月，太平洋战争爆发，"孤岛"沦陷，荣氏纱厂的花纱仓库全被日军封闭。从此，荣氏企业一落千丈。只有他女婿李国伟在抗战初将武汉几家面粉厂和纱厂迁往内地后尚能苦撑，保住了荣家的部分资产。

1949年国民党政权崩溃前夕，荣氏家属中多人卷资远走海外。在一片离国声中，荣德生明确表示："不离开大陆，不离开上海"，并阻止三子将申新三厂拆迁台湾。新中国成立后，荣德生任中国人民政协委员、华东军政委员会委员、苏南行政公署副主任。1952年7月29日荣德生在无锡病逝。其子荣毅仁管理荣氏留在上海的企业，他带头公私合营，成为"红色资本家"。

八、余芝卿办橡胶厂为国争光

（一）在日本经商被绑架

今日有汽车者在维修车胎时都知道双钱牌车胎，而对余芝卿和他的大中华橡胶厂却知之甚少。

余芝卿（1874—1940），出生于宁波鄞县，自幼父母双亡，由大姐抚养成人。13岁到上海一家东洋庄当学徒，后当跑街。20岁时开设永泰祥东洋庄，经营中日之间进出口业务，略有起色。后改做火油买卖，不久火油时价暴跌，在债主追逼下仓皇逃往日本。在日本做棉纱投机生意又遭失败，负债累累。余芝卿坚忍不拔，决心东山再起。他通过上海几家商行的委托在日本办多种杂货业务，5年后不仅还清了所有债务，还积累了一笔可观的资产，成为大阪华商的巨富。1919年后余芝卿因推销日产套鞋，又发了一笔大财。1925年初，余芝卿携资回上海，突遭歹徒绑架，后出价现洋5万元方被赎回。

（二）回国自办大中华橡胶厂

余芝卿秉性坚韧，虽横遭歹徒一劫但绝不心灰意懒，仍继续往来于日沪两地，推销日产套鞋。不久，"五卅"运动开始，上海民众爱国热情高涨，日货普遍受到抵制，经销日货被民众视为卖国奸商。余芝卿在好友薛福基的启发下，决心发展民族工业，自办橡胶厂以生产套鞋和汽车轮胎。但当时的橡胶产品早已被洋商独占，如美国的"凯地""固特异"，英国的"老人头""邓禄普"，日本的"白光""地球"等许多套鞋、轮胎销遍全国各地，余芝卿要自产国产橡胶产品谈何容易！

余芝卿自幼失学，靠业余自学古文达到一定水平，后自研《易经》和《论语》，司得谋定而动和越是竞争激烈越要调整心态等理论，富于开拓精神，并能知人善任。1925年秋，他以8万银元起步在上海徐家汇购置厂房，又放手让薛福基、吴哲生独当一面，分工合作。他派薛福基到日本神户学习熬油技术，以攻克熬油和烘烤技术难关，并聘来了两名日本技术顾问。1928年10月，工厂正式开工生产。余芝卿将厂名定为富有民族自豪感的"大中华橡胶厂"。关于产品的商标，他曾有一段时间的思考，原想使用"如意""大吉""百吉"等吉祥词语。某日，他与同事到苏州办事，偶遇街头有人抬着的新娘嫁妆上有"双钱"图样，不由使他感到"双钱"两字可作产品商标名称，因它暗喻"名利双收，两全其美"。另外商标采用两枚古钱左右两半联成一体，呈现团结联心；又喻轮胎双双滚动，表达"财源滚滚"之意。1929年10月，该商标获得国民政府工商部商标局核准。

（三）扩大资本制造飞机轮胎

1930年，余芝卿动员薛福基、吴哲生两人合资经营，资本增至20万元，第二年又向外地商行、钱庄和本厂职工招股，增资为115万元，职工达2200

人，生产场地扩至 30 余亩，产品由原先初创时期的双钱牌雨鞋、跑鞋、人力车胎，扩大到生产长筒靴、热水袋和汽车胎等产品，成为当时我国生产规模最大、设备最先进的大型橡胶制品企业。

但余芝卿并不满足现状，除了加强生产双钱牌汽车轮胎外，在抗战前夕，大中华还接受了杭州笕桥空军学校的委托，着手研制双钱牌飞机轮胎，后因"七七"事变开始而未果。余芝卿见时顺势，全力生产汽车轮胎。随着日军侵华势力的逐步发展，国内民众出于爱国热忱，对国产轮胎给予尽力支持。如被称为上海"汽车大王"的爱国商人周祥生，率先购买双钱牌汽车轮胎，并通过祥生汽车公司进行介绍推广。至 1937 年底大中华生产的双钱牌车胎已达 2.6 万余套，人力车胎达 34 万条。

（四）与邓禄普打 10 年官司

自鸦片战争以来，列强诸国将本国生产的天然橡胶和日用橡胶产品大量输入我国。车胎市场均为各洋商独占，他们决不甘心把自己所垄断的市场拱手相让。1928 年开始，以英商邓禄普公司为首的洋商一起采用降价手段，如邓禄普的老人头牌轮胎由每条 15 元降至 8 元。余芝卿面临敌手，也紧跟老人头牌降价，并大做"爱国用国货"广告，扩大销售范围。

外商见降价手段不能取胜，又一度规定使用国产轮胎的汽车，不能购灌美孚、亚细亚等公司的洋油；继而又由英商邓禄普公司出面对大中华橡胶厂进行法律起诉。它先向国民政府实业部商标局起诉，控告大中华生产的双钱牌轮胎花纹与老人头牌轮胎相似，实业部原想通过洽商办法来解决，但邓禄普坚持要通过法律解决。余芝卿在向商标局的答辩中指出："轮胎花纹相似与否不属于商标注册范围，不应受理此案。"但商标局竟不分青红皂白坚持要余芝卿停止生产轮胎。无奈之下，余芝卿只得将金锭形轮胎花纹改为工字形继续生产。但英商不甘罢休，再次向商标局提出异议。后余芝卿将工字形轮胎花纹改为长城形花纹，但仍不能取胜。余芝卿又向实业部提出诉愿，迫使实业部撤销商标局的最后裁决。此时，英商又向国民政府行政院提出上诉。行政院迫于外交压力居然作出撤销实业部的决定。

1937 年 12 月，余芝卿向行政院上诉，结果被驳回，并训斥余芝卿不得再次上诉。当时正值抗日战争全面爆发，英商厂房遭受战争重创，加上国民政府各机构忙于迁散，直到 1945 年抗战胜利，这场打了 10 年的商标战才告一段落，而余芝卿的国产双钱牌轮胎仍继续保留下来。余芝卿为我国民族橡胶工业作出了重大的贡献。

在上海沦陷时期，日军曾派人诱余芝卿出任伪职，被他严词拒绝；在发展大中华橡胶厂分厂时，日商曾多次威胁利诱余芝卿将他的各分厂与日商合作，均被余芝卿一一抵制。他一生热爱祖国，在事业上坚忍不拔，其人品及精神堪为后人钦敬。1940年11月，余芝卿因病于上海逝世，享年67岁。

九、学者型爱国企业家穆藕初

在我国近代工业史上，从19世纪末开始，20年来我国有不少企业家从事棉纱工业。1894年严信厚在宁波创办通久源纱布厂，同年聂云台在上海经办恒丰纱厂，1899年张謇在南通办大生纱厂，1915年穆藕初在上海创办德大纱厂，1916年荣宗敬在上海创办申新纱厂。在这几家著名纱厂中，穆藕初因接受西方高等专业教育，最早在国内倡导企业科学管理，其德大纱厂产品堪称第一。有位美国经济学家称他"在建设性的进步中，任何一个美国企业大王想超过穆藕初的这个纪录都是十分怀疑的。"长期与穆藕初合作的毕云程称他为是一位"没有资本而富有天才的民族工业家。"

(一) 远赴美国求新知

穆藕初（1876—1943），上海浦东杨思镇人。父亲曾在家乡开棉花行，后家道中落，穆藕初在一家棉花行当学徒，24岁时考入上海江海关。他发奋攻读英语，曾在英国人家中打工3年，使他的英语水平突飞猛进。其时，他结识了曾铸、李叔同、朱志尧、黄炎培等进步人士。1905年，他参加曾铸领导的抵制美货运动，激起了他的爱国热情，遂离开江海关。1907年，经张謇介绍，出任江苏铁路关税警务长。两年后，他走上"实业救国"之路，赴美留学。

穆藕初在27岁时，经在上海南洋公学读书的兄长穆杼斋介绍与黄炎培相识，两人一见如故，在黄炎培的影响下，他决心去美国求学。1909年夏天，在朱志尧等亲友的资助下，33岁的穆藕初终于到达美国，考入威斯康辛大学农科。因各科成绩优秀而享受公费留学待遇。

33岁，正值中年的穆藕初精力充沛。他在学习之余到各地考察乡间农户，每日清晨四时半起身到田主农场挤牛奶、摘鲜果、耕田、喂牲口、拾牛粪，乐在其中。后转入塔克斯州农工专修学校攻读硕士学位。其间致力于研究植棉和纺织，当他研读了美国科学管理之父泰罗的著作，结合他在农场的实践经验，后写成了《游美国塔虎脱农场记》，又翻译了泰罗的《学理的管理法》，发表了《工厂适用原理的管理法》。当时，我国很少有人知道"泰罗制"为何物。

（二）连办 5 家纱厂

1914年6月，穆藕初学成回国，与其胞兄穆湘瑶筹集20万元在杨浦港口建造德大纱厂，生产"宝塔"牌商品。其兄为董事长，他任总经理兼工程师。该厂使用纺机全是从英国进口的先进设备。在管理体制上实行"泰罗制"：改变过去经验管理制，制定劳动标准时间定额，并按此定额决定工资高低以提高工效，明确划分管理和操作职能以降低成本。穆藕初在美国时曾与泰罗函往，万分敬崇；回国后他结合本国工业实际加以改进，如以工程师、技术员制代替传统的工头制，引进复式记账法，对产品进行严格的质量检验等等。他的革新之举轰动沪上，《申报》曾报道德大纱厂为"中国实业界之一线光明"。

德大经办了8个月后，第一批"宝塔"牌棉纱问世。1916年6月北京商品陈列所举办产品质量比赛时，该厂生产的"宝塔"牌48支棉纱名列第一。

德大纱厂的成功使来访者络绎不绝。他向来访者赠送《工厂适用原理的管理法》一书。他根据亲自实践将泰罗的科学管理法本土化，突出强调人的因素，把自己的管理法归纳为纪律化、标准化、专门化、简单化、艺术化。所谓艺术化是要使工人在工作中感到乐趣，如改善劳动条件，办工厂夜校，办俱乐部等。

继德大之后，穆藕初于1916年与颜料商投资120万两办了一家厚生纱厂，由他任总经理。他亲自修订《德大厚生两厂服务约则》，使工厂管理既科学又合理。厚生纱厂的"双喜""三虎""飞机""团鹤"商标的新产品问世后畅销全国。当时《密勒氏评论报》发表的评论中说："当时一般人认为，中国是永远不可能在棉纱工业方面和日本人竞争的，任何促成这一工业发展都是徒劳的。然而穆先生作为经理的德大纱厂的出色管理否定了这个不适宜的结论。"而厚生厂成为"美国新式纺织机在华的成绩展览会和实习基地"，它"在技术上开创一新纪元"。

1917年12月，穆藕初被推为华商纱厂联合会议董，张謇为名誉会长。

自德大、厚生两厂获得成功后，投资者纷纷向穆藕初要求合资办纱厂。穆藕初对办厂地点权衡再三，觉得郑州交通便利，原料和劳动力低廉。1920年5月穆藕初筹资15万两，克服水电土地等种种困难，终于建造了一座高大的豫丰纱厂，他自任董事长兼总经理。开幕式那天，吴佩孚等各界人士800余人出席。该厂生产的"红飞艇"牌棉纱打开了中原及北方的销路，产品销售活跃，生产蒸蒸日上。豫丰最盛时有工人5000多人，它的创办推动了当地的工商业发展，还解决了大批失业的农民就业问题。

自 1914 到 1920 年这 6 年间穆藕初除创建了德大、厚生、豫丰三厂外，还参与创办恒大、维大两纺织工厂，引进了科学管理方法，第一次在国内实行工作 8 小时制，充分显示了他的创业气魄和经营才能。

（三）办交易所、银行、学校和昆曲所

"工业没有银行支柱难以发展，金融与实业尤如血脉与人体，血脉通则人体健。"穆藕初曾与聂云台、黄炎培、荣宗敬、马寅初等人商谈想办银行时如是说。聂云台等均表赞成。1919 年 9 月，他与聂云台等 55 人发起成立"中华劝工银行"，颇得银行家宋汉章、陈光甫、钱新之等 15 人赞成并参股。该行的宗旨是振兴国内实业，穆藕初任董事长。他提出银行的主要任务是：(1) 调查中外学堂工科生和实业经验人才，使他们学以致用；(2) 调查各地工业原料，使之推广工业之用；(3) 调查海关进口货物，以唤起民众挽回权利之心；(4) 调查已有的工业产品及质量，以通过出口贸易发展本国工业品；五、编辑《劝工月报》，以沟通各地工业界信息。

1921 年 11 月，中华劝工银行在南京路 60 号正式开业，实收资本 51 万元。穆藕初投资 10 万元，任总经理，后继王正廷任董事长。该行提倡"一元储蓄制"，采用教育、有奖、贴花、寿险、礼券等多种储蓄方式并兼办房地产业务。后又成立信托部，从事公债等有价证券买卖，又加入中国股票推进会，在多种经营中使劝工银行在上海金融界有相当知名度。

穆藕初在《藕初五十自述》中曾说，他当年"年少气盛，抱服务社会之大愿，立建设事业之宏图，快刀直入，所向无前"。在创办劝工银行同时，为推动我国棉纱业的发展，挽回华商的权利，穆藕初联合荣宗敬等企业家筹办上海纱布交易所，于 1921 年 7 月 1 日成立，穆藕初任理事会理事长。该所主要从事棉花和棉纱的期货交易，开办 6 年来历经风雨，终于挫败了日本财阀"取引所"企图垄断期货交易的阴谋。它在 1 年后即在爱多亚路（今延安东路）河南路口建造了一幢五层大楼。

但不久，信交风潮迭起，加上他所办的纱厂因政局动荡和金融风暴，3 家纱厂陆续停办或转让。在纱布交易所改选时，穆藕初因无股票原应无法任理事长，但由于他德高望重，还是在理事们推荐下担任了没有股份的理事长。

在发展工业与金融业的同时，穆藕初在黄炎培、聂云台的推动下从事教育事业。他认为"办实业"，必须先"谋实学"。1917 年，他与黄炎培一起参与成立中华职业教育社，曾任该校校董会主席。1920 年初，他与蔡元培商谈出国留学生回国后为何均无所成就问题。他主张打破考试陈规，聘请胡适、

蒋梦麟、陶孟和3人协助观察北大人才，成立"穆氏奖学金"。在蔡元培主持下，北大先后选出罗家伦、段锡朋、周炳琳、康白情、汪敬熙、江绍原等6人，约定每人年支1200美元赴美留学。这几位学成回国后均各有建树，为学界名人。后他又资助学纺织的布店学员程景康；河南留美预备班张纯明等4人到菲律宾留学；资助厚生纱厂学徒方显廷先到南洋模范学完中学，后赴美留学。1923年夏开始，因穆藕初在纱厂事业受挫，无力继续支持方显廷学费，后方靠勤工俭学获耶鲁大学经济学博士，成为与何廉、马寅初齐名的经济学家。穆藕初先后资助22人出国留学，在他经济困难时甚至变卖、抵押家产以继续资助。1937年，受惠于穆氏奖学金的段锡朋、方显廷、罗家伦、周炳琳、江绍源、张纯明等人，决定捐资一万元设立"穆藕初先生奖学基金"，作为永久之纪念。

穆藕初毕生最得意的教育事业是与黄炎培合作的中华职业教育社。1908年中华职业学校开学时，他作为校董会主席一次性捐款2650元，后陆续4次捐款约4000元。1935年，他60岁生日，子女要为他做寿，他不同意，悄悄捐出3000元给李楚材所办的位育小学。

穆藕初对古典文学独有所爱，他出资请中华职业学校办一个"穆氏文社"，成立中文写作函授班，请叶圣陶、夏丏尊、严谔声、黄炎培为导师。作文成绩优秀者可获奖学金，文社共办三届，受益者近千人。

穆藕初还是一位昆曲爱好者，他在杭州灵隐寺旁韬庵成立"粟社"，组织艺人研习昆曲，又在苏州投资5万元成立"昆曲研习所"，并在上海组织多次昆曲义演活动，其目的在于发扬祖国传统艺术。胡山源说："我国戏剧自清末皮黄崛兴，昆曲日益式微，经先生竭力提倡，始获苟延一脉，至于今日。"1931年部分"传"字辈演员组织"仙霓社"，穆藕初竭尽所力予以资助。他在工作之暇，常请俞振飞到厂里给工人演出昆曲，以提高工人的文化艺术修养。无论是在三厂或劝工银行，穆藕初一得空暇即到场演唱昆曲。在他终年后，1947年春，在穆藕初的灵柩运回上海时，12个团体为他举行追悼会，昆曲传习所学员深情演唱他生前最喜欢的曲子，以告慰他在天之灵。他生前收集整理的600首曲谱一直留传至今。

（四）热忱爱国，名垂史册

穆藕初自美国学成回国后，在兴办纱厂之时深感列强经济侵略后市场萧条，民不聊生。他反对帝国主义强加给中国的不平等国际税则，提出"制定税则，本系独立国固有之主权"。对列强裁厘加税后，我国工商业才能得以发展。他竭力支持曾铸领导的抵制美货运动。1925年"五卅"惨案发生后，他在《解决五卅案之我见》一文中愤怒地指出："当局之残忍行为，亘中外古今所罕见。"提出被反动当局杀害之工人、学生、市民的凶手应依法惩治，所有被逮捕之群众应立即释放。

对于当时军阀混战造成的农工商业凋敝不堪，他深恶痛绝，主张建立一个人人公而忘私的新政府。

1931年，"九一八"事变发生后，穆藕初对蒋介石奉行的不抵抗政策表示了异常愤怒。在"一·二八"淞沪抗战爆发后，他与黄炎培、史量才等组织了上海市民地方维持会，四处募捐，支援十九路军抗战。一次他在半淞园举办的斗黄头鸟（这是他一生中的业余爱好之一）赛会上发表演说，提出应学习黄头鸟的合群、团结的战斗精神，黄头鸟在两者交锋时，拼命斗争，从不中途妥协，希望大家共赴国难，而摒弃赌博、烟酒、跳舞等不良嗜好。他的这番斥当局"不抵抗"的谈话后被《新华日报》作了报道。

1932年1月18日，国民党决定邀请各界精英召开国难会议，穆藕初与王造时、史量才等60位国难会议的上海委员联名提案，主张：

（1）以武力自卫为主，国际排冲为辅，不惜任何牺牲，维护国家及主权完整。

（2）确保人民言论、出版、集会、结社自由，废止与此抵触的有关党部决议和法令，开放党禁，不再用公款支付国民党党务费，实行地方自治，集中全国人才，成立有力政府，并由民选的国民参政会监督政府。

（3）筹备宪政，限八个月内公布民主主义宪法。

同年4月，国民政府邀集穆藕初等上海66位代表出席洛阳的国难会议。穆藕初等代表在《申报》上提出不出席的理由是，原来希望国府"化除杜绝合作之党治，实现全国协力之宪政"，不料当局限制此项规定，所以拒绝赴会，并在报上继续刊登国难会议上上海代表的上述三条提案，呼吁国民党筹备宪政，制定民主宪法。

在"一·二八"事变中，穆藕初为十九路军送粮、送慰劳品及其他物资。1932年1月29日，中华职业教育社、江苏国难救济会、生活周刊社等机构成立"上海临时救济会"，穆藕初亲自为十九路军送去大量棉鞋、蔬菜等物品。

5月3日，当十九路军蒋光鼐、蔡廷锴辞职消息传来，在上海市民地方维持会上，穆藕初坚决同意黄炎培的主张打电报给南京政府，在报上公开这一消息。他在《申报》举办的"东北问题与世界大战"座谈会上发表演说："近来政府的设施毫无进步和变更，我们对政府已根本绝望。"8月28日，"民宪协进筹备会"在上海成立后，穆藕初邀发起人在家午宴，表示要团结杜月笙等进来共同推进民主宪政。

1932 年元旦，穆藕初在《纺织周刊》上发表《我国纺织业之两大责任》，提出全国人民要有改良政治和改良本身业务的责任，两者同时并进。

1935 年，上海发生《新生》事件，杜重远被判刑。穆藕初仗义执言，致电上海总商会，呼吁援救。这一事件后，使他进一步认清了日本侵略者的侵华之野心。1938 年 8 月，他在《文汇报》发表《敬告企业家》一文："当此国家民族存亡续绝之秋，有待于有钱者出钱之际，大家不可只求坐拥巨资，置自身及子孙为亡国奴之罪于不顾"。

（五）勉为从政遭排斥

1928 年，孔祥熙知穆藕初到达重庆，见他是一位著名的棉布厂长，又办过棉花种植场，邀他出任工商部次长。穆婉言谢绝。孔祥熙再次邀请，穆藕初说："鄙人乃一介商人，向来为工商界服务，未谙政治"。又婉言谢绝。后孔祥熙托黄炎培再次邀穆藕初出山。黄炎培说："穆先生服官从政，实非其志趣所在。"经孔祥熙再次诚邀，他为了沟通政府与工商界起见，才勉强从之。后亲自制定了《工厂法》《工会法》等章程共 40 种。1931 年 2 月，穆藕初被任命为实业部次长，他又对孔祥熙婉拒。

1938 年 4 月，孔祥熙邀他出任行政院直属农产促进委员会主任委员，这是他最为热心、最为熟悉的专业，便慨然同意。他在湖北抢购棉花，建立纺纱厂、织布厂，办手工业纺织训练所，培养妇女土法纺织等，甚至发动和组织群众打游击，资助鄂北军民的抗日经费。

1942 年 12 月，蒋介石在主持全国总动员委员会会议上，军需团长陈良说，军需棉花一斤也没收到。蒋问起责任人，翁文灏告是农本局，实是物资局之责。结果蒋介石大发脾气，听不进穆藕初的辩解，指责他阳奉阴违，不顾军需民需，办得太不妥当。结果被撤职查办。后经人解释，才改为"停职处分"。

关于穆藕初为什么被撤职，主要是他为人正直无私，办事廉洁奉公，为各方所嫉妒，既得罪了许多发国难财的棉纱业主，又得罪了那些损公肥私的官僚阶层，使穆藕初在一场勾心斗角中做了无辜的牺牲品。

穆藕初的朋友们纷纷为他不平，黄炎培在赠诗中指责当局"雾压山城白日昏"。穆在给友人信中说："两载以来，心力交瘁，昨已摆除一切，余后从事休养。"

但穆藕初何尝是自愿休养之人。1939 年以来他一直关心边区抗日，支持和扶植陕甘宁边区生产，由农产会补助 1 万元经费设立 3 所土法纺织工厂，后又在延安等地设立手工纺织合作社 114 所。当时延安《新中华报》报道："全国闻名之工商巨子穆藕初先生特慷慨捐助我生产补助费五万三千元。"一直到1943年临终前，穆藕初通过董必武，函告将协助边区林垦费5万元，分四期拨付。

1944年9月19日，穆藕初因患肠癌去世。他一生俭朴，生前未留下多少产业，却给后人留下了一份无形的精神遗产。穆藕初逝世后，中国共产党和不少爱国人士纷纷发表文章和谈话，追悼这位近代杰出的爱国实业家。重庆《新华日报》撰文写道：穆藕初其谋事之忠，工作之勤，与他公正廉洁的品格，都足为人们的光辉模范。

爱国将领冯玉祥在悼词中称他是"最爱国，爱朋友，爱大众，崇尚正义，帮助革命的人"。

十、恒丰纱厂的掌门人聂云台

（一）"宁可讨饭不为官"

我国棉纱工业的兴起，由洋务派官办的上海机器织布局，从筹办到1890年投产开工，长达10年之久。织布局投产以后，所产棉纱、布匹除在上海本埠销售外，还销往江浙、芜湖、天津、重庆、福州等地，获利丰厚，每月利润高达1.2万两白银，1893年发放股息高达25%。不幸的是，该厂投产不久即发生一场大火，全厂财产几乎付之一炬，中国最早的第一家机器棉纺织厂从此不复存在。但是，这场大火并没有阻挡住中国近代工业发展的脚步，仅在一年之后，规模更大、设备更先进的织布局——华盛纺织厂就在杨树浦原地开工投产了。

上海机器织布局的筹建、生产以及利润效应，极大地刺激了人们投资工商企业的热情，特别是到了1914年第一次世界大战后，民族工业家投资开设机器织布业络绎不断。

1895年华新纺织局（后称恒丰纱厂）在上海建成。该厂是由几个官僚出资合办的，除了聂云台之父聂缉椝外，还有龚昭瑗（曾任驻英公使）、严信厚（盛宣怀幕僚）等人。开始时有些亏损，至1905年，聂云台出任总经理后，情况大有好转，聂氏父子连年以银32.5万两收购该厂全部股票。至1909年，终以32.75万两银价，将整个纱厂盘下，使原先的华新纺织局改为聂云台的独资企业——恒丰纱厂。这家私营棉纱厂发展迅速，资本总额达108万两，连年盈利。

如果将恒丰与当时官办的华盛纺织局相比，很值得深思。华盛的前身是前面所说的上海机器织布局，后因一场大火而毁，盛宣怀要求上海海关道聂缉椝负责恢复织布局。盛宣怀在对灾后资产进行清点基础上，对官股损失提出，以后"每出纱一包，捐银一两"，逐步归还。一年后在原址基础上建立新厂房，1894年9月开工投产，改名为华盛纺织厂。其规模较原局更大，有纱绽6.5万枚，布机750台。可是好景不长，甲午战争后华盛失去了官方的支持，外国资本纷纷在华设厂，民营纱厂也如雨后春笋般地出现，竞争十分激烈。华盛纱厂逐渐显出颓势，首先是内部管理混乱，自总管至下属办理人员无不以侵占亏挪为能事，一步步走上败局。1913年改名为三新纱厂，至20世纪30年代初因亏损严重终于抵押给了汇丰银行。两年后，汇丰赎出三新卖给了荣宗敬，后成为申新九厂。纵观其历程，主要责任在于主持者聂缉椝办事不力。

聂云台（1880—1953），湖南衡山人，名其杰。聂缉椝之三子，1893年中秀才，后任复泰公司总经理。聂云台办恒丰的成功，首先在于与乃父走不同的道路。他很早接受西方经营思路，不依赖官方势力，刻意研究企业管理方法。据说聂缉椝根据华盛纱厂经营失败的教训曾劝他："你去办厂还不如去做官。"聂云台毅然回答："决不做官，宁可讨饭不去做官。"

（二）恒丰纱厂是面旗帜

早在1886年（光绪十二年），宁波人严信厚曾家乡把一个原来手工轧棉花的工场改建为通久源机器轧花厂，1887年正式开工，资金5万两，使用日本引进的蒸汽发动机和锅炉，还有40台新式轧花机，雇工350人。这是我国最早的民营纱厂。1892年该厂规模扩大，购置英国造的柔钢锅炉3台和新式纺织机生产皮棉6万余担。1896年，严信厚通过招股45万两，雇工1200人，纱锭104筒，织机400多台，生产"龙门"牌棉纱，每周生产棉纱34525磅。在20世纪之前，该厂在国内声誉大增，被洋人称为"这样的纱厂将成为与洋布为敌的有力竞争者"（见《捷报》1895年9月21日）。但不到5年，该厂因严信厚投资开办面粉厂而停滞不前。

但是到了20世纪初，恒丰纱厂再次崛起，在棉纱工业独树一帜，发展迅速，与20年前宁波通久源纱厂不可同日而语。恒丰纱厂在1918年最兴旺的时候，拥有3046名职工，资本额达108万两，拥有44400枚纱锭，每年生产棉纱37800包，棉布303000匹，在当时同行业中成为一面旗帜。

恒丰纱厂的业绩提高为何如此迅速？这是一个值得深思的问题。聂云台原是秀才出身，既未进过洋学堂，又未出国学习专业技术知识，但他聪敏好学，思想开放，管理有方。后人总结他的经验主要有两条：一是改造科技设施;二是大力培养新人才。

技术改造他先从动力下手。自严信厚于 1892 年将通久源纱厂的动力设备引进了英国的柔钢锅炉,这种气锅炉以后均被同行厂家所采用。聂云台请光裕洋行技术员多次试验以改变蒸汽锅炉的热度不稳定,影响到纺织品的均匀度,且锅炉耗煤较高。但这个问题一直未能解决。1912 年上海工部局电气处为推广营业,奖励各厂用电气动力,并廉价出售马达。要废除原设备,购买新电器,又要培养新的使用技术人员,因此不少厂均在观望之际。聂云台断然决定采用电动机,使恒丰成为华资纺织厂采用电气动力的第一家。

随着机器设备的更新,聂云台又关注培养本厂的技术人才。他不惜重金聘用洋员工为工程师或顾问,同时他办了 8 期技术培训班,请外籍专家讲授新技术、新方法。另外,他还与南通一家工业学校联手,培养技术工人。被他送出国深造的先后有数十人。这些早期在恒丰纱厂受过训练的技术人才,其中许多人成为我国纺织工业中的精英,成为新中国成立后的领导干部、人大代表、全国劳模。

恒丰纱厂的成功使聂云台名声大振。1920 年 8 月,聂云台被选为上海总商会会长,后又被推为全国纱厂联合会的副会长。

恒丰纱厂在 20 世纪初已成为纺织业的一面旗帜。但聂云台颇有雄心壮志,他于 1919 年又发起创办大中华纱厂。次年他联合张謇、荣宗敬、穆藕初等人,发起创办上海纺织机器工厂、中国铁工厂,还有中美商业公司、大通纺织公司、上海纱布交易所、恒大纱号、长沙协丰粮站等等,聂云台成为当时上海工商界的领袖人物。

第一次世界大战结束后,外资企业卷土重来,1921 年聂氏的大中华纱厂因受外资倾轧,市场萧条,经营失败。1922 年聂云台宣布退休,其家族企业由其六弟任经理,自己仅挂名为董事长。隐退后,聂云台在家修行,成为佛教居士。1953 年在上海病故,终年 73 岁。其子聂光堃积极投入公私合营运动中,恒丰纱厂后改为恒丰丝织厂,聂光堃出任经理。

十一、 项松茂办实业以身殉国

(一) 开发"人造自来血"补剂

项松茂生于 1880 年,浙江鄞县人。其父项锦三与人合伙在杭州创办皮毛牛骨山货行，后因经营亏损，家道中落。项松茂自幼随父读书，14 岁辍学赴苏州本山货行当学徒，其间刻苦自学，擅长计算，被店东所器重，学徒期满被任账房主管。1900 年，20 岁的项松茂经亲舅介绍到上海中英药房任会计，开始接触西药和经营业务，开阔了眼界，为他后来从事西药业打下了基础。24 岁时被调往汉口分店，后被任为分店经理。1911 初，中法药房和五洲大药房总经理黄楚九赴汉口考察时与项松茂交往甚密。由于两人均有实业救国、抵制洋货的爱国理想，黄楚九返回上海后，特聘项松茂为五洲大药房经理。项松茂深受黄楚九在与洋商竞争中坚韧不屈精神的影响，他曾对人说："贩售外货，不过拾其余汤残羹，必须自制新药，与之抗衡"。

1912 年，项松茂对五洲大药房进行改革。首先，他出资将地段较差的广西路药房迁往福州路河南路闹市中心，以扩大药房营业的影响。其次，他决心自制本牌药品，在与药剂师共同研究下，创立名牌产品"人造自来血"补剂。因该药中含有铁质，对于贫血、缺氧等症有相当疗效，并将产品采用"地球"牌作商标名称和商标图样。项松茂将自制新产品除呈请国民政府工商部注册外，又分呈日本、美国等地政府注册备案，从而为五洲本牌药品行销国内外作准备。项松茂特为"人造自来血"投入大量资金于媒体广告宣传，在两年内销路猛增两倍，至 1929 年"人造自来血"产量达 75500 多公升，成为五洲的发家产品。

（二）固本皂战胜祥茂皂

1919 年"五四"运动后，全国人民掀起抵制日货的爱国热潮。项松茂在这场运动中积极投入全上海市罢工斗争，他领导的五洲药房与中英、中法等十余药房于 5 月 12 日在《时事新报》上发表不进日货的声明，为国产成药打开了销路。至 1920 年五洲大药房资本已达 8000 余两，并在天津设立分店。

自从五洲打出拳头产品"人造自来血"后，项松茂为发展民族工业，挽回权利，决心开发日用化工产品——肥皂。当时，德商盘门氏在上海已开设固本肥皂厂，后因第一次世界大战爆发，经商人员应召回国，被买办张云江盘进。后张云江因经营不善，急于廉价出让。

项松茂认为这是一次难得的机遇，力主收买，但有的董事由于张云江失败的前车之鉴而深为顾虑。项松茂力排众议，派专家前往考察该厂极为精良的设备，终于说服董事会盘进，将原经商的肥皂厂改名为五洲固本肥皂药厂，并于 1921 年 6 月正式宣告成立。他将公司分为制皂和制药两大部分。当时，洋皂充斥中国市场，其中以英商的祥茂肥皂实力最大，销路最广。1923 年该英商公司资本达 800 万元，为远东最大的制皂厂，而五洲的固本肥皂厂启动资本仅 12 万元，在资本与规模上均与祥茂相距甚远。

项松茂是位目光远大，既有魄力又有抱负的企业家。他深知只有高质量的产品才能与洋皂匹敌。为此，他重金聘请制皂专家，与他们共同研究洋皂的成分和优劣。在参观祥茂皂厂后，特派制皂部主任傅某乔装成工人，打进该厂车间劳动，获得祥茂肥皂生产过程中的各个技术环节以及配料成分等许多机密资料。项松茂在厂内建立一个专门研究小组，经过多次技术改进，终于创制出质量高于祥茂等洋商产品的肥皂。当时《化学世界》曾发表专文《国货肥皂与外货的优劣观》，认为固本肥皂的除污力远胜祥茂肥皂，且经久耐用，外形不缩不变，而祥茂肥皂久存即生白花、变形，且易软化。此文一发表，将祥茂的劣质面貌公之于众，而固本的声誉由此大增。

英商肥皂公司眼看祥茂销路锐减，不顾成本压低售价，企图压垮固本厂。项松茂在竞争中毫不示弱，将五洲"人造自来血"的资金移于固本肥皂，"以血养皂"，同时压低价格。此外，采取联络各地商界企业以优惠的佣金积极促销固本肥皂。1925 年"五卅"运动爆发，上海工商联合会宣布对英国实行经济绝交，国产日用品固本肥皂营业额迅速上升，而英商的祥茂肥皂销路锐减。从这一年起，固本皂终于战胜了祥茂皂。至 1929 年，固本肥皂日产 200 余箱，年营业额达 293 万余元，从而为民族工商业挽回权利，成为畅销全国的名牌产品。

项松茂一贯重视国货运动，以提倡国货为己任。鉴于民族机器工业厂商日益发展，他联合三友实业社等 10 余家同行成立上海机制国货工厂联合会，项松茂被任为常务委员。该会的宗旨为："发展民族工业，抵抗外国经济侵略"。另外，项松茂主持的五洲企业集团不仅在国内享有盛誉，而且还在国外经销自己的名牌产品，曾在美国旧金山、费城以及巴拿马等各种博览会上荣获多个奖项，五洲品牌由此誉满全球。

（三）临危不惧，怒斥日寇

"平居宜寡欲养身，临大节则达生委命，治家须量入为出，徇大义当芥视千金。"这是爱国企业家项松茂亲书的处世格言。他光明磊落的一生实现了他的誓言。

项松茂为人急公好义。第一次世界大战后，他与友人孔广海等发起筹款赈灾，将 3 万两交红十字会，捐赈冀、鲁、豫各地灾荒，1920 年曾获国民政府嘉奖。1930 年，我国北方多次发生水灾，灾情严重，项松茂时任中国红十字会特别委员，他倡议筹款救灾，并以五洲药房一周之门市营业收入总数的

10%提作赈灾之用。黄炎培说:"他的心肠是十分热烈的,凡同事外界的朋友,遇有困难,必尽力援助。国家有兵祸灾难的事故,也必首先协济。"(1947年1月25日《申报》)项松茂一生自奉节俭,在五洲药房任职期间,他每年以单位与个人的名义捐助20万元用于救济。

1931年"九一八"事变爆发,项松茂加入上海抗日救国会,任该会委员,并响应救国会号召,在五洲制药厂内编组义勇军一个营,分发军装,自任营长。每日下班后一小时由交通大学军事教官进行军事训练。当时蒋介石对日采取不抵抗政策,对内围攻革命根据地,项松茂在生生美术公司印制的抗日月历上写下"煮豆燃萁,内争可耻",以表示对蒋介石"攘外必先安内"投降路线的强烈义愤。9月23日,项松茂发动五洲厂全体职工捐献一日工资,援助东北抗日义勇军。

1932年"一·二八"淞沪抗战爆发,十九路军奋起抗敌,项松茂勉励五洲药厂职工加紧制造军用药品,支援前方将士。项松茂的抗日救国行动早已引起日军注意,心存忌恨。1月29日傍晚,一车载满日军伤兵的卡车驶经五洲药房第二支店时,店门突遭一排枪弹袭击。次日上午一群日军和便衣人员闯入该店搜查,发现三楼数套义勇军制服,当即将留守店内的蒋邦毓等11名职工押上卡车疾驰而去。第二天《申报》刊载了现场照片两张,并作报道。被捕职工家属得知消息纷纷前往五洲总公司经理办公室要求营救。项松茂问清情况后当即表示:"我国人居高位者多贪生怕死,凡有危险的地方就叫别人向前,自己后退。我身为公司总经理岂能不入虎穴相救?"当场一位职员劝他:"你是抗日救国会委员,这时候不避避风头?"项松茂慨然地说:"事关11位同事的生命,岂可贪生苟安!我不去营救如何对全公司负责?"

当天下午项松茂驱车前往虹口五洲支店,这时交通已被日军封锁。随同职员朱灿如劝其返回。项松茂却下车直向戒严区走去。这时尾随的几名日军便衣特务已盯梢于后。到达支店时,店门前已有日军巡逻,其中一人为项松茂原来相识的日商小山。项松茂在小山陪同下进店察看,并托小山探听被捕职工情况。当晚,项松茂在寓所召集同事并安慰他们:"切勿恐慌,我全家在此,不迁一物,明日本厂照常开工"。他还叮嘱制药部继续多产军需药品以支援前线。

次日(30日)下午,项松茂协同朱灿如再去虹口分店,想与约定的小山见面。当项松茂独自进入店内时即遭日军逮捕,从此一去不返。项松茂被捕后被转送至江湾日本海军陆战队司令部。审讯时敌军怒声问他:"你敢私藏军服,你敢抗我们吗?谁抗我们就杀谁!"

项松茂大声斥责:"杀便杀,中国人不爱中国爱什么?究竟是哪个激起中国老百姓排斥日货的呢？你们不怪自己倒怪我们！你们自己清楚地想一下，日本和中国同文同种，不好好想些共存共荣的方法，倒让军队占领我国的土地，屠杀我们的民众！咳，看你们日本会有多少好结果！"他那铮铮铁骨和大义凛然的爱国精神令在场的日军大为震惊。

1932年1月31日清晨，项松茂与被捕的11名职工同时被害，时年52岁，后因尸骨无着，以衣冠入殓。

项松茂遇难后，杜重远在《新生》周报上发表悼念社论，文中指出项松茂是一位"救国的志士，热忱的仁者，有气节、有骨格、不屈不挠的汉子"。国民政府褒扬他"抗战不屈，死事甚烈"，蒋介石题赠"精神不死"。甚至日本武田药厂也发表专函慰问项氏家属。五洲药房董事会为永远怀念项松茂和11名员工于1月31日英勇献身的事迹，生产"一三一"牌牙膏以志纪念。

新中国成立以后，多位国家领导人曾缅怀这位著名的爱国企业家。许德珩题词："制皂制药重科研，兴业兴华异众贾；抗敌救友尽忠诚，爱国殉身垂千古！"胡厥文称项松茂："爱国心长，坚贞不屈，世而神明。"周谷城的题词为："音容虽杳，典型犹在，爱国精神，激励后代！"

十二、 葊延芳开拓水陆铁路联运

（一）出任中华捷运公司总经理

葊延芳1883年3月生于镇海石门前的一个贫困农家。四年后因父病辍学，随表兄到青岛一家南北货号当学徒。20岁时经人介绍到上海德商亨宝轮船公司当职员，因他精明能干，处事得体而受亨宝公司一位客户的赏识，被聘为井陉矿务局驻沪经理。1910年，葊延芳感到搞煤矿不如搞运输业有出息，遂受聘于上海最大运输企业——中华捷运公司，当一名职员。其间他工作勤快，苦学英语，不久升任该公司总稽核。1920年，经董事会派遣赴欧洲各国考察商务及运输事业。在欧洲考察期间，他深感要改变我国经济落后状况，首先要从学习西方先进运输交通业着手。由于在辛亥革命期间，他曾与李平书、虞洽卿等同乡参加过支持上海地区的起义活动，辛亥革命后他认真研读孙中山的《建国大纲》等著作，认识到孙中山关于"物尽其用，货畅其流"和优先发展交通的思想是改变中国落后之根本。他曾对人说，交通为国家之命脉所系，西方列强在对我国经济掠夺中交通运输业是一个关键。从此他立志于从事我国交通运输业。

1921年，黄延芳回国后被聘为中华捷运公司的总经理。在这时期，他初展抱负做了两件大事。第一，利用公司这块平台和上海交通便利的独特条件，针对我国水陆交通互相脱节的弊端，积极开拓轮船、长途汽车运输和铁路点站衔接联运的业务，使水陆贯通，货畅其流。为工商业的发展服务，从而使公司面貌大为改观。第二，他在经过一段实践后深切感到由于当时运输条件落后，货物在运输过程中损失严重，而托运客户的经济损失无法得到保障，遂于1925年独资开设平信保险公司，又向美商美亚保险公司转保，使运输与保险业务结合起来。1933年，比利时一家公司委托黄延芳代理钢铁和五金销售业务，使他从中获得丰厚的利润。

（二）兴办多种实业名扬申江

黄延芳为实现"实业救国"的理想，在运输业取得成功后开始兴办多种实业。

1926年，苏联派遣商务代表团来沪进行萨门咸鱼贸易。黄延芳抓住机遇，与对方签订合同，派出海轮3艘，驶往海参崴，接运大批咸鱼到沪，并在上海开设了8家鱼行，获利甚丰。两年后，黄延芳出任中国渔业公司董事。

1929年，黄延芳在任浙江兴业银行董事时兼任地产部经理。该部为自负盈亏，独立经营。其时正值上海从事房地产的黄金时期。黄延芳抓住这一时机，在静安寺陕西北路一带大胆购进大批空置土地，建造住宅、店面房和菜场等配套设施，推向市场后，立即被抢购一空，一次性获利100余万元。1932年"一·二八"事件后，黄延芳大批购进虹口区山阴路一带土地建造中型住宅区，出租后尚有余房供浙兴职员居住。此时，黄延芳兼任上海市房地产业公会主任委员、上海公共租界房租公断委员等职。另外，黄延芳还投资或创办多种工商企业，其中有光中造纸厂、中华毛纺织厂、美纶毛纺织厂、永耀电力公司、中国国货公司、捷成杂粮行，以及在宁波的太丰面粉厂等10余家企业。抗战胜利后，他抓住当时国内运输市场之需，购置70余艘船只，出任菱浦拖驳公司总经理。另外，他还投资浙东银行、瑞裕钱庄、九福制药公司、中国渔业公司、越东煤球公司等工商企业，总计约20余家。黄延芳一跃成为沪上著名的实业家和商界名人。

（三）为民请命，急公好义

黄延芳为人正直，生性豪爽，热爱祖国。他在20世纪30年代是一位著名的社会活动家和慈善家。

1932年"一·二八"事变后,黄延芳出于爱国热情,自愿担任抗敌后援会义务工作,负责支援前线将士的物资供应,并不辞辛劳地安置10余万难民的遣返工作,直到淞沪战争结束。

1937年"七七"事变爆发后,上海成立伤兵医院多处,其中静安寺大华路口第十一伤兵医院由黄延芳负责。不久,上海租界成立难民救济协会,黄延芳任总务组长,该会下设许多收容所,先后收容40万人之多。协会每年所需数百万元经费,由黄延芳出钱出力向多方筹集。1939年,黄延芳在上海参与国际难民救济协会的筹备工作,直到1941年底日军攻占上海才结束此项工作。

黄延芳热心各项公益事业,凡教育、慈善工作,无不亲临奔走,捐款甚多。他历任四明公所董事、难民救济委员会代理主席、上海市商会副理事长兼福利委员会主任委员等职。作为宁波旅沪同乡会学董委员,他在抗战前夕开办义务小学10所。另外,他又创办安心中学与宁波职业学校,担任校董。为改善设施,他任四明医院董事,捐资良多。

黄延芳对故乡宁波的各项建设竭尽全力。他参与捐资宁波灵桥的筹备工作。为创办宁波至穿山的汽车股份公司,他与张继光等捐资90万元。1948年12月3日,发生江亚轮沉船惨案,2000多名同乡遇难,黄延芳主动担任善后委员会主任,多方奔走呼吁,责成招商局解决各项善后工作,为遇难家属解困而不遗余力。

黄延芳一生致力于实业报国,是位无党无派人士,但在民族存亡关头,他是非分明,大义凛然。在日伪统治下,傅筱庵在出任上海市伪市长时,多次邀他出任伪职,被他严词拒绝。1946年6月,他参加上海人民和平请愿代表团赴南京请愿反对内战,到达南京下关车站时,被蒋介石派来的特务殴打、侮辱,使他进一步倾向革命,认清蒋介石的独裁专制本质。1949年9月,他应邀参加中国人民政治协商会议和新中国开国大典。历任第一届全国政协委员、民盟中央委员、上海市工商联副主任等职。1957年8月8日,黄延芳因胃部大出血,病逝于上海,享年75岁。

十三、陈万运组织义勇军爆发"一·二八"事变

1932年1月18日下午4时左右,5个日本僧人冒着寒风大摇大摆地敲着鼓、呜里哇啦地念着经文,在位于引翔港马玉山路(今双阳路)的三友实业

社毛巾厂附近转来转去。这日本僧人的举动，美其名曰"严寒修行"。他们走到毛巾厂门口时鬼鬼祟祟地向厂内张望，并往门口投掷石块，进行挑衅。

三友社职工见这些日僧形迹可疑，便派人跟踪，监视他们的行动。这时数十名工人突然围了上来，用石块向僧人头上猛砸，日僧有两人逃走，另外三人头被打伤，其中一个叫水山秀雄的僧人于数日后在医院死去。

这次日本僧人事件是由日本特务中隆吉川与川岛芳子精心预谋挑起的。第二天，他们指使一些日本浪人以此为借口，于午夜闯进厂区，借口杀人凶手被厂方藏匿，开始纵火烧毁工厂。

1月20日下午，1000名日本浪人和侨民在虹口举行集会，要求日本海军陆战队消灭中国人民的抗日行动。接着日方以此为借口向上海市政府提出包括取消抗日义勇军在内的一切抗日组织等无理要求，遭到上海市市长吴铁城拒绝。1月28日，日本侵略军开始进攻北站、江湾、吴淞等地，驻防淞沪的十九路军奋起抵抗。这就是震惊中外的"一·二八"事变。

日本特务为什么要对三友实业社毛巾厂进行挑衅？这就要从陈万运开办三友实业社这一企业说起。

陈万运，又名陈遇宏，浙江慈溪人。1885年出生于当地一个小商人家庭。15岁时，陈万运到上海一家烟纸店当学徒。1912年，在"实业救国"的思潮影响下，陈万运目睹日商蜡烛垄断中国市场，与同乡好友沈九成、沈启涌合资开设"三友实业社"，试制成高质量的"金星"牌蜡烛，将日产蜡烛挤出中国市场。

1917年，陈万运在玉古路增设新厂，生产手感柔软、质地牢固的"三角牌"毛巾，大量投向市场，加以"五四"运动后抵制洋货、爱用国货的观念深入人心，"三角牌"毛巾又使日商瑞和厂生产的"铁锚牌"毛巾逐步退出中国市场。由此进一步遭到日本人的忌恨。

1931年发生的"九一八"事变，激起了陈万运的抗日爱国热情。他发动组织三友抗日义勇军，自任大队长，下设3个连，总计有400余人参加。毛巾厂为第三连，每天早晚出操，高呼抗日口号，引起厂址附近日本驻军的注目，是为遭致日军挑起"一·二八"事变的重要原因。

1937年"七七"事变后，日军大举入侵中国。同年底，杭州沦陷，"三友"社在杭开设的分厂又成为日军袭击的目标。厂房设备被强行霸占，厂内存货被掠夺一空。日军鉴于陈万运的名声，企图让陈出任维持会长，陈万运只得躲藏到杭州杨梅岭山洞中匿居。1938年，日方又多次向"三友"提出"合作"要求，被陈万运拒绝，并表示情愿放弃杭州"三友"分厂，也誓不与敌人合作。这种宁为玉碎、不为瓦全的崇高爱国气节，在当时沪上报纸广为刊载。后陈万运回到上海租界，一面制销"三友"滋补丸、方便丸、长寿丸等国药，一面在爱文义路（今北京西路）开设"三友"施诊所，治病给药，一概免费。同时，为了"三友"社的生存，陈万运又多方联络，代销他厂的国产棉织品，以维持职工的生活。1941年底太平洋战事爆发后，日军占领上海租界，三友实业社陷入困境，陈万运心力交瘁，遂辞去"三友"社总经理，深居简出，于1950年在上海病逝，享年66岁。作为一代实业家的陈万运生前俭朴自守，一心为厂，不留积蓄，死后两袖清风，连丧葬费也是"三友"社职工为之筹措。

十四、 企业大王刘鸿生

（一） 拒绝耶稣，被圣约翰大学开除

刘鸿生（1888—1956），浙江定海人，出生于上海。刘鸿生6岁时到洋学堂梅溪书院读书，他天资聪颖，深得老师喜欢。

1894年中日甲午战争爆发，次年签订了丧权辱国的《马关条约》，刘鸿生的父亲为此悲愤欲绝，不久离开人间。那年刘鸿生7岁，已在心中埋下仇恨的种子。1901年，13岁的刘鸿生为学习西方科学文化报考了圣约翰书院预科，4年后正式成为圣约翰大学的一名大学生。该校规定每名学生必须有一个英文名字，刘鸿生给自己取名为 O. S. Lieu。他在校勤奋好学，沉稳有礼，因此年年都能拿到奖学金。

1906年，清政府废除科举制度。这一年，留日学生因反对日本文部省所订整顿学校、歧视中国的章程，宋教仁等全体学生罢课，宋教仁被单退回国；这一年，湖南留日学生姚宏业愤慨于清政府之腐败、日政府之悍蛮，投黄浦江自尽……就在这一年，刘鸿生面临着人生的一次重大选择。

一天下午，卜舫济校长把二年级的刘鸿生叫到校长室。校长说："O. S. 你走运了，你是本校的荣誉生，学校决定把你培养成为一名牧师，明年可送你到美国留学，4年后回来做牧师兼英语教师。将来月薪150元，还给一座花园洋房。这是上帝的恩赐，愿上帝永远祝福你！"

听了校长的一席话，刘鸿生愣怔了许久说不出一句话来。虽然6年来每周做礼拜，但他始终无法走近耶稣。现在要他一辈子做牧师去布道，他心里感到不是滋味。刘鸿生向校长鞠躬后说："感谢校长的厚爱，我不能为上帝

效劳。请原谅我辜负了您的厚望。""我不能原谅你。"校长粗暴地打断了这名荣誉生的话,"O. S. 你太让我失望了。你违背了上帝的旨意,你就是上帝的叛徒。你没资格在学校读书了,你马上离开这里!"

刘鸿生觉得在这位专制无理的校长面前再也无话可说,当天下午他就收拾好东西离开了圣约翰大学。

(二) 任开平矿务公司买办发迹

离开圣约翰大学后,18岁的刘鸿生为谋生计在英租界老闸捕房当上了一名教员,负责教英籍巡捕上海话,月薪40元。凭着既会讲英语又会讲上海话的优势,且月薪不低,刘鸿生感到这份工作很称心。但一个月后他感到厌倦了,觉得教员工作单调乏味,便向巡捕房总巡警提出辞职。总巡警告刘鸿生:"O. S.,你的英语水平不错,可以到会审公廨去当翻译,那里需要人,不妨去试试。"

几天以后,刘鸿生拿着总巡警的一封介绍信去见会审公廨的总翻译谢培德。经过考试,刘鸿生被录用了,月薪65元。经过几个月的翻译工作,刘鸿生又感到这项工作枯燥乏味,且没有什么前途。谢培德并没有责怪刘鸿生,反而觉得他有志气,还介绍他到意大利籍律师穆安素的事务所工作。

定海人素有跨海冒险的文化传统,刘鸿生天生不安分,熬了几个月后,刘鸿生又想跳槽了。这时家里来了一位贵客,是他父亲生前好友周仰山。周仰山是宁波帮的大商人,为宁波旅沪同乡会头面人物。刘鸿生的母亲忧郁地向周老先生述说了自己的儿子多次跳槽的经过,希望周仰山能当面对孩子作一番教导。不料周仰山感到眼前这名后生心高志远,将来必有出息。当他问刘鸿生是否准备长期做律师事务所工作时,刘鸿生直说,想到外面闯一闯,想试一试有没有机遇。周仰山笑着说,"你运气好,眼下就有一家英商开的开平矿务公司,在上海办事处要录用一名跑街,月薪100元,另外还有佣金。卖出一吨煤,可取得8分4钱银子。"刘鸿生一听,大喜过望,决心去试一试。周仰山看到这名舟山后生对做生意特感兴趣,觉得他是大可造就的人才。

第二天,周仰山陪刘鸿生去见能讲一口苏州话的英国人考尔德。一路上,周仰山向刘鸿生介绍,开平矿务公司在河北滦县西南的开平镇,开平矿是八国联军侵占天津时被强占去的,它的矿区煤的矿藏丰富,煤质优良。又介绍了那个老外考尔德的脾气、爱好等。两人来到考尔德的办公室,刘鸿生用英语与考尔德交谈,不一会儿考尔德就喜欢上了这个年轻人,让他明天就可来上班。从此,刘鸿生跨进了煤炭行业的大门。

经过几个月的调查,刘鸿生把煤炭销路摸得一清二楚。他在上海以及江浙两省推销煤炭，销售业绩一路上升。有一天，考尔德问刘鸿生在推销上有什么经验，刘鸿生告诉老板仔细观察留意哪些地方用煤，用多少，时间、季节上有什么变化，处处在考虑用什么煤，销到什么地方去。当考尔德高兴地夸奖他时，刘鸿生向他提出了自己经过周密考虑的建议："首先要把老客户稳住，与他们保持密切联系，知道那些人需要用什么煤，要与烧煤师傅广交朋友，逢年过节还要送点礼；其次，要千方百计开辟新户头，可以从老户头里找到一批批新户头，搞好新老客户的关系，才能逐步打开销路。我年轻有力不怕吃苦，所以销路越做越大。"刘鸿生见考尔德眉开眼笑，便乘机提出，过去推销煤产品时不论煤质好坏，随意搭配，都是一个价，这就必然影响公司的信誉。

不久，刘鸿生被派往天津总公司，大班斯诺脱对他说："O. S.，你要发大财了，公司准备与你签订30年的独家经销合同，你有聘用各类人员的权力，以及决定他们工薪和各项业务开支的权力"。与斯诺脱签订了合同后，刘鸿生任开平煤矿驻上海销售公司经理。回到上海，刘鸿生在售品处增设了两个特殊科室，一是煤炭化验室，把各批进栈煤炭化验出来的成分比例，做成化验报告，给用户参考，以便按质计价；二是锅炉技术室，专门用来检查锅炉设备情况，提供改进方案和节煤方法。接着他又在浦东建成开平码头，设置煤炭堆栈，以稳定煤炭价格。1912年，北洋政府将滦州矿权交给开平外商，从此两家矿区合并，改称开滦矿务公司，刘鸿生在上海销售处任买办的职务不变，但业务幅度大增。1914年第一次世界大战爆发，开滦公司的英籍职员纷纷征召回国，长江下游一带的外商用煤全归刘鸿生供应。他与上海一些规模较大的煤号合作，并组成煤业公司，不仅可以避免同业竞争，而且增强了对这些煤号的控制。开滦煤销售网络不断扩大，销售量猛增，很长时间占开滦矿务公司销售总量的25%，刘鸿生从中获利甚巨。

第一次世界大战爆发后，由于开滦自备船被英国政府征用回国，大批煤炭堆在秦皇岛，而上海用煤量急增，刘鸿生立即承租船只将秦皇岛煤炭运往上海。三年来，仅此一举刘鸿生就赚了100万两银子。年仅30岁的刘鸿生成了百万富翁，被上海滩誉为"煤炭大王"，并成为上海商界名流。

（三）与外国火柴倾销相抗衡

20世纪20年代，随着民族工业大潮向上海滩汹涌而来，刘鸿生也萌生了兴办实业的念头。当时中国的火柴行业正处于内外交困时期。日本三井洋行的猴牌火柴和瑞典火柴公司的凤凰火柴在国内行销最盛，这些洋火柴把国内火柴企业挤压得步履维艰。刘鸿生经过广泛调查，发现办火柴厂具有不少有利条件：一是工艺简单，设备投资不多；二是火柴乃是日常必需用品，需求潜力大；三是国产中小火柴厂生产的是有毒的自燃黄磷火柴，而生产安全火柴的厂成本高，竞争力不强，又大都设备落后。

刘鸿生投资创办火柴企业还有另一个缘由。就是他的岳父叶世恭早年也从事火柴生产，是上海燮昌火柴厂的经理，因嫌刘鸿生经济不够宽裕而不愿将女儿嫁给他。所以，当刘鸿生成了"煤炭大王"后发誓"要办一家火柴厂，把他岳父经营的燮昌火柴厂打败"。1919年刘鸿生与好友杜家坤等一次集资12万元，经过一段时间的筹备，在苏州创办了鸿生火柴厂。开工不久，他招收了灾民150余人进厂工作，以解决他们的日常生计。创办初期，工厂生产黄磷火柴和安全火柴两种，但产量不高。

1924年，由于军阀割据和连年内战，市场日趋凋零，刘鸿生岳父的上海燮昌火柴厂正走上穷途末路。刘鸿生见此情景，便找该厂的债主四明银行的孙衡甫逼燮昌厂还款，又通过周仰山与燮昌厂议定，无论将来燮昌厂改组与否，不得再在苏州办火柴厂。从此，刘鸿生彻底打垮了岳父叶世恭的火柴厂。他骄傲地对夫人叶素贞说："我把老头子的燮昌厂打倒了！"

刘鸿生把自己的火柴商标名为定军山牌。"定军山"来自《三国演义》中大将黄忠打败夏侯渊后占领汉中的故事，刘鸿山以此为商标意在将来自己的国货火柴产品定能战胜洋牌火柴。但由于定军山牌火柴尚在初创阶段，在社会上的影响力远不能与日本和瑞典的火柴相竞争，鸿生火柴厂随时有倒闭的可能。不久，刘鸿生将"定军山"商标改为"宝塔"，希望那九层佛塔能在火柴市场上站稳脚跟，不被洋牌火柴击垮。但经过一段时期的销售，宝塔牌火柴在与洋牌火柴竞争中无法在沿海大城市打开局面，最后只能在江苏北部的农村小城镇销售。初创几年后，刘鸿生为提高产品质量，聘请著名化学家林天骥为总工程师，协助企业攻关。而他自己在产品原料上努力降低成本，这样宝塔牌火柴的市场售价比洋货低了不少，产品销路逐步上升。

1925年5月底，上海"五卅"惨案爆发后，全国各地掀起了一场大规模的"使用国货，抵制洋货"运动，日货猴牌和瑞典凤凰牌等火柴销售一落千丈。这为刘鸿生生产的宝塔牌火柴的销售带来了难得发展机会。次年，刘鸿生再增资50万元，组建成立苏州鸿生火柴股份有限公司，专门生产吉祥牌和多福牌火柴，并主动跌价与苏州一家新办的原生火柴厂竞争并取胜。鸿生火柴厂成为苏州唯一的火柴大厂。

可是商场风云诡谲。正当刘鸿生的火柴公司蓬勃发展之时，世界著名的火柴之王——瑞典火柴公司已拥有百余家原料厂和火柴厂，并联合美国金刚石火柴公司，组成火柴托拉斯集团，名为国际火柴公司。该公司在我国东北收买大批华资火柴厂,同时收买日商燧生火柴,在上海就地大量生产凤凰牌火柴。其间,该公司企图收买刘鸿生火柴厂的资产、权益和商标,遭到刘鸿生的拒绝。他曾对一位同行说:"我刘鸿生的工厂,只有开的,没有关的;只有买的,没有卖的。"为了压倒中国火柴业,国际火柴公司采取低价倾销产品,致使中国火柴工厂纷纷倒闭。刘鸿生见状忧心如焚,他认为:对于洋商的竞争唯一的办法是走联合之路。他向同业界提出:"唯有联华制夷,才是唯一生路。"后又提出"实行同业联合,一致对外"的倡议。

1928年8月,刘鸿生以卓越的组织才能,将上海荧昌、中华两家火柴厂与他的火柴厂合并,组成大中华火柴股份有限公司,由他担任总经理。11月23日,刘鸿生组织全国52家火柴厂代表汇聚上海,讨论"挽救国货火柴工业方案",决定成立全国火柴同业公会,会上推刘鸿生为常务委员会委员长。会后,刘鸿生率领代表团赴南京政府请愿,请愿书提出四项要求:

一、对进口火柴实行屯并税。一旦征交屯并税,进口火柴则与其国内同价,势必限止外国火柴进口。

二、豁免火柴原料进口税,或增加外国火柴进口税。

三、切实履行机制仿造洋货纳税办法,各地制成的火柴除了出口第一关纳正税一道外,其余捐税概予免除。

四、铁路运输火柴成品及梗片箱板,一律减为四等收费,并免铁路附加费。外国人所办之厂及中外合办之厂,则按外国火柴运输,列入头等收费。

此次请愿,声势浩大,受到孔祥熙、蒋介石的亲自接见。各大新闻媒体莫不争相报道。可是南京国民政府财政部给刘鸿生的回信中却以"尚待斟酌"等语不了了之。刘鸿生在沮丧之余,决心继续努力。一是加强产品广告知名度。他与当时生产美丽牌香烟的华成烟草公司合作,将美丽牌香烟广告上的美女印刷在大中华火柴盒上,这使刘鸿生增加了一笔收入,并且获得了产品的竞争力。二是先后合并了九江、芜湖、扬州、镇江、杭州五家火柴厂,使公司资本达365万元,一举成为全国规模最大的火柴公司。其时,刘鸿生的大中华火柴公司的生产规模与瑞典在华火柴公司已不分上下。

20世纪30年代中期,大中华火柴公司已完全动摇了瑞典火柴公司在我国的垄断地位。到1937年全面抗战爆发前夕,刘鸿生的大中华火柴公司生产的美丽牌火柴彻底打破了瑞典火柴公司的凤凰牌火柴在华的垄断地位。

当时上海企业家们经常在"梵皇渡俱乐部"里聚会,他们戏称刘鸿生为

"火柴大王"。刘鸿生认为这一称誉并非过分。他的大中华火柴公司年产量为15万箱,超过了外国进口火柴的总量,已占中国国内市场一半以上的份额。

(四) 办水泥厂风波迭起

多年的商业生涯,使刘鸿生充分认识到,上海租界内外工厂林立,高楼大厦不断拔地而起,对水泥的需求与日俱增。他曾对人说:"嗅觉要灵,估计要准。一有机会就要紧紧抓住,不可放过。"

一天,刘鸿生的好友刘宝余、李翼敬邀请他赴宴。刘宝余在开宴时说:"鸿生兄,我们商量着办一家水泥厂,想请你入伙。水泥业耗资巨大,凭我们两人的财力是有困难的,不知你意下如何?"

刘鸿生心想,这真是英雄所见略同啊!他当场谈了目前水泥业的形势。自1919年以来,国内水泥制造厂仅有5家,其中2家还是日资,年产量不足150万桶。尽管进口水泥数量不断上升,但市场上仍供不应求,价格不断攀升。他说:"你们提出的的确是好主意,既然有利可图,那就不妨早日动手。"

刘鸿生早就想到,制造水泥需大量煤屑,而他在煤炭堆栈中的大量煤屑正苦于找不到出路,水泥厂一旦办起来岂不是一石二鸟的好事。

众人商定以后,考虑到两件要准备的大事:一是公司主事者的人选,二是厂地安在何处。关于主事者,刘鸿生首先想到是上海商界前辈朱葆三。刘鸿生的前辈周仰山是朱葆三的知交,便由周仰山介绍登门拜访这位比他大40岁的宁波帮商界领袖。当时朱葆三已辞去上海总商会会长职位,在家纳福,但见刘鸿生年轻有为,志向远大,禁不住他再三诚意请求,便答应出面支持后辈,出任水泥厂的董事长。

1920年9月19日,水泥厂的第一次发起人筹备会召开,会上决议正式成立华商上海水泥厂。在讨论厂址时,不少人提出效仿设在唐山附近的全国最大的华资启新洋灰公司,理由是燃料、石灰石、黏土的取给相当方便。但刘鸿生力排众议,他从水陆交通、原料运输价格等方面,坚持把水泥厂设在上海龙华,并提出自己在水泥厂的投资占投资总额的52%。

1922年9月,董事会决定由刘鸿生任水泥厂总经理。翌年8月上海水泥厂正式开工生产。刘鸿生一贯重视企业的技术人才,他请德国专家里昂脱任总工程师,月薪2500元,高于自己的工资500元。但此人自恃本领在手,瞧不起中国工人,动辄拳打脚踢,在厂里民怨极大。刘鸿生只得辞退此人,改聘留美回沪的彭开煦任总工程师,还聘请一批留德的专家主持工程部。雄厚的技术力量使水泥厂的产品质量有了保证。

当时中国水泥市场呈现三足鼎立的状态。上海水泥公司新产的象牌水泥遇上了两个强劲的对手：华资唐山启新洋灰公司的马牌水泥和日资大连小野田水泥厂的龙牌水泥。刘鸿生认识到自己的实力还不能与资金雄厚的小野田较量，但跟启新厂的马牌水泥倒可以较量一番。启新厂诞生于1889年，至1924年它的生产能力占国产水泥的43.4%，位于全国华商水泥行业之首。为了占据市场，启新公司采取大幅度跌价经销手段，使象牌水泥在京津地区无法与马牌水泥相竞争。刘鸿生毕竟富有经营才能，他施出了一个绝招：趁马牌水泥在上海跌价时派人大量购进，再返运至天津，在其卖价下跌时再出售，以扰乱其市价。但启新厂毕竟财力雄厚，一时还能招架得住。刘鸿生感到双方再明争暗斗下去，两败俱伤，让日商坐收渔利。他想到只能采用在火柴业竞争中的联合措施，遂与启新厂洽谈联营办法，但多次遭到对方的拒绝。刘鸿生锲而不舍，至1925年6月，启新公司终于邀请刘鸿生去津洽谈。经过一番讨价还价，双方签订合同，确定两家不准私自涨价和跌价，并划定南北销售地区。此后，双方水泥销售兴旺，一时供不应求。

然而，正当刘鸿生因双方联合协商获得不少利润而欣喜不已时，一波刚平一波又起。在南京突然冒出了一家中国水泥公司，那里既是铁路沿线，又是长运河畔，水陆交通便捷，原料又取自附近，成本要比刘鸿生的上海水泥公司低得多。这家异军突起的新公司使上海水泥公司受到严重威胁。

刘鸿生绝不是轻易服输的企业家，他吸取象、马之战的前车之鉴，决定化解这场恶战。他得知启新、中国两家的董事、经理大都是有志于振兴民族工业的企业家，便打出团结一致对敌的旗号，多次做两家的工作，争取三家合作经营。他在致两厂董事会的信中指出，"查联合经营一策，各厂不失独立性质，既非垄断可比，而对于改良制造及减轻成本等，仍可力求进步，实稳收对内竞争之效。三家公司若在营业中悉按额定销数比例分配，诈虞既泯，倾轧自废，循序进行，利益日增，使各家营业承如磐石之安，内可培养实业元气，外足排斥舶来货品。"

这封信言词殷切，终于使两家公司感动，同意三家联营。经过刘鸿生与两家公司多次协商具体措施之后，华商三家水泥公司产销两旺，利润猛增，而日商水泥销售量则锐减。刘鸿生的上海水泥厂经过业务革新后，至1931年纯利润高达48300元，为上年的6倍，居全国同行业之首。刘鸿生在上海声名鹊起，又被商界称为"水泥大王"。

（五）章华毛纺公司转亏为赢

1927年夏，刘鸿生赴欧美考察。参观中见几家毛纺厂颇为兴旺，而国内当时还没有一家毛纺织厂，而自己手上又有现成的机器设备。回国后刘鸿生开始在上海筹办一家毛纺织厂。

早年，刘鸿生在开滦矿务公司任买办时，公司将占地83亩的原日晖织呢厂的厂房和机器无偿地送给了他，地点在上海南市。1929年5月，刘鸿生将这些机器设备迁至曹家渡，于次年7月正式开工，取名为章华毛绒纺织厂。公司设立董事会，实由刘氏家族经营。因设备故障和管理不善，一年后即亏损8万多元。在董事会上，刘鸿生引咎自责，提议解除总经理李耘荪的职务，聘请英商天祥洋行买办陈松源为总经理，希望他能改善经营，筹措资金以渡难关。半年后，陈松源因毫无业绩主动辞职。一年之内，章华厂三易总经理，最后刘鸿生以高薪招聘了曾任中华银行经理的程彭年为总经理，并以章华厂80万股票中的20万股票赠予程彭年。至1930年底，经程彭年的大胆改革，公司立即转亏为赢。当时刘鸿生"四易经理"成为企业界重视人才的一段佳话。

刘鸿生的章华厂除了在南京路开了一家门市部外，随着生产的发展又在上海开设两家门市部，并在南京、汉口、天津设立门市部，顿时市场销路大增。1931年九一八事变爆发，章华厂推出一款"九一八"商标的薄哔叽呢，加以打出"完全国货"的广告，招来了大批顾客。一时间南京一家门市部的玻璃窗也被争购九一八牌哔叽的顾客挤碎。章华哔叽风靡一时，连国民政府官员和许多学校的学生制服都采用这种哔叽。刘鸿生的章华厂不仅产销两旺，而且盈利大增。

刘鸿生创办多种企业获得成功，为周转资金，决定开办银行。1930年投入100万两规银，在四川路附近建造10层企业大楼，他的各家公司集中在该楼办公。随后又以100万元资金创办中国企业银行，聘请金融界名人张公权、徐新六等人为银行的发起人，自任董事长。第二年，刘鸿生又投资创办华丰搪瓷股份有限公司、大华保险公司等数十家合资企业。一时间刘鸿生被人称为"企业大王"。

（六）劫后重生，夕阳犹红

1937年"八一三"抗战爆发，刘鸿生在上海所属各企业均陷入空前的劫难，被日军占领的刘氏企业约占他企业总数的1/3。在国难当头之时，刘鸿生毅然出任上海红十字会副会长以及伤兵救济委员会会长等职，积极支援十九路军抗日。上海沦陷后，日本三井、三菱洋行大班专程拜访刘鸿生，要求他与日方密切合作，被刘鸿生婉言拒绝。不久，中华全国火柴产销联营社日方代表邀刘鸿生出任上海总商会会长，刘鸿生借口年迈有病，坚决不当汉奸。

当时，日伪大搞绑架、暗杀活动，1938年6月刘鸿生连夜离沪去港。日军得知刘鸿生秘密去港，立即将他所有在沪企业由军方接管。

1940年底，刘鸿生由港抵达重庆，先后创办了两家火柴厂以及毛纺厂、磷厂、洗毛厂、电力公司等近10家企业。

早在1932年，宋子文以圣约翰老同学名义邀请刘鸿生出任招商局总经理，以改变该局腐败混乱状况。刘鸿生上任后，进行大刀阔斧的整顿改革，招商局很快扭亏为赢。1942年，刘鸿生被重庆政府任命为火柴与香烟专卖事业管理局局长，他秉公执法，千方百计为政府增加收入，为支持抗战作出了一定的贡献。抗战胜利后，刘鸿生就任国民政府行政院善后救济总署执行长兼上海分署署长。这个职位是个肥缺，但他严格遵守联合国宪章和有关规章，秉公办事，把一部分救济物资送往八路军驻地和解放区，曾引起美方官员的怀疑，甚至诬陷他"亲共叛乱"。但刘鸿生表示，自己完全按联合国公平、合理的有关规定办事，对来自对方的干扰和指责严正地加以反驳："联合国宪章有哪一条规定不准把救济物资分配给解放区的老百姓？"为此，刘鸿生遭到行政院长宋子文"得罪盟友，严重失职"的批评。刘鸿生不服，借健康情况恶化之由提出辞职。

1949年初，国民党特务加强对刘鸿生的监视。上海解放前三天，国民党社会局派人强迫刘鸿生去广州。刘鸿生怕特务把他送往台湾，便寻找机会避开特务的监视，逃出虎口，到了香港。后又离港抵达天津，其时，接到周恩来邀请到达北平，周恩来关于党对民族工商业的政策讲话给刘鸿生留下了深刻印象。后来他说，由于周恩来坦率的谈话，"我开始消除了对共产党的疑虑"。回到上海后，刘鸿生担任了华东军政委员会委员兼财经委员会委员和上海市失业工人救济委员会经济审核委员会主任等职，全力配合陈毅市长从事经济恢复工作。此后，刘鸿生积极参加社会主义建设，为新中国经济走向繁荣作出贡献，并担任全国人大代表、全国政协委员、民主建国会常委、全国工商联常委等职。

1956年初，资产为2000多万元的刘氏企业全部实现了公私合营。从此，刘鸿生作为一位著名实业家，由旧中国的煤炭大王、火柴大王走上了社会主义道路。是年10月1日，刘鸿生因病逝世。在追悼会上，全国人大常委会副委员长胡厥文在铭文中写道："明察秋毫，恢恢大度。创业维新，不封故步。细大不捐，勤攻所务。爱国心长，义无反顾。"

十五、味精大王吴蕴初

（一）在汉阳铁厂初试牛刀

"天上人间，佛手为鲜"，这句佛手牌味精的广告语，历时不衰。佛手味精在我国近代工业史上曾获得世博会大奖，也是我国中华老字号名牌。为此吴蕴初被称为"味精大王"。

吴蕴初（1891—1953），字葆元，江苏嘉定人。因家境贫困，15岁时入上海广方言馆学习，后入陆军部上海兵工专门学校学习化学，1912年回广方言馆任教。1913年到汉阳铁厂任化验师。

1915年冬，吴蕴初获得信息，天津的一些商人准备筹办一家硝碱公司。在"实业梦"的驱使下，他离开汉阳铁厂，前往天津，准备参与筹备硝碱公司。可是，事与愿违，等他到天津时，得到的却是"股东们不想干了"的消息。这时，吴蕴初两头着空，已身无分文。

此时汉阳铁厂已改名为汉阳兵工厂，正决定试制在国际上用于筑炉的矽砖和锰砖。可这是一个高难度的技术项目，厂内技术人员经过多次试验均不能理出头绪。于是厂方特邀吴蕴初来厂攻克这一难题。吴蕴初年方25，血气方刚，踌躇满志地接下了这个担子。他查阅资料、分析数据、总结技术条件，经过不分昼夜的刻苦钻研，终于亲手试制出了矽砖和锰砖，这在当时中国还是首例。汉阳兵工厂聘他为制药课课长，还授予少校军衔。他利用兵工厂的废液生产大量的硝酸钾。同时，他接受了汉口燮昌火柴厂董事长宋伟臣的邀请，与他合办一家硝碱公司，任厂长兼总工程师。吴蕴初终于实现了在天津未能实现的"实业梦"。

（二）在亭子间里实验成功

1922年，吴蕴初受刘鸿生邀请去上海共同创办炽昌新牛皮胶厂，由于当时经济局势动荡不安，这家工厂一开始便面临着山穷水尽的境地。刘鸿生决定另觅新路，让吴蕴初一人抵挡企业颓势。不久，吴蕴初便也放弃这家企业另觅新路，他开始在洋货中寻找机会。

当时，日本化工产品大量倾销我国，尤其是日本味之素在全国风行，味之素巨幅广告在上海到处张贴，使吴蕴初深感愤恨。在"实业救国"思想推动下，他开始在自己亭子间埋首研究味の素的成分。由于没有现成资料，他四处收集，并托人在国外寻找文献资料，购置了一些简单的化学实验工具，发现"味の素"就是谷氨酸钠，1866年德国人曾从植物蛋白质中提炼过。他根据自己过去的化学实验经验，认识到从蛋白质中提炼谷氨酸，关键在于水解过程。经过日夜埋头实验，人手不够，拉着夫人吴戴仪作助手。在试制中硫化氢的臭气和盐酸的酸气迷漫于四周，使邻居感到不安，意见纷纷。经他与夫人向邻居说好话、赔不是，经过一年多的试验，终于制成了几十克成品，夫妻俩欣喜若狂。接下来就想到如何成批生产和资金问题。

（三）与张云逸联手办厂

1922年冬，吴蕴初在试制味精成功后，一日，他到聚丰园饭店就餐，有意识地在一碗汤里倒了一点自己的"杰作"，引起邻座的注意，由此认识了张崇新酱园店的跑街先生王东园。后由王介绍结识了张崇新酱园店老板张逸云。张逸云出身绅商之家，辛亥革命后，他在上海开办了万新源等4片酱园，数十家分支店，近百处代销点。

张逸云与吴蕴初相见时，两人交谈十分投机。后决定由张出资5000元并负责经营管理，吴蕴初负责生产设备与技术，合伙创办一家小工厂。因两人均信佛教，故将厂名定为"天厨"，产品名定为"佛手"味精。1923年春，上海唐家桥两间石库门弄堂房子里由吴蕴初、张逸云合伙开办的味精厂成立。最初每日只生产7.5千克味精。张逸云通过酱业各网点推销味精，并制造味精酱油，组织人员在大街小巷叫卖："天厨味精，完全国货""味道鲜美，价格便宜"，一时天厨味精声名鹊起。

为进一步扩大再生产，吴蕴初与张逸云商量成立天厨公司。1923年8月，在菜市街成立"上海天厨味精厂"，内设工厂和办公室。年产量达3000公斤，获北洋政府农商部颁发的发明奖。

（四）佛手味精挫败日本味の素

天厨佛手味精推出不久，时值"五卅"运动，全国开展抵制日货运动。吴蕴初借此大力宣传，"天厨国货，家家爱用""爱用国货，人人有责"，一时天厨佛手牌味精远销长江流域以及西南和东北各地。该厂于1925年年产达15000千克。

为了进一步保障味精销往国外，天厨公司在中国驻英、法、美三国使馆协助下，先后获得这些国家政府给予的产品出口专利保护权，使产品畅销香港、澳门和东南亚地区，公司获利丰厚。

天厨味精在行销中，与日货"味の素"竞争激烈，后使"味の素"销量一蹶不振。但日本铃木株式会社不甘罢休，他们借口"味精"二字是从味の素广告中"调味精粉"四字中提取而来，遂通过日本驻华使馆向北洋政府提出抗议，要求取消天厨味精商标。北洋政府见天厨味精以佛手为牌，且为真正国货产品，质量优良，加以1926年天厨佛手味精参加美国费城举办的美国独立日150周年国际博览会，获国际大奖，为国争光。因此北洋政府对日方抗议不予理会。

吴蕴初在天厨味精挫败日本味の素后再接再厉，他要创立一家化工公司。因为味精的主要原料盐酸需日本进口，价格自然十分昂贵，日商往往借此钳制中国的民族企业。早在1926年吴蕴初就很想办一家电解食盐厂生产盐酸，但当时制酸资金太少，毫无能力。如今有了"天厨"做后盾，办厂条件已经具备。他在味精厂开设了专门实验室，收集大量资料研制起来。不久样品试制成功，但投产的硬件成为一大难题。

正在吴蕴初对此为难之时，忽然得到一个信息：越南有个法国人办的盐酸厂，由于经营困难刚刚倒闭。吴蕴初当即上路，千里迢迢到达海防，该厂的电解槽等机器均为美、法等国进口，产品质量与日本相当。吴蕴初喜出望外，花9万元购进全部设备，又集资20万元在周家桥购地建厂，取名"天原电化厂"。1929年"天原"正式生产盐酸、液碱和漂白粉。

1935年，吴蕴初又生产耐酸陶制品，在市郊龙华建立"天盛化工厂"，为国内填补了一项化学陶器的空白。

两年后，吴蕴初又创办"天原化工厂"，解决了氢气、硝酸、液氨的排放问题。

1937年，"八一三"事变爆发，吴蕴初远征新疆，在天山脚下建立"天山化工厂"，主要生产弹药等产品以供开矿和战争之需。

至此，天厨—天原—天盛—天山，如同化学连锁反应，形成了吴氏"天"字号化工产品系列。

吴蕴初于1928年创办中华工业化学研究所，任董事长，后当选为中华化学工业会副会长。这位从自幼贫困的少年到著名的实业家和化学家，他决定创办一个"清寒教育基金委员会"，出资5万元，聘请几位化学界人士为委员，于次年投入5万元开始启动。由基金会主持，每年对大学化学系一年级学生和高中一年级学生分别考试，从中选出十余名学生发给每年300元的奖学金，一直到毕业为止。领受奖学金的多为清华、浙大学生。

另外，吴蕴初又在沪江大学化学系设立化学奖金，奖励优秀学生；在中华职业学校投资捐办理化教室。以上这些助学资金全是他获得专利后的所得，人称"吴氏专利奖学金"。

1937年抗战爆发后，吴蕴初被聘为资源委员会委员、全国经济委员会委员。抗战胜利后，他反对国民党打内战，拒绝蒋介石聘他为经济部部长之职。在国共政协会期间，吴蕴初在重庆上清寺和桂园受到毛泽东的接见。

1950年，吴蕴初由香港抵达重庆，几天后在钱昌照的引荐下，在北京中南海拜见周恩来。回到上海后，吴蕴初任华东军政委员会委员、上海工商联副主任、上海市人民政府委员。在1953年临终前，他把所创办的公益基金会的全部资金捐赠给了上海图书馆。

十六、国货旗手方液仙惨遭日伪杀害

（一）创办中国化学工业社

方液仙，浙江镇海柏墅村人，1893年生于上海。他是宁波帮钱庄家族方氏的第五代代表人物。少年时在宁波迪斐中学毕业后，进入教会学校中西书院求学。在校时，他热爱化学，曾拜德国人窦伯烈为师，从而把卧室当成实验室，开始研制日用化工产品。当时，洋货日用化工产品充斥市场，方液仙出于爱国热忱，决心抵制洋货，计划自制化工日用品。方液仙的父亲从事传统钱庄业，对儿子的计划竭力反对。但方液仙决不灰心，在母亲的支持下，获得1万元作资本，在家中购置一些简单的生产设备，招了几名学徒，在家门口挂起了"中国化学工业社"的招牌，开始生产三星牌雪花膏、生发油、牙粉等产品。因无力刊登广告，他雇人挑担售货，结果不到3年，血本全亏，但他并不气馁。舅父李云书资助他1.5万元，在广东路设立发行所，增加果子露、皮鞋油等产品，但营业毫无起色，年年亏损。

1919年爆发的"五四"运动提出"抵制日货，提倡国货"的口号，对于中国民族工业的发展是一个巨大的转机。一时间，上海国货厂家产品订单大增，中国化学工业社由此绝路逢生。方液仙的四叔方季扬为十余家钱庄企业的股东，愿为方液仙的化学工业社输血，认股三成，由方液仙另外集资七成，担任总经理。从此，新的中国化学工业社发展迅速，市场占有率直线上升，不到两年即转亏为盈，成为一家规模较大的企业，先后推出了三大名牌产品，在上海同业中名声大振。

(二) 三星蚊香挫败日产蚊香

方液仙自方季扬入股后，在资金上有了多家钱庄作后盾，使中化社如虎添翼。他开始四处出击，接连不断地推出新产品，并与洋货开展了惊心动魄的激烈竞争。

方液仙计划推出三星蚊香、三星牙膏和箭刀肥皂三大新产品。其中以三星牌蚊香作为中化社的拳头名牌产品。1915年，日货野猪牌和猴牌两种盘形蚊香独占我国市场，并一直处于霸主地位。方液仙在将除虫菊原料加工成盘形的工艺中遇到了困难。他曾请香烛店师傅手工压制成盘形，但很容易断裂。后他派人到日本野猪牌工厂充当工人，学会了用机器盘制蚊香的技术，回国后改用机制，取得了成功，且质量可与日货媲美，价格则低于日货。在投向市场前，方液仙一方面加强宣传力度，在批发商门前悬挂"国货名牌三星蚊香""国人爱国，请用国产三星蚊香"的大旗；另一方面在推销上给批发商以端午节发货、中秋节结账的优惠条件。另外，他见野猪牌蚊香的点燃时间仅6个小时，就把三星蚊香改进为点燃时间达9个小时。三星蚊香问世后，大受消费者欢迎，销路日增。至1925年"五卅"运动后，日产野猪牌、猴牌蚊香在国内市场上几乎绝迹。

1920年初，牙粉逐步为牙膏代替。当时牙膏市场均为洋商独占，其中以美国丝带牌最为著名。中化社原来也生产牙粉，方液仙审时度势决定生产三星牌牙膏。方液仙很快仿制了洋货牙膏的配方，但关键在于不能生产软管，为此中化社向国外引进全套制造软膏的机器设备。1923年，我国自制的第一批牙膏投向市场。中化社生产的三星牙膏口感不亚于美国丝带牌牙膏，且价值仅为它的1/3。方液仙为三星牙膏投入巨大的广告费用，铁路沿线的墙上、报纸上的头版、商店橱窗和屋顶都有三星牙膏的广告。当时消费者在报上刊有一首诗对三星牙膏给予高度评价："漱齿谁家品最高，三星国货有牙膏。温脂一掬香盈颊，沁人心神味更饶。"三星牙膏的诞生，还带动了国产黑人、留兰香等牙膏产品。三星牙膏不仅在国内销量居首，且畅销于新加坡、泰国等东南亚各国。

1930年前，方液仙准备在中化社生产国产肥皂。因牙膏的主要原料为甘油，甘油又是牙粉的附属产品。过去甘油全赖英国进口，方液仙决定向德国进口一套生产肥皂和提炼甘油的设备。1932年"一·二八"战事爆发后，方液仙平时十分钦佩的项松茂先生被日酋杀害，更激起了他生产国产肥皂，继续与英商祥茂肥皂相抗衡的斗志。中化社于1938年生产剪刀牌肥皂，刚一问世，英商祥茂肥皂就借端寻衅，声称"剪刀"为其原用商标，企图中止中化社生产肥皂。方液仙被迫改名为箭刀肥皂。箭刀肥皂后来居上,在质量上,箭刀肥皂含脂肪酸为50%以上,而祥茂仅40%。因此箭刀肥皂上市后深受用户欢迎,销路不断扩大,与固本肥皂并驾齐驱。

(三) 被吴四宝特工抢杀

方液仙不仅是一位著名的企业家,也是一名热忱的爱国者。在1932年"一·二八"事变和1937年"八一三"事变中,他为救护大批抗日战士,让出部分厂房,并出资租借"申园",举办两处伤兵医院。在1932年日军侵略东北"九一八"事变周年纪念日,方液仙联合宁波帮三友实业社、五和织造厂、美亚绸厂等9家国货工厂,选出18种主要商品,租得已停业的绫华公司原址,在南京路上举办"九厂国货临时联合商场",由方液仙任董事长兼总经理,李康年经营其事。开业数日,盛况空前。1933年2月,方液仙与任士刚、黄延芳三位宁波帮企业家各投资10万元作为开办费,在大陆商场(今南京东路东海大楼附近)创办中国国货股份有限公司,由方液仙出任董事长兼总经理,李康年任经理主持日常工作。商场专销国货,并设专柜展销各国货厂的产品,营业规模比"九厂商场"更为宏大。上海市民出于爱国热忱,纷纷前往,营业额日日上升。南京路上永安、先施、新新、大新四大公司,原以经销舶来品为主,后也逐渐增大国产商品的份额。1937年5月,方液仙又联合吴蕴初等人在沪创立中国国货联营公司,组织各家国货厂商向外地拓展业务,成立联销机构,并在南京、郑州、桂林、汉口等10余处设立国货公司,积极推销民族工业产品,抵制洋货。国货运动从上海扩至外地,规模甚大,影响广泛。镇海名商胡西园对方液仙等人的爱国行动极为赞赏,为此大声呼吁:"当此国难当头,外货倾销之际,吾人应为国货联营公司,努力襄助,俾可早日愿成,而树经济建设事业之基础"。方液仙在国货运动中的作用及影响极大,被社会各界誉为"国货大王"。

方液仙的爱国立场及其领导的国货运动引起了日本侵略者的极端仇视。1939年,日伪曾多次派上海市特别市长傅筱庵到方府游说,要他"合作"出任伪实业部长。方液仙一方面以自己不懂政治,只会做生意,拒绝来意;另一方面,他又以同乡名义对傅筱庵晓以民族大义,要他保持晚节。两人谈到最后,方液仙愤愤地说:"我们都是宁波同乡,你看几个人像你一样去任伪职,请你再思"。傅筱庵见方液仙"顽固不化",进而向其加以威胁说:"日本人知道你一向关心政治,记得你在战争中还办过两处伤兵医院,所以日本方面很器重你"。方液仙闻言不为所动,进而向傅筱庵指出:"你与汉奸同流合污,以致身败名裂"。傅筱庵回去后向日方报告,遂不断施加压力,恐吓信、警告信日必数起,方液仙一直泰然处置,不为所屈。

1940年夏,上海租界形势日益恶化,绑架、暗杀之风愈演愈烈。方液仙以养病为名,深居简出。为自卫计,他备有手枪一支,雇保镖两人。1940年7月25日上午10时许,日伪"七十六号"根据"杀人魔王"吴四宝的设计对方液仙采取暗杀行动。方液仙乘坐自备汽车从新加坡路(今余姚路)10号寓所开往办公楼,不料行车不远,突遭预先埋伏好的特工袭击,保镖当场被杀,方液仙也中弹受伤,即被特工劫持到越界筑路"七十六号"魔窟,此后就下落不明。次日,《申报》报道该消息时并加按语:"按方氏一商人,自奉甚俭,尽瘁国货事业,向不闻外事,其所经营之实业亦以受时局影响,未见起色。此次被绑是否出于误会尚不可知"。后家属及中化社主要人员认为这次谋杀绝非单纯的匪帮绑票。案犯被捕后在法庭上受审时供认系汪伪特务所主使,纯系政治谋杀案,并供认方液仙被劫持上车后因重伤死于车中。此后,方液仙的遗体一直下落不明,尸骨未见。但杀人凶手把"七十六号"特工总部和主使人吴四宝推得一干二净。

著名爱国企业家方液仙被害时年仅47岁。为纪念方液仙的爱国精神,上海淞沪抗战纪念馆陈列着他的事迹和照片。

十七、 领导战时内迁的胡厥文

(一) 变卖家产,办厂救国

胡厥文1895年生于江苏省嘉定县,又名保祥。1914年考入北京高等工业学校机械科,毕业后在汉阳铁工厂当工人。1921年,他痛感"国弱民贫,外侮日亟,立志实业救国",决意自己创办企业。在筹资过程中举全家之力,经过岳父出资襄助,又经穆藕初兄弟的资助和大姐的入股;他又变卖了祖传的几十亩地,终于筹得2千万银元,选在上海塘山路174号,定名为上海新民机器厂,于1922年正式开工,自任厂长。该厂从修配纺织机开始,后发展到生产制砖机、制罐机、锯木机和橡胶机等,规模不断扩大。1928年,胡厥文与人合资在嘉定开设合作五金公司,制造中西式门锁、文具用品,产品销往南洋、菲律宾各地。次年又创办费渡电灯公司、长城机械砖瓦公司、大中机器厂等,任厂长、总经理。由于胡厥文刻苦钻研机械技术,潜心经营管理,在上海机器工业系统享有很高声誉。1932年,胡厥文出任上海市机器同业公会主任委员、上海市棉布市场理事长。

胡厥文在上海是一位著名的爱国商人。1932年"一·二八"淞沪抗战爆发，日军侵占上海。他对祖国安危深感忧虑："众人昭昭兮，我独浑浑。众人察察兮，我独昏昏。举世皆优游，我东望而愁增。"诗中充满忧国自责之情。写下这首诗后，胡厥文立即与十九路军蔡廷锴联系，发现军队武器装备极差，大多数为汉阳造的"七九"老式步枪，且弹药供应十分困难。他与同业公会有关人士研究后决定组织弹药生产，日夜赶制手榴弹、地雷和攻击装甲车的穿甲弹。在胡厥文发动下，由同业公会40名翻砂工人前往上海兵工厂支援承制迫击炮弹，使该厂日产量增加5倍，保证了炮弹的供应。

淞沪抗战时期，胡厥文整天忙于联系工厂，组织各厂支援前线，居然顾不上剃须，因而胡须满腮。《淞沪停战协定》签订后，他一怒之下表示不再剃须，要"蓄之以记国难，等赶走了倭寇时再剃"。年仅37岁的胡厥文被人亲热地称为"抗战胡子"。

（二）组织百余厂家内迁

1937年"八一三"事变前夕，日军的战火已逼近上海，上海民族机器业的一些有识之士推选颜耀秋、胡厥文两人赴南京向国民政府表示："上海机器商家感于国难深重，自愿将机器迁移内地，以应军事制造之需"。同时，上海的一些民族资本家即自动组织了由颜耀秋、胡厥文、支秉渊等11名著名国货企业家参加的上海工厂联合迁移委员会，开始组织并领导上海企业的内迁。胡厥文被推举为副主任委员。当时我国新式工业基本上集中在东部沿海地区，日寇看准了这一点，把进攻的矛头首先指向上海等地区，以迅速摧毁我国的抵抗能力。

胡厥文在工厂联合迁移委员会上强调，工厂企业必须赶在日寇进攻之前迁到西南地区，以坚持持久抗战尽力。但是，有些工厂企业主舍不得离开上海，只想在英、法租界苟安栖身；有的认为自己资金少，难以承担内迁费用。胡厥文向他们指出依靠租界苟安一时，绝非长远之计，工厂内迁是为了充实后方，支持长久抗战，并当即表示自己的工厂率先迁往内地。在他的带头下，好几个厂家都表示愿意将自己的工厂内迁，誓不以厂资敌。但由于不少厂家在战事中生产困难，内迁资金不足，胡厥文亲赴南京，从国民政府处争取到500万元迁移费，初步解决了内迁资金困难问题。接着，胡厥文与同业公会干部一起，日夜奔走，耐心说服动员各会员厂主内迁，经过一周左右的工作，上海私营机器厂决定内迁的已有100余家。

据有关资料统计，在上海沦陷前夕，迁出的私营企业共有148家，迁出的工人 2100 多名，迁出的机器物资 12400 多吨。迁出的工厂分布于四川的重庆、北碚、双流盐井，湖南的长沙、湘潭，云南的昆明，湖北的宜昌，广西的桂林，陕西的西安等地。这次民族工业大迁移为支持神圣抗战出了大力，对改变我国工业布局的不合理状态起了重要作用。他曾在沈逸千画的《群马图》上题诗一首，对这次工厂内迁的完成给予赞颂："朔风凛冽天初明，群骥奔腾万里晴。彤毛动，白鼻鸣。壮心天赋予，千古此长征。"

1941 年，胡厥文在桂林创办大中机器厂，后又在湖南开办新民机器厂。他居在湖南祁阳家中不忘抗战，宅中悬挂"静观落日"四字门匾，坚信日寇必败，抗战必胜。1944 年国民党军队在湘桂大溃退，使大中和新民两厂均被日寇炸毁。后胡厥文只身回到重庆。

1945 年 8 月抗战胜利后，胡厥文满怀信心，要复兴民族工业。可是大批美货充塞市场，而政府又下令拆销同民营企业的一切合同，致使民营企业陷于困境。残酷的现实打破了胡厥文的实业救国梦想。12 月，胡厥文和黄炎培等发起组织民主建国会。1949 年 10 月新中国成立后胡厥文历任新民机械厂总经理，并任全国政协副主席等职，终年 94 岁。

十八、 中国的爱迪生——胡西园

（一） 变卖家产，自制灯泡

自美国天才发明家爱迪生于 1880 年发明电灯泡 40 多年以来，在我国灯泡市场上为清一色的洋货。在 20 世纪初的大上海，大马路上灯火辉煌，霓虹灯闪烁，一片不夜城的景象。但这些炫目的灯光，全都来自列强的机电大国：德国的"亚司令"、荷兰的"飞利浦"、美国的"奇异"等。

20 世纪 20 年代初，一位年仅 20 多岁的镇海青年刚从杭州学成来到上海，每当夜晚路过灯光耀眼的大马路时，他既感到好奇，又感到刺目。他心里暗暗发誓，自己将来一定要试制成国产灯泡，为国争光，挽回权利。他就是创造出国产第一只灯泡的实业家胡西园。

1897 年，胡西园出生于宁波镇海商人之家。他自幼聪敏好学，在镇海县立中学毕业后，考入杭州浙江高等工业学校电机系，1920 年毕业后来到上海。起初开设过五金店，后又筹建过恒昌造船厂制造轮船。当时正值第一次世界大战爆发，各帝国主义列强无暇东顾，遂使中国民族工业的发展进入了一个黄金时代。在胡西园离开造船厂改营棉纱业时，结识了自德国留学回来的工程师周志廉。两人都有一个共同的志愿——试制新的电光源。

1920年初开始，胡西园根据国内外杂志上零星介绍的灯泡工艺技术资料，一边试验，一边摸索。失败，总结，再失败，再总结……经过无数次试验！终于在1921年4月4日成功地制造出我国自制的第一只长丝白炽灯泡。

国产灯泡试制成功后，胡西园为筹集资金办厂，变卖了一部分家产，又向亲友筹资，以3万元资本向日商购得两架旧机器。但由于设备陈旧，技术落后，无法生产高质量的灯泡。1922年，胡西园盘进德商奥本经营的灯泡厂全部设备，并请奥本担任工程师。一年半后奥本回国，胡西园独立担当全部管理和生产工艺。1923年，胡西园终于闯过艰难时期，他生产的灯泡质量过关，价廉物美。

（二）取名亚浦耳费尽心机

关于厂名和产品名称，胡西园经过了一番考虑。首先不能用"国光""神州"之类的纯中国化的名称。为了迎合当时国人崇尚洋货的心理，他采用"亚浦耳"的商标，即取德国"亚司令"的"亚"字、荷兰"飞利浦"的"浦"字，"耳"意为执我国灯泡业的牛耳。企业名称为中国亚浦耳电器厂。为了使产品带上洋气，在品牌商标上以英文"OPPEL"为洋文商标，以示与德商奥本公司的区别，并在洋文商标中加上"国货"两字，统称为"国货老牌亚浦耳"。

亚浦耳厂为了增资，改组为中国亚浦耳电器股份有限公司，由胡西园任总经理兼总工程师。股份制公司成立后，扩大了厂房，广聘专业人才，至20世纪30年代中期，亚浦耳厂每月灯泡产量达2.5万只，年营业额达120万元。

为扩大产品宣传效果，胡西园积极参加各项国货运动，担任国货维持会执行委员，在国货维持会举行的展览会上，亚浦耳厂以一只高2.5米的特大灯泡装在大货车上游行，并在车上展示"完全国货"字样，从而扩大了亚浦耳的影响。

（三）洋商联合向胡西园挑战

在中国第一只灯泡诞生后，立即引起洋商同行的关注和嫉恨。胡西园遭到不少洋商的挑战。

为把亚浦耳国产灯泡扼杀在摇篮之中，以美商奇异灯泡厂为首，联合德国"亚司令"、荷兰"飞利浦"、匈牙利"太史令"等灯泡企业组成中和灯泡公司，一致用超低价办法，向市场大量推销廉价灯泡。胡西园对美商采用原始超低价倾销早有所准备。他一方面组织技术力量，在确保产品质量前提下，大力降低成本，减少产品销售环节；另一方面，为顺应国内民众"抵制洋货，使用国货"运动，通过各种渠道大做产品宣传广告："中国人请用国货灯泡""勿空言救国，要购国货以振兴实业""亚浦耳灯泡中国首创，省电耐用"等等，使亚浦耳灯泡家喻户晓。另外，亚浦耳厂还向香港、新加坡、马来西亚、菲律宾等地华侨界推销，并大做广告宣传，深受广大华侨的支持，产品销量不断提高，从而使美商等灯泡的低价倾销未能得逞。

以多种新产品与洋商开展市场竞争。美商奇异灯泡厂见上海与南洋一带在市场竞争中未能得逞，遂开始采用向灯泡销售人员贿赂的手法，在广州、武汉等地抢占亚浦耳的销售市场。胡西园除了大量增加国内新的销售网点外，还不断生产新的家用电器，如电风扇、电钟、电动机等产品，以此来补贴亚浦耳灯泡在低价销售中的亏损。

与美商打日光牌官司获胜。为了打破亚浦耳灯泡在市场上销售量日益扩大的局面，1935年初，美商奇异灯泡厂生产了一种日光牌灯泡，每只价格仅银元一角，一次性集中向我国市场投放50万只灯泡。胡西园没有想到美商这一次的突然袭击，便与同行们商量对策，在讨论中发现美商蔑视中国商标法，"日光"商标未向中国商标局申请登记。于是胡西园组织国内灯泡厂迅速生产国货"日光"灯泡，同时向中国政府呈请商标注册。注册核准后立即在媒体上大做国货"日光"灯泡广告，使美商"日光"灯泡顷刻滞销。美商奇异厂立即委托美国律师哈华致函胡西园：亚浦耳厂生产的"日光"灯泡是冒牌行为；亚浦耳厂的行为侵害美国在华经济利益，要求赔偿美方经济损失，否则要通过法律解决。胡西园接函后并没有为这种恫吓所动，当对方在上海特区法院控告时，胡西园委托律师在法庭上进行辩护。经过两次开庭，最后以美商未经中国政府注册商标而败诉。

揭露美商对亚浦耳产品的暗中破坏。美商奇异厂打官司失败后又另出一招：在菲律宾市场上推销冒牌亚浦耳灯泡。这种灯泡在使用数小时后便烧断灯丝，寿命很短，华侨用户纷纷向亚浦耳厂投诉。后胡西园对退货产品进行检测，发现涂在灯泡钨丝上的红磷有杂质，便组织车间检验员对每一个细小环节严格把关，并告知他们要提高警惕，防止外商的暗中破坏。一天，工厂技术员周某发现一个职员偷偷将一小包东西放在红磷药中，胡西园得知后对这位职员进行了详细调查，发现此人受雇于美商奇异厂来亚浦耳厂从事破坏活动，遂即将奸细清除出厂。美商奇异厂见事态暴露，不甘罢休，再唆使一些不法商人把廉价收购来的劣质日货灯泡冒充亚浦耳灯泡在市场上推销，以此来破坏亚浦耳灯泡的声誉。胡西园得知这一信息,立即派专人追查,终在上海华山路一处发现一批冒牌日货灯泡。胡西园一面要求上海租界巡捕房协助惩办,一面通过同业公会和舆论媒体澄清了事实。

(四) 西迁重庆,再创辉煌

随着亚浦耳厂信誉日高,上海金融界巨子秦润卿、王伯元等前来投资,使胡西园得以建造一批新式厂房,建立玻璃制品厂,创办电机厂,制造电风扇、马达、无线电等多种电器产品。当时许多同行厂家为一时盈利而不重视质量,胡西园对此深恶痛绝,曾撰文指出,"贪一时便宜,偷工减料,粗制滥造,终将被优胜劣败之铁律作最后的判断"。同时,胡西园为创造中国名牌产品,花重金添置进口设备,终于生产出能连续通电1000小时的高质量灯泡。后又于1946年研制出国产第一支日光灯管。

在抗战爆发之初,亚浦耳厂在上海鄱阳路的分厂被日军炸毁,总厂内的机器及原料被日军抢劫一空,损失巨大。1938年,胡西园毅然冒着巨大风险,决定西迁重庆。

在重庆,胡西园首先设立中国亚浦耳电器总厂办事处。1940年,胡西园在山城重庆陆续开设了西亚灯泡厂、新亚热水瓶厂、开远松香厂、开泰化工厂、安丰皮带厂等8个企业,为西南地区的工业发展作出了重大贡献。1944年冬,亚浦耳灯泡在迁川工厂联合会举办的内迁工厂产品展览会上受到各界的好评。

1945年9月,胡西园与刘鸿生等在重庆两次受到毛泽东、周恩来的接见。年底,胡西园返回上海,陆续恢复生产,建造了三大分厂,月产灯泡20万只,较战前增长了10倍。从此,亚浦耳国货老牌灯泡重新在国内外行销。

1949年上海解放前夕,国民党政府当局要胡西园组织迁台工厂联合会,并诱劝他去台湾,遭到胡西园的拒绝。

1956年,亚浦耳厂参加公私合营,更名为亚明灯泡厂,胡西园继续任总经理,直至1965年退休。1981年,胡西园因病逝于上海。

胡西园为实业救国贡献了自己的一生。另外,他还十分关心社会公益事业。"八一三"抗战时,他担任上海地方协会供应组主任,为前方将士服务;工厂西迁重庆时,任迁川工厂联合会常务理事、劝募公债运动委员会委员、全国慰劳总会工商动员部副指导长;抗战胜利后,积极参加民主建国会的筹建工作,任上海民主建国会委员等职。

第四章 商业——公司百货荟萃之地

上海开埠以来，人口剧增，至 1949 年已达 300 余万，从而带来商业繁荣，市场需求日益增加。最早的商业始于 1873 年 3 月在洋泾浜永安街的上海轮船招商局，由唐廷枢任总办，属于"官督商办"的航运公司，至 1927 年南京国民政府成立后收归为国营。20 世纪初，民营航运开始兴起。1905 年，张謇联合汤寿潜、李云书、朱志尧等人创办大达轮船公司，在与洋商竞争中获利颇丰。1913 年，虞洽卿创办三北轮埠公司，次年又办宁兴轮船公司，至 1936 年拥有船只 52 艘，成为中国最初的"船王"。

其次是房地产业，洋商哈同、沙逊在办洋行时大量购进租界地产，又建造著名的哈同花园和沙逊大厦。华人房地产业最早在清末开始兴起。镇海方家、李家除购置不少码头外，还开了天丰等 18 家地产公司，从南市一直延伸到租界内外，置地数百余亩。叶澄衷开办树德房地产公司，占地 400 余亩。虞洽卿的房产在 20 世纪 30 年代有 100 多处，被称为"华籍房产大王"。

在南京路上，公司、商店林立，最著名的为永安、先施、大新、新新四大百货公司，其中以郭乐兄弟开设的永安公司规模最大，有旅社、舞厅、茶室、弹子房和屋顶花园，在全国堪称首位。在服装业中，以王运才开设的"荣昌祥"和金鸿翔开设的"鸿翔女子时装公司"最为著名。在交通业中，有蒉延芳于 1911 年开创的中华捷运公司，周祥生于 1929 年开办的祥生出租汽车公司。在饮食服务行业，以董竹君的锦江饭店为同业之首。另外，如孙梅堂开设的亨得利钟表店、王炽开设的王开照相馆，以及邵六百开设的邵万生南货店等名店，均为"中华百年老字号"，至今驰名于全国。

一、诚信为本的叶澄衷

（一）从划小舢板到五金大老板

1843 年，上海开埠。几年之后，上海便成为中国沿海第一航运和贸易大港，平均每天有十多艘洋轮进出港口。这些船只中有许多中国人从未见过的商品和机遇。就在此时，叶澄衷也到了上海。

叶澄衷（1840—1899），字成忠，浙江镇海庄市镇人。父亲叶志禹，世代务农，家境贫寒，兄弟 3 人，澄衷居次。叶澄衷 6 岁时父亲因病去世，母亲洪氏只有几亩薄田，凭从事纺织难以维持生计。他 9 岁时，其母送他到私塾，只读了两年书，初识一些古文，即中途辍学。11 岁时，他在本地某油坊当学徒，年工资仅 1 银元，另给油 1 担。14 岁那年，他由红帮裁缝族亲叶启信带到上海，原想在裁缝铺学业，未成；再经亲戚介绍来到法租界的一家杂货店当学徒。在 3 年学徒生活中，叶澄衷经过童年时所遭遇的挫折，磨练了意志，平时干活勤快，晚间自修古文、尺牍、算术，满师后他感到必须设法自找生活出路。

叶澄衷见兄嘉宝已在黄浦江上摇小舢板，兼做荤素菜，名为"小菜船"，专事兜揽洋船上的生意，另外向船上洋人兜售烟酒罐头食品，统称"交办食品"买卖。叶澄衷与其兄合作摇舢板船，往来于黄浦江上。摇船挣来的钱与其兄对半拆账。由于叶澄衷勤奋好学，日子一长，他渐通洋人语言，又能默察洋人习惯，按其所需服务，因而受到洋人信任，逐步当起中介人角色。有些洋人不仅向他采购食品，还委托他代购船上需要添置的五金器材，生意开始做得相当顺利。不久，又发展到凡轮船上所需要的食物、油漆、五金用具等杂物，统由他承办。轮船上不用的新旧五金等杂物，也由他在码头附近设摊出售，获利甚丰。除了经营上述杂物外，他还经营洋油、洋烛、洋线针、洋线团等日用洋货。

随着叶澄衷与洋人交往增多，他深感自己英语水平太低，尤其是与五金等有关的专业性的英语知识不够。他从宁波方言注音的《英语津梁》开始，一有空便取出来练习，还经常把英国水手当成练习口语的对象，他的英语水平开始突飞猛进。

有一天，他遇到一位英国洋行经理要到黄浦江对岸办事，在乘坐他的舢板时，因有急事把一只皮包遗忘在舢板上。叶澄衷发现后打开皮包一看，包内装有数千英镑及支票、手表等物，心中大吃一惊，于是生意也不做了，守在自己的船上。他想到幼时父亲给他取"成忠"为字，又想到在私塾里读到《论语》中"为人谋而不忠乎"，所以十分耐心地等候着失主。直到夕阳西下，失主才急步赶来，叶澄衷认出他是失主，当即将原物归还。这位洋行经理拿过皮包打开一看，原物一件不少。洋经理想不到一个中国的年轻"苦力"竟然如此诚实，内心颇受感动，当即抽出一沓钞票塞到叶澄衷的手里，表示谢意。想不到叶澄衷硬是不收。洋经理见眼前的年轻人为人诚实可靠，便约他到自己的洋行里，在交谈中得知叶澄衷正想做五金生意，于是不仅答应帮他开设五金店，还愿意帮他提供货源。这次与洋经理的交谈改变了他的一生，给他带来一个难得的机遇。这位洋商后来成为他做五金生意的合作伙伴。这段故事曾在民国初年编进国文课本，题为《诚实的孩子》，流传不衰。

叶澄衷在摇舢板过程中，已经感觉到新式五金业是一个投资不大而利润较大的行业。1862年，叶澄衷在那位洋经理的资助下，在虹口百老汇路开设了一间五金洋杂货店，取名"顺记号"。后来"顺记"逐渐发展，又开了一家"新顺记"。几年后他在汉口等地增开了18家分号，生意越做越大。十里洋场，"五金大王"的名头逐渐响亮起来，摇舢板的苦力成了大老板。

叶澄衷的顺记号为什么发展这么快？为什么在当时的同行中能当老大？

原因之一，由于合作伙伴洋商的介绍，叶澄衷结识了许多洋商客户，如与英商耶松船厂和清政府创办的江南制造局等都有贸易往来，因此在船舶五金业务方面有较大的发展。

原因之二，叶澄衷善于掌握商情的变化动向。有人评价叶澄衷"乐观时变，默揣中外财计物产盛衰息轻之故，久之，得其肯綮"。如1870年普法战争爆发，某德商被召回国，其可炽煤行想盘出，叶澄衷得知此信息即盘入这一外资企业，掌握了钢铁企业的大量资产，取得沪上最大的大五金货源。

原因之三，扩大经营范围，从小五金发展到机械、军需器械及陆海军制服等。1878年，他经销由外国制造，可行驶苏杭内河的"小火轮"一艘，时速30里。在当时《申报》上刊出广告，使"顺记号"声名鹊起。

原因之四，讲究从业者的业务效益。湖北提督张之洞所办的汉阳钢铁厂，曾想请叶澄衷当总管，叶澄衷得知该厂人员冗杂，拿干薪而不办事，即拒绝张之洞的邀请。叶澄衷的长孙叶永回忆当年叶澄衷在老顺记与同事吃年夜饭时，要排清座位，分号经理中赚钱多的坐在他旁边，亏本的坐在正对面，而这人就是要被辞退的。

最后是同业拆借，就是承接生意的这家店铺可以到同业去拆借，按照进货的价格上浮95%的利润，其利润由两家经营的店铺互拆、平分，顾客到手的是市场价。五金行通过行业内的协作，用小资本做大生意，造福了整个行业，而叶澄衷的老顺记资本浓厚，从来是低价拆借给对方，从不向别家拆借，叶的声誉大振，而被称为"五金大王"。

（二）与美孚洋行签约财源滚滚

随着租界的扩大，叶澄衷开始将资金投入另一热销的火油业。所谓"火油"，就是后来人称的煤油，是百姓照明灯的主要资源。在此以前，人们照明所用的是蜡烛和豆油灯，前者代价太大，一般人家消费不起，后者光线昏暗又伤眼力。租界开通后，不少人纷纷抛弃油灯和蜡烛，开始起用火油灯，火油的消费量不断增长。

当时在上海，已有美国的美孚石油公司、德士古石油公司和英国的亚细亚石油公司，三家公司都由洋行代销，市场多局限于上海市区。于是它们都想寻找中国的代理商。美孚公司所委托的英商老晋隆洋行，销路一直不畅。经过多次考虑，美孚公司终于想到在经济风潮中立于不败之地的叶澄衷，遂与叶相约于上海豫园春风得意楼会晤。

作为宁波帮的企业家，叶澄衷十分重视市场信息和精于盘算。他对美孚公司正在物色火油代理商早有耳闻，也对火油市场作了一番详细的调查，发现其中蕴藏着巨大的商机。

在春风得意楼叶澄衷与美孚洋行代表汤姆谈话时，他讲着一口流利的英语，态度不卑不亢，给汤姆留下了良好的印象。当双方谈到火油市场形势时，叶澄衷便谈到德士古和亚细亚两家公司的情况。汤姆一听到马上警觉起来，以为这两家公司早已与叶有了业务往来，便提出两个优厚条件：

"如果叶先生愿意代销本公司的火油，本公司将以每销售1加仑火油付给叶先生25%的佣金。另外，从本公司将火油交到叶先生手里算起，60天以后结账"。

叶澄衷知道老晋隆洋行为美孚代销佣金为20%，这5%佣金数目已相当优厚，而且60天结账时间也确实相当充裕。但叶澄衷经过一番考虑只先答应第一个条件。

"叶先生，难道60天结账时间还不充裕吗？"

"是的。60天的资金回笼时间确实太短，一时难以回笼。因为我要开辟的市场重点在上海郊外甚至更远，这些地方交通不便，所需时间与老晋隆公司不能相比，所以第二个条件改为90天。"

汤姆听了言之有理，随即同意。正想与对方签订合同时，叶澄衷又提出第三个条件：

"另外，除了已在代销的老晋隆以外，贵公司不得再委托其他公司代销火油。"

"OK！"汤姆代表美孚完全同意以上三个条件。

三天以后，叶澄衷和美孚石油公司签订了 10 年代销合同。在签订合同时，叶澄衷建议火油到货时的数量只有美孚大班和他知道，对第三者保密。若货源少，则存放一时，以待涨价；若货源多了，就大批放出，从而左右油价，操纵市场，使双方获得更多的利润。美孚公司对这一建议大为赞赏，连称："叶先生不愧为宁波人中的杰出商人！"

由于美孚给叶澄衷的放款时间有 90 天，而叶澄衷通过老顺记放出贷款只需 25～30 天，他可利用这贷款周期做地产及在钱庄存放生息，从中牟取不少利润。这正是作为宁波帮企业家叶澄衷的精明过人之处。

叶澄衷与美孚公司签订代销合同不久，经济风潮阵阵袭来，英商老晋隆公司经不起打击，摇摇欲坠，面临倒闭之时，美孚公司收回其火油经销权，转交给叶澄衷。从此，叶澄衷拥有独家经营美孚公司火油的权利。他吸取老晋隆的教训，避开处于风口浪尖的上海滩，将经销重点转向受经济风潮影响较小的内地农村和沿江沿海一带地区。在不到两年内，他先后在宁波、温州、镇江、芜湖、九江、汉口、天津、烟台、营口、广州等通商口岸，分别设立了 18 家顺记商号分店，形成了以上海为中心的美孚火油商业网络。18 家商店互通有无，相互支持，在金融和商业风潮来临之时，叶氏顺记号屹立于不败之地。

叶澄衷的另一精明之处，是他向美孚公司建议重新生产一种体积很小、装油少、燃油也少的"美孚洋油灯"，并每购一箱赠送一灯两罩，这是因为玻璃灯罩很薄，容易碰碎。另外，油箱不必收回，让使用者可做成洋铁垃圾簸箕。叶澄衷毕竟从杂货店起家，所以能够提出为中国内地广大农村所乐于接受的好点子。实践证明，叶澄衷在 10 年的代销美孚火油期间，从上海老顺记的虹口码头，把美孚火油源源不断地销往中国内地，为叶澄衷带来了滚滚不断的财源，成为上海滩的"火油大王"。

（三）诚心助人，置地修桥

1873 年元月，一件偶然的事件为叶澄衷投资地产事业开辟了新的领域。当时正值农历年底，上海许多市民正准备年货、迎接新年时，一家钱庄吴老板哭丧着脸来到叶澄衷的顺记洋货店，向他求助。"你是叶先生吗？我姓吴，我的这家小钱庄遇到了麻烦，过不了年关了！"吴老板忧心忡忡地说。

"我是叶澄衷，你坐着慢慢地说。"叶澄衷叫一名伙计给来人送上一杯茶水。

"虹口有个商人急于要做一笔大生意，可他没有现钱，就想从吴淞口北岸虹口一带的400亩地向我作抵押，我就贷给他4万两银子，说好赢利以后在年关前还我。结果我向他讨债时，这位先生给我拆了一笔烂污，把从我手里贷去的4万两银子赔得血本无归……"吴老板接着说，"这位先生只能把抵押的那块地皮拍卖，来抵欠债，可是这块地在苏州河北，那块荒凉的地皮以4万两的价钱叫我来收购，我一时哪来那么多钱？加上年关到了，庄里的钱都被存户转去了；更要命的是我那60多岁的老母亲又生了场大病，几千元的药费到现在还没有付清，只好冒昧来求叶先生了。"吴老板说着泪流满面，最后竟跪到了叶澄衷面前。

叶澄衷连忙上前扶起吴老板，心中深为感动，连声安慰他说："我会考虑你的困难，你先回去，第二天再听我的消息。"

叶澄衷为什么会同情吴老板的困境？其中一个重要原因是他在家乡乃是一位有名的孝子。去年，他曾接到母亲洪氏病重的急信，连忙回老家侍奉患严重哮喘病的母亲。在各种治疗均无效果的情况下，硬是不顾家人的劝阻，毅然将自己的股肉割下一块，作为药引，熬后请母亲服用。他希望自己的一片孝心感动天地，使母亲转危为安。但母亲洪氏寿数已尽，还是一病不起，与世长辞。

叶澄衷虽同情吴老板，但没有立即表态的另一个原因是他遇事十分谨慎，他要考虑河北400亩地的价值。当天下午他就去英租界工部局进行调查问讯。当他了解到当局原打算在吴淞江上造桥以沟通两岸，只因资金不足尚未动工。这使他马上意识到，一旦此桥建成，苏州河北的地价必定会升值。

当时从虹口到外滩交通十分不便，行人要从苏州河上绕韦尔斯桥才能过河，不但绕了路，还要交过桥费。关于苏州河和过桥费这里应作一番说明。苏州河本名吴淞江，它是吴淞江经黄浦江的一条支流。在上海开埠以前，苏州河南北两岸没有一座桥梁。至1856年有个叫韦尔斯的英国人，出面组织了一个桥梁建筑公司，花费1.2万两银子建造了一座桥梁，名为韦尔斯桥，对过往于桥上的行人最早要收1文的过桥费，后涨至3文，马车另加1文。从而遭到广大行人的反对。他们写信给工部局总董，说他们均是纳税人，此桥经过多年收费早已收回成本，现今还要收费，极不合理。工部局迫于公众压力，正打算再造一座桥梁。叶澄衷向工部局提出愿拿出4万元，即修桥费的1/3，但工部局在修桥后必须不向过往行人收取过桥费。

那位工部局总董一听，天下竟有花钱修桥却不收费的好人，当即同意资金到后立即动工。第二天，叶澄衷一面通知吴老板拿上地契来老顺记取 4 万两银子，买下了吴淞江北岸的那 400 亩土地；一面再将 1/3 的建桥款送到了工部局。经过几个月的工夫，一座木质桥梁便已竣工。

叶澄衷出资造的这座不收费的桥梁，被后人称为"白渡桥"，又因它的地理位置在韦尔斯桥之外，又被称为"外白渡桥"。此桥长 385 英尺，宽 40 英尺，在当时成为沟通两岸交通的主要桥梁。从此苏州河北岸日益繁华，很多投资者将目光投向了北岸。叶澄衷以 4 万两银子购进的那块地皮，顿时就成了黄金地段，价值迅速上升，很快就达到 100 多万两，翻了几十倍。叶澄衷的购地造桥，既帮助那位吴老板摆脱了困境，又取得了上海市民的良好声誉，还因此而发了一笔大财，真可谓"一石三鸟"。

此外，叶澄衷还于 1890 年创办了近代工业燮昌火柴厂，日产火柴 50 箱（36 万盒），成为当时沪上最大的火柴厂之一。1894 年他又开设纶华丝厂，有缫丝车 800 台，员工近千人。另外，他还投资升大、衍庆等 11 家钱庄。至 1899 年叶澄衷去世时，其全部财产竟高达 800 万两。叶澄衷在事业成功以后，深感"中国之积弱，由于积贫，积贫由于无知，无知由于不学，故兴天下之利莫过于兴学！"

1899 年，在叶澄衷 60 大寿时，他做出两项决定：在家乡建"叶氏义庄"，义庄内设义塾；在上海虹口拿出自己一块 24 亩好地，出资 10 万两兴建一所洋学堂——澄衷学堂，后改名为澄衷中学。该校曾由蔡元培任校长，在澄衷就读和任教的有竺可桢、胡适、卢于道、丰子恺、殷夫等文化界名人，还有包玉刚、邵逸夫等企业家。

二、 名扬上海滩的朱葆三

（一）学艺上海滩，开设五金号

朱葆三（1848—1926），名佩珍，以字行，浙江定海人。父亲朱祥麟，曾任乍浦营都司、定海游击。母亲方氏生四女二子，朱葆三为长子。1859 年朱祥麟携眷迁到定海东乡的北蝉村，朱葆三 11 岁时，他每天早晨，不管刮风下雨，春夏秋冬四季，从北蝉村步行至定海县城，买回食物及油盐酱醋之类归来侍奉母亲，习以为常。

1861年,父亲朱葆麟身患疾病,时朱葆三已13岁,却未能入私塾求学。按理朱祥麟为从三品的军官,大儿子去读私塾的学费当无问题,原因是朱葆三幼时家庭经常迁移,加上一家8口生计并不宽余。在父亲病中,求医用药费用陡增,家境日趋困难。朱葆三14岁时,母亲方氏在无可奈何之下托人将其带往上海学艺谋生。

　　1862年,朱葆三随身带着一只旧竹箱和一个旧铺盖,在上海一家叫"协记"的五金店当学徒工。五金商业是19世纪60年代逐渐兴起的新行业。当时这家店主要是经营一些罐头食品和小五金买卖,经营规模不大,但生意却不错。

　　学徒时期的日子是很辛苦的。他平时的工作也就是扫地、挑水、洗衣,抹抹桌椅,给主客倒倒茶水这些粗活、累活,事无巨细,无所不为。但是,朱葆三做事勤快,吃苦耐劳,又勤奋好学,俨然一个小大人,很受店主器重。

　　朱葆三虽然赤手空拳闯荡天下,但是他不甘心一辈子做人家的学徒工。他在等待有朝一日出人头地,轰轰烈烈地干一番大事业。

　　不过,做生意不是想想就能成功的,朱葆三还需要学习商业上的"生意经"。

　　上海是一个新兴的国际贸易港口城市,要想和洋人打交道、赚大钱,必须学点英语口语。朱葆三到上海后,也想学英语会话,可是上英语补习学校的费用要3块大洋,这在当时是很昂贵的。朱葆三是一个学徒,没什么薪水,只有每个月的一点月规钱。可是这些月规钱得寄给定海的老母亲家用,他根本负担不起学费。怎么办?

　　凑巧和"协记"店毗邻的一家店铺有一个学徒,每月花3块钱学费去夜校补习英语。于是,朱葆三就拜此学徒为小先生,并把每月省下来的5角月规钱送给小先生充作学费。小先生晚上放学回来后,总是花一个小时教朱葆三英语,从而使他学会了一些常用英语,可以勉强应付生意场上与洋人的往来,这为他以后事业发展提供了极大的便利。

　　朱葆三勤勉好学,黎明即起,工作至夜。当其他店员因为一天的劳累沉沉入睡时,朱葆三还要挤出时间,自学珠算、簿记、商业书信、毛笔字等。从现存的朱葆三信件来看,他的毛笔字写得相当好,可见他在自学毛笔字上是花了一番工夫的。再加上朱葆三平时工作认真细致,生活节俭,因此深得店主赏识,称赞他是"勤敏朴诚,殊于常儿",从而一再给予提拔。

　　1864年,朱葆三学徒期满师。第二年,"协记"的账房先生去世,店主把总账房和营业主任的职务交给朱葆三来担任。

4年后，"协记"经理去世。朱葆三为人可靠，为店里做成了几笔洋商生意，老板就破例提拔年仅21岁的朱葆三继任经理职位。朱葆三在任"协记"总账房、营业主任和经理时，因经营有方，"协记"赢利连年大增。

可是不久，"协记"店主亦去世，家中子女年幼，无人继承，只得把"协记"五金店关掉歇业。由于朱葆三在经理"协记"期间赢利可观，他分得了不少红利和额外酬劳金，这笔钱就成了朱葆三日后从事工商业投资的原始资本。

到了19世纪70年代末期，随着洋务运动的兴起，军、民用工业陆续建立，出入于上海口岸的外国轮船更加频繁，工业用大五金器材的需求量日益增加，商机越来越好，被人称为"吸引投资者麇聚并极易获利致富的一个重要商业行业"。

从事五金业出身的朱葆三，敏锐地感觉到了商机的降临。他退出了协记五金店的经营，决定独立开设五金店。1878年，朱葆三在上海外滩新开河（今人民路）独资创办了"慎裕"五金店。"慎裕"是"剩余"的谐音，取"年年有余"之意。

"慎裕"五金店与"协记"不同，它专营建筑所用的大五金。这是上海城市化、工业化过程中必然出现的新行业。朱葆三不但自己业务经验丰富，经营得法，重视商业信誉，而且也擅长用人，选拔到了一些优秀的员工，如顾晴川被聘为总账房。顾晴川老练可靠，使得账目进出不差分毫。其他店员在诸如进货、推销和门市迎客方面也各有专长。在经营方式上，一变以往"守株待兔"式的专靠门售办法，主动承接大建筑包工头的批发与销售业务。店小生意大，不到两三年，就搞得红红火火，几千两银子的股本，一年中做出了几十万两的买卖，朱葆三由此掘得了"第一桶金"，引起了上海中外客商的注目。

（二）匀结袁太道，挪用庚款发财

朱葆三在经济实力充裕之后，不断参与各种社会活动，广交朋友，除了结交绅商等名人，还结识官府头目。一次偶然的机会，朱葆三与时任苏松太道兼上海道袁树勋成为知友。由于袁树勋爱好文物字画，见朱葆三写得一手宋徽宗的瘦金体，常至慎裕五金号闲聊。在聊天时朱葆三得知苏松太道正在经手庚子赔款。凭着超乎常人的领悟力，朱葆三敏锐地感到这是一个不可错失的大商机。他决心"舍车保帅"，忍痛割爱，将总账房顾晴川推荐给袁树勋。一天，他与顾晴川作了一次谈话。

"慎裕号发展到今日的规模，离不开顾先生的鼎力相助，为了慎裕今后的大发展，想请先生暂时移就高处任职。"

朱葆三接着便将袁树勋将办大笔庚子赔款的事详细地说了一遍，看看顾晴川脸上有什么反应。

"朱先生的意见我明白。俗话说，'背靠大树好乘凉'，'机不可失，时不再来'，能够参与庚子款项，对慎裕带来好处我也知道。不过……"

朱葆三早已料到顾晴川的顾虑，便开门见山提出："先生不必顾虑。那些各省每月所解巨额赔款均由我来介绍那些殷实钱庄，所有生意均由顾先生处记账。至于事成之后，所余之款，太道官府、顾先生和我各三分其一，如何？"

顾晴川一听，慌忙起身作揖："素闻先生诚信待人。我如进入官府一定恪守其责，至于三分其一，鄙人深感受之有愧……"

"不，不，先生是慎裕的一员大将，我这番忍痛割爱是经过慎重考虑的，不入虎穴，焉得虎子！先生应该明晓。"

经朱葆三向袁太道一番推荐，顾晴川遂担任出纳银库主任。庚子赔款系由清政府以海关关税作为担保，并令各通商口岸海关关税收入归数解交上海关道，由上海海关负责拨解洋债的赔款。上海道库保管的这笔赔款，为数非常可观。袁树勋将各省每月所解巨额赔款，经过顾晴川记账统计，委托朱葆三存放在上海殷实的钱庄内生息。袁树勋上缴清政府的利息，仅以寻常官利计算，但存在上海各钱庄的拆息按行市计算，较官利为高。中间差额就为他们的收益。

朱葆三要为上海钱庄存款的消息一经传出，各庄"阿大先生"（经理）纷纷来到慎裕号，一时慎裕号客厅高朋满座。慎裕号一时掌握了上海各钱庄拆放权。

朱葆三在放款时有他的两项原则：一是殷实的汇划钱庄；二是宁波帮所办钱庄优先。

朱葆三拆放给钱庄的头寸以宁波帮为最多，如镇海叶澄衷家的大庆元、升大、衍大、大庆4家，叶家姻亲湖州许家的余大、瑞大、志大、承大4家，镇海方家的同裕、尔康、延康、寿康、安康、允康等16家，慈溪严信厚家的源丰润票号及分支17家，镇海李家的慎余、立余、同余、会余、恒兴等5家。

在这次庚子放款中，朱葆三结交了上海钱庄业的许多巨头，同时由于这些受到拆放的钱庄把这笔公款利用到经营存放业务中，既有助于金融界的资金周转，又促进了上海工商企业的发展。从此，朱葆三在金融界声名鹊起。

(三)"买办中的买办"

随着朱葆三在商界地位的上升，外国商人也向他抛来了绣球。英商平和洋行作为在沪最早开设的洋行之一，颇具实力，为了利用朱葆三与袁树勋的交情以及朱在工商金融界的地位，特地聘请朱葆三担任买办。然而，朱葆三是平和洋行的一名特殊买办，他平时可不去洋行上班，每年只有12月24日圣诞节前夕才去一次，平日有事相商，洋人到慎裕五金号去找他。此后，朱葆三的家庭即成为买办之家，他的四个儿子都曾先后担任过买办。宁波籍贯的买办中，亦有多半出自朱葆三的引荐，以至于他在同乡中被称作"买办中的买办"。当时，上海的各国领事以战胜国自居，在中国官员和商人面前盛气凌人，唯独对朱葆三优礼有加。另外，从朱葆三方面讲，担任买办，不但能得到佣金的好处，还受帝国主义的庇护，他能分享领事裁判权，清政府遇事要先征得外国雇主同意才得传讯。

积累了一定的经济实力之后，朱葆三开始了大手笔投资：

首先是金融业。1897年第一家华资银行——中国通商银行在上海创办，朱葆三即是该行创立者和董事之一。1907年，他作为主要发起人之一，参与投资创办浙江兴业银行，1908年又与人创办了四明商业储蓄银行（简称四明银行），并出任董事长，还曾参与投资创办中华银行、江南银行、振丰银行等7家银行。朱葆三堪称中国近代金融业的开拓者之一。

其次是投资轮船航运业。1897年，朱葆三联合李云书等人发起创设东方轮船公司。1906年，朱葆三在上海创设越东轮船公司，1915年又创办了镇昌轮船公司和顺昌轮船公司，1918年再创办永安轮船公司。后将这4个公司合在一起组成朱葆三航运集团，共有6艘轮船，航行于长江、浙闽沿海、上海至浙江沿海。除此之外，朱葆三还曾投资于舟山轮船公司、宁绍轮船公司等多家航运企业，在其中担任董事长，或出任总经理、常务董事等要职，成为航运业的巨擘之一。

再次是投资工矿、保险和公用事业。从1897至1923年，由朱葆三创办或参与投资的工矿企业有同利机器纺织麻袋公司、上海大有余榨油厂、中兴面粉厂、赣丰饼油厂等10余家；在保险业方面，朱葆三发起创办了华兴水火保险公司、华安水火保险公司、华成保险公司、华安合群人寿保险公司；在公用事业方面，朱葆三曾投资创办上海华商电车公司、上海内地自来水公司、既济水电公司、广州自来水厂等。

到20世纪20年代，朱葆三兴办实业涉及的领域包括五金、钢铁、航运、金融、纺织、水泥、造纸、榨油、保险等，构建了一个庞大的企业群体，其中有不少属于开创性的企业。

另外,朱葆三热心举办社会福利事业。由于朱葆三在上海商界已成为举足轻重的名人,在许多福利事业中均被人荐举,如1905年夏,上海城中绅士以马路工程局官办腐败为由,申请改为绅办,以试行地方自治。是年11月,遂有上海城厢内外总工程局之设。上海道袁树勋,在上海绅商名人互选和推荐的76人中,朱葆三被选为办事总董,即是一例。朱葆三为宁波同乡作保荐者不知其数,而为人赔保损耗累巨万,但他从不追问当事者。在许多民族资本企业中,朱葆三往往以助人为乐的精神担任挂名职务,如刘鸿生创办的上海水泥股份有限公司聘他出任董事长;上海南洋兄弟烟草股份有限公司扩大改组招收外股,聘他为发起人。这些都表现了朱葆三助人造福的品德。朱葆三晚年致力于社会福利事业,先后创办和投资的有:中国红十字会、华洋义赈会、济良所、广义善堂、仁济善堂、感众善堂、四明公所、定海会馆、四明医院、吴淞防疫医院、上海公立医院、上海孤儿院、新普益堂、普益习艺所、妇孺救济会、同义慈善会、联义慈会、平民平粜局、上海时疫医院等。另外,还创办了同济医工学校、定海公学、尚义学校、宁波益智学校等教育事业。朱葆三的老家定海9次遭灾,每一次都是他出钱渡过了难关。当时,他每年收入3万元,除了1万元用于家用,剩余的2万元都投入了慈善事业。

(四) 投身革命,任财政总长

朱葆三在1905年7月代表五金业参加21日曾铸领导的反对美国虐待华工、抵制美货的斗争之后,使他深感清政府的腐败和所谓"君主立宪"只是个骗局。于是开始对以孙中山领导的革命党人的活动表示同情和支持。

辛亥革命前夕,朱葆三受陈其美的邀请与李平书、王一亭等名人参加一次宴会,席间大家一致赞成革命。这次宴会坚定了朱葆三投身革命的决心。不久,他与虞洽卿等同乡组织"宁商总会",会址设于英租界云南路,它执有香港英国政府注册的"特别照会",租界巡警未经会审公堂允许不得任意入内。朱葆三与虞洽卿等人经常约会并成为革命党人秘密集会的掩护所。后又与虞乡山等同乡发起组织"商界共和团",成员来自工人、学生和商界人士并拥有武器,后该团体成为辛亥革命上海起义部队。同时他又参加了李平书为首的上海商团。

1911年10月10日,武昌起义爆发。11月3日清政府南京督署电示上海道台:"上海辛亥起事,商团尽叛,已分南京、松江两地进兵。无论革命党、商团,擒获者,全数正法。"朱葆三从上海道台刘燕翼处获得这一消息后,立即潜往商团总部密告李平书；随后又偕同刘燕翼和上海知县田宝荣越墙逃至租界。城内文武官员顿时群龙无首，也纷纷出逃。上海城未经战斗即被商团占领，只有据守江南制造局的清军张士珩部负隅顽抗，后经敢死队与商团对该局进行强攻，张士珩逃跑，上海终于宣告光复。12月20日《民立报》刊登国民党上海分部担任要职名单中，朱葆三名列其中。

上海光复不久，沪军都督府成立，财政总长原为沈缦云，一个月后，沈因赴南洋筹募军饷，呈请辞职，都督府约请沪上各界人士开会时公举朱葆三为财政总长。朱以"毋苛捐、毋滥费、毋挠权"三条件相约而后就职。那时，上海商业凋敝，金融动荡，而战事频繁，各地军队路过上海甚多，军费开支极大。朱葆三在《呈孙大总统》一文中说自己："兢兢业业，夙夜旁皇，力效驰驱，勉尽天职。"

1911年11月，上海军督府都督陈其美拟提用上海各钱庄的道库存款以应急需，但因道台刘燕翼离沪前将存于各钱庄的道府存款存折送交各国驻沪领事，各国领事以未承认革命政府为借口横加阻挠。后经多次磋商，终由朱葆三出具函签发收据核收，朱葆三以一言九鼎的信誉，才解决庄款问题。当时即流传"道台一颗印，不及朱葆三一封信"之说。

12月，上海中华银行成立，朱葆三出任董事，发行银行军票和公债，为上海军政费用提供每月逾百万元的开支。

1913年3月20日，宋教仁被袁世凯派人刺杀，时朱葆三已任国民党上海分部副部长，他与王一亭、沈缦云等致电袁世凯，要求"饬令缉凶，严肃法纪"。在张园召开的上海各界人士追悼宋教仁大会上，朱葆三为主丧者之一。

1919年，"五四"运动爆发，上海各界人士举行罢工、罢市、罢课。朱葆三于5月9日以上海总商会会长名义致电北洋政府，提出由中日两国直接交涉青岛问题，受到舆论界的一致谴责，朱葆三被迫引咎辞职，从此退出政治舞台。

1926年夏，上海疫病流行，上海时疫医院住满病员，甚至将病床搭在院外路边。当时很多贫苦的急症病人无力负担医药费，需赖医院救济，因此医院经费奇缺，急需劝募。朱葆三不顾耄耋之年连日奔走筹款，并冒暑亲自到医院察看，终因衰老之躯伏暑得病，加上其弟朱捷三在家乡病逝，噩耗传来，悲伤不能自制。是年9月2日，朱葆三在丧病交袭下，病逝于上海斜桥寓所，终年79岁。

朱葆三逝世后，宁波旅沪同乡会为他下半旗志哀三天。1926年10月24日，上海法租界当局将溪口路命名为"朱葆三路"。那天，朱葆三的灵柩经过时，沿途三步一停、五步一站，丧仪进行时犹如一条"白龙"，整个上海滩的马车都被包下来接应宾客。送丧者每人发白衣白帽，佩戴朱葆三肖像纪念章一枚，人数达万人。上海军、政、商、学等各界不少知名人士大半护送朱葆三的灵柩抵达他的故乡定海。这样隆重的祭仪，是因为朱葆三生前任上海总商会会长，在辛亥革命时担任过上海都督府财政总长，宁波旅沪同乡会会长，在上海政商界是一言九鼎的巨头，上海绅商的第一闻人。

三、 曾铸领导抵制美货运动

19世纪末至20世纪初，美国在上海招收数10万华工，他们用血汗浇灌出自美国西部旧金山金门大桥至中部芝加哥的一片繁荣景象。但是他们长期遭到美国老板的压迫，遭受非人待遇：他们在旧金山华人木屋，由巡捕看管，身受牢狱之苦。美国老板不断掀起"黄祸"潮，烧毁唐人街，甚至把华人的头皮剥下来制成饰物……1894年，美国利诱清公使制订了为期10年的《华工禁约》，限禁、排斥华人条例多达150条。1905年2月，美国新任驻华公使柔克义到北京，企图继续保持到期的华工禁约。消息一经传出，受美国虐待的华工和上海各界民众哗然，掀起了一场删改条约、抵制美货的爱国运动。

1905年5月5日，上海《时报》提出，续约"辱国病商"，"深望爱国之士起来对付之"。5月10日，上海市商务总会会董曾铸召开特别会议，研究对付之策。

曾铸（1849—1908），原籍福建同安，号少卿。1854年在南洋群岛贩运大米致富后到沪，三年后被选为上海总商会会董。他为人正直，富有强烈的正义感。早在处理俄国水兵杀死无辜中国人周有生事件中表现了民族气节，为上海市民所敬仰。他在主持商务总会的会上严厉斥责美国政府的排华政策，提倡抵制美货。总会决议通电全国21埠，以两个月为期，如美国不允删改前约而强迫续约，即全面抵制美货。他的提议受到与会者的一致赞成。消息传至宁波时，宁波地方市民自发组织了"不忍坐视社"，并电致曾铸"美禁华苛约，仰承热力，首创抵制诚同胞之生佛，即美国之林肯""朴等有志未建不忍坐视，爰集一社自行实行外，刊就传单，冀动绅商之听，几籍舒公愤之情"。

这次会议还致电外交部、商务部、南北洋大臣，"吁恳竣拒画押"；并通电各地商会，要求协力拒约，"相戒不用美货，暗相抵制"。

7月20日，两月期限届满，而清廷与美驻华公使无动于衷，引起上海各界市民的强烈义愤。次日，曾铸代表上海总商会召开千余人大会，出席的各帮商董会议中有铁业、火油业、木业、机器业、五金业、洋布业、面粉业七大行业的头面人物，率先当场签名抵制美货。会上"拍手之声，如雷震动"。会后，曾铸发表《留别天下同胞书》，表示若抵制美货运动不能胜利实行，将不再出面领导。

在这次抵制美货大会上还通过致全国35个商埠通电，至此，宣告全国抵制美货运动正式开始。据报载，上海有20多个团体、80多个行业参加这场运动。美国教会学校也奋起响应，教员、学生停课，连小学生也不买美国文具。小说家吴趼人到处发表演说，称这场运动是与美国的一场"无形之战"。在全国160多个城市参加的抵制美国运动中，迫使美国对华贸易遭到严重影响，也使美国工商界和政府大为惊恐。8月下旬，美国驻华公使柔克义转传美国总统罗斯福的意向：承认"以苛酷手段而行禁工之律为不公"，并提请美国议会修改。1906年7月，《条约》经过修改，取消污辱性的《伯蒂伦登记法》以及改善华工生活待遇等条例。

梁启超曾撰文热烈赞扬这场运动的领导人曾铸，说他能在"极短之晷刻，而能动世界两大国国际之关系，使地球诸国瞠目结舌，奔相告曰：'中国不可侮！中国不可侮！'"

1905年的抵制美货运动，引发了全国性的爱用国货运动，有力地推动了实业救国和国货思潮的发展。

四、捡破烂出身的哈同与哈同花园

（一）邂逅罗迦陵成地产大王

哈同是英籍犹太人，生于伊拉克。父亲是孟买一名小商人，哈同是他的第五个儿子，生于1851年。由于父亲早逝，哈同一家生活困难，少年时哈同经常去捡破烂、煤渣，找西瓜烂菜。1871年，哈同20岁时母亲病死，次年他从孟买到香港谋生。22岁时他只身流浪到上海，身无分文，在上海又无立足之地。经犹太亲戚介绍，在老沙逊洋行当门卫至业务管事。由于他勤劳、机敏，不久升任领班和行务员。10年后，又任新沙逊洋行大班协办。哈同不但在职务上节节高升，社会地位也突飞猛进，先后担任法租界公董局董事和公共租界工部局董事。1901年，他自办"哈同洋行"，以经营地产为主的业务。由于他严格遵守犹太教义，勤俭刻苦，以及独特的经营方式，不到10年便腰缠万贯，成为上海滩上的"地产大王"。据统计，在哈同去世时所拥有的不动产有土地4449.098亩，住房544幢（包括占地300亩的"哈同花园"），办公大楼24幢，旅馆饭店4幢以及仓库3座。另外，他还拥有大量的动产，据英领事署估计约值400万英磅。

一个冒险来闯上海滩的穷犹太人，怎么会如此迅速地一跃而成为上海第一大富翁？

一是他早年曾贩买过鸦片，从中国掠夺资金。但哈同来沪时，鸦片进口贸易已让位给棉纱，加以上海多次"禁烟"，所以哈同在贩卖鸦片中所得甚少。

二是放高利贷。在老沙逊洋行时哈同经常到沙逊的仓库向急于求得一箱箱鸦片、棉纱的中国商人收取"买路钱"，几年以后，他将所得积蓄借给他人以收取高利贷，获利甚丰。

三是为主子沙逊出谋划策，使沙逊洋行在从事地产事业上发大财而获得不少奖金。1883年中法战争爆发，开始时清军与黑旗军在越南北部大败法国侵略军。消息传来，上海租界地皮大跌，时任地产部主任的哈同建议沙逊乘机大量购进低廉的地皮。沙逊听从哈同的建议。不久，清政府向法国求和，租地猛涨。沙逊一转手，地产部盈利达50万两！

哈同以为自己可获得5000元的奖金。事后沙逊出于妒忌却派哈同去账房间帮忙。哈同受到这一冷遇，遂辞职去新沙逊洋行，当上了该洋行的协办，其间他为新沙逊洋行建树甚多，后任法租界工部局董事。1901年，哈同决定结束打工生涯，自立门户，开办"哈同洋行"。

哈同能够自办洋行，主要原因是他邂逅罗迦陵后并与她结成伉俪。

罗迦陵为法国人的后裔，母亲姓沈，为福建人，给她取名为"俪苏"，"迦陵"是她作为佛门弟子的"法名"。她3岁亡父，成为孤女。少年时代曾为法国人当女佣后与他同居，法国人离沪后一去不返，罗作为一个孤女曾沦为卖花女和妓女。一次偶然的机会，哈同与罗迦陵相识而相爱。

哈同要自办洋行，除了他的一些积蓄外主要靠罗迦陵在与法国人同居时获得的两张道契。哈同以这两张道契向银行贷款购地造屋，又将房地产出租，并再贷款购进租界土地。1901年，哈同开洋行时，上海广东路、河南路、福州路之间较热闹，而福州路以及南京路一带，人口稀少，地价便宜。他采用"抵押（罗迦陵的两张道契）—买进—抵押—再买进—再抵押"的办法，用少量资金在南京路上购进大量土地。到1933年,他在南京路购买土地16块,面积111.578亩,占整个南京路地产的44.23%。南京路沿线的房地产近一半属于哈同。他还花50万两银子,用铁藜木(红木)铺设南京东路。这一带房地产价格因此大涨。

哈同收取的房租特别贵,在南京路至浙江路一带,每平3米年租达银12两。在哈同去世那年,光是租金,每年收入达250万两以上。时称:"哈同睡过一夜,可进白银七千两。"

(二) 美轮美奂的现代大观园

1886年9月24日,哈同与罗迦陵在上海结婚。因婚后无子,于1900年赴镇江金山寺进香。寺中有位乌月山僧,原名黄宗仰,自幼博览群书,出家后萌发佛教"普度众生"之志。罗迦陵住在寺中深得黄宗仰教诲,遂将原名俪苏改为"迦陵",开始信仰佛教,并拜黄为师。黄宗仰在与哈同夫妇交谈中滔滔不绝地讲述各地风景名胜,从而启动了哈同夫妇建筑花园的夙愿。

1902年春,哈同夫妇的花园开始建筑动工,花园的总设计为黄宗仰。园名"爱俪园",也由黄宗仰建议:哈同的名字是爱隆,夫人原名俪苏,两名各取一字,合为一起叫"爱俪园"。园址"北至静安寺路,南至福煦路,东至西摩路,西至哈同路。其中建筑物参用中西日本之式,结构富有诗意。门禁森严。"爱俪园内有"楼八十、台十二、阁十六、亭四十八,还有十大院落、九条马路、七乘桥、四小榭,大小树木,八千有奇,洋洋大观,不胜详述。"该园主要建筑物有三:一为佛教寺院。二为华严大学(后改为仓圣明智大学)。三为广场中之哈同之墓,全用汉白玉筑成,富丽堂皇,花费百万银两。墓两旁左为铜铸哈同坐像,右为哈同立像,"大腹便便,状甚威武,遍体黝绿"。

哈同花园景色典雅,亭台楼阁、假山池塘、小桥流水,加以匾额楹联无数。曹聚仁在其游记中说,游完该园,既似《红楼梦》中刘姥姥初到大观园,也仿佛是昆明湖上的颐和园。

(三) 并非"世外桃源"

哈同花园不仅以景色之美著称,并且涉及名人史事极丰。其中有两名为关键人物:一是哈同花园的总设计师黄宗仰;二是在花园兴建时的奇人姬觉弥。

黄宗仰在出家后萌生济世献身之志,从日本游历后于1901年到上海,曾任"中国教育会"会长,支持"苏报案",在营救章太炎不成后,避难日本。在孙中山教导和鼓励下,重返上海,从事反清活动。1903年资助蔡元培、章太炎等建立"爱国学社"。他一面为哈同夫妇建造花园尽心竭力,并创办"播演经文"的华严大学;一面为推翻清王朝奔走呼号,与革命党人在张园等地宣传君主立宪,后又借哈同花园作为同盟会的活动场所。上海光复后,他积极支持孙中山的反清斗争,并多次邀孙中山住入哈同花园议事。当革命军粮饷难筹,他以"佛缘"为名,请求哈同夫妇捐资3万元接济。黄宗仰曾对我国民主革命事业作出过不少的贡献。

姬觉弥,原姓潘名林,自幼走南闯北,在哈同花园初建不久,由洋教士李提摩太介绍,改名姬觉弥,进入哈同花园。此人城府很深,机灵多变又善解人意。自称童年走燕赵之地后去京津,再由土耳其及欧洲诸国。见哈同夫人和黄宗仰时即下跪,拜二人为师,颇得两人欢心。

姬觉弥自知学问不能与黄宗仰相比,后自称为仓颉后人和知音,一面教罗迦陵学北京话,一面趁华严大学散伙之际,怂恿罗迦陵另办一所仓圣明智大学,聘罗为校长。他聘请名儒大师康有为、王国维、罗振玉等遗老遗少前来教学。

姬觉弥为了提高哈同夫妇的身价,不断怂恿罗迦陵去天津见隆裕太后的母亲。在天津时他通过太监老福晋想伴罗进京晋见摄政王,后因京师发生汪精卫谋刺摄政王的案子未能成行,但太监老福晋代罗迦陵给太后送上了一笔重金,还带来太后御笔"福"字立轴。

罗迦陵回沪途中对姬觉弥的办事能力极为满意,不久姬觉弥被升为哈同洋行买办兼哈同花园大总管。从此,黄宗仰被姬觉弥排挤,除专心刻印集佛经大成的《大藏经》外,不问他事。但姬觉弥见黄刻经,则组织一批学者编成古籍《学术丛编》和《艺术编》。黄宗仰热心结交和支持孙中山等革命人物,姬觉弥则竭力拉拢末代皇帝和皇亲国戚以及军阀、遗老,两人的政治态度判若水火。据记载,黄、姬两人曾不止一次发生争吵甚至殴打。被人称为"世外桃园"的哈同花园一时成为进步的时代潮流和反动逆流的冲击之处,而哈同夫妇则周旋于两种势力之间,折衷于各种人事纠纷,堪为难能可贵。

1931年哈同去世,因他与夫人无生育,收有外籍和中国义子女数十人,为了争夺哈同遗产,纠纷经年不断。至1941年哈同夫人去世不久,太平洋战争爆发,日军占领租界,宣布接管哈同花园,并将园内所藏金银财产和书画文物洗劫一空!新中国成立后,哈同洋行被上海市人民政府接管。1955年,在哈同花园原址上建成中苏友好大厦(现为上海展览馆)。

五、鲍咸昌与商务印书馆

（一）盘进日资企业成立商务印书馆

　　1897年，宁波鄞县人鲍咸昌（1864—1929）与其妹夫夏瑞芳等亲属在上海共同集资创办了商务印书馆。鲍咸昌生于1864年，父亲鲍哲才是上海基督教长老会清心堂的牧师。鲍咸昌少年在清心学堂读书时父亲已故，他在校半工半读，在学校附设的印刷工场劳动，先后学会了中英文排字、手工印刷等技艺，毕业后进入长老会所办的印刷厂当学徒。至1896年，因在厂内经常受到美国经理的无理训斥，为不再受洋人欺侮，他将数百元的积蓄，与其兄鲍咸恩、妹夫夏瑞芳三人决定以共同集资方式开办一家印刷厂。同年，鲍咸昌等三人到日本考察印刷业务。他们对日本的先进印刷技艺钦慕不已，回国后订购了印刷机和新字模等材料，并在江西路一条里弄里租得三间工房，雇佣工人，于1897年2月正式开张，接印外商商务文件及《圣经》等宗教书籍，取名为商务印书馆。公推夏瑞芳为经理，鲍咸昌主管印刷业务。

　　创办之初的商务印书馆，只有几台破旧的印刷机，实际周转资金仅3750元。最使鲍咸昌感到不满的是印书馆仅仅承印外来的印刷业务，他更希望能拥有自己的出版机构。

　　1898年，清政府下诏实行新政，国人学习外语之风日盛，商务印书馆抓住这一机遇，请人将教会学校所用的英语课本翻译成为中文，汉英对照排列，取名《华英初阶》。此书一出，大为畅销。不久又出版高级英文课本《华英进阶》。这两本英语入门教材，深受人们的欢迎，在社会上流行十余年之久。次年，又出版了我国第一部《中英字典》。商务印书馆的业务发展虽快，但由于印刷设备陈旧，技术落后，不利于企业的进一步发展。此时，适逢日本最大教科书出版机构"金港堂"想在中国寻找合作伙伴。金港堂资金雄厚，技术一流，于是商务印书馆与金港堂经过谈判，签订合同，决定自1903年10月起商务印书馆改组为股份公司，资本20万元，双方各占一半，但经理和董事必须是中国人，且中方有权随时辞退聘用的日籍职员。这次中外合资之举，在当时国内文化企业界实为首创。合资后，商务印书馆的资金充裕，在虹口、闸北两地建了厂房。最使鲍咸昌感到高兴的是引进日本先进技术，使商务版的印刷质量大为提高。

（二）引进技术人才，加强内部管理

鲍咸昌为使商务印书馆的印刷品精益求精，不仅引进日本的彩色石印等技术，还引进欧美不少大型地图平板机、照相修版、制版技术等先进设备，并聘请日本、德国、英国专家来馆工作。在1910年意大利举办的都郎博览会和1911年德国德莱斯登万国博览会上，商务印书馆的精美印刷品均获得优等金奖，名扬海内外。鲍咸昌负责的商务印刷所，不仅致力于引进先进技术和人才，更重视内部管理。他将全所分设管理、生产、制造三部，各部权责明确，分工合理，通力合作，鼓励各部改革创新。如管理部，下设负责设计所承接的各种教科书、读物、文件、商标等近10个部门，均有专人负责。经过鲍咸昌的一番组织整顿，使业务繁多、规模宏大的印刷所成为一个高效率的有机体，业务最盛时有职工近2000人。

另外，鲍咸昌领导的印刷所在改革中使规章制度逐渐完备。如鲍咸昌重金聘请一位从国外学成回来的会计师革除混乱的旧式收付账簿，一律采用新式会计制度；又如严格执行新考勤计工制度和修订排版字数计算方法。至于人事制度方面，鲍咸昌坚持向社会公开招收职工，不符考绩者不得进入所内，并以平时考绩和德才兼备标准选拔班组长，且要求上下职工各司其职，分层管理，统一领导。由于鲍咸昌运用先进技术和科学管理方法，使印刷所的工作效率不断提高，从而保证了繁重印刷任务的及时完成。

随着商务印书馆在印刷技术和质量上的不断提高，其规模也不断扩张。1905年，商务印书馆在北京设立第一家印刷分厂，鲍咸昌从上海调出管理和技术人员多人，主其事。之后，商务印书馆在全国主要城市设立38家分馆，1905年，其资本股份从20万元增至100万元，职工人数达4000人以上。

（三）在与中华书局竞争中获胜

1910年起，进入鼎盛时期的商务印书馆遭到中华书局的挑战。

事情的开端是因夏瑞芳陷入了1910年上海发生的橡皮股票风潮，他私自动用商务印书馆的资金参与投机而失败，亏损数百万元。辛亥革命初，各地分馆资金一时无法投入上海。正当商务印书馆处于财务困难时，一批被辞退的职员各奔前程，其中有一位是商务编译所出版部部长兼国文部编辑陆伯鸿。

陆伯鸿为人精明能干，他预计辛亥革命后教科书必须重新编写，暗中设立印刷工厂并拉拢原商务编译所、发行所的戴克敦、沈知方等人以2.5万元起家，于1912年初成立中华书局，并出版"中华新教科书"。陆伯鸿抓住商务印书馆有日本人投资的问题,在报上刊登"中国人须用中国人教科书"的广告,影射商务印书馆是中日合资企业,使商务印书馆的声誉受到严重影响。在舆论压力下,1914年1月,商务印书馆董事会决定收回日股,从此商务印书馆成为全部由国人自办的企业。

在与商务印书馆竞争中,陆伯鸿以股份制方式将经营资本总额增至160万元,并引进国外先进印刷技术设备数百台。数年后,中华书局已有工程技术人员和职工1000余人。至1936年,中华书局在全国已拥有40余处分局,职工达3000余人,资本总额扩充至400万元,一举成为我国出版界的巨擘,陆伯鸿出任上海书业同业公会主席。

中华书局与商务印书馆的竞争首先从小学教科书开始。1912年元旦,即中华民国成立当天,中华书局将早已秘密编印的"中华新教科书"在上海各大报刊上广为宣传,在河南路南京路口成立发行所,并广泛向各小学征订春季开学时的用书。由于中华书局的教科书均印有临时政府制定的五族共和五色国旗,而商务印书馆的教科书则仍印有清政府的黄龙旗,使商务印书馆旧教科书败下阵来。1913年,中华书局编印一套每种12册的"中华新教科书";商务印书馆编印一套每种8册的"共和国教科书"。两家书店在新闻媒体上连续做了20天的广告,各自宣传自家教科书的优点。由于商务课本内容更符合新学制的规定,印刷精良,并采取降价促销措施,使销售量超过中华。

其次是杂志、辞书的竞争。商务印书馆的《东方杂志》创刊于清末,销路甚广,由杨贤江主编的《教育杂志》《学生杂志》思想倾向进步,在国内影响很大。中华书局随之于1915年发行由梁启超主编的《大中华》月刊,名噪一时,后又发行《新中华》半月刊,仅创刊号即发行1万余份。在1915年中华书局出版《辞海》之前,商务印书馆已出版过《辞源》,颇负盛名。但中华书局聘舒新城主编的《辞海》内容更为广泛,并在自然科学部分附以图样,成为我国近代规模较大、应用十分广泛的一部古今汉语大辞典。为应对商务印书馆的《教育杂志》,中华书局发行了《中华教育界》杂志,另外出版了《中华英文周报》《实用大字典》《国语读本》《小朋友》《少年中国》等多种普及性读物,与商务印书馆开展激烈的竞争。

商务印书馆与中华书局经过几年的激烈竞争,双方都有损抑。后终于实现和解,不再在社会上公开相互为敌,这对于发展我国文化教育事业具有良好的促进作用。鲍咸昌在此期间曾多次赴欧美考察,引进不少先进的印刷设备,并在编译所聘用诸多名人,加上资金雄厚,使商务印书馆所出版的书籍无论在数量和质量上均胜过中华书局一筹。

(四) 编译所硕果累累

早在1901年，鲍咸昌就与夏瑞芳商议，为提高商务印书馆的文化品位和发展民族文化，决定成立编译所。1903年聘张元济主持这项工作，出任所长，后任商务经理、董事长。

张元济（1867—1959），清光绪时进士出身，任刑部主事，总理各国事务衙门章京，思想维新，提倡西学。后因参加维新变法，失败后迁居上海，任南洋公学译书院长，与蔡元培合办《外交报》。张元济进入商务编译所后，首先在教科书和杂志的内容上加以革新，如1910年创刊的《小说月报》以刊载文言小说和旧诗词为主，为鸳鸯蝴蝶派的主要阵地。自1921年1月起由沈雁冰主编，进行全面革新，采用白话文，积极介绍世界文学名著。张元济协助鲍咸昌聘请各界著名学者加盟商务，如王云五、胡愈之、何公敢、竺可桢、郑振铎、沈雁冰等专家、学者。1924年，全所编译人员达240人，是该所人才荟萃的鼎盛时期。张元济、鲍咸昌两人协作融洽，并注重青年人才培养，经常派遣有才智的青年出国留学考察。如资助胡愈之留法，后出任《东方杂志》主编；让美术编辑万籁鸣半脱产向留法画家学习绘画，后成为著名动画片专家。

1914年，夏瑞芳被人杀害，几年后鲍咸昌任商务印书馆总经理。他更积极支持张元济整理、编印古籍的宏大计划。由张元济在商务印书馆创建的涵芬楼，至1926年已拥有各类藏书46.3万册，各类图片、照片5万多幅，成为当时闻名海内外的文化宝库。其时，张元济又规划出版《辞源》《中国地名大辞典》《中国人名大辞典》以及由涵芬楼所藏的古今图籍编汇的《涵芬楼古今文钞》（共100册）。为支持张元济实现"能使古书多流传一部，即保存上多一份效力"的夙愿，鲍咸昌不惜工本开印张元济编辑的古籍《四部丛刊》。该书工程浩大，经张元济编纂后，集中了涵芬楼所藏的自宋、元、明、清以来的各种精刻本、抄本、校本与手稿本，全书分经、史、子、集四类，计350种8548卷，共2100册；后又增加校勘记，共2112册。1926年重印本问世后，海内外读者订购踊跃，伦敦、巴黎、华盛顿等国家图书馆多有收藏。另由张元济校印的《百衲本二十四史》，亦引起学术界的重视。以上两种规模浩瀚的巨籍，经鲍咸昌精心印刷得以问世，为抢救中华民族文化遗产，保存祖国文物国粹，发扬优秀文化传统作出了重要贡献。

1926年，鲍咸昌为将商务印书馆所藏各类图书50万余册加以集中保存，拨款50万元在宝山路建造了一幢高5层的藏书大楼，后名为东方图书馆，公开对社会开放。

1929年冬，鲍咸昌因支气管炎发作，于11月9日病逝于上海，终年66岁。

1932年"一·二八"事变的第二天，日本侵略者竟对商务印书馆这一文化机构狠下毒手，一阵狂轰滥炸，把处于闸北的商务印书馆编译所、印刷所和东方图书馆，全部夷为平地。12月1日，日本浪人再次闯入东方图书馆，将日机轰炸时未毁之图书全部焚毁！张元济愤慨地说："工厂、机器、设备都可重置，唯独我数十年辛勤搜集所得数十万册书籍，毁于一旦，是则无从复得，从此在地球上消失了！"

六、 上海大闻人虞洽卿

（一）读"雨书"少年当上买办

虞洽卿（1867—1945），名和德，以字行，出身于浙江镇海龙山镇的贫困农家。6岁丧父，一家四口，一个姐姐、二个弟弟和母亲。家中生活全靠母亲方氏弹棉花和做针线活维持。虞洽卿是长子，少年时，经常到海边摸海螺、拣蚌蛤、打零工补贴家用。他见同龄少年能读私塾十分羡慕，塾师虞世民见虞洽卿聪明伶俐，就免费收他为学生，让他每逢雨天不能出门干活时，就去私塾读书。虞世民把这叫做读"雨书"。

"希望明天又是个下雨天！"接连一周半月的阴雨让庄稼人都有些发愁，而虞洽卿却分外高兴，盼望这阴雨天再持续两天，这样他就可以读完《论语》，再读《孟子》了。由于塾师虞世民的"恩赐"和虞洽卿的苦读，少年虞洽卿断断续续读了三年书，为后来在上海滩叱咤风云打下了文化基础。

1881年，虞洽卿15岁时，随同乡虞鹏九到上海南市望平街瑞康颜料行当学徒。在学徒期间，虞洽卿白天勤奋干活，晚间上夜校攻读英语，因而得到老板的器重，数月后提升他为跑街。一日，虞洽卿得知一家德国洋行急于出手一大批颜料，价格很低，一些颜料行见这批东西外包装有些潮湿，怕质量有问题不敢买进。不久，虞洽卿得知德国人正在欧洲打仗，德商要马上回国，所以急于脱手这批颜料，于是他向老板建议迅速买下。后来，情况不出虞洽卿所料，瑞康行因此发了一笔大财，虞洽卿从中获得一笔可观的奖金。

1894年，27岁的虞洽卿进入德商鲁麟洋行做买办，他在推销大豆、茶叶、桐油中获取不少佣金和手续费，已有了相当积蓄。一天，他听说一位北京军需要员来沪采购一宗白布,染色后做军装。虞洽卿马上意识到这是出清鲁麟洋行仓库中大量积压白坯布的天赐良机。某日,他发现那官员正坐着马车兜风,于是,急雇一辆高大马车,许以重金,追撞上去。结果,官员的马车被撞得歪歪倒倒。官员大发雷霆,虞洽卿立即诚惶诚恐地"赔罪",答应赔偿一切损失,并送官员回家,再为他置酒压惊,又殷勤伴其游览沪上名胜。几番往来,彼此终成知交。不久,虞洽卿出清库存白坯布兼带染料的大宗合同也就水到渠成了。

小有资产后,虞洽卿便设法以财生财。他看准上海地产必然会上涨,于是尽力购进苏州河北、宝山路和海宁路一带的地产,获利颇丰。同时,虞洽卿还做进出口生意,设立升顺、顺征等地产公司和通惠银行。1896 年,虞洽卿花了 400 多两银子,向清政府捐得"道台"官衔,具备了绅商的身份。

1902 年,虞洽卿转入华俄银行任买办,次年转任荷兰银行买办,荷兰银行在华发行纸币又做进出口押汇等业务。虞洽卿在职 19 年内使该行发展迅速,获得巨额利润。1929 年 2 月荷兰政府颁给他勋章,并赠皇室保存了 200 多年的自鸣钟一座。虞洽卿在三家洋行任买办,这为他日后在调停一系列的租界华洋纠纷中取得成功奠定了基础。

(二)见义勇为,崭露头角

虞洽卿在上海滩上的声名鹊起是因为他在"第二次四明公所"中的影响。四明公所是在上海的宁波同乡于 1797 年创建的,1862 年被划入法租界。1874 年租界当局借口修路,企图武力征用,经宁波同乡的强烈抗议和斗争,迫使法租界当局签约,表示不再征用,是为"第一次四明公所事件"。

1898 年 5 月,法租界当局背弃前约,以修造学校、建造医院为由欲强行征收四明公所地产。7 月 15 日,法国驻沪总领事向上海道发出最后通牒,限令四明公所交出产权。

四明公所董事会当即召集扩大会议,出席会议的有严信厚、朱葆三、叶澄衷、沈仲礼等,另有绅商和工人代表虞洽卿和沈洪赉列席会议。严信厚介绍了法国驻沪总领事白藻泰照会上海道台的情况,说上海道台已明确答复法国人的通牒尽是无稽之谈,不予理睬,公所应立即采取行动,并派人与他们交涉。会议讨论结果,认为严信厚、叶澄衷、朱葆三等会董均已年迈,决定由热心公益、富有正义感的虞洽卿和工人代表沈洪赉两人来办这件大事。

虞洽卿、沈洪赉两人接受公所董事会的任务后,立即商定书面意见书,并将 20 年前的《四明公所协议单》带往法国驻沪总领事馆,白藻泰在应付了两位代表后即调集法舰水兵在次日清晨出动,准备去四明公所拆毁围墙、坟地，强占公所。

沈洪赉作为工人领袖早已得知这一消息，率领千余名宁波籍劳工在四明公所周围戒备。次日清晨，果然有100多名法国水兵荷枪实弹来到公所的全部交通要道实行戒严。于是，水兵和工人双方对峙。不久，白藻泰来到现场，一面指挥水兵去拆除四明公所围墙，一面招来一批法租界巡捕冲进四明公所把工人拼命往外驱赶。沈洪赉感到工人们手无寸铁，好汉不吃眼前亏，正欲寻找虞洽卿商量如何与对方谈判时，突然听到一阵枪声，法国水兵向人群开枪，2名洗衣工人当场死亡，10余人受伤。沈洪赉立即下令撤退，安顿好死伤人员后去找虞洽卿和严信厚。

在严信厚寓所召开的四明公所董事紧急会议上，众董事们一致提议，除了要向法国驻沪总领事馆提出严正交涉外，并电致清政府照会法国公使，进行交涉。但法国人毫无让步的表示，反而敦促水兵们连夜刨挖四明公所内的坟茔。

7月16日，旅沪宁波同乡在四明公所董事会的号召下纷纷来到现场，阻止法国人的强盗行径。法国水兵和巡捕居然向手无寸铁的人群开枪，当场打死17人，伤者数十人。

旅沪宁波同乡人士愤怒了。他们通过四明公所董事会发出号召，各业宁波人一致举行罢工罢市并举行游行以示抗议。上海广大市民群众也群起声援，形成了中国近代第一次声势浩大的罢市局面。当天下午即有不少商店拒售食物给法国人，四明公所周边和法租界不少街道店铺关门歇业。《字林西报》载："南市里咸瓜街自施相么弄迤北，外咸瓜街自如意弄口，里马路大码迤北，直达十六铺桥、陆家石桥，一律闭门罢市。"同时，旅沪粤民也在法租界集合各界人士结队游行，以示声援。英国《字林西报》又报道："本埠商界顿时大乱特乱。"美国总领事古德惊呼："上海约有三分之二的商店关门，全部中国钱庄停止营业，贸易陷于停顿，驶沪各航轮无法装卸货物，没有一家洗衣作坊开张营业，马路上只有为数极少的东洋车和马车。"英国领事也承认，罢市"对于上海贸易已产生极其严重之影响"。

上海租界的英、美、德、意等国人士纷纷指责法国人，让他们放弃四明公所。但法国人依然不予理睬。

沈洪赉向四明公所董事们报告，由于罢市，千余名劳工正面临着断粮断炊的困境，提出动用四明公所的公积金。但当时公所积蓄有限，虞洽卿建议将存放的200口棺材卖掉以解燃眉之急。另外，由虞洽卿领头率宁波帮工商界人士捐款，使工人们能继续与法国人抗争。沈洪赉率领洗衣工及其家属采用游击方式，不时向法国人扔石块、砸砖头，打碎路灯，堵塞法国人住宅的水道阴沟，法租界一时垃圾遍地，夜晚漆黑一片。

7月18日，上海道台蔡钧为平息事端，要求四明公所下令开业，但遭董事会的拒绝，他们表示：等到藩司聂缉椝到达后与法国人会晤，再视事态的发展而定。20日，聂缉椝召集董事们议事，要求尽早开市。后经过中国政府与法国政府交涉，在21日由四明公所向全市发出数千张传单，罢市宣告结束。中法双方达成四项协议：

  一、由上海道台划出周泾（今西藏南路）以西、打铁浜以东的地产作为法租界的新界。
  二、维持四明公所土地权，法租界再次重申保证永不侵犯四明公所。
  三、四明公所坟地不得掩埋新尸或停柩，旧坟陆续起运回籍。
  四、四明公所土地上可以开筑交通所需要的道路。

从这四项协议中可以看出，四明公所终于得以保住。但由于清政府的软弱无能，法租界实现了扩张的目的，四明公所的权益也受到了一定的损害。

在这次四明公所流血抗争中，表现了在沪宁波帮以及上海民众反抗殖民主义者强盗行径的正义精神和英勇气概。这次事件也是"甬商众志独成城"的体现，宁波帮在上海乃至全国产生了巨大的政治影响，在近代中国人民向列强进行经济斗争和政治斗争史上谱写了光辉的一页。

在这次四明公所事件中，以虞洽卿和沈洪赉为首的董事会在斗争中发挥了组织动员的领导作用。虞洽卿在严信厚、叶澄衷等人褒扬他的功绩时，认为这一事件的胜利是"民气压到洋气"，表现了可贵的民族气节。作为上海工商界的后起之秀，当四明公所被占，严信厚等老一辈董事表示畏难而萌生退意时，虞洽卿则态度坚决，"认为事犹可为，不稍畏惧"，与沈洪赉一起主张号召工商界人士罢工罢市，并对沈洪赉说："只需工商两界做我后盾，不怕法国人横蛮到底。"虞洽卿斡旋于英美领事和洋商之间，以洋行买办的身份对他们讲述利害、施加压力，表现了他善于对待各方人事的才干。通过这一事件他取得了同乡的信赖，不久当选为四明公所会董。

1904年，在拒俄运动热潮中发生了一场周生有事件，这是虞洽卿参加的第二次群众抗外运动。拒俄运动早在1901年由上海绅商发起，至1903年因俄军侵占奉天而达到高潮。1904年2月，日俄战争爆发，国人仇俄情绪日益高涨。12月15日，俄国海军驱逐舰阿思哥尔号水兵亚其夫在外滩拒付车资，殴击车夫，以乱斧杀死甬人周生有，引起甬籍市民和上海广大市民的公愤，纷纷要求俄驻沪领事严惩凶手。但俄方有意袒护凶手，将其释放回舰。为此，市民要求四明公所和上海总商会出面解决，否则要冲进领事馆，捉拿凶手，烧毁房屋。当时朱葆三要虞洽卿出面来调停，虞洽卿知道洋人居然在光天化日之下打死宁波人，随即来到俄国领事馆义正词严地进行交涉。俄国人开始多次推托，经虞洽卿一个多月的积极努力，终于迫使俄国人给死者一笔抚恤金，凶手亚其夫被判监禁8年并押解回国。这事平息后，虞洽卿又一次赢得了好名声。

（三）大闹公堂案中名声大振

在周生有事件后的第二年，即1905年，上海发生了一件"大闹公堂案"的事件。

所谓"公堂"，是指1864年由租界领事巴夏礼提议设立的一个华官审判庭。这个审判庭专门处理公共租界内发生的华人违法案件。1869年4月，英国领事馆在原领事衙门正式成立会审公廨（又称会审公堂），地址设于花园街香粉弄内。其下分设三个法庭，由外国人为陪审官，中国理事官为主审。

1905年12月初，四川的官眷黎黄氏因丈夫亡故，携15名婢女绕道上海，准备回广东老家。不知怎么的被英租界巡捕抓住，投入捕房，指控她是拐卖妇女的人口贩子。此案由中英联合的会审公堂审理。中方主审官为清朝命官关炯之、金绍成，英方陪审官为英副领事德西门。审讯中，关炯之认为：黎黄氏乃朝廷命官的遗孀，家中仆人与她有人身依附关系，她蓄养婢女为大清条例所允许，其丈夫去世，她携带婢女回籍是天经地义之事，不足为怪，所谓拐带人口罪不能成立。

陪审官德西门十分高傲，坚持用西方的一套来定罪，认为黎黄氏侵犯15名年轻女子自由。因她们与黎黄氏非亲非故，黎黄氏剥夺他人自由，肯定有罪；并坚持按贩卖人口罪论处，把黎黄氏等人关进西牢。

关炯之见对方如此霸道，气愤地说，"本官代表上海道在此审案"，立即将牌令往台下一扔，"将黎黄氏等人押进女押所"。

德西门虽是陪审，但根本不把华人官员放在眼里，大骂"你们中国人是野蛮民族"，一定要将黎黄氏押进西牢。在双方争执中，德西门与关炯之扭打起来，当场将关炯之的朝服撕破。这下在场的华人差役立即大乱，与金绍成一起阻拦西捕捕头木突生抢关炯之的钥匙的行为。木突生将差役打倒在地，并殴打关炯之。最后，英国巡捕砸开中国监牢大门，把黎黄氏等推进囚车，扬长而去。

第二天上午，"大闹公堂"之事见报，激起上海市民公愤，许多人聚集老闸巡捕房，在一片抗议声中，几乎要放火烧巡捕房。后英印巡捕冲至人群，人群再向英国领事馆抗议，并火烧英国领事馆汽车，英国巡捕和水兵开枪打死华人11人，伤30余人。

上海道台袁树勋万分惊恐，恳请朱葆三、周金箴、施峻青和虞洽卿四位宁波帮商界名人与租界当局交涉。后朱葆三、周金箴、施峻青三人感到为难而退出，唯虞洽卿顶风而上，知难而进。他认为此事"华官尚复侮辱"，若不据理力争，"商民之受辱必日甚一日"，表示决不罢休。虞洽卿日夜邀集各方人士商讨对策，发动全市罢工，动员受雇于外国人的华工一律离职，租界华捕罢岗，并提出凡宁波同乡应该站在斗争的前列，以张扬宁波同乡的名声！于是，在虞洽卿的鼓动下，为英国人服务的员工实行无限期罢工，使英人寸步难行，寝食不安。虞洽卿凭他多年的买办经验，对洋人实施分化手段。他拜访了德、俄、日、荷等国的领事馆，向他们指陈利害：上海为大清国土，理应按大清律行事；英国副领事德西门当众辱骂我大清命官，实属无礼又无理；英国捕头殴打主审官，此乃暴行，实难容忍。现全国人民均在拭目以待，看友邦各国是否能伸张正义？否则国人与各友邦如何合作？

这一番"以夷制夷"的策略起了关键性作用，各国领事遂向英国领事施加压力，促使英国人作出重大让步，与上海道台袁树勋及虞洽卿等工商界代表达成如下协议：撤去德西门的陪审官职务；英租界工部局向中国官厅赔礼道歉；撤惩侮辱厮打华官之捕头；黎黄氏案由原陪审官陪审，黎黄氏一行与被捕之华人五百余人一律释放；商人开市、员工复工、巡捕复岗。

这次交涉告捷后，上海广大市民及报纸舆论盛赞"虞洽卿是宁波人的老大，是宁波人的阿德哥"，并在南京路上放鞭炮以示庆祝。

（四）创办华人体操会，参加辛亥革命

随着大闹公堂事件的胜利，虞洽卿深知在租界内华商没有社会地位，也无法指望视洋人若虎的清政府，唯有靠自己的力量。

第一步，他设法让华商挤进工部局设立华商董事，在写给工部局的信中指出，处理工商事务，仅靠西董缺少华商难办大事。工部局经一番考虑特告虞洽卿一人参加华董。这给虞洽卿出了难题，自己一人参加，在工部局西董中人单力薄，作用不大；个人要求申请成华董必为旁人取笑，甩下朋友怎么做调停人？于是虞洽卿与商界各头领商议，共同要求工部局增加华董名额。但工部局只同意成立一个华商咨询团体。1906年2月，各界华商开会选举虞洽卿、朱葆三、周金箴等7人为董事，其作用在于代表华商与租界洋人充当调停人，并无实际作用，只有一个虚位。但一个月后即被租界洋人纳税人年

会否定这一机构，工部局只得宣告这一华商机构取消。

虞洽卿毫不灰心，他审时度势又想出一条新的计划——建立一个华商武装团体，以扩充自己和华商之实力。

当时上海租界有万国商团，是保护外商利益之武装组织。虞洽卿与朱葆三、傅筱庵等人商议，既然商团是"万国"的，作为中国商人理可成立华商武装自卫的组织。经过虞洽卿等人与上海商界人士多次奔走呼号，终于受到各界华商之赞成与支持。

为了不刺激洋人并获得洋人同意，这个自卫武装组织在1906年成立，取名为万国商团华人体操会，后改名为万国商团中华队。

立队开操那天，闸北操场人山人海，民众特地来看商人习武这一不平凡的场面。虞洽卿见许多穿惯长衫的队员不愿换体操服，他毅然换上制服，一身戎装列队于前，许多人纷纷随之改换戎装，在圣约翰大学毕业生伍教练的指挥下，开始"一二一""一二一"地操练起来。

华商体操会开始有会员240人，后发展为400余人，一直由虞洽卿担任会长。1907年3月，当时清廷五大臣考察团回国，载泽、端方等人途径上海，虞洽卿率领那支华人体操队接受五大臣的检阅，受到他们的嘉奖。以后上海南市、闸北的工商界纷纷效仿，组织商团。后这支由各区商团参加的"上海商团"已成为一支武装队伍，他们在辛亥革命期间，参加攻打上海制造局，成为光复上海的一支武装力量，此后又担负了维持治安、运送军械的重任。

1909年，经虞洽卿建议，两江总督兼南洋大臣端方奏准清廷拨款，在南京举办规模盛大的"南洋劝业会"，展出全国各地物产，以资提倡实业，交流信息。虞洽卿协同端方主持其事。会期三月，观众达20万人次，轰动全国。不久端方调职，由张人骏继任，虞洽卿对这名盛气凌人的一品大员十分反感。后随着全国反清浪潮的不断高涨，虞洽卿的思想也随之变化，自称"自经劝业会之后，蓄心革命事业"。

辛亥革命前夕，虞洽卿在沪上同盟会秘密会所结识陈其美等革命党人，资助起义经费8000元，并与朱葆三等人在租界内设立"宁商总会"，作为革命党人活动的秘密集会之地。他见革命党人军械缺乏，于是四处奔走，向上海商界筹款10万元以供购买枪支弹药之用。

1911年11月4日上海宣告光复，陈其美等人决议武力进攻南京。由于南京军事头领张勋和铁良顽强抵抗，新军屡攻不下。朱瑞等派人回沪，催要军械弹药。虞洽卿当晚携巨款赶到苏州，策动江苏巡抚程德全起义，在民军等配合下，程宣告苏州独立。虞洽卿又紧急向上海的洋行采办了一批军火。

他担心路途遥远，辗转运送，极易出错，便决定亲自押送。他将一批军火运往南京时，新军与清军在雨花台附近激战正酣，新军将士见大批军火运到，士气大振，英勇奋战，终于攻克南京。

虞洽卿在前线"见军民备尝艰苦"，即返沪与胡寄梅、袁恒之等人发起"节费助饷会"，呼吁商民全力支持民军。

上海都督府成立后，虞洽卿被委任为上海军政分府外交副部长、闸北民政长，又被命为八顾问官之一。为解决都督府财政困难，由虞洽卿经手向荷兰银行借银100万两。

（五）"五卅"惨案中修改谈判条件

1925年2月，青岛和上海两地的日本纱厂工人进行多次罢工，这为上海"五卅"运动揭开了序幕。那时任上海市总商会会长的虞洽卿在北京段祺瑞政府任淞沪商埠市政会办，忙于同直奉皖各系军阀周旋，无暇顾及此事。

1925年5月15日，在上海的日本纱厂工人因不堪承受极其残酷的剥削和压迫，再次奋起罢工，取得一定的胜利。日本纱厂厂方为报复工人的罢工，枪杀了共产党员工人顾正红，打伤10余人，并逮捕前来支援罢工的学生，准备在30日审讯此事。

5月30日，上海两千多名学生在南京路等处散发传单，发表演说，反对日本厂方迫害工人，要求严惩杀死顾正红的凶手，围观者甚众。租界当局与日方勾结一起，派出巡警逮捕学生，立即激起人们的愤怒，在巡捕房门前聚集了1万多人，抗议非法逮捕。英方巡捕头领竟下令向群众排枪射击，当场打死30人，打伤数十人，又逮捕数十人。这就是著名的"五卅"惨案。在以后的3天内，上海掀起了更大的抗议浪潮，租界当局继续进行屠杀和逮捕，南京路上血流成河，并开始宣布戒严。

6月1日，上海总工会在中国共产党的领导下宣布成立，李立三、刘华为正副委员长，刘少奇为总务主任。会上决定与学生一道，联合工商界开展大规模的"三罢"——罢工、罢课、罢市。6月7日，由上海总工会、上海学生联合会和上海各马路商界联合会联合发起成立上海工商学联合会，统一领导这次运动。6月11日，在20余万人参加的市民大会上提出了与帝国主义交涉的17条，作为"五卅"惨案交涉的基础。17条内容如下：

（1）取消戒严令；（2）撤退各国海军陆战队，解除万国商团和巡捕的武装；（3）被捕华人一律送回；（4）恢复被封和被占学校的原状。以上4条为先决条件。（5）惩凶、交出主使及开枪之凶手论抵；（6）赔偿损失（包括死伤、罢工、罢市及学校被损害等四项）；（7）英、日公使公开道歉，并保证以后不再发生类似事件；（8）撤去工部局总书记鲁和之职；（9）华人有言论、集会、出版之绝对自由；（10）订定保护工人法不再虐待工人，工人有组织工会与罢工之自由，不再因罢工而开除工人；（11）分配华人任高级巡捕；（12）撤销印刷附律、加征码头捐、交易所注册三案；（13）制止越界筑路；（14）收回会审公堂；（15）华人有在租界任董事及纳税人代表之权；（16）取消领事裁判权；（17）永远撤退驻沪英、日海陆军。以上13条为正式条件。

会后，上海20余万市民在总工会领导下举行示威大游行，通过决议，对英、日实行经济绝交，限北京政府于14日以前将工商学联合会所提17条正式向公使团提出，否则号召全国实行"三罢"。这时上海市民的斗争方向，并不着重法律问题，而是在于废除不平等条约，收回租界，推翻帝国主义在中国的特权等政治问题。

6月初，虞洽卿不在上海，经过总商会副会长电促才返沪。虞洽卿在总商会大会上说："此案发生我尚在北京，南归后已与各方接洽，此案与英、法等国无关，我们与英国向无恶感。法租界罢市我曾劝商人照常营业。日本方面近已表示让步，对纱厂罢工可妥善解决。"又说："顾正红案是劳资纠纷，属经济问题，'五卅'惨案才是政治问题。"于是他开始组织成立一个"五卅委员会"，会上推出虞洽卿、宋汉章、秦润卿、傅筱庵、闻兰亭、王晓籁、袁履登等21人为委员，虞洽卿是当然的领导者。针对工商学联合会的17条，删去了虞认为过火的地方，另拟了一个13条，原文如下：

（1）撤销非常戒备；（2）所有因此案被捕华人，一律释放，并恢复公共租界被封及占据之各学校原状；（3）惩凶，凶手先行停职，听候严办；（4）赔偿伤亡及损害之损失；（5）道歉；（6）收回会审公堂，完全恢复条约上之原状，华人犯中华民国刑法或工部局章程，须用中华民国名义为原告，不得用工部局名义；（7）洋务职工及海员因悲愤罢业者，将来仍还原职，并不扣薪资；（8）优待工人；（9）工部局投票权案：甲、工部局董事会及纳税人代表会，由华人共同组织之，纳税人代表额数以纳税多寡比例为定额，其纳税人会出席投票权，与各关系西人一律平等；乙、关于投票权，须查明其产业为已有的或代理的。已有的方有投票权，代理的，投票权仍应归产业所有人享有之；（10）制止越界筑路，工部局不得越租界范围建筑马路。其已筑成者，由中国政府无条件收回管理；（11）撤销印刷附律、加征码头捐、交易所领照案；（12）华人在租界有言论、集会、出版之自由；（13）撤销工部局总书记鲁和之职。

如将总商会所修改的条件与工商学联合会所提的条件对比一下，就可以明显地看出这是资产阶级向帝国主义妥协所采取的偷天换日的手段，对于17条中之"撤退外国军警、取消领事裁判权、保障工人权利"等根本问题，都加以删弃，而对于"收回会审公堂""上海租界工部局投票权案"，则利用工人阶级和上海市民的流血斗争，以求达到他们的目的。

特别值得注意的是条文中删除了"工人有组织工会与罢工的自由"这一条，显然是从维护资本家利益出发的。而在13条中针对17条提出的"华人有担任租界华董及纳税人代表之权"所增加的内容特别详细，其目的是虞洽卿等人想达到多年之梦想。在"五卅委员会"的会议上，虞洽卿特别强调，"工部局董事会必须由华董参加，纳税人会全由洋人参加，我们华商却承担了七成税额，而我们名额一个都没有，这毫无公正可言"。

这13条遭到社会各界的强烈反对。6月14日，上海200多团体召开5万多人大会，会上指出："总商会的13条是牺牲民众利益，破坏国民团结，以与帝国主义妥协，本大会决不承认！"次日起上海《热血日报》接连发表《警告总商会》等社论，指出："我们应极力揭破官僚商阀等的阴谋诡计，铲除一切卖国罔民的奸贼！"

虞洽卿首先动员工商学联合会中商界代表邬志豪在联合会内坚持反对意见。其次动员商界人士开市，说工人罢工各地都有救济，商人损失不可弥补，并提出6月21日开市。最后，虞洽卿约请总工会李立三商谈开市时间问题。李立三表示，总商会要在报上表明三个态度，即可开市：继续实行对英、日经济绝交；提倡国货，抵制洋货；筹款援助罢工工人。虞洽卿答应上述三条，上海商界开市。后来，虞洽卿等三人当选为上海公共租界工部局华董。另外，虞洽卿与袁履登等三人当选为纳税人会的华人董事，虞洽卿还被选为第一届上海纳税人代表大会执行委员会主席。

虞洽卿在处理"五卅"惨案的过程中虽遭到民众的指责、唾骂，但终于得到工部局华董的资格，增加了与洋人打交道的资本。

（六）宁绍公司与洋商打票价战

1908 年，从宁波到上海这条繁忙的航运线上行驶的轮船，有英商太古公司的"北京轮"、中法合资东方公司的"立大轮"和官办招商局的"江天轮"。这些轮船的船长、大副、稽查等均由洋人充任，他们态度傲慢，歧视华客，仗势欺人，查票时对拥挤在统舱里的旅客横冲直撞，任意谩骂。虞洽卿在往返家乡镇海与上海时，也亲尝过这种非人待遇。

当时三家公司垄断这段航线，票价甚贵，统舱要卖一元大洋，为当时一石米价的 1/4，实为贫苦百姓所难承受。

虞洽卿在两年前以随员身份参加官方代表团，赴日本考察商务。在日本时受同乡老友吴锦堂影响，对吴锦堂创办实业致富深受启发，并看到日本国力强盛源于工商业的发达，遂萌发回国办实业的愿望。1909 年，虞洽卿以四明公所名义为维护同乡利益曾要求各公司改变服务态度和降低票价，但洋商置之不理，并互订密约，一致行动不降票价。

1913 年，虞洽卿与宁波同乡商议后决定创办宁绍轮船公司，资本 100 万元，推虞洽卿为总经理。虞洽卿先向马尾福州造船厂买来一艘"宁绍轮"，又买进一艘较小的"甬兴轮"，开始运行；后又添置"新宁轮"。但有了船只，还得有码头。洋商一开始就对宁绍公司设置种种障碍和刁难。当时上海黄浦江沿岸可设置码头的较好地段均被外商占去。虞洽卿先向日商租用外白渡桥东洋公司码头，遭到拒绝，继而又向法国领事馆对面南码头商借，也遭冷遇。最后才租得大达轮埠公司的十六铺的大达码头。

紧接着，在轮船票价上与洋商开展了一场票价争夺战。虞洽卿本着造福桑梓、为穷人服务的宗旨，把票价定为五角，并在统舱内树立一块牌子——"立永洋五角"，即每票五角永不变更。加上船上服务人员均为宁绍老乡，服务周到，使许多乘客有宾至如归之感，因而宁绍公司营业大增。这就使太古公司等外轮，常常放出空船。太古等轮船公司自恃资本雄厚，便把票价从一元降到三角，并向乘客赠送毛巾、肥皂，以招揽生意，东方等公司也如法炮制。结果许多乘客都被洋商拉去。面临困境，虞洽卿立即召开公司股东会，决定组织"船票维持会"，将票价降为三角，差额二角由维持会补贴。同时，虞洽卿以旅沪同乡会名义向宁波、绍兴和许多华商相约：把浙沪间的货运均交由宁绍公司承运。虞洽卿这一招迅速取得效果，于是一般宁绍旅客在票价相同的情况下都宁愿乘宁绍轮，不乘外轮。

不久，太古等公司不得不向虞洽卿做出和解的表示，并主动将票价回升到五角。虞洽卿的宁绍公司仍在船上树"立永洋五角"招牌，一场维护民族和同乡会利益的斗争终于以胜利告终。

在维持票价中，宁绍公司前后支出10万元的补贴，获得宁波商人的支持，其中虞洽卿的同乡好友吴锦堂捐资最多。

（七）三北集团堪称航运巨擘

虞洽卿是组织宁波旅沪同乡会的主要发起人，1911年同乡会正式成立后，他立志要把镇海龙山家乡建成一个"小上海"，在三北（慈北、姚北、镇北三地之简称）修筑一条公路，办了医院、学校。1913年，他又在龙山乡修筑海堤，建设码头，计划购置百吨舱船，往来于家乡与甬江，与甬沪线相接。虞洽卿的这一雄心壮志因在宁绍公司内部发生一场纠葛而得以实现。

1914年，在一次宁绍公司董事会上，董事长乐振葆提出，因公司资金暂时发生短缺，有人愿意以6万两购买"甬兴轮"。会上卖与不卖意见不一，各执一词。作为总经理的虞洽卿在听了众人意见之后，表示愿以6.5万两购买此船。会后虞将此轮转手租于外商，一年租金即达30万元，为原价的4倍以上。不久此事传到宁绍公司股东中间，引起轩然大波，有的要取消他的总经理一职，有的要向法院起诉，申请扣压"甬兴轮"。虞洽卿屡屡向股东们申辩，据理力争，并在报上发表申明："这次成交经董事会议决，何能指为舞弊营私！"后经前辈朱葆三出面双方调解，才将一场风波平息

虞洽卿辞去宁绍轮船公司总经理之后，决心在航运业上大干一场。1914年8月，第一次世界大战爆发，随着交战各列强注意力转移，不少洋商轮船驶向欧洲，给中国民族工商业者带来千载难逢的机遇，使中国近代经济获得空前未有的发展。虞洽卿审时度势，正式创办三北轮埠公司。总公司设在上海，于宁波、镇海、龙山等地设立分公司，股本总额定为20万元。虞洽卿自知个人财力不够，以宁波旅沪同乡会领导身份，四处奔走，借助几万会员和宁波帮巨商之力积极筹款。他首先找到甬商巨富严信厚之子严子均和傅筱庵等人。另外他向广大同乡会会员招股，以5元为1股，多多益善。半个多月下来，集得资金28万元，但创办一家轮船公司至少需有50万元资金。所缺20万元，获得严子均出资6万元，傅筱庵出资2万元。其余差额，由他以荷兰银行买办身份，从荷兰银行拆兑了15万元。

资金初备，虞洽卿亲自到福州马尾购得客货两用轮船一艘。后又购得奥国商船一艘，接着又买下了英国鸿安轮船公司，改名为鸿安商船公司，拥有"德兴""长安"两艘轮船以及宁沪等地的堆栈码头。他又卖掉自己的一些小企业，凑得资金100万元，购得5艘大轮，组成宁兴轮船公司。次年，他又购入"升有""惠顺"等火轮，以及日本的一艘"仁阳丸"。此时，虞洽卿

已拥有"鸿安""宁兴"和"三北"三家航运公司。这三家公司均由虞洽卿个人调度资金，在外借款时互做担保，如"三北"欲借钱，"鸿安"可作担保，"宁兴"要资金，在借款时"三北"可作担保，连环作保，抵押贷款，资金愈滚愈大。

这三家公司各有分工："三北"航行于上海至宁波及北洋各港，"鸿安"行驶于上海至汉口一线，"宁兴"则航行于上海至福州。虞洽卿将三家公司称为三北航业集团，到1919年底，该集团已拥有12艘轮船，总吨位达14097吨。

1919—1929年，虞洽卿的三北航业集团在10年间迅速发展。1919年底，他获得北京政府150万元的保息贷款；次年公司资本增加一倍，其名下的三家公司总资本达320万元。至1927年，虞洽卿的三北航业集团打破过去江海主要航线完全被外商和官办轮船公司垄断的局面，成为我国东南地区同行业之首，他本人被推选为上海航运公会主席。是年，他已购进轮船18艘，计25000余吨。

南京国民政府成立后，战祸连绵，时局动荡。三北集团仍在艰难中发展，至1928年轮船数量达50艘，67850吨，但也遭到南京政府的盘剥，以致虞洽卿对蒋介石深表不满，多次向上申诉军用船租拖欠不交，官兵搭轮损耗无数。虞洽卿的产业多是不动产，资金周转异常困难。因而负债累累，常有几家债主同时登门索债。当时虞洽卿的全部资产大约值500万元，而他的债务也达500万元，光是欠四明银行一家债务即达300万元。虞洽卿表面上声威赫赫，内里却是一个"空心大佬"。

1928年底，虞洽卿亲自到南京国民政府为三北集团申诉。他去见白崇禧，提出16艘船被军队征用，长达两个月之久，一直不归还，也不付14万元的租金煤款，照此下去三北集团何能维持。白崇禧倒也给他点面子，将三北集团的商船全部归还，也补了点钱。但杯水车薪，无济于事。

虞洽卿对办三北航运，绝不因遇到困难而停步不前。在时局动乱中他多方设法为公司创造各种条件。他一方面借沪甬地域优势和他在宁波同乡会首领的声势，继续向甬人招股集资；另一方面他继续购进旧船，经整修后可充新轮去银行贷款。后来他又想出新招，开辟了一条新路。

当时，蒋介石形式上统一中国，但四川一带仍然是军阀割据，时有争战，航运业十分紧缺，虽有钱可赚，但亦有风险，一般民间航船如不挂洋人商船旗帜常被扣押勒索。但虞洽卿敢于顶风而上，在蜀道上闯出新路。事先，他向当地军阀宣传三北集团不挂洋人旗帜是为了长中国人志气，中国人应帮助中国人；另外，将三北集团货运费大大降低，如果轮船被扣，货主可以获得对所有损失的赔偿。他的宣传对四川各界影响很大，招来了不少货主。结果三北集团在四川一带一路顺利，获利颇丰。但好景不长，1930年1月，国民党政府颁发"统一商运"，并不断向航运业增税，三北集团又遇到困境。虞洽卿再一次向南京国民政府财政部申请贷款，经他多次交涉申诉，财政部批准三北轮埠公司可以发行债券，这无疑是对他解困的有力支持，使他在资金周转上有了活动的余地。

1927年，虞洽卿从他干了20余年的荷兰银行买办位置上退休，由其长子顺恩袭职。从此，虞洽卿集中精力经营航运事业。他已拥有"三北""宁兴""鸿安"和鸿升码头堆栈等。到1935年，虞洽卿已拥有大小船只65艘，计9万多吨，占当时全国华资航运业总吨位1/7，其业务还扩展到东南亚地区，与天津政记轮船公司和重庆民生轮船公司鼎足而立，成为我国航运集团的三大巨擘之一。

（八）热心于同乡会与家乡建设

上海宁波旅沪同乡会是在四明公所事件后为团结宁波帮而设立的一大社会团体，它正式成立于1911年2月。在四明公所召开成立大会时，公推沈仲礼为会长，虞洽卿、朱葆三为副会长。1912年同乡会章程规定，凡旅沪同乡品行端正，经会员一人介绍，年纳会费洋五角者为普通会员，洋一元者为特别会员，洋二元者为维持会员，洋五元者为赞助会员，洋十元者为基本会员；捐资一百元以上者为名誉会董。经过多次会员征集活动，会员总数最高达36490人，经费近10万两。1921年5月，在西藏中路建成五层的宁波旅沪同乡会大厦。1926年9月，虞洽卿出任同乡会会长。

宁波旅沪同乡会的活动，"以集合同乡力量，推进社会建设，发挥自治精神，并谋同乡之福利为宗旨"。

虞洽卿历任同乡会副会长、会长，直到1945年离沪为止。他在同乡会的活动中，提出"先乡后国""友谊为重"，积极投入各项社会救济、申冤解困、赈灾建设和兴办教育等系列活动。

第一，申冤解难。由于虞洽卿出身低微，自幼养成仗义济困的精神。平时对待同乡来访求助，不论其社会地位高低、贫贱富贵，都能一视同仁。对待各种冤案错案，尽心尽力地帮助解决。早在同乡会成立前，1904年在周生有事件和四明公所事件中，虞洽卿的仗义精神就已为人称道。在同乡会成立后，虞洽卿在会员遇到各种冤案时都亲自介入处理。

1923年2月，宁波人乐志华被虹口巡捕房西探鲍尔庆等人诬陷盗窃并刑讯逼供而致残废，虞洽卿领导宁波旅沪同乡会奔走呼吁，最后于7月1日结案,赔偿乐志华 1000 元,鲍尔庆等人被停职。

1930 年,宁波人忻丁香在黄浦江撑舢板为生,被法国水兵殴击,不幸落水身亡,后经虞洽卿率宁波同乡会与法租界工部局多次交涉,最终得以惩凶、道歉、赔偿。

1934 年,宁波人开设的庄源大酱园和瑞昌顺五金店两店店主之子被诬为劫匪。同乡会闻知此事后,十分重视,虞洽卿立即召集同乡会头面人物 200 余人商议,聘请律师,搜集证据。开庭之日,虞洽卿等亲自前去听审。在人证物证面前,法官当庭宣布两被告无罪释放。

1934 年夏,有人发现益利汽水厂汽水瓶中有苍蝇,信谊药厂针剂中有小虫,并扬言要送卫生局检验,吊销两厂营业执照。该两厂均为甬商所办,在沪素有信誉。两家厂方万分焦急,向同乡会求助。虞洽卿对此作了调查,得知系黄金荣手下的人故意制造事端,蓄意敲诈。虞洽卿早年任洋行买办时,黄金荣在租界当捕头,称虞洽卿为"老爷",因此一经虞洽卿向黄金荣打招呼,两件事端即刻摆平。

同年秋,甬籍商家子弟庄继孟、张祖铭被诬告为薛迈罗会计事务所抢劫案主要嫌疑犯。虞洽卿了解案情后,即召开同乡会紧急会议,并聘请律师,确定证人。开庭时虞洽卿亲自到庭听审,最终案情大白,两被告被无罪释放。此案经《申报》刊登消息,虞洽卿与同乡会声誉大振。

1935 年,公共租界电力工人罢工,虞洽卿代表同乡会出面与工部局谈判,敦促工部局尊重工人意见。不久经过协商,事态很快平息。

第二,救灾济困。宁波同乡会创立后,在虞洽卿领导下做了大量的救济本乡穷人的工作。同乡会的遣返工作主要是针对在沪无法立足又无资回乡的同胞。凡宁波籍同乡,无论是否为会员,只要提出申请,由同乡会出面即可免费搭船回甬。同时又设立免息借款局,无息放小本资金以救助失业同乡。1922 年,同乡会设立心畲社,资遣同乡回籍达 1754 人。1911 年武昌起义爆发,同乡会即派船驶往汉口,将同乡中之老弱妇孺接回宁波。

在上海发生战乱期间,旅沪同乡会积极开展遣返和救护工作。1932 和 1937 年分别发生"一·二八"与"八一三"战事时,同乡会都设特别委员会,办理同乡救护、遣送、收容工作。如 1932 年 1 月 29 日—4 月 8 日,同乡会收容 9008 人,遣返回籍 6048 人;"八一三"事件后,同乡会在历时三个月中,大规模筹集经费,收容同乡难民,无偿提供食宿医疗,同时派出百余名工作人员,租用 20 多辆救护车,从火线救出难民 8 万余人。同乡会还租用轮船 4 艘,免费遣送 20 万余同乡回籍。另外,同乡会在设立收容所和施诊所时,凡赤贫者免费送药,重病者与四明医院联系,送该院治疗,病故者施给棺木。在1915年甬兴轮在崇明遇难事件以及1940年景升轮事件中，同乡会及时救赈，妥善处理善后。

第三，家乡建设。重视乡情，关心家乡建设在虞洽卿身上表现得特别明显。他自称从事社会事业的宗旨是"先乡后国"。1911年9月宁属各县发生天灾人祸时，他率领同乡会募集5万元赈济家乡灾民。1915年8月，同乡会联合绍兴七邑同乡会，设立浙江宁波义赈分事务所，募款赈济宁绍水灾。1920年6月，宁波粮荒，同乡会即联合甬地士绅，设接济公所，采办大米，办理平粜。1922年，宁属各县又接连发生暴雨水灾，同乡会立即设法筹款将数万石大米运往灾区。

虞洽卿在20岁时即有"筹五百元，将家乡建设完成"之愿望。后随着经商致富，他陆续在镇海龙山投资300多万元，将龙山村建成"宁波唯一的模范村庄"。他在龙山投资的最大项目是龙山三北轮埠公司码头，因地处淤涂之上，为筑石塘，费时四年，终于在1914年建成此项工程。另外在家乡之虞宅北首办电报局、电话处、铁路等，后又办起火力发电所、救火会所。

1929年，三北轮船可从龙山出发，直抵宁波、上海，后又通运长途汽车。从此三北棉花有了一个快捷的出口途径。虞洽卿了此心愿后曾欣慰地说："仅此一项而论，三北乡民，每年可省60余万元。"

1930年，虞洽卿和虞和锟等发起疏浚凤浦湖，历经9年寒暑，投资5.4万元，终于在1939年3月完成。后又在家乡出资办了一家惠乡诊所，聘专职医护人员，对乡人免费施诊。

第四，兴办教育。1906年，虞洽卿在龙山家宅旁设一"龙山公学"。1916年，依教育厅令改为"私立龙山国民学校"。抗战前该校规模扩大，添加设置，校名改为"洽卿小学"，资金由虞洽卿独力维持，该校被称镇海私立小学之冠。

虞洽卿早期除在家乡创办"洽卿小学"外，在上海任宁波旅沪同乡会会长十余年间，对于兴办各类教育亦极为关注。在虞洽卿的提议下，宁波旅沪同乡会首先致力于创办普及文化的小学。1913年，始办初等小学——旅沪第一小学于七浦路。1920年，增设小学3所。其时，虞洽卿聘邬琴崖为学务主任，同时聘请陈谦夫、袁履登等为学务董事。至1927年冬，已增小学10所，学生人数在抗战前最多达3460名。1931年6月，根据校董会规定，公推邬琴崖为常务校董，虞洽卿为董事长，秦润卿、王伯元、俞佐廷等为校董。各小学经费均由同乡会组织筹集，学校一律不收学费。各小学以"养成新时代的儿童，实现新时代的社会"为教育宗旨。

宁波旅沪同乡会在办小学同时，还附设"问字处"，以传授乡人最简易的文化知识，同时创设民众夜校和图书馆。1921年同乡会新址在西藏路落成，在三楼特设图书馆及阅览室，不论读者籍贯均可借阅。在宁波同乡会影响下，甬商开设各种学校甚多。如叶澄衷创办澄衷学堂，王才运等创办上海南京路商界联合会夜校，秦润卿创办钱业公学，虞洽卿、袁履登、方椒伯创办无线电工程学校，俞佐庭、金润庠创办上海市商会夜校，等等。

1922年，虞洽卿接受甬籍留法勤工俭学学生之请，要求宁波旅沪同乡会补助其学费，因此同乡会有创办"四明大学"之议。因条件未备，于是先设"四明大学奖学金"，由虞洽卿、秦润卿、孙衡甫、陈布雷、王伯元等25人组成奖学金委员会，虞洽卿率先捐资5千元，加上四明银行、三北公司及刘鸿生等人共集资5万元，以资助同乡子弟中的优秀大学生，额定125名，每人每年可得奖学金400元。"四明奖学金"为虞洽卿等宁波帮商界人士之首创，其后有王伯元奖学金、虞洽卿奖学金等，一直到王宽诚奖学金，薪火绵传，亦为甬商培英育才之创举。

（九）命名"虞洽卿路"红极一时

1936年6月19日，是虞洽卿的70大寿（按当地习俗，69岁时过70大寿）。1932年他65岁生辰时，就曾在江宁路大华饭店举行过一次盛大的纪念会，这次更要大事庆祝一番。虞洽卿交游广，人缘好，很快就在他生日的前一天，由上海总商会、宁波旅沪同乡会、四明公所和四明银行发起，在上海市总商会举行了一次纪念大会，作为暖寿。在纪念会上，出席的大多为宁波帮的头面人物，会上有人提出："上海的马路，以宁波人名字命名的只有一条朱葆三路，阿德哥在上海滩上，无论从商界、社会和同乡事业上各方面都不逊于朱葆三，应该选一条马路以他的名字命名，以留纪念。"与会者一致同意，决定由上海市第一特区市民联合会出面，建议公共租界工部局辟一条"虞洽卿路"。时任上海市长的吴铁城还建议筹建"洽卿医院"，三北同乡又提议在家乡建立虞洽卿铜像。

当时虞洽卿本人居住在虹口海宁路上，故有人考虑将虞洽卿公馆所在的海宁路改为虞洽卿路，此一提议一经传出，一倡百和，上海总商会、租界纳税华人会、宁波同乡会和四明公所等一致同意，并联名共同发起，但遭到海宁同乡会反对。经过协商，有的主张以宁波路改名为宜，有的主张以宁波同乡会所在地西藏路改名为宜，最后决定报请公共租界工部局裁定。

早在1927年12月，虞洽卿便任上海工商局纳税华人会主席，后又被选为公共租界华董。从1930年起，虞洽卿任华董委员会常任华董。工部局出于对虞洽卿的重视，决议将繁华的南北大道西藏路更名为虞洽卿路。它北通苏州河，南接法租界，中间又连接东西大道南京路和静安寺路，是全市商业之中心，而以虞洽卿为领袖的宁波旅沪同乡会正好位于这条路上。如改名为虞洽卿路，最为恰当。1936年7月26日经工部局董事会通过，决定于10月1日正式将这条西藏路更名为"虞洽卿路"。

上海公共租界工部局的决议一经传出，各团体纷纷着手筹备盛大的庆祝活动。由于这不仅是虞洽卿个人的荣誉，也是宁波人的面子，故筹备会的组成有上海市总商会、公共租界纳税华人会、宁波旅沪同乡会、四明公所、四明银行等16个团体。

1936年10月1日，上海如逢大节，全市各公司、行号均悬旗一天以志庆贺。静安寺路、新世界和西藏路桥南堍，都扎起翠松大牌坊，上挂大横幅"庆祝虞洽卿路命名典礼"。建筑于1921年的西藏路宁波同乡会五层大楼，大门口搭起了一座用红绿彩绸扎成的彩色牌坊，引来众多市民的观瞻。上午11时，位于跑马厅大钟下的万国商团华人队和工部局乐队迈着整齐的步伐在铜鼓喇叭声中进入主席台旁。当虞洽卿在王晓籁、袁履登、刘鸿生诸宁波帮名人簇拥下进入场内，这时观众掌声雷动。接着，虞洽卿绕场一周，检阅队伍。检阅完毕，虞洽卿坐在礼车上，跟着有马巡队、军乐队、华人体操队以及各团体代表等开始巡行。巡行路线由黄陂南路至静安寺路，向东至虞洽卿路，最后至宁波旅沪同乡会。沿途观看者不下30万人。当礼车行经时，各店铺燃放爆竹以示庆贺。次日，《申报》以大字标题刊登以上盛大场面：

虞洽卿路命名典礼
昨晨在甬同乡会举行
跑马厅检阅华队，观众万人空巷
同乡会举行庆祝大会仪式隆重

庆祝大会在宁波旅沪同乡会二楼大厅举行，出席的中外来宾达千余人，其中有上海市市长吴铁城及上海各界名流。大会开始时由吴铁城、王晓籁致辞，继为工部局总董安诺德发言，盛赞虞洽卿在上海的种种德行善举；接着由各界代表徐新六、黄炎培、傅筱庵等相继演说致意。下午在同乡会演出杂剧和京剧。晚上9时，跑马厅上空大放五彩缤纷的焰火。

（十）办平粜米，人称"米蛀虫"

1937年卢沟桥事变，揭开了中国人民抗日救国的伟大篇章。7月8日，中共中央发出通电："平津危急，华北危急！中华民族危急！只有全民族实行抗战，才是我们的出路。"7月中旬，虞洽卿参加了蒋介石主持的庐山会议，号召全国人民"如果战端一开，那就地无分南北，年无分老幼，无论任何人，皆有守土抗战之责任，皆有抱定牺牲一切之决心"。

虞洽卿回上海后，立即投入抗日活动之中。由上海500多个团体组成的上海各界抗敌后援会于7月22日成立；接着，上海救济委员会于8月9日成立，虞洽卿均任监察委员。他不顾年迈，四处奔走筹集募捐，支援抗战。

1937年11月11日，坚持了三月之久的淞沪抗战以中国军队撤退而告终。在战火中广大民众流离失所，留沪难民有10万之众。至该月底，小小租界已有70万难民。其时，救济难民刻不容缓，虞洽卿发起成立了上海难民救济协会，由他任会长，由英商克诺登任副会长，秘书长为袁履登，以及委员18人，大多为宁波帮名人。虞洽卿提出这种救济分直接救济和间接救济两种。前者为自设各种收容所，维持难民生活；后者为各慈善机构，收养难民，由协会按期支付代养金。两种机构共30余处，先后收容难民8万余人，发放给养970万元。

1940年春，公共租界工部局董事会总董凯自咸通过华董及商会，召集各同业公会负责人举行联席会议，提出由于上海四周均被日军严密封锁，市内粮食紧缺，商请各方垫款购办洋米，以保障租界民食。华董虞洽卿首先表示赞成。由他出面召集各行业的公会开会，讨论成立平粜会。他在会上说："上海的粮食已告恐慌，人们抢购成风，米价暴涨；平价售米，是造福市民的善举，望各位积极筹款，共襄义举。"会后他先后征募到垫款近百万元，成立了上海平粜委员会。

抗战初期，虞洽卿的航运业损失惨重，轮船有的被国民党征用，有的被日军炸沉，有的被阻止在江阴江面以堵塞长江航道，阻止日军进攻。虞洽卿的三北集团仅剩4万吨挂着外商旗帜的轮船尚可使用。虞洽卿从西贡装米到上海，水脚每吨14美元，3艘海轮一月两趟就是56万美元，两月来回就可赚100万美元。同时，虞洽卿与意大利商人泰米那齐合伙开了一家"中意公司"，购运洋米，往来于南洋、上海之间。因意大利为日本的同盟国，日本海军不加检查，因此大获其利。后虞洽卿又向汇丰银行借款买进几艘4000吨级的挪威旧船，来往于上海至南洋、西贡、印度支那之间，先后运来大米170余万包，按市价七折出售，差额由捐款补贴，平粜米共办了30多期，市民一时称为善举。

从南洋至上海几个来回，虞洽卿获利颇丰。他又在家乡宁波、镇海、三北等地也办起了平粜会。虞洽卿的平粜米以慈善家的名义获得为数颇巨的利润，真可谓名利双收，一举数得。当他的儿子虞顺恩表示父亲做平粜太不值得时，虞洽卿笑着说："一、购买平粜米，进口照会容易打出来；二、平粜为赈济难民，海关只收码关捐，不收进口税；三、在货运时还可搭进西贡米。好处多得很呢！"

但是，这件事瞒不过那些参加平粜会议的一些从事面粉杂粮的代表，他们先是向虞洽卿要求分肥，但虞洽卿不予理睬，然后把个中底细在报上加以揭穿，一时间，舆论大哗，都谴责虞洽卿是借行善而发财的"米蛀虫大王"。虞洽卿曾满腹牢骚地对人说："好人难做，我办平粜原是救济民食，偶因吨位不足，水脚要浪费，有时才办些米来凑足吨位，这不能算是假公济私吧。"

但不管怎么说，这三年来虞洽卿确是赚了一大笔钱。他用 100 万元买进了南京西路成都路盛宣怀的家祠地皮，51 万元买进上海大戏院，70 万元买进神州旅馆门面，60 万元买进泥城桥鸿福里、重华新村。

（十一）形势逼人，毅然离沪

1937 年 11 月 12 日，上海租界沦为孤岛，12 月 13 日，南京陷落，党国要员和那些富商巨贾纷纷离沪出逃。时任上海总商会会长的王晓籁与俞鸿钧、钱新之等人在上海沦陷后逃往香港，陈光甫、林康侯、穆藕初等也都逃出上海。11 月 26 日，青帮头目杜月笙离沪赴港……

虞洽卿自 15 岁来到瑞康颜料行当学徒已有 50 余年，对大上海颇有乡土情结。他决定暂时留下来，继续做他的生意。加上他绝大部分财产在上海，岂能轻易抛弃。不久，日本特务机关多次威胁他出任上海伪政府市长，均被虞洽卿断然拒绝。过了几天，"七十六号"大特务吴四宝找上门来，说是借款，实是逼他下水，也被虞洽卿婉言谢绝。后吴四宝放出风声要对他绑票，但虞洽卿镇定自若。当时大上海笼罩着恐怖气氛，暗杀、绑票天天发生，他在报上看到一件件惊人的消息：

曾任上海总商会副会长的袁履登曾三易其居，最后还是被软禁起来，当上了上海市商会理事长；

"上海三老"之一的林康侯曾逃至香港，最后被日本特务抓回，出任伪职；

1938 年 1 月 14 日，上海两特区法院院长范刚被锄奸团刺杀身亡；

1940 年 8 月 14 日，青帮三巨头之一张啸林被军统派人杀死；

1940 年 10 月 11 日，虞洽卿的老冤家傅筱庵任伪上海市长时被戴笠派人设计刺杀……

虞洽卿面对这一件件触目惊心的暗杀事件，日夜不安。日伪方面的人不断找他下水,重庆方面的人找他赶快离沪。何去何从,他必须作出抉择。

几天后,虞洽卿接到蒋介石托人带来的一份电报,劝他速去重庆从事商业建设。虞洽卿的女婿江一平律师自渝来信,催促他"尽早离沪去渝,林康侯是前车之鉴"。

"林康侯是被迫下水,我虞洽卿决不会当汉奸,我既不会给日本人做事,也不会给国民党干事,只想当一个老百姓,只做我的生意。"虞洽卿在家中反复地念叨着,再三地思量着……在虞洽卿想到林康侯和傅筱庵的下场后,感到静观待变决非良策。出任伪职,自己一生为之奋斗的美名将毁于一旦;去了重庆,尽管放下大批产业甚为可惜,但毕竟是爱国之举。况且留得青山在,到了重庆大后方也可重振旗鼓,再创大业。

虞洽卿为掩人耳目,在出走前安排好各项产业后先到龙山家乡向老家告别,再将一笔钱汇至香港,偷偷地到达香港。在港时,他发现香港卡车比较便宜,运至大后方必有用处,便向华伦银行借5万英镑买下一批福特牌卡车,亲自押运一路辗转抵达重庆。

(十二) 在西南经商,病死重庆

虞洽卿到重庆后,既有一批福特牌卡车,又有以前三北轮埠公司设在重庆的规模很大的码头堆栈,这些设备仍可利用。于是与好友王晓籁合作,组织三民运输公司,以王晓籁为经理,自任董事长,朱联馥为协理,刘文照为运输主任。资本20万元,押运员、办事员11人。虞洽卿之所以与王晓籁合作,是因为王晓籁与交通部长张公权是儿女亲家,与交通部次长卢作孚也有深交,可通过他们得到很多方便。虞洽卿又以第三个儿子虞顺慰名义,单独办了一个川光公司。朱联馥在虞洽卿来渝前已主持一家西川企业公司,于是在虞洽卿指挥下"三驾马车"齐力驱动。他们第一次合作办货100吨,表面上说是支持战略物资,实际上是从上海运来的百货商品。

虞洽卿鉴于滇缅公路为云南军阀龙云势力范围,因此亲自到昆明与龙云接洽,并拜访了素有"云南宋子文"之称的缪云台。缪云台早在抗战初期与英属缅甸当局一起,历经千辛万苦修建了一条滇缅公路,如今这条公路已成为大后方的交通大动脉,几乎所有援华物资和重庆与外国进行物资交流都得通过这条公路。虞洽卿与云南财政厅长缪云台合资开设三北运输公司,增购福特卡车120辆,往来于滇缅道上。虞洽卿得到蒋介石一张"手谕",写明虞洽卿在滇缅公路上为"抢运物资",沿途军警不得留难。有了这把上方宝剑,三北运输公司所属车辆,除装运军用物资外,兼运私商货物,虞洽卿的

"三北"大发了一笔国难财。

不久，日军发现这条公路对中国的重要性，便在马来半岛登陆后，侵入仰光，企图切断这条国际交通干线。1942年春，这条公路的战争气氛越来越浓。不久日军向曼特勒紧逼，城内百姓四处逃散，那些当地商人急需脱货求现，所存大批货物竞相压价出售，有的甚至将仓库货物低于市价一半以下出售。虞洽卿公司开了十几辆卡车，携带大批卢比，亲自押车到曼德勒抢购这批廉价大小五金及日用品。当这批物资运到昆明后被何应钦下令所有物资不得在昆明出售，后有人控告三北公司为侵占公家物资，被官方扣留。虞洽卿只得请律师打官司，直到1943年才判决发还，而此时物价更涨，三北公司反而赚了更多的钱。

后滇缅公路、中印公路相继被日军切断，大后方物资的运输更趋困难，虞洽卿又投资办多种企业。他除了在成都创办三北企业公司外，又与人合作办万轮车厂；在重庆又办起航运保险公司，并大量投资中国工矿建设公司；在衡阳，与俞佐宸等合办衡阳德生盐号；在内江设酒精厂。

虞洽卿到大后方后，一直经商，不任一官半职，实现了他的口语"在商言商"。他在投资创办大量实业牟取厚利中，以在滇缅公路上跑运输获利最巨，故说他在大后方大发国难财也不为言之过甚。其时，虞洽卿在渝还办了多项公益事业，出任浙灾筹赈会云南分会理事长，1943年又为浙江旱灾募集捐款，在宁波旅沪同乡会设虞洽卿奖学金等。

1943年6月19日，虞洽卿76岁诞辰祝寿会在重庆举行。其排场固然比不上在上海时70大寿之盛况，但也相当热闹，新朋故友齐来祝寿，工商界名人还自演自唱，另有一番盛况。虞洽卿自来重庆后虽腰缠万贯，但平时生活十分检点，不事铺张。

老骥伏枥，志在千里。他准备在滇缅公路重新开通之际，在运输上再显身手，可惜他毕竟年事已高。1945年4月24日，他的急性淋巴腺炎突然发作，于4月26日便溘然长逝，撒手人寰，终年78岁。

临死前，他提出捐赠黄金千两，以支持国民政府抗战。他死后，也获殊荣。蒋介石在挽文中写道："创兴实业，开发交通；辛亥淞沪光复，劳军筹饷，弗避艰危……耆期爱国，曾不后人。"国民政府在赠匾额上书"输财报国"四个大字。国民党中常委决定由国史馆立传，以志其生平事迹。

虞洽卿终于走完了他充满传奇色彩的人生之路。

抗日战争胜利后，上海市总商会、总工会、农会、教育会、宁波旅沪同乡会等十余个团体共同发出决议：1945年11月24日上午8时奉迎虞洽卿灵柩车辆自南京路外滩码头出发，经南京东路、西藏中路、西藏南路、林森东路、民国路至四明公所安灵,下午 2 时在四明公所举行隆重追悼会。当晚,四明公所内唱了一夜的四明文书和甬滩(宁波滩簧),直至天明。随后,把虞洽卿夫妻双柩运送至他的故乡镇海伏龙山上安葬。

虞洽卿是近代中国社会环境造就的一名特殊人物。新中国成立以来,对其复杂一生的评价由于"左"的思潮影响,采取极端否定的态度,直至 20 世纪 90 年代,对他的总体评价仍有褒贬不一的争议。进入 21 世纪,这位宁波帮"大闻人"才被人称为"爱国的民族资本家"。21 世纪初,国务院把虞洽卿家乡龙山镇下村旧宅"天叙堂"列为"全国重点文物保护单位",与虞洽卿墓一起成为宁波市的一个旅游景点。

七、 商界奇才黄楚九

(一) 艾罗补脑汁一炮打响

黄楚九(1872—1931),出生于余姚县通德乡黄竹浦(今属梁辉镇)一户贫穷的医药世家。其父黄海源继承祖传中医眼科,在家乡以行医为业,后因余姚生意清淡,遂携妻儿赴上海谋生。

黄楚九 15 岁时父亲因病去世,家境陷入极度贫穷之中,仅靠母亲给人治眼病和帮工维持全家四口的生活。黄楚九为弥补家用常到酒楼茶馆叫卖眼药水,后又设小摊为人治眼病兼售药,饱受流氓恶棍之欺凌。父亲生前曾对他口授祖传秘方"治眼七十二症方",黄楚九自幼聪颖好学,很快学会了治眼症的医学知识,加上曾在清心书院读了几年书,打下了国学的基础。当他 17 岁时,因母子俩克勤克俭劳作后稍有积蓄,便在上海城隍庙附近开设了"颐寿堂"诊所,以治眼疾为主,兼售中西成药。

一日,有一位往来于上海和日本的船工前来颐寿堂买药,见黄楚九为人诚恳,性格温和,便交成朋友。后那船工邀他同往日本采购西药。在回上海前一天,黄楚九到一家绸布店为母亲买一块布料,忽见一日妇购衣料时因带钱不够与营业员发生争执,遂上前主动为那日妇付了所缺钱款。那妇人在临别时要了颐寿堂的地址,说将来一定要将垫款归还。

黄楚九回沪后不久,那日妇前来颐寿堂向他致谢,在得知黄楚九一心想开办西药房后,次日送来 3000 元祝他开业有成。这笔从天而降的资金在黄楚九事业发展中起了重要的作用。

1890年，黄楚九将颐寿堂迁至法大马路（今金陵东路），更名为中法大药房，经营西药买卖，并研制专治沙眼的药水，获利颇多。1904年，中法大药房迁至三马路（今汉口路）营业，资本增加1倍，约为3万元。为打造药房的拳头产品，黄楚九想到两年前从药剂师吴智仁处觅得一张磷质补脑处方。当时，上海市民由于生活节奏加快，并爱好夜生活，弄得心血亏损，精神不振。黄楚九看准了这一点，经过一番努力终于在1905年研制出补脑新药，取名艾罗补脑汁。药品商标上印有"Dr. T. C. YALE"字样，扬言为美国艾罗医生的处方。因自己姓黄，黄色的英文为"Yellow"，就改成"YALE"来影射；T. C. 为楚九的英文缩写。该药上市前，黄楚九在各大报纸大事广告宣传，如"补脑汁为康脑益智，补身治病之良药"，"凡神经衰弱，头晕头痛，失眠善忘，脑筋迟钝等症，服之立见功效"；并从人体各大器官皆由脑来统领说明脑是一体之帅，补脑对医治各种疾病有重要意义。该药上市的第一天，中法大药房门口的一片片彩旗上均写上"艾罗补脑汁"字样。在锣鼓礼炮声中，许多药房医界名流前来参加剪彩活动，一时间顾客蜂拥而入。当天中法大药房就创下了日收千元的营业额，创新药销售的奇迹。由于艾罗补脑汁畅销，同时也带动了中法大药房其他药品的销售额，随之上升的还有黄楚九在上海滩的名声。

正当补脑汁销售额节节上扬之际，一日有个自称为美国艾罗医生之子的洋流氓来到黄楚九的办公室说："艾罗补脑汁为我父亲所发明，因此我有绝对的继承权。"说着拿出一份由律师证明的英文"遗嘱"。黄楚九察言观色，心中已知对方是来敲诈的，便将计就计，向来访者以艾罗儿子名义签署一张250元的收据，进一步将那份"遗嘱"和"小艾罗"签名的授权书在各大报纸上大肆宣传，更加扩大了产品的宣传效果。接着黄楚九就利用美国医生艾罗之名，开发"艾罗"系列产品，有艾罗治肺药、艾罗疟疾丸、艾罗霍乱药、艾罗白浊丸等9种产品，这些借艾罗补脑汁名牌效应的新药，销售额均不错。

（二）"云狮"商标引出一场官司

中法大药房的艾罗补脑汁是产品名称，而用于该商品的真正商标名称则是"云狮"。黄楚九为"云狮"牌商标花费了不少精力和财力。他请人设计了多种商标图样，最后由他挑选了一幅完全中国风格的彩云与雄狮画面。上端为中文"艾罗补脑汁商标"，接下一层为英文药名"YALE"。图样底纹为朵朵云彩，中间为对称的两头雄狮。下方即商标名称"云狮为记"，四角各有一字，组合成"严杜假冒"。黄楚九在艾罗补脑汁产品商标上突出"云狮为记"和"严杜假冒",可见他在1905年时已有强烈的维权意识。

接着,黄楚九聘请好友商务印书馆老板夏瑞芳精心印刷艾罗补脑汁的说明书、商标和包装,各个程序完成后,黄楚九非常满意,并以该产品投入销售总成本的35%,作为宣传经费。

云狮牌艾罗补脑汁给黄楚九带来了巨大财富,他先后又开发了云狮牌艾罗治肺药、云狮牌解毒药、云狮牌眼药水等一系列产品。

可是天有不测风云。一天中法大药房销售员张一生将一瓶"真品艾罗医生补脑汁"放在黄楚九办公桌上。黄楚九发现仿冒的艾罗补脑汁竟冠以"真品"字样,那岂不是中法大药房生产的并非真品?再一看药品下面写着"华洋药行发行"。这使黄楚九想起了同行中有一个叫黄德馨的,他尝了一下药汁的味道,感到与自己生产的一模一样,立即意识到药房内部出了问题。他叫张销售员暂时不要声张,请他叫药剂师吴坤荣到办公室来一趟。

吴坤荣来到经理室,黄楚九指着桌上的赝品,轻声慢气地说:"你看到这瓶华洋药房的产品,你没有话要对我说吗?"吴坤荣开始自作镇静地说:"黄老板,你也许是误会了吧!""误会?你再看看……你再想想天下事会这样凑巧!你背着中法与黄德馨干了什么事?"过了一会儿,吴坤荣双腿发软,不由得扑通一声跪在地上:"黄老板,我对不住你,我没良心……"于是将事情的经过向黄楚九作了交代。

原来黄德馨看到云狮牌艾罗补脑汁在市场上如此畅销,便动了假冒之心,通过熟人与吴坤荣相约在一家餐馆见面,提出艾罗补脑汁的处方要求。吴坤荣经不起黄德馨的多次引诱,拿到了一笔好处费后便将药方给了他。

是私了还是公了?黄楚九思之再三,决定先派一名副经理找黄德馨谈判。但黄德馨态度非常蛮横,坚持不会停止使用"云狮"牌产品商标。黄楚九在无奈之下马上聘请律师,对华洋药房假冒商标的违法行为提出诉讼。两天后,黄德馨在药房里收到巡捕送来的一张传票,他在一阵吃惊之后,立刻镇静下来。他认为黄楚九的补脑汁并非他自己研制,吴坤荣拿了好处费也不会出卖他,于是聘了一位律师为他作辩护。

在法庭上,黄楚九的律师请吴坤荣讲述了出卖艾罗补脑汁配方的经过,又请商务印书馆技师讲述设计、印制的整个过程,并拿出"云狮"牌商标的彩色原稿。黄德馨开始在法庭上强辩,说华洋药房采用"真品"商标,与中法药房的产品不同,不能视为伪冒。最后,黄德馨在大量人证、物证面前无言以对。法官判定:华洋药房停止"云狮"牌商标和生产销售"云狮"牌艾罗补脑汁的侵权行为,并处一笔罚金。

黄楚九赢得了这场官司,保护了自己的产品,维护了中法大药房的利益。

这场官司一经报上刊出，黄楚九的中法大药房名声大震，云狮牌艾罗补脑汁的销路更旺。

（三）龙虎人丹打败日本仁丹

辛亥革命前后，由于日本侵略者获得中国领土、通商等特权，激起了中国人民强烈的反日情绪，抵制日货已成为一种自发的爱国行为。

作为一名爱国的民族资本家，黄楚九认为，中国人在抵制日货洋货的同时，应发展相关的本土产业，从根本上实现抵制的目的。他决定选择一种自己能生产且又是日商在中国市场畅销的产品。他把目标锁定在日产的翘胡子仁丹，此药是日商东亚公司于1905年投资50万元的名牌产品，5年来已倾销至中国大小城市，黄楚九想与之抗衡，其难度可想而知。

黄楚九是一位好胜心极强的企业家，他面对强劲的对手，偏向"虎山行"。他参照了中国传统古方"诸葛行军散"，自拟了一个配方，取名为"人丹"，寓意为以人为本之药，并设计一龙一虎的商标。1911年7月，由龙虎公司生产的龙虎人丹问世。黄楚九的龙虎公司（后更名为中华制药公司）是中国第一家民族资本家办的专业药厂，它的诞生标志着民族制药工业的发展进入新的阶段。

龙虎人丹自它出品第一天起就面临日商翘胡子仁丹的挑战。黄楚九自有一套促销的方法来对付竞争对手。他借用东亚公司的推销经验，首先大事进行广告宣传，凡是各地车站、码头以及主要铁路沿线一带居民墙上贴有仁丹广告之处，都贴上龙虎人丹广告，并在各报纸上宣称"龙虎人丹是国货，中国人该用国货人丹"，"此人丹实殊他药，有救危出险之功，操起死回生之伟力，平时吞服秽毒蠲除，各处流行疫气尽扫尽，嗅其味则芬芳可爱洵足清心"。随后说明优惠促销方法，比日商仁丹更延长放账赊销时间并扩大批零差价。黄楚九还不惜成本，将人丹价格低于日商仁丹，每包仅售5分钱。这就遭到日商东亚公司的嫉妒，即以"冒牌"之罪向上海地方法院提出起诉，要求龙虎人丹停止生产。黄楚九不甘示弱，聘专门律师据理申辩，逐级上诉至北京大理院，但还是久久不能定案，至1919年"五四"运动时，中华制药公司才获得胜诉。8年间公司为此损失10万元。东亚公司见官司不能胜诉，又以金钱来利诱，多次托人向黄楚九疏通，愿出巨款来获取龙虎人丹商标，但一次次均遭到黄楚九拒绝。在这场"持久战"中，黄楚九的韧性和骨气表现得淋漓尽致，他"奉陪到底"的强硬态度让日本人一次次地尝到了中国商人的厉害。

除了中法和中华两家医药企业，黄楚九还在1910年盘进五洲大药房，在

1916年盘进威罗药房，在1923年与人合作接办中西药房，同年11月，黄楚九又创办了一家九福制药公司（今黄河制药厂），开发一种开胃润肠的"百龄机"药片，后又增出治咳嗽药"补力多"和"乐口福"麦乳精等，均为市场上的热销产品，一时营业额高达120万元。在黄楚九投资的众多药房中，五洲大药房的"人造自来血"于1914年后的3年中，在美、日、印等地3次获得国际药品博览会奖，使黄楚九的名声如日中天。

1927年2月，上海市新药业公会成立，黄楚九被推选为主席。

（四）从办新世界到办大世界

在西药业已获成功的同时，黄楚九还将目光投注娱乐业。1912年，他在三马路（今九江路）创办新新舞台，为当时上海规模最大的戏院，设有自日本进口的舞台转幻灯，在天幕上映现雷雨日月场景，令观众耳目一新。又邀请北京京剧老生谭鑫培来沪演出，一时轰动，场场满座。除演京剧等地方戏，还邀请进化剧团演出文明戏《秋瑾》《徐锡麟》等进步剧目。孙中山曾亲临现场观看宣传辛亥革命前驱者的文明戏，并为新新舞台题词"是亦学校也"，可谓意义深远。黄楚九借此题词做广告宣传，以扩大新新舞台的影响力。

为了进一步提高卖座率，黄楚九与经润三合作在新新舞台楼上开辟屋顶花园"楼外楼"，内设书场、杂耍等，并特置直升电梯，观众可临高眺望上海全景，一时人满为患。

黄楚九从新新舞台中尝到了甜头，于1915年与经润三合作成立新业公司，在西藏路南京路口英租界人口最集中处创建新世界游乐场，自任经理。由于地段优越，加上观众入场后，一票在手可观多种文娱戏曲节目，不受时间、场次限制，因此游客日众，不敷容纳。又在南京路北加辟一场，中凿隧道相通，除增设京戏、滑稽、双簧等节目外，还开设溜冰场、中西餐室，游客人次日上数千，生意益见兴隆。

次年，因经润三病故，其妻汪氏在新世界另派一经理与黄楚九争权夺利。黄楚九愤然拆股，决心另创一家规模比新世界更大的娱乐场所。1917年，黄楚九与人合资筹了80万元，组成大发公司，自任董事长，觅定法租界爱多亚路（今延安东路）与西藏南路交汇处作为基地。当时法租界领事韦德礼得知黄楚九的计划，竭力怂恿他在此地开发娱乐场所，以带来租界的人气和商业的发展，并提出税收、治安等多种优惠条件。1917年初破土动工，7个月后即告落成，取名"大世界"。总面积1.5万平方米，比新世界多出1倍以上，每天可接纳游客3万余人。

黄楚九为扩大宣传攻势以吸引游客，于7月11到21日大世界开幕前后的时间，在上海所有报上刊登了整整十天的广告：

大世界开幕

本公司择地英法租界交界之爱多亚路即西新桥堍，特建大游戏场，其内容有花园及屋顶花园、商场、剧场、各种书场、特别大厦、共和厅、美术界、动物园、弹子房、中西餐馆、中东茗察、鸳鸯池、金鲤池与大观楼、四望台、招鹤、题桥、登云各亭并旋螺阁诸胜；艺术则有小京班与超等女伶会串京剧、优美社女子文明新剧、日本松旭斋天左男女大魔术团、林发公司订定特约之最新电光影戏、天津班男女各种杂耍、宁波时调文明书、苏州著名评话及弹词、滩簧宣卷、广东潮州特别焰火；至种种游戏，则有走线飞船、机器跑马、升高楼、升高轮、秋千架、各种电光、西洋镜、哈哈镜等；并蒙诸文豪设立文虎社，每晚悬挂灯虎，并有诗钟征联文人游戏，各品射中及揭晓后，以游券或薄彩奉酬，藉助雅兴。游资每位小洋两角，孩童及仆役减半。晚间二点钟止。敬告男女诸同胞贲临游赏为荷！

被誉为远东"第一家游乐场"的大世界由著名文化人孙玉声和刘半农设计，后又扩大场地，四周为四层圆楼，中间主楼为八层塔楼。为与新世界媲美，黄楚九在内部设计中施出各种新招。一进大门，游客便见令人发笑的哈哈镜，露天空地上有进口的机器飞船、自动飞轮、活动跑马以及"奇兽动物园"，在共和厅内设有各类剧场。另引入名歌女举行"群芳会唱"，所放电影多为美国好莱坞新片。游客仅花两角钱门票即可尽兴玩乐。黄楚九又聘孙玉声主编《大世界报》。除刊登各种节目外，还刊载诗词歌赋、连载小说和有奖灯谜，加以文化包装。该刊大肆宣传："不到大世界，枉来上海滩。"

大世界的开业选在1917年7月14日，这一天是法国国庆日，法租界到处洋溢着节日的气氛，应邀前来参加大世界开幕仪式的官绅商界等来宾两万余人。当天下午5点整，大世界举行开幕仪式，由黄楚九和法租界领事韦礼德剪彩。顿时，鞭炮共鸣，鼓乐齐奏，无数彩球腾空升起。大世界集多种娱乐文化活动于一体的游乐场所，带给人们一种全新生活的享受。花上两三角就可以从早玩到晚，令普通市民趋之若鹜。

看着大世界门前车水马龙、游客如潮，而新世界却门可罗雀。汪氏决定扩大新世界规模与之对抗。由于新世界周围无法扩展地面，遂在新世界南面修建了一条横跨马路的地道，使新世界南北两面连接起来，增加剧场、书场、商店、弹子房、跳舞场和日餐厅等，一时吸引了不少观众。不久因地道渗水、空气污浊，不得不将南面娱乐场停止使用，使新世界的营业遭到致命影响。

黄楚九的大世界为吸引更多游客，一方面增添了许多新的游艺项目，另一方面还长期发售赠品券。赠品券每月额定1万号，6张一本，售1元钱，万号中标数为299张，进入200号的奖品为金饰加香烟，头奖可获得半克拉的金刚钻戒一只，外加香烟。这些促销活动吸引了更多游客。大世界开办不到半年，游客如潮，每天营业额最高达4万以上，很快压倒新世界，遂了黄楚九的心愿。

（五）促销有术，花样翻新

黄楚九一生办了数十家企业，他思路敏捷，善于创新，深知开发产品必须大做广告促销，无论是开发艾罗补脑汁还是创办大世界都以媒体宣传开路。在促销中他另有一番别出心裁的手段。

一是令人好奇。1918年5月，黄楚九开设大昌烟公司。某一天，上海各大报纸在第一版上同时开出一只套红的"大红蛋"，既无标题，又无说明，引起人们好奇；第二天，仍是一只蛋，只是蛋里出现了一个上翘的小发辫；第三天，蛋上出现了翘着发辫的小孩的面孔；第四天，翘发辫的小孩成了穿着兜肚的胖乎乎的男婴；第五天，这只蛋里出现了一包香烟，烟盒上画的正是这个可爱的男婴。原来，这就是大昌烟公司发行的小团牌香烟的广告。这一出奇制胜的广告一下子就让人们记住了这个新颖别致的香烟牌子。

报上登出小团牌香烟广告后，黄楚九让司机开着他的9999牌号的汽车到上海各个烟纸店去买小团牌香烟，每到一处都买几包。当时，上海不少人都知道9999牌是黄老板的汽车，于是黄楚九抽小团牌香烟的消息逐渐传出，黄楚九本人成了现身说法的活广告。

二是追求刺激。1923年，黄楚九将面临倒闭的中西大药房盘进，为使它起死回生，当年11月他在大世界对面开办一家九福公司，生产新产品开胃润肠药"百龄机"，"百龄"意味着长命百岁，"机"意味着机缘和生机。为了推广此药，黄楚九别出心裁挑选了一个天气晴朗的日子，在大世界的顶楼飞升起一只巨大的风筝，风筝下悬挂一只箱子，升到天空时，突然"砰"的一声巨响，箱子爆裂，散下一片片纸，犹如天女散花，引起路人注意。原来散下来的是一张张广告，上有一行文字：服用百龄机具有意想不到之效力。除了这一"风筝爆破术"之外，黄楚九又雇用一架飞机在上海市中心高空盘旋，撒下一张张百龄机的广告纸，造成轰动效应。另外，他还利用大世界舞台，请一位百龄老人端坐在舞台上，主持人问他长寿秘诀，老人便回答"服用百龄机"。此外，还在舞台上演唱"百龄歌"，表演"百龄拳"等节目，使这一新产品不久便在市场上广为畅销，三年后营业额达120万元。

黄楚九开办大世界七年后，他又扩展场地开辟更为令人刺激的新节目，在奇、趣、怪上下功夫以满足人们爱寻刺激的心理。大世界最令观众感到刺激的节目，如真牛活蛇登上舞台，其中有大蟒、两头蛇、蜘蛛美人、怪侏儒和外国美女等。到了中秋节，在底层空场上用木架搭成一个周长二丈、高三层的巨大月饼模型，游客花两角钱从一个小洞钻进去，再从洞口出来可见有人送给你一只真月饼。特别是到七月半，底层上会出现两个高出真人两倍的牛郎织女雕像，接着有人装扮成牛郎牵着真水牛上台，牛发出"哞哞"声，引起观众大笑。大世界每逢佳节盛会，观众如潮，热闹非凡。

三是低价创利。黄楚九于1920年在大世界附近开办一家颇有特色的日夜银行，24小时日夜营业，客户对象为一般市民，存款以1元为起点，多少勿论。储蓄部设立活期储蓄、零存整取、整存整取、逐月付息、子女婚嫁等存款名目，利息较一般银行略高。还搞了一个"券利并给"的游览储蓄品种，赠送大世界门票来吸引储户。如存满100元，赠游览券2张；存满一年的50元户，每月赠游览券5张；存满一年的500元户，还本利550元，赠游览券每月20张。

四是派出托儿。两年前黄楚九为宣传小团牌香烟亲自驱车到烟纸店购买自己的新产品，这次为宣传"日夜银行"的特色服务又亲自导演了一个生动场面：他给小儿子黄宪中和大外甥臧寿祺两个小孩每人一元钱，不断去银行存钱取钱，进进出出，十分频繁。许多客户见此情景，自然产生这家银行服务周到、开户低廉、童叟无欺的印象。

过去不少人称黄楚九为"滑头商人"，不无原因。当代著名经济学家于光远说："我从来不相信那些滋补药品，但黄楚九在那个时代就有强烈的广告意识是不简单的，这是研究黄楚九经商之道的一个重要方面。"

（六）体恤民疴，维护民族气节

黄楚九出身贫苦家庭，初创医药业时备尝生活之艰辛，常怀有对病人痛苦的同情。在开办中法大药房时，他规定所有商品价格均低于其他药房，如遇病人来购药，售货员应向病人介绍药品知识和使用方法；若遇夜间，店门有一小窗可为病家买药，以免使病家耽误病情。1919年，河南发生特大水灾，上海各界人士发动捐款，黄楚九除捐出一笔巨款外，还派专人前往灾区收养婴儿千余人。

　　1926 夏,上海市霍乱盛行,患者多为贫苦百姓。黄楚九立即筹资租下白克路（今凤阳路）一幢楼房,创办"上海急救时疫医院",自任院长且每日到院门诊。这家慈善医院与他以前创办的明济眼科医院一样,免费诊治、免交药费;而时疫医院服务更为周全,患者可打电话通知医院紧急派汽车接送,若需住院,伙食、床位费一概不收。当时该院每日抢救 115 人,为舆论媒体所称道。后他又在八仙桥附近开设"黄楚九医院",是以治眼疾为主的一家综合性医院,特设急诊部,如遇贫困百姓可免费赠药。此时,作为著名企业家和慈善家的黄楚九除担任上海市新药业公会主席外,还兼任上海总商会执行委员、红十字会经济委员等职,并被国民政府特授嘉禾勋章。

　　黄楚九虽不直接过问政治,也不参加任何党派和投靠政界要人,但他有着鲜明的民族气节。1911 年 11 月,上海光复后,军政府发布《剪辫告示》："凡我同胞,一律剪发,除去胡尾,重振汉室"。当时许多人持观望态度,黄楚九毫不犹豫将自己辫子剪掉,还要家中及企业内的所有男子剪辫,并在中法大药房门前雇理发师为路上行人免费剪辫。

　　在 1919 年的"五四"运动时,黄楚九不仅发动中法大药房职工罢市,还组织各药厂发表《西药业公议不进日货》的声明,并在大世界门口贴出不准销售日货和不准日人入内的通告。

　　1913 年 3 月 20 日,上海发生震动全国的宋教仁血案,全国民众纷纷集会声讨凶手。"宋案"发生的第二天,消息传来,黄楚九义愤填膺,便请孙玉声编剧,麒麟童主演,仅 8 天时间即在新新舞台演出"宋教仁遇害"。该剧在报上刊出广告后深受民众关注,连演三日,场场爆满,好评如潮。但在袁世凯执政时期,黄楚九立即为"宋剧"的演出遭到巨大压力甚至生命危险,他不断接到恐吓电话和带有子弹的匿名信。黄楚九一面派人向工部局报案,要求派巡警在演出时维护秩序,一面坚持上演。8 日后,他接到工部局以"宋剧"因"蛊惑人心"为由禁止演出的通知。黄楚九不请律师申辩,也不在报上撰文批驳,仅在新新舞台售票处贴出通告："接工部局巡捕房命令,'宋教仁遇害'系蛊惑人心之作,不准上演。"公告贴出后引起许多观众的义愤,纷纷向英租界当局提出质问,并在报上发表声讨袁世凯和追查幕后凶手的文章,迫使英租界当局撤销通知,黄楚九以退为进的策略终于得以实现。

　　1925 年爆发震惊中外的"五卅"惨案,黄楚九立即投入这场反帝运动。6 月初,他在《申报》上刊登大世界即将演出揭露"五卅"惨案真相剧目的广告,并参加罢市运动以声援上海总工会的号召。为表达对"五卅"惨案中死伤者家属的慰问和支援罢工工人的生活，黄楚九发动中法大药房、大世界等职工投入捐献行动，并与家人一起制作 3000 件花球出售后捐给总商会。

（七）广开百业，惨遭致命一击

黄楚九善于抓住各种机遇，经营多种企业，利用广告宣传品牌。有人统计他经营和参与的企业达 70 余家，在 20 世纪 20 年代被称为"长袖善舞的经商奇才"。1920 年起，他在大世界旁边开设 24 小时服务的"日夜银行"、上海物品交易所、大世界游览储蓄部，大量吸收社会上的流动存款。为汇拢资金，他将金融业、医药业、娱乐业和其他几种服务业集中组成共发公司，由袁履登等名人为董事，自任董事长。

1927 年，他利用日夜银行资金投资于房地产，组成三星地产公司，在浙江路一带大兴土木建造了 300 幢市面房，几乎动用了他自己所有的资金。1929 年，他眼看一幢幢楼房拔地而起，企盼待价而沽，但他未曾想到当时世界经济危机已开始波及上海，在市面不景气的情况下，新造的市面房一间也租不出去。黄楚九不得已由自己出资或与人合伙开办茶叶店、茶馆、南货店、浴室、旅馆、公墓等商号店铺。

由于市面萧条，银根奇紧，黄楚九被高风险的房地产拖住，他投入的资金又将与他相关联的企业推入了谷底。正当他在经营上陷入困境之时，他一生与之周旋、抗争的黑社会邪恶势力给了他以致命的一击，而突然降临的病魔又将他逼入难以挣脱的绝境。黄楚九一生很少与帮派人物来往，又无强权靠山，以致树大招风，遭到早有觊觎之心的黄金荣、杜月笙等人的嫉妒。1930 年底，当黄楚九因哮喘病去杭州休养之时，邪恶势力一面散布黄楚九病逝的谣言，一面发动一场向"日夜银行"挤兑的风潮。为了稳定人心，他在 1931 年初扶病返沪，并在《申报》上刊出"实业家黄楚九近影"的彩色照片，以消除谣传。同时，他以所有地契押借 31 万元垫"日夜银行"，力图缓解颓势。但他已回天无力，不到一周间已负债 300 万元，所办许多家企业纷纷倒闭。

1931 年 1 月 19 日，黄楚九因多年来日夜超负荷运行，体力衰竭，眼见自己一手创办的企业无法挽救，病情恶化，终于谢世，享年 59 岁。黄楚九病故后，一时引起社会震动。因他债台高筑，当时由虞洽卿、王晓籁等上海名人组成善后委员会，对日夜银行、中法大药房、大世界等企业进行清算。后虞洽卿、王晓籁等人见黄氏债权情况复杂而先后退出。其时黄金荣等帮派势力乘虚而入，对黄楚九所属有关企业全部拍卖抵债。黄楚九的得意杰作大世界被垂涎已久的黄金荣一口吞下，改名荣记大世界。从此，由于恶势力的渗入，招引娼妓、设摊赌博、立坛扶乩，大世界遂成为藏污纳垢之地。

4月24日，黄氏家族将黄楚九灵柩移至永锡堂，其时虽未发讣告但前来送行者逾千人，堂上有副挽联对其一生给予评价：

> 叔度量汪洋，是慈善家，亦实业家，名望足登货殖列传；
> 陶朱权取予，创新世界，成大世界，心胸独具建储奇才。

另一副对联颇有彻悟人生的禅意：

> 楚楚有致，廿载雄心图世界；
> 九九归原，一双空手赴黄泉。

综观黄楚九事业由盛而衰的悲剧，一方面由于他投资经营的企业战线太长，财力分散，机构更替庞杂，难免顾此失彼，加上一度盲目经营，经不起国际经济风潮的冲击；另一方面，由于他个性秉直，特立独行，从不向帮派魁首逢迎献媚，同流合污，因而挡不住横行一世黑社会邪恶势力的摧残。由资金失控而导致经营全面崩溃，其深刻教训值得后世借鉴。

八、报业巨子史量才

（一）建立中国报业托拉斯

史量才（1878—1934），上海青浦人。自幼聪颖好学，早年曾就读于杭州蚕桑学馆，松江府娄县县学。1901年起先后在上海育才学堂、兵工学堂、务本女中、南洋中学等校任教。1904年创办上海女子蚕桑学校。其时史量才对新闻工作甚为关注，曾兼任《时报》主笔。1911年辛亥革命后主持上海海关清理处和松江盐务局，不久转入《申报》任主笔。《申报》为英商美查于1872年4月所创办，在文字和编排上极力迎合中国读者的阅读习惯，自称为"华人之耳目"，发行量在国内占领先地位。1908年因经营管理不善，由该报买办席裕福收买。1912年史量才与人合伙，以12万两购进《申报》，自任总经理。

史量才熟悉市场，善于经营，他利用第一次世界大战爆发后，西方国家运华物资困难之际，大量购进日产廉价新闻纸获取暴利，如期偿还股东退股。1918年，史量才对原汉口路口的《申报》旧址进行改造，扩建为五层钢筋混凝土大楼。1921年他与南洋侨商黄奕住创办上海中南银行，同年又发起创办上海民生纱厂，扩建五洲药房，恢复中华书局。其时史量才在上海文化与企业界已有相当声望。1927年，史量才凭借金融的力量开始建立中国的报业托拉斯。他的第一个目标是渗透由国民党操纵的《新闻报》。1929年1月，他委托《密勒氏评论报》特派员，收买由美商福开森掌握的80%的《新闻报》股权。消息传出后引起国民党上海市党部的高度关注，提出反对"对党的主义素无信仰者创办舆论"。蒋介石与陈果夫亦派人向史量才发出"忠告"。

在国民党政治压力下，史量才不得不让步，与总经理王氏兄弟成立《新闻报》华商股份公司，他出让300股，但《新闻报》的人事制度不变，实际上史量才已控制了《新闻报》主权。与此同时，他还购进了《时事新报》的大部分股权。1932年，他创办《申报月刊》，次年又编印《申报年鉴》，后又出版《申报地图》，成为上海报业巨头。

（二）"你有枪，我有报"

史量才原来政治思想倾向于保守。1931年"九一八"事变后，史量才关心国事民瘼，对国民党"不抵抗"政策极为不满。东北事变翌日，《申报》即刊登87条电讯。12月5日，北大学生到南京请愿抗日，17日发生南京珍珠桥惨案。《申报》冲破国民党的新闻封锁，立即报道事变真相。史量才亲自发表时评《学生爱国运动评议》。同月，他同宋庆龄晤谈，于19日在《申报》上发表了宋庆龄的声明宣言《国民党已不再是一个政治力量》。同时支持以宋庆龄为首的中国民权保障同盟。

1932年"一·二八"事变，淞沪抗战爆发。1月30日，史量才提出"为应事变之所需，补助政府之所未及"，在他发动下成立"上海地方维持会"，由史量才任会长，王晓籁为副会长，虞洽卿、杜月笙、张啸林、刘鸿生、秦润卿等9人为理事。在该会"报告书"上提出"该会旨在从事慰劳将士，救济难民，调剂金融，维持商业与地方秩序"。不久，上海地方维持会已募得27万余元支援十九路军。2月5日，该会以会长史量才、副会长王晓籁以及理事虞洽卿、杜月笙、黄炎培等名义致电汪精卫、蒋介石等为十九路军乞援。

1932年5月，《淞沪停战协定》签订不久，南京政府加紧对革命根据地的军事围剿，《申报》自6月30日起，连续发表三篇时评《剿匪与造匪》，公开反对政府内战政策。为此，蒋介石亲令《申报》禁止邮递，长达35天之久。史量才在中国民权保障同盟举行的中外记者招待会上，愤然揭露："对于这种侵犯出版自由的行为，新闻界同仁决不能加以宽忍！"

1934年2月，蒋介石在南昌发起"新生活运动"，同时加紧对革命势力的反动统治,特别是对《申报》的进步舆论宣传极为恐惧。10月中旬,蒋介石召集史量才等各界人士到南京开会。会议期间,蒋介石对史量才进行个别谈话,警告史量才不得在《申报》上发表反政府言论,并委任史为上海临时市参议会议长之职。在与蒋介石谈话时,史量才对此无动于衷,竟然借口身体不适不予出席。当时史量才在上海创办了申报职工业余学校、妇女补习学校、流通图书馆等进步组织,并在闸北建立平民教养院。他的事业越做越大,声望越来越高。一日,蒋介石通过杜月笙、黄炎培约史量才到南京谈话,但谈话极不融洽。最后蒋介石威胁说:"把我搞火了,我手下有一百万兵!"史量才则毫不示弱:"我手下也有一百万读者!"不久,"你有兵,我有报"的传闻不胫而走。

  最后谈判破裂后,蒋介石看了朱家骅、潘公展有关史量才的剪报、书信、谈话后,心中十分恼火,下决心除去他的心中之患。

  1934年11月13日下午15时5分,沪杭公路翁家埠地段上,一辆往上海驶去的轿车放慢了速度,前方路中横停着一辆敞篷车。突然,敞篷车周围6个黑衣人拔出手枪,连连向轿车射击,一个50出头的男子跳出轿车,狂奔入附近一所茅屋后的涸水塘内,黑衣人追上去一连数枪,该男子终于流血身亡。

  这位男子就是被蓝衣社戴笠策划暗杀的中国无冕之王史量才。

  史量才被蒋介石暗杀的消息传出后,举世震惊。11月15日《申报》刊登同日下午举行"大殓"。蒋介石慑于社会舆论,不得不发出"严缉史案凶犯"的电令。

  12月18日起,《申报》等许多单位和各界人士举行了多次追悼会。

  夏征农说:"不能把史量才只局限在'一代报王'上面,他为社会做了许多事,有文化教育事业和其他事业。"

  在史量才的祭文中,一位补习学校的学生写道:"史先生虽死,事业不死。敌人杀了史先生的肉体,却杀不死史先生已播在社会里的优良种子。史先生精神不死!"

九、跷脚沙逊与"远东第一楼"

(一) 巨额资产的来源

  维克多·沙逊是英籍犹太人大卫·沙逊望族的后裔。1832年,大卫·沙逊在印度孟买开设沙逊洋行，出生于1881年的维克多·沙逊继承父业，于1923年来到上海主持新沙逊洋行。维克多·沙逊33岁时参加英国皇家飞行航空队，在一次驾驶飞机时失事，左腿摔伤而致残，人称"跷脚沙逊"。

沙逊在主持沙逊洋行时，该行已成为贸易和银行的公司。沙逊来沪后，除了继续从事鸦片买卖外，第一件事是乘英商安利洋行因经营不善之机控制该洋行的全部股份，并任安利洋行的董事长。

在兼并安利洋行时，正值中国军阀混战时期，据史料记载，沙逊从英国将大批军火高价转卖给中国军阀，以获取暴利。这些军火包括枪支弹药、飞机大炮和鱼雷艇等等。直至1934年，宋子文还亲自到沙逊洋行为"上海海关缉私营"购买步枪等军火。由于洋行长期从事军火交易，沙逊后来被人称为"大军火贩子"。

沙逊洋行在兼并安利洋行中还获得了7家公司，包括造船、船坞、锅炉制造、铁路车辆制造、水陆运输、金融、公用事业等企业，其商业版图得到极大的扩展。

然而，沙逊资产最大的来源还是在房地产领域。他在接掌沙逊洋行时，上一代在上海已有298亩房地产，市值约1330万两白银。

沙逊洋行的房地产来源之一是乘人濒临破产之际以低价购进。如沙逊的祖父乘美商琼记洋行破产之际，以8万两银子买下南京路外滩今和平饭店处约12亩土地。

沙逊洋行房地产第二个来源是在借款人无法及时偿还本息时没收其所抵押的产业。

第三种来源是在保留土地产权的同时"租地造屋"，这是一种更为有利可图的地产经营方式。发明这种方式的是沙逊洋行房地产部主任的犹大商哈同。1916年，他把位于南京路和浙江路口的一块地皮出租给郭乐、郭泉兄弟建造永安公司大楼，租期30年，年租金3万银两，合同期满后，造价约15万银两的大楼即归沙逊所有。

沙逊来沪以后，不断扩大洋行业务，先后建立起沙逊银行、华懋地产公司、汉弥尔登信托公司、远东投资公司等，并在远东各大城市设立分支机构。沙逊最大的产业是房地产，至20世纪20年代成为上海最大的房地产巨商。抗日战争时期，沙逊大量抛售各附属企业和投资有关公司的股票，将资金转移到香港和伦敦。抗战胜利后，沙逊洋行所属公司全部迁往香港，总部迁往巴哈马群岛的拿骚，大量出售产业，在上海只设分支机构。至1958年，因沙逊洋行积欠巨额债务，以产抵债，其中国内地全部财产转让给中华企业公司。1961年8月25日，沙逊病逝于拿骚。

（二）一鸣惊人建高楼

沙逊在上海以建造许多著名的大楼华屋而闻名，如南京路的劝工大楼（今电子商厦）、淮海路的国泰电影院、西藏路东的东方饭店（今工人文化宫）、四川路的安利大楼、衡山路的衡山公寓、河南路桥堍的河滨大厦、福州路的都城大厦（今新城饭店）、蒲石路的华懋公寓、格林文纳公寓（今锦江饭店）以及南京路的华懋饭店等等。而最为著名的则是建于1925年的沙逊大厦（今和平饭店），因其楼的高度及内部装饰豪华，时称"远东第一楼"。

秉性好胜且随着在上海商界地位的不断上升，沙逊决定建造上海第一幢摩天大厦，而且地点就选在上海租界最繁华的南京路外滩。这幢大楼将命名为沙逊大厦。

沙逊大厦的高，原来计划与纽约的摩天大楼不相上下，但由于外滩地质关系不得不降低高度。1926年4月，沙逊大厦原址开始拆除旧屋，经过3年余，于1929年9月全部落成。该大厦由英商公和洋行设计，华商新仁记营造厂承建。全部建筑材料除水泥由日本进口外，所有花岗石和钢筋等全由英国运来。其建筑平面呈A字形，高13层，总高77米，占地面积4622平方米，建筑面积36317平方米，造价为7836013元法币。大厦的屋顶为金字塔形，坡度很大，高耸入云霄，十分壮丽雄伟。

沙逊大厦的底层和一、二楼出租给商店、银行、洋行等机构使用，三楼为沙逊洋行及其附属机构的办公场所。四至九楼开设华懋饭店，包括旅馆、饭店和舞厅。十楼以上为沙逊及其家族使用，装饰精美豪华。

沙逊大厦南京路段之东为著名的华懋饭店，它有250套客房以及酒吧、餐厅、夜总会和舞厅等高级设施，且以许多名人光顾这家大饭店而名扬上海滩。如：

1933年12月，诺贝尔物理学奖金获得者、"无线电之父"马可尼访问上海时下榻于华懋饭店。上海市市长吴铁城，以及宋子文、孙科等曾在华懋饭店设宴招待马可尼，有各国外交官及上海名流300余人出席。

1936年3月9日，美国喜剧电影大师查理·卓别林抵达上海，随他同行的是影片《摩登时代》的女主角宝丽·高黛，两位艺术家名人双双入住华懋饭店。

华懋饭店也是中国富豪和权贵经常出入之所，如荷兰银行买办虞洽卿、中国银行经理贝淞荪、浙江实业银行行长李铭等经常在华懋饭店长期包房并请客吃饭。汤恩伯曾在华懋饭店大摆宴席庆祝日寇投降，并一度把华懋作为办公驻地。

另外,华懋饭店还是一个滋生政治是非之地。1932年3月,英国勋爵李顿率领"国际调查团"来华时即入住华懋饭店。时称"民国第一暗杀大王"的王亚樵命两名杀手入住华懋企图暗杀李顿,后被捕房擒获。

1945年12月20日,美国特使歇尔一行抵沪时入住华懋饭店。他的任务是促成国共合作,组织一个统一的政府机构,后因调停失败而离开中国。

1947年6月16日,华懋饭店八楼举行联合国亚洲暨远东经济委员会的第一届全体会议,旨在讨论战后重建问题,出席会议的有中、美、苏、英、印、澳、菲、泰、法、荷等10个国家的300多名代表。

沙逊大厦和华懋饭店极大地提高了维克多·沙逊在上海的知名度。

十、 红色资本家包达三

(一) 留学扶桑参加同盟会

1957年,周恩来总理来杭州时特意看望正在病中的浙江省副省长包达三,他对身边的工作人员说:"包达三早年跟随孙中山参加过辛亥革命,对我们共产党是有感情的。"

包达三,字楚,浙江镇海石塘下村人,近代宁波帮著名"红色资本家"、中国民主建国会的创始人与领导人之一。1884年出身于贫困农家,父亲是村里的秀才,靠教私塾为生。包达三在家乡私塾里读过几年书,后因父亲患精神病,家境日困,只得辍学务农。16岁时随亲戚到上海益生纸店当学徒。包达三身体健壮又勤奋好学,为人诚实,店里碰到很难对付的人,他都能应酬得体,深得老板满意。三年满师后,店里留他当伙计。包达三平时利用业余时间刻苦攻读,1906年终于考取公费留学,东渡日本。

包达三到日本后,先在一所商校读预科,后考入东京明治大学,攻读政法。为寻求救国之道,他多次聆听孙中山先生的演讲。"驱除鞑虏,恢复中华,创立民国,平均地权"这十六字建国方针,使年轻的包达三心中犹如黑暗中见到了光明。在接受了孙中山三民主义学说后,他剪去辫子,参加了中国同盟会,与当时的盟友蒋介石、张群、周佛海等人结为金兰十兄弟,投入反清革命斗争。在校期间,他阅读了邹容的《革命军》、陈天华的《警世钟》和《猛回头》等革命书籍,撰写了《评俄国武力外交》等多篇揭露清政府腐朽卖国的时评。

1911年10月武昌起义不久，包达三毅然放弃学业，受同盟会中国部总会庶务干事陈其美的召应，回上海参加民军敢死队攻打江南制造局之役。上海光复后即转而南下奔赴杭州，与蒋介石等会同各地会党，分三路攻克杭州巡抚署，杭州随之光复。包达三等仍回上海在沪军都督府陈其美属下任职。

1912年1月14日，光复会领袖陶成章被蒋介石派人暗杀于上海广慈医院，包达三对蒋介石此举极为不满。不久，辛亥革命的胜利果实被袁世凯窃取，开始实行专制独裁统治。1913年3月，袁世凯指使杀手在上海北火车站暗杀宋教仁，其反动面目彻底暴露。孙中山领导国民党人发起"二次革命"，包达三在上海参加讨袁军，数次攻打江南制造局未遂。1913年9月"二次革命"失败，包达三遭到通缉，被迫避居日本。次年，孙中山在日本改组国民党，筹建中华革命党，包达三积极参加革命党的活动，被任为留日支部部长。翌年，包达三在明治大学商科毕业，于1916年回国匿居上海租界从事秘密反袁斗争。袁世凯复辟帝制倒台后，继之而起的是各地军阀混战，包达三感到"路漫漫其修远兮，吾将上下而求索"，他开始在彷徨苦闷中寻求新的出路。后决定弃政从商，走实业救国之路。

（二）创办蛋粉加工厂起家

当时，中国民族工商业在半殖民地半封建的社会中受到列强的经济侵略和压迫，处境十分艰难。包达三虽学得西方商业经营和管理知识，但在上海滩毫无资本，要白手起家，谈何容易。他曾与友人做过一些买卖，均无所成就。

1917年，包达三只身离开上海去广州另谋发展。终于，天无绝人之路，一个偶然的机会，他结识了一位广州富商之女王文宁，经过一段时间的交往，两人在广州结婚。次年，包达三夫妻带着王氏家庭的雄厚资金来到了上海。

包达三有了投资实业的资本，在考察上海市场信息中发现一个被人视为冷门的项目——被外商垄断的蛋粉加工工业。为了振兴民族工业，包达三在河南开封开办了一家开封制蛋厂，专营蛋白和蛋黄粉内销、出口，不久就获利丰厚。1918年，包达三又在上海开力、黄海渔业公司，购置了数十条机动渔船，培养一百余海员和捞鱼工人，在舟山群岛一带打捞捕鱼，又取得丰厚的利润。包达三在日本学的是商业会计，又能双手同时打一手熟练的算盘，开始投入金融事业。1920年与虞洽卿、盛丕华、方液仙、方椒伯等人共同筹建上海物品证券交易所，被任为常务理事，后又与黄楚九等企业家在大世界游艺场底层创办上海夜市物券交易所。由于他及时把握市场信息，谋算得当，大获其利，被人称为交易所的"里手"。不久，他又在苏北购置数百亩围垦地，不到两年地价翻了几番。至1924年，包达三在上海滩上声名鹊起。

1927年，蒋介石在发动"四一二"事变后，为摊派军饷，派浙江省财政厅长徐郭向包达三勒索十万银元，包达三被迫承受当年"结拜兄弟"的压迫，愤而与蒋介石绝交。

关注市场信息，审时度势，作出投资决策，是宁波帮经商致富的一大特点，包达三也不例外。1927年7月7日，"上海特别市"成立，市政当局提出"大上海建设计划"，包括《建设市中心区域计划书》《黄浦江虬江码头计划》等，其中划定江湾区的七千亩土地作为市中心区域，通过开辟新市区带动华界乃至整个上海来代替租界。包达三看准这一商机，立即筹拢一批巨资，组建信义地产公司，任总经理，在江湾一带购置地产，经营房地产开发，并创建跑马厅和体育场。不久，包达三凭他敏捷的思路、独特的经营，在上海滩上名声大震，成为一名宁波帮的商业巨子，曾出任上海宁商总会理事等职。

（三）拒任伪职，反对内战

1937年"七七"事变后，抗日战争全面爆发。随后，"八一三"淞沪保卫战开始，至11月国民党军队西撤，上海沦为"孤岛"。包达三当时虽经商有成，但在上海孤岛内避居时仍十分关心祖国的命运，重新开始投入政治活动。他与上海各界爱国进步人士一起参加多次抗日救国活动。

1939年10月，曾任上海总商会会长的傅筱庵公开投敌，出任汪伪"上海特别市市长"。傅筱庵与包达三是镇海同乡，比包达三大几岁，两人曾结拜过兄弟，傅筱庵称包达三为"包兄弟"。傅筱庵当上伪市长后，多次诱逼包达三出任伪上海市实业部长，包达三坚决予以拒绝。此后包达三隐姓埋名，躲进浦东的一位朋友家里，深居不出。傅筱庵将包达三所有账户冻结，企图逼他"出山"。包达三宁可变卖家产度日，誓不与其合作，保持了中国人应有的民族气节。包达三还不顾个人安危，秘密帮助新四军采购药品，并资助不少爱国青年去苏北解放区。1940年10月傅筱庵被国民党特工派人刺杀后，包达三在沪账户随之解冻，他重新启动资金并先后创办永达药厂、雷石化学公司。

1945年8月15日，日本帝国主义宣布无条件投降，抗日战争结束，包达三的好友马寅初、马叙伦、胡子婴等由重庆抵沪，住在包达三的大通别墅里。在他们的影响下，包达三参加了民主建国会，次年被选为民建总会理事。从此，包达三积极参加反对蒋介石独裁统治的爱国民主运动。

抗战胜利后，中国广大人民渴望和平，但蒋介石的独裁政府却一方面玩弄"和谈"阴谋，另一方面在美国支持下向解放区进攻，企图挑起反共反人民的内战。在上海的中国共产党地下组织，为了解工商界人士的思想动态，宣传党的政策，团结工商界人士组成广泛的统一战线，经常参加工商界人士的各种聚餐会。由包达三主办的大通别墅聚餐会每周有一次午餐会。经常赴宴的有陈叔通、马寅初、马叙伦、盛丕华、张絅伯、许广平等爱国民主人士，经常有中共地下党同志参与其会。大通别墅毗邻思南路中共驻沪办事处，周恩来常到包家串门，包达三也成为"周公馆"的常客。

1946年1月，蒋介石在全国人民要求和平民主的压力下被迫召开政治协商会议，但不到半年，蒋介石就撕毁了全部协议，开始发动全国规模的内战。包达三和民主建国会积极投入争取和平、反对内战的斗争，在他参与起草的《为挽回国运，解决国是，奠定永久和平而呼吁》的文章中指出，"历史的教训昭示我们，武力不能解决问题，排斥反对党不能依恃屠杀"，希望"国内的政治领袖们，多多地珍惜国家的地位，多多珍重自己的历史，更要多多地顾念民众的疾苦。必须从今日起，痛下决心，奉协商为至高无上的准则"。此文在6月19日各报发表后，引起各民主党派和爱好和平的著名人士的极大反响。在沪的各民主党派、人民团体和无党派人士经过协商，决定推派代表赴南京请愿。代表团由包达三和民建的盛丕华、张絅伯、阎宝航，以及马叙伦、黄延芳、雷洁琼、吴耀宗和学生代表陈立复、陈震中等10人组成，呼吁和平，反对内战。包达三在临行前曾收到国民党特务寄来的恫吓信和子弹，但他态度坚决，为争取和平、反对内战，个人安危置之度外。

1946年6月23日，代表团在上海10万民众欢送中出发，当天晚上代表团抵达南京下关车站时，遭到国民党大批特务的围攻和殴打，包达三和许多代表受伤。这就是震惊中外的"下关事件"。

"下关事件"发生后，全国各界人士纷纷致电致函慰问受伤代表，同时激起了各界民众的愤怒和抗议，强烈要求国民党政府严惩肇事凶手。当时在南京进行和平谈判的周恩来、董必武等赶往医院探望包达三等受伤代表。周恩来指出："你们的血是不会白流的。"24日下午，头缠纱布的包达三与黄炎培、黄延芳、盛丕华等出席了有国民党代表参加的国民参政会举行的招待会。会上包达三在发言中指出："我们是代表上海民众来南京的，我们的愿望是反对内战，争取和平和民主。"在次日的记者招待会上，包达三向舆论界揭露了"下关事件"的真相，呼吁和平，反对内战。接着包达三又与代表们访问国民党政府高级官员冯玉祥、孙科、邵力子、陈立夫等人，申述了反内战、要和平的意愿。

"下关事件"促使包达三进一步反对蒋介石专制独裁，认识到不同反动派进行坚决的斗争，是无法获得国内的和平和民主的，同时也认清了只有中国共产党才有希望实现和平和民主。为了支持民主运动，包达三卖掉苏北的40亩盐田，从中取出200两黄金换成1万元美钞，充作民主建国会的活动经费。他在聚餐会上现身说法，向工商界人士揭露蒋介石假和平、真内战的反动本质，有力地支持了中国共产党的统一战线工作。包达三还通过聚餐会救济被解聘的进步教授和被国民党特务通缉的进步学生，资助他们去解放区参加革命。

出于对中国共产党的信任，包达三还通过任航空驾驶员的儿子包启环，利用中国航空公司驾驶员可免于检查的规定，把党的重要文件和宣传资料运往西安、重庆、昆明等地。他不顾在白区斗争的危险，多次花巨款保释、营救被捕的中共地下党员。

（四）把资产献给新中国

1948年5月1日，中共中央发布"五一"劳动节口号，号召"各民主党派、各人民团体及社会贤达，迅速召开政治协商会议，讨论并实现召集人民代表大会，成立民主联合政府"。从9月起，全国各地的民主党派、著名民主人士，陆续进入解放区，包达三也受到了邀请。1949年1月，包达三化名"石龙公"，在中共地下党同志的协助下离开上海到达香港。3月23日，包达三从香港乘船北上。4月15日，包达三等代表在北平接受毛泽东主席邀请，到香山双清别墅餐叙。席上，毛泽东主席嘱勉包达三等代表为上海解放贡献力量。后包达三与民建领导成员在5月26日《商报》上发表《欢迎解放军宣言》一文，文章向上海工商界人士指出新民主主义的经济政策是增加生产、繁荣经济、公私兼顾、劳资两利，解除了不少上海工商业者的犹豫和顾虑。

5月27日，上海解放。包达三与黄炎培等人离开北平到达上海，任上海市人民政府顾问，参与讨论上海解放初怎样克服粮食、劳资、就业等一系列有关国计民生的困难。9月21日包达三参加了在北平召开的中国政治协商会议第一届全体会议，参与了《共同纲领》的讨论，其间包达三热情地提出了许多重要的建议，被与会者称为"诸葛亮式的人物"。

中华人民共和国成立后，包达三先后担任中央人民政府财政经济委员会委员、华东行政委员会委员、上海市人民政府代表。1950年6月，《土改法》颁布以后，包达三告诫子女，要积极拥护土改，"旧中国两千多年来的封建剥削制度，是一种极不合理的制度，土地改革是彻底废除封建剥削制度，是解放农民、发展农业生产、促进国家工业化的基础"。他以身作则，不仅全部缴清他在上海信义地产公司的农业税，并献出全部市郊营业地共98亩。

由于包达三年迈有病，周恩来嘱他回杭州工作。1955年包达三当选为浙江省人民政府副省长,后又任中国民主建国会浙江省工作委员会主任。

包达三在回杭工作期间,他向工商界人士宣传"三反""五反"中党的政策,要求他们服从国营经济和工人阶级的领导,指出:"现在国营企业部门正向各私营工商业户进行加工、订货、收购、贷款等工作,这说明了私营工商业者只要向正确的道路走,前途仍然是光明的。"

1957年4月6日,包达三因病逝世。在临终前,他把自己大部分的产业以及个人收藏的文物字画等捐献给国家,被当时工商界人士誉为"红色资本家"。

十一、 海派女子服装权威金鸿翔

(一) 独辟蹊径,创办女装店

自上海开埠以后,租界内华洋杂居,在特殊的环境下,形成了服装上标新立异,乃至在全国所无有的种种时髦。随之,华洋服装店铺应运而起,由国人独自创办的第一家女式西装商店,以做工考究,款式新颖而享誉全国,它的创始人叫金鸿翔。

金鸿翔(1894—1969)出生于上海浦东,13岁通过舅舅介绍到一家中式裁缝店当学徒,一年后该店铺倒闭,又在亲友介绍下到一家西服铺当学徒。他勤奋好学,在师傅张凤岐指导下,技艺大进,并刻苦攻读英语。20岁时金鸿翔已经掌了整个西服制作的整套工艺程序。后到南京西路一家悦兴祥西服店当技师。他对众多外国顾客悄悄地建立了客户档案,以便将来自己开店时可有户头。

1917年,金鸿翔在亲友帮助下租下静安寺路一家店铺,独立开办了"鸿翔女式裁缝铺"。金鸿翔为什么要开女式服装铺?原来17年前上海南京路上一个红帮裁缝王才运开设了一家荣昌祥西服店,做工考究,价格低廉,很快在上海成了名。1911年辛亥革命后,孙中山曾到荣昌祥制作过"中山装",从此名声大振,王才运的徒弟10余人后来都在上海开西装铺,仅在南京路静安寺一带就开了4家。金鸿翔开店时见西装店众多,决定独辟蹊径,开创新路。当初除他为老板外,只有2个胞弟和1名工人。他对每件服装亲自设计,做工考究,要求每一件上衣薄软有弹性且不会缩水。开业不久,生意很快兴旺起来。

（二）设计中西合璧女装击败洋商

金鸿翔为设计时尚女装作出了种种努力：

第一，"人人都学上海样，学来学去难学像；等到学了三分像，上海早已翻花样。"这首歌谣反映了上海时装变化之快。金鸿翔深知服装店必须顺应时尚款式要新颖，不断变化更新。他在事业上是个有心人，特别留意各种新颖款式，经常带着照相机到热闹马路和交际场所拍摄流行的时髦女装。当时有家洋商昇发时装公司，金鸿翔常去窥视橱窗里著名的女子服装样品，然后暗记下来。他还购买外国服装书籍作为参考，然后结合自己的想象开始设计中西合璧女子服装。

第二，金鸿翔不惜重金聘请女装设计高手、犹太人哈斯培克为鸿翔公司设计师。他还要求两个弟弟拜哈斯培克为师，又叫他们到另外几个外国服装设计师那边去进修。当时上海时髦女子多爱穿旗袍，鸿翔公司在女子旗袍上不断创新求变，从而获得了她们的青睐。一日，金鸿翔得知刚离开好莱坞的明星黄耐霜来沪，他立即邀她来鸿翔公司，为她设计几套中西式的旗袍，这些新款旗袍经过金鸿翔摄成照相，在报上一登，立即轰动一时。

第三，金鸿翔见洋商昇发时装公司只做来料定制加工，公司不备衣料。金鸿祥则"两面兼营"。他的公司既欢迎来客自备衣料，也欢迎来公司里选料定制。后来，顾客见鸿翔公司衣料充足，制作精良，服务热情，价格比洋商低廉，公司营业额日增。金鸿翔为使公司备货充足，特别与上海著名的衣料商店老介福、老九章、老介祥等事先约定，每年先取料，分清明、立夏、端午三季付账。这是金鸿翔为公司资金周转的一大创举。经过10年的拼搏，鸿翔女子服装公司营业额年年上升。先在西藏路开了一家分店，后又投资巨款在南京东路750号开设"鸿翔女子服装公司"，直至今日仍矗立在南京路上，终于使洋商昇发时装公司败下阵来。

（三）为中外名人量制礼服

鸿翔女子服装公司声誉日增的一个重要因素是金鸿翔看中名人服装的广告效应。这是当年他给黄耐霜做旗袍获得的启发。20世纪30年代开始，凭他灵敏的商业嗅觉，不放弃最佳时机为电影明星、上层名媛、交际花等设制女装。1932年3月28日，南京西路大华饭店举行电影明星胡蝶获得"电影皇后"加冕典礼，金鸿翔通过关系为胡蝶制作了一套白色礼服，由鸿翔女子服装公司赠送。由此鸿翔公司名声大振。

后来金鸿翔又组织一个各季节的时装表演队，请大明星参加表演，并在报上发表特别新闻。1934年11月，他又在大华饭店举办时装表演会，请胡蝶、阮玲玉、徐来等当红明星演出，全部采用国产服料。后又在百乐门舞厅举办电影明星国货时装表演，邀请胡蝶等一批明星参加，一时轰动全上海。

金鸿翔后来还为宋氏三姐妹赠制了在各种场合穿着的时装。宋庆龄在1932年庆祝"三八"妇女节发表演说时称赞金鸿翔为"开革新之先河，符合妇女要求解放的新潮流"。1935年，宋庆龄又亲笔为鸿翔公司题词，"推陈出新，妙手天成；国货精华，经济干成"。后蔡元培也为金鸿翔的爱国精神所感动，于1934年2月亲笔书写"国货津梁"四字，他将这幅匾额悬挂于店堂之上。以上种种，足见金鸿翔顺应时潮，为名人制服产生了巨大商业效应。

金鸿翔成为海派女装之权威，"女服之王"后，长期担任上海市时装业公会董事长。新中国成立后，鸿翔公司公私合营，金鸿翔出任上海市服装鞋帽公司顾问，1969年因病去世，时年74岁。

十二、出租车大王周祥生

（一）从一辆旧篷车起家

在今日上海出租汽车公司中，强生出租车是诸公司中的名牌。"强生"与"祥生"谐音，由于新中国成立前祥生车行饮誉申江，故使人从"强生"联想到当年的"祥生车行"。

20世纪30年代，祥生出租汽车公司以"40000"的电话号码和300余辆汽车而被誉为上海"出租车大王"。该公司的创办人周祥生，1895年生于浙江定海周家塘的一户农家。因家庭贫寒，少年时帮人看牛、樵柴，只读了三年书便辍学了。1907年，13岁的周祥生离乡背井投奔在上海查礼饭店当领班的姑丈许廷佐，后从当童工、杂差、学徒到在咖啡店里当西崽（侍应生）。成年后，在查礼饭店学得一口英语，当上了领班。当时顾客多为洋人，周祥生给他们叫车，与出租车司机开始相熟。

1919年，周祥生为了不受洋人之欺，离开查礼饭店，一心想开一家出租车行。开始自筹500元，再向岳母借了100元，租得一辆日产旧篷车。他在虹口一带拉客，因当时出租车不能随便停在马路边，有钱人不会坐他的旧篷车，他只得到码头、火车站、赌场、戏院边拉客，三个月后终于还清了车债。他的堂弟周锡庆开始与他合作，凑集了3.1万元又购进了旧车。由于周祥生为人机灵，善于拉客，不久又赊了一辆新车。他便以三辆车办起一家车行。他的一位外国朋友给他的公司取了洋名 Johnson，中文名为祥生出租车公司，自任经理，堂弟管内务兼司账，其兄周锡元管修理。

周祥生以滚雪球的方式分期付款又购进一辆辆汽车。1929 年，周祥生已有 20 辆汽车，在规模较小的华商汽车行业中崭露头角，逐渐成为同行中的头头。

当时，国际金融危机席卷资本主义世界，各国竞相对外倾销商品，美国通用公司以预收少量定金大量推销汽车，同时外国石油公司在相互竞争中油价一跌再跌，这给周祥生带来发展汽车行业的大好时机。他的一位朋友估计美元汇价看涨，愿提供 3 万银元帮他购买洋车。周祥生将这笔银元兑成美元订购了雪佛兰轿车 400 辆，不久车未到货，车价已涨了一倍。周祥生除自留 200 辆，其余车辆全部脱手，剩下车辆几乎白赚。1931 年 11 月，周祥生招募新股，于次年在北京路西藏路口购进一幢大楼，祥生出租汽车公司正式成立，周祥生被选为董事长兼总经理。从此，墨绿色的雪佛兰新车穿梭于上海市区大街小巷。不久，美国通用公司派人与周祥生联系，愿以优惠条件与他合作联营，周祥生一眼看穿对方所谓"联营"实为使"祥生"成为其子公司，当场表示拒绝。

（二）神奇的"40000"电话号码

人口增长和汽车行驶需要上海马路不断拓宽、延伸，好让汽车往来驰骋。由于电话业发展，上海滩装有电话的人家不断增多，电话叫车不仅方便，且成为一种时尚。电话号码被各车行所重视。美商云飞汽车公司以"岁临一杯酒"的谐音，选了电话号码为"30189"；银色公司的电话号码为"30030"，也简单易记。而周祥生的祥生公司号码是"北251"，毫无特色。为了获得一个不同凡响的电话号码，周祥生煞费苦心。为拉拢英商电话公司有关职员，他设宴请客，赠优惠券，又免费接送，等等，最后终于打通了电话公司营业部主任索雷和管理号码的处长威尔金森的关系，得到一个"40000"号码。

周祥生获得这一电话号码，心中一阵狂喜。新岁将临，周祥生立即去印刷厂印了 2000 张有"40000"电话号码的广告日历牌分赠客户，又在报上大登广告："四万万同胞请打四万号电话，中国人应坐华商车""40000 四只车轮在全上海滚动""中国人爱国坐中国车"，这些鼓舞人心的口号，大大提高了祥生公司的营业额。周祥生又在车厢三侧和车顶上漆上"40000"号码，甚至司机号衣、帽子也不例外。另外，还赠送客户印有"40000"号码的青绿色饭碗或茶杯一只，要他们每天不要忘记打"40000"叫车。他在市中心做大型霓虹灯广告，《新闻报》首版和电话簿的封面书脊都是祥生广告，至于车站、码头、戏院、酒楼、舞厅等公共场所更是无不使人看到"40000"祥生公司的电话号码。周祥生还另出新招：当时电话常挂在墙上，电话铃响时，遇到请人接听，话筒苦于无处安放。周祥生动足脑筋，请人设计制作一种小巧的金属架，架子上有红色祥生标记"J"和"40000"号码，并派人到市区各公共场所免费安装；一般电话用户只要愿意，同样免费上门安装，结果大受民众欢迎。同时他又利用这个电话号码，在总机上开通问讯服务，客户只要拨通"40000"号码便能得到天气预报、火车和轮船时刻的信息，随即祥生车就会开到你的门前。

神奇的"40000"号码，震动了上海滩，给周祥生带来了繁忙的生意和巨额的利润。

（三）精心管理，信誉大增

善于精心管理、创造名牌击败洋商是宁波帮老板经商的一个特点。周祥生深知仅有个神奇的电话号码只是成功的第一步，关键在于为公司创造自己的服务品牌。

周祥生亲自了解调度室每一小时各分行停车情况，日夜三班指挥汽车行运时间，并不准在回车时拉客。同时他还亲自在市区各处观察客流量情况，最后选定总行设在北京路800号，这是上海市中心出车的最佳地点。除了22个分行外，还委托许多烟纸店代客叫车，公司给予一定的佣金。一旦获得叫车电话，一般在一分钟之内就可到达指定地点，既节省汽车，又令客户满意。

公司制定服务细则，凡调度员接电话时必须语气亲切和蔼，绝不用态度生硬的用语，即使分行一时无车也得向别的车行借车，令客户满意为止。周祥生每天要检查调度室服务记录，一旦发现车辆放出客户已走的情况，必须追查到底，决不含糊。他经常到车站码头实地指导、检查公司车辆的服务质量，甚至亲自为客户开门，搬取行车，礼貌待人，既给司机作出榜样又检查司机的服务态度。

周祥生还故意同时向祥生、云飞、泰来等汽车行打电话叫车，如发现先到的不是祥生车，他立即回公司追查原因。如有违规，即加以处分。如遇客户遗失贵重物品，凡立即设法归还者给予奖励，如不上缴者给予重罚，从而使客户有一种安全感。

在周祥生几年的苦心经营下，祥生公司在上海信誉卓著，不久周祥生被选为华洋出租汽车公司联合会的董事。

（四）击败洋商云飞汽车公司

清末以来，外国人在上海的交通工具均为马车。1910年后，南京路、外滩等地相继出现英商龙飞车行、法商东方车行、美商飞星车行等。至1920年，美商云飞车行、英商泰来车行、俄商利达车行、日商森村车行相继发展。其中以云飞出租汽车公司规模最大，清一色的福特车，总经理高尔特至1928年已拥有200多辆的新车，雇工600多人，成为上海出租汽车行业中的老大。高尔特眼看祥生出租汽车公司一天天发展起来，便在云飞车行公司内成立华洋出租汽车公司联合会，推周祥生为董事，提出以"联络感情，团结同行"为宗旨，目的是为了祥生公司等华商车行俯首就范。在第一次成立会上，高尔特提出各车行均应以云飞车行的新车价为标准，统一提高车价。周祥生联合华商坚决反对这一提议，理由是华洋车行经商方式不同，服务对象和管理方式不同，车价无需统一，挫败了云飞等洋商车行的阴谋。

次年，南京政府实业部规定，须组织上海市出租汽车公司同业公会，洋商不得参加。5月，同业公会成立，公推周祥生为会长，原来的华洋出租汽车公司联合会随即解散。

以云飞车行为首的洋商出租车公司不甘心失败，他们派云飞车行经理高尔特再施诡计以对付祥生公司。高尔特射出的第一支冷箭是扰乱对方的调度。在一段时间内，祥生公司接二连三在半夜接到叫车电话，调度派车过去却没有见到雇车人。周祥生经过一番调查才知道原来是云飞车行的人在搞恶作剧。第二支冷箭是策动劳资纠纷。1934年祥生公司发生劳资纠纷时，云飞公司派人挑拨离间，还假惺惺地送去大米等慰问品，并趁机接纳两名被解雇的工人。周祥生一面接受教训，尽力处理好劳资关系；一面在云飞车行发生劳资纠纷时鼓动云飞工人要求增加工资，使云飞车行在经营上发生困难。

1932年1月28日，淞沪战事爆发，十九路军将士浴血抗战，全上海市民奋勇支援。周祥生出于爱国热情积极调拨公司汽车专门输送慰问衣物和药品。周祥生有一位姓陈的朋友，为安徽省原省长陈调元的儿子，他家中有辆装甲车，因一时无人修理，不能捐献给十九路军。周祥生见此立即答应派人去修理，还亲自驾车送到闸北太阳庙前线，受到张治中将军的嘉奖。周祥生还有一位朋友是大中华橡胶公司职员，该公司出品的双钱牌车胎正遇到英商邓禄普车胎价格战，处境困难。周祥生获知后立即向大中华买进一大批双钱牌轮胎，并向同行和媒体积极宣传："中国人乘中国人出租车，中国人买中国人轮胎。"

在"八一三"事件后，上海市民爱国热情高涨，美商云飞车行的营业大受影响，加上云飞车行地处租界西部，出车量大大不及地处北京路闹市区的祥生公司。另外，云飞车行数量不及祥生车行，叫车的电话号码更不及祥生的"40000"电话家喻户晓。"八一三"事变后，随着抵制洋货的爱国热潮纷起，周祥生在上海各界被称为著名的爱国商人。事到此时，云飞车行营业一蹶不振，总经理高尔特不得不将百余车辆盘了出去，从此云飞车行在上海销声匿迹。

1937年抗战前夕，祥生公司已发展到资本50万元，拥有汽车248辆，分行22处，代叫店50余处，职工800多人，成为全上海华洋出租汽车公司同业中的老大。周祥生被誉为"汽车大王"。但他在发迹后因私造住宅，占用公司巨款，致使流动资金不足，遭到董事会的不满，双方发生冲突，周祥生愤而辞去总经理之职，后回家休养。1942年，到重庆开设祥生饭店、祥生广播电台、祥生建业公司。抗战胜利后周祥生曾在上海另立祥生交通公司，任总经理，因内战爆发，公司营业困难，终于无力重操旧业。1974年2月，周祥生因病在沪去世，终年79岁。

十三、 永安公司老板郭琳爽

20世纪初上海南京路最著名的有四大公司——先施公司、永安公司、新新公司和大新公司。其中先施公司最早开业但后劲不足，新新与大新论规模与利润均比不上永安公司。永安公司成立于1918年，开张之前在《申报》上连登半个月的"预告"，并配以大幅照片。开张那天张灯结彩，人山人海，原来准备3个月的库存仅10天就卖掉一半。

永安公司不仅是一家百货商场，它还附有酒楼、茶室、旅馆、戏院、跳舞场、溜冰场、游乐园等设施。该公司老板郭乐原于1898年在香港办了一家永安环球百货公司，10年后，在上海创建永安公司获得成功，至1929年，他决定由三弟郭泉之子郭琳爽出任副总理，4年后任总经理。

郭琳爽（1896—1974），广东香山（今中山）人，又名启棠。1921年毕业于岭南大学，后赴欧美各国考察经济。回国后伯父郭乐命他在香港一家百货公司当见习助理，从站柜台开始，对购、销、调、存每一道环节都熟悉了一遍，然后派他到上海永安公司当老板。

郭琳爽聪敏好学，在1933年到上海永安公司任总经理时，他顺时应势，原来公司销售90%以上洋货，先后二次筹改设国货商场，提倡国货。在南京路上与几家公司竞争中因重视售货信息、增辟"底货倾销部"和分发礼券等促销手段，营业蒸蒸日上。

（一）历经磨难，艰苦创业

1937年"八一三"事变后的第十天——8月23日，日军飞机在南京路上丢下一颗重磅炸弹。十七层的永安新建大楼门窗大都被震碎，15名职工当场死亡，百余人受伤。

郭琳爽临危不惧，立即采取两项措施：（1）对死伤员工发放抚恤金；（2）派人到英国领事馆求见领事，要求日方赔偿。因永安公司是在香港英国政府注册的，可是几经周折，英国领事的回答是"撤销注册"。原因是永安公司系由中国人创办，加以在1925年"五卅"惨案时永安职工参加过抗英罢工活动。郭琳爽心知肚明，英国当局这种无理措施原是害怕得罪日本帝国主义。于是郭琳爽立即通过律师向美国注册，但美国方面条件十分苛刻，总裁、司库必须美国人担任，董事半数以上也须由美国人担任。郭琳爽虽仍任总经理，但永安公司的"太上皇"却是美商慎昌洋行经理吉利芝，他兼任永安公司总裁。

郭琳爽在经营业务上富有开拓精神，三年多来不仅利润日增且在企业文化上大胆创新。他自幼爱好粤剧，于是创办一家"永安剧社"，自任社长，请来名师指导，并亲自演出《荆轲》《西施》中的角色。除粤剧社外，他曾组织公司职工成立歌咏队、话剧队，演唱《大刀进行曲》，演出《放下你的鞭子》，在多次义演中募得上万捐款全部赈济上海、广东难民。在郭琳爽的带领下，永安员工抗日爱国热情十分高涨。

另外，郭琳爽还于1939年5月创办《永安月刊》，这是装帧精美、图文并茂的海派文艺刊物，连续刊出10年。它扩大了永安公司的社会影响，又招徕了公司的顾客群。

永安公司在上海"孤岛"时期，由于全国进出口重心集中至上海，加上战时各地豪门富商大批来租界避灾，当时上海一些百货公司营业空前兴旺。永安公司在1941年的营业额较1939年增加了5.5倍，利润更增11倍以上。

可是，好景难常。1941年12月8日，太平洋战争爆发，在上海的日军占领了租界。"孤岛"的繁荣也在战火中被冲击得烟消云散。由于永安公司挂的是"美国注册"的牌子，被日本军方判为"敌产"。日方派兴亚院会计监督官松山"接管"，永安公司的库存现金被全部解交日本正金银行存放。从进货、销售、商品牌价到郭琳爽取1元钱都必须由日本会计监督官盖章批准。

"接管"后的永安公司,"恐怖事件"接连不断。一次,日本宪兵队说南京路发现定时炸弹,宪兵四面包围,永安公司竟也在封锁圈内,公司被迫停业,郭琳爽偕同夫人被软禁在公司15层楼,过了20天的"囚徒"生活。

(二) 来了一位神秘的客人

1945年8月,八年抗战胜利后,郭琳爽满以为永安公司生意好做,营业兴隆,但他决心重整旗鼓、复兴企业的幻想立即破灭。当时南京路上美货摊贩不计其数,上海已成为"无货不美,有美皆备"的天下。还有国民党政府订出"进口结汇管制办法",使永安公司大批进口物资被冻结在太平洋彼岸,而官僚资本却不受此限制。郭琳爽这时只好依靠永安的第三产业,借附设的酒楼、茶室、旅馆、舞厅等维持生计。

1948年,随着国民党内战节节败退,国统区内由于通货膨胀,在发行金圆券后,南京路上四大公司的物资被抢购一空。8月19日至10月底,国民党政府在上海实行限价政策,大量商品被迫低价抛售,永安公司的库存商品濒临于空仓之危。

1949年5月初,解放大军即将进军上海,这时远在美国的郭乐和坐镇在香港的郭泉给郭琳爽频频来电,促他早日离沪返港。郭琳爽多次召开董事会,在留与去的问题上争论激烈,却未得出一致的结论。

一日下午,郭琳爽的办公室里来一位年轻的"客人",此人为公司洋酒部职员阿夏。

"总经理,我给你带来了口信。"

郭琳爽认得阿夏是广东老乡,"什么口信?"他说着关上办公室的大门。

"上海很快就要解放了。"阿夏从容地说,"我们欢迎总经理留下来同我们职工一起迎接解放,一起建设新上海。"

郭琳爽一听立即心知肚明,他曾收到《论联合政府》《目前形势和我们的任务》等小册子,一定是他们邮寄给他的。他耐心地倾听对方继续说下去。

"请总经理不要轻信外边的各种谣言,民族工商业的财产和人身安全我们是负责保护的。只要总经理对人民有贡献,人民是不会忘记的。最近公司讨论去留问题,请谈谈总经理自己的想法。"

两人的谈话连续近两个小时。

谈话结束后,郭琳爽心里有了底。他虽知道永安公司广大职工中间有共产党,但这个神秘的客人竟是洋酒部的年青人阿夏。

后来郭琳爽回忆当时为什么留下来这段往事时说:"我所以留下不走,

当然是出于对家族和个人利益的考虑，上一辈创下这点基业，多不容易，这么一个大公司，这么大的房子，这么多的存货，我能带得走吗？上海永安公司交到我手里，这就是我的安身立命之地，我能撒手一走了之吗？所以，尽管后来老父亲又给我包了架飞机来，命我立即离沪返港，我还是不能走呀。再说，我是做生意的，在商言商，共产党来了，我想也没有什么可怕的。"

郭琳爽所说的"共产党没有什么可怕"，指的就是那天与"神秘的客人"阿夏谈话的那段内容。

1949年5月26日，上海解放后，郭琳爽在永安公司从独家经营到同国营公司签订批购、经销、代销合约，经过6年后，到1956年公私合营，郭琳爽仍任永安公司总经理。

1956年1月14日，永安公司公私合营之日，永安剧场于当晚举行联欢会，会上郭琳爽兴致勃勃地演出粤剧《山东响马》，博得满场喝彩。想不到在"文化大革命"中这一出戏成为他"恶毒攻击"新社会的"罪状"，除了"认罪"，他有口难辩，只得"请罪"。1974年，郭琳爽因病去世，终年78岁。

十四、"中国的娜拉" 董竹君

（一）出生青楼，嫁至豪门

20世纪的上海滩有位著名女老板，名叫董竹君，原名杨春芝，其一生有着传奇式的经历。她于1900年出生在上海的一个穷苦家庭，父亲董同庆是个拉黄包车的人力车夫，母亲李氏是给人做粗活的娘姨。6岁那年，父亲送她到附近私塾里念书。13岁那年，由于父亲劳累过度，患了伤寒，久病难愈，不得不叫女儿辍学，向长三堂子（妓院）老板借300元钱，条件是将董竹君抵押在妓院两年，学唱京剧，为期三年，卖唱不卖身。

长三堂子在清代前称青楼，亦称书寓，是高等妓院。姑娘未成年时是不接客的，这不是老板心善，目的是要等姑娘卖唱红了，接客时才能开出高价。

董竹君自幼不爱笑，客人称她是"不笑的姑娘"，但她天生丽质，嗓音又好，琴棋书画无不通晓。她的水牌总是写得满满的，第一天晚上就有30张，后来逐时增加，客人不断，她成了青楼老板的一颗摇钱树。

董竹君身边有一位颇有见识的姓孟的女子，经常给董竹君讲青楼女子悲惨的故事，还告诉她即使到期，老板也不会放过当红的姑娘，他们会利用黑道势力让你回不了家。多少姑娘最后年老色衰，流落街头。即使从良当有钱人家的小妾，也因为出身青楼，在家庭没有地位。姓孟的还告诉她，要尽快找一个好人，在接客前嫁出去。董竹君听了，暗暗地等待机会，跳出火坑。

烟花柳巷，前来寻欢者多为纨绔子弟，但当时也有一些革命党青年为免遭迫害到这里来聚会。董竹君听到他们高谈国事，使她懂得了一些革命的道理，从内心佩服他们救国志向。当时，袁世凯在暗杀宋教仁后大肆逮捕革命党人，他们被迫转入地下，筹划"二次革命"。

四川省副都督夏之时，在这群常客中引起了董竹君的注意。她见夏之时身体健壮，英姿焕发，性格豪爽，24岁就任四川都督，是一位乱世中的豪杰。他曾留学日本后追随孙中山参加同盟会。辛亥革命时，他以新军军官身份率兵起义，被推为四川革命军总指挥。

开始，董竹君对夏之时的印象只是一种好奇。经过几次听人介绍和议论，逐渐对夏产生爱慕之心。

一次，几位"革命党"少爷来到堂子，议论完一番国事后，老鸨上来："夏爷，不叫姑娘来唱唱戏听听？"

夏之时问："有哪位姑娘唱得好听的？"

老鸨立即介绍杨春芝前来向几位少爷见面："她叫杨春芝，小名阿媛，唱的京戏可好听呢！"

夏之时听了杨春芝的几曲京剧，看着杨春芝微微一笑："多大年纪了？小姑娘，读过书吗？"

"我从6岁读到12岁，后来家里没钱还债，只好到这里学唱戏，学了2年，明年就可出去了。"

夏之时看着这个天真美丽的姑娘很感意外，听了她婉转清亮的唱腔和凄苦的身世又深感同情，对她说："你要多读些书，卖唱不像你这样姑娘干的活。"

经过多次往来，夏之时与杨春芝相互有了好感。不久，袁世凯以3万大洋悬赏夏之时的人头，杨春芝冒着危险去寻找虹口日本租界一家小屋里的恋人。蛰居在屋里多日不能外出的夏之时忽见杨春芝的来临，两人的感情很快升华。夏之时对杨春芝在说到自己的经历时告诉对方，自己家里有个由父母作主的老婆，是个缠脚的乡下人，生肺病很厉害，生了一个男孩才3岁。"这几天我考虑再三，我真爱上你了，待我筹了钱会把你赎出再娶，这样你可跳出火坑，你同意吗？"

夏之时凝视着对方。杨春芝听了并不感到意外，她早就想与他走到一个新的天地。杨春芝接受了对方的要求,但她坚定地说:"我不要别人花钱来赎我,要是这样,我不会跟你结婚。如果你同意我三件事,我会自己跳出火坑。"

她提出的三件事是:

(1) 不做小老婆,明媒正娶;

(2) 婚后带我去日本求学;

(3) 将来从日本读书回国,组织一个好的家庭,你管国家大事,我主持家务。

夏之时没有考虑就什么都答应了。两星期后,夏之时不顾周围革命党人的反对与杨春芝在租界日本旅馆——松田洋举行了简单的婚礼。夏之时给新娘起了一个名字叫"毓英"。当时夏之时27岁,杨毓英才15岁。

婚后不久,一对新人双双赴日本东京,开始了新的生活。杨毓英首先学习日文,后又学其他各科知识。一位日语老师将她丈夫所取的名字改为"董竹君"。不久,两人的女儿国琼出世了,董竹君相夫教子。夏之时身在日本,与国内革命志士遥相呼应。国内发动"二次反袁运动"时,夏之时于1916年奉命由日本返川。临行前,夏之时给董竹君将上海的四弟叫来,说是陪董竹君念书,实是对她进行监视。夏又将一把手枪交给董竹君说:"如果你对不起我时你可用它……""这分明是对我不信任",董竹君想着心中十分愤怒,但未和他争辩。

(二) 走娜拉的新路

1917年秋,董竹君接到丈夫从四川打来的电报,说父亲病危要她回川探亲。当时国内到处是军阀混战。董竹君自日本到上海后,独自带着女儿经过五天的长途跋涉,由重庆回到四川合江——夏之时的老家,从此卷入了旧式大家庭的漩涡之中。

夏家是名门显族,家大业大,各房家具摆设华丽,仆婢成群。董竹君一个出身青楼的女子初到有钱有势的夏家,家中上下起初对她冷眼相待,她在家中毫无地位。首先是夏家不承认他为正媳,虽然夏之时的原配已经病逝。好在董竹君早有准备,预先购买了大批洋货作为礼物,分送全家上下,笼络人心,这才改善了她与家人的关系。按夏家规矩,一切家务均由媳妇们亲自带动、接管。董竹君凭着治家的才干,不顾遇事吃亏,跟着妯娌们勤奋从事操管,凡事忍耐,相夫教子,料理家务井井有条,显示出过人的贤能,很快获得了夏家上下的敬意。夏母终于收回对儿媳的成见,决定重办婚礼,以确立她的合法地位。在一个精心挑选的日子,夏家张灯结彩,杀鸡宰羊,董竹君带着女儿国琼第二次拜堂，行了结婚大礼。

1919年夏家迁居成都，这时的夏之时突然被解除军权。随着地位的下降，夏之时接受不了这种巨大的地位反差，从此意志消沉，逐渐由革命者转变为一个守旧的乡绅。这个辛亥革命的老将不仅对董竹君连生四个女儿非常生气，还对董竹君热心社会事业深感不满。面对外界对妻子才干的赞誉，他意生嫉妒之心，耿耿于怀。董竹君容忍了这一切，毕竟对他怀着深深的感激，是他把她从火炕里拉出来，给她以重生的机会。

"五四"运动后，旧礼教受到猛烈的冲击，新思想渐渐深入人心。董竹君对此感到异常兴奋，她经常到成都的书店里订购许多新书报刊，还把孩子们的穿着改为西式服装，被当地人称"夏家是洋派"。然而，夏之时却越来越意志颓唐，整天抽大烟、打麻将，且大男子思想严重，经常无理取闹，时常对妻子蔑视和虐待，直至反对几个女儿到洋学堂读书。一次，董竹君为了坚持女儿读书，夏之时竟然掏出手枪来威胁董竹君，使董竹君伤心绝望之极。

1929年冬，董竹君终于下定决心从四川成都带着四个女儿去上海，与丈夫分居。此事在四川引起轰动，报纸上登出了"夏之时家中难都督，将军街走出女娜拉"的报道。

娜拉是易卜生名著《玩偶之家》中的女主人公，她本是一位备受丈夫呵护的娇美妻子，她有做母亲的幸福，后因一次背着丈夫冒名签字的举动引起了一场家庭风暴。具有独立自由精神的娜拉终于离家出走。

可董竹君的经历与娜拉的不同之处是丈夫的颓废和堕落使她走上自力更生、劳动谋生之路。

1923年左右，在征得丈夫同意后，董竹君开办了一家"富洋女子织袜厂"，女工都是贫苦家的女子，还聘请了两位男师傅。董竹君想妇女只要有了职业，在经济上取得独立，就能享受男女平等自由了。但是，不久因资金和销售问题终于营业额不断下降。

1926年，董竹君筹了一些款子租地创办了"飞鹰黄包车公司"，由她父母协助经营，她亲自教导车夫如何注意出汗不生病，以及病后给他们看病，因此车夫们都愿意到她的公司租车，一时营业不断上升。

1929年，董竹君把成都的织袜厂和黄包车公司关了，抽出一部分资金来到上海，找到了丈夫。夏之时一见她便厉声斥责："你在四川不好好做家庭主妇，要带着女儿到上海来干什么？上海是花花世界，也是地狱！四个女儿要读什么书？"董竹君约丈夫在复兴公园作了一次长谈，最后协议暂时分居五年。她想，五年之后双方都没有改变自己的思想和观点，那么就跟他离婚。

要自立，去办厂。董竹君不愧是女中豪杰，她并不因在成都办厂、办公司的失败而气馁。1930 年，她将四川带来的手饰等变卖，再向亲友筹资，在上海闸北创办了一家"群益纱管厂"。厂里上上下下的行政、营销、检查管理、出外接洽等都由她来担任，时常忙到深夜才能回家。当时在上海女子创办工厂，董竹君是唯一的一家，其困难可想而知。

1932 年，震惊中外的"一·二八"淞沪会战爆发，上海各界集会游行，捐款捐物，支援十九路军抗战。董竹君也投入这一行列，这时她与中共党员、电影艺术家章泯相识，由她资助出版《戏剧与音乐》杂志。正在这时，群益厂被日军炸毁，刊物也就此夭折。

祸不单行，不久国民党会同巡捕房到董竹君家查获一包宣传品，将她逮捕入狱，拘留了四个月后，经一名安南狱巡买通狱长，答应付三千元交保释放。董竹君出狱后，因无法交出贿赂钱只得逃往杭州避难。这时全家生活全靠大女儿国琼教钢琴所得维持。

1934 年，董竹君与夏之时在上海见面时，夏还想要妻子回四川，但董竹君没有要对方一文财产，坚持离婚。

（三）创办锦江，沪上成名

董竹君与丈夫分手以后，努力筹措资金，决心重新创办实业。这时她的父母亲相继去世，她欲哭无泪，似乎感到人生已经到了尽头。1935 年初，董竹君家突然来了一位不速之客，他是四川人李嵩高，早年曾留学法国，后投笔从戎，在四川时得知董竹君犹如中国的娜拉，对她颇为崇敬。这次他慕名前来拜访，见她身居小楼，独自抚养女儿，生活困顿之极，还想创办实业。李嵩高见董竹君孤身一人在办厂、办公司中屡败屡战，深为感动。他对董竹君说，愿意资助她 2000 元钱，办些事业，解决生活问题。董竹君没有立即接受这笔款子，答应数日后再商量此事。当时董竹君已有一些中共地下党朋友，在与他们商议后才决定暂时接受李先生的侠义相助，俟后赚了钱再还。

有了这笔原始资本，董竹君经过再三考虑，决定开一爿四川菜馆。经过一番调查、选址、设计店名店徽等，1935 年 3 月 15 日，"锦江小餐"在上海法租界华格臬路 31 号开张了。取名"锦江"，是因为董竹君很喜爱唐代一位女诗人薛涛在四川锦江旁写的一首望江楼的诗，她认为以"锦江"的店名象征着川菜像四川缎锦一样扬名于世。店徽采用青青的竹叶，意味着自己的名字。

"锦江小餐"聘请一名老厨师做出来的正宗川菜，色、香、味俱佳。董竹君经理店堂，她的谦逊、微笑、体贴，使得每位顾客倍感亲切。因此，"锦江小餐"很快生意火红，人多的时候连走廊上都摆上了桌子。像黄金荣、杜月笙以及南京来的政府要员都是"锦江"的常客。一天，杜月笙对董竹君说："你的店面太小了，赶紧扩充，你有困难我来帮！"几天后杜月笙亲自出面张罗，拿出一大笔钱，终于扩大了店面，并经过董竹君亲自精心装修，"锦江"面貌焕然一新，雅座、散座可供300人同时用餐，生意火爆，营业额顿时翻了几番。

为了对雪中送炭的回报，董竹君免费送给杜家酒席两桌。杜月笙欣然笑纳。几个月后，董竹君将"锦江小餐"改名为"锦江川菜馆"。董竹君对新馆设计成中西合璧的格局，店门装上彩色霓虹灯，并用英文"KINGKONG"招牌，格外引人注目。馆堂收款台上写着她自己两句话："君若满意，请告诉朋友；君若不满，请告诉我们。"馆内椅桌均为中式，筷子用一次性的松木制成，另设"特别雅座"专供文人雅士及海上名流使用。至于各式川菜，品种繁多，其中以香酥鸭尤为著名。"锦江川菜馆"在当时上海滩菜馆中独树一帜，前来客人中有戴季陶、杨虎等政界名流。一日，杨虎来用餐时找到董竹君。杨虎为淞沪警备部司令，其子曾认夏之时为干爹，两人算是亲家。

杨虎邀董竹君同宴并提出要董竹君加入国民党。董竹君回答说："亲家，你是高看我了。我现在只想赚钱养家，只是一个开饭店的女老板，对政治既没有天分，也没有什么兴趣。你看我这个月连工资奖金都周转不灵呢！"

杨虎听了一时默然，也不好再说什么了。其实董竹君早有不少中共地下党的朋友，还读了不少进步书刊，并帮助不少进步青年参加革命。那锦江川菜馆的雅座包厢已成为地下党朋友聚会之所。

第二年一月，董竹君在法国公园邹韬奋开设的生活书店附近租赁了有40多张台桌，可容顾客200余人的分店。该店命名为"锦江茶室"，上、下午供应茶点，中午和晚上供应饭菜。她在报上公开招聘女服务员，录取后经过董竹君的培训，服务灵活周到，态度热情诚恳，作风正派高雅，博得社会舆论的好评。一时间，该茶座成为进步人士集会、讨论国事的场所。

锦江川菜馆和锦江茶座的顾客每天平均有800余人之多，与广东帮著名菜馆"新雅饭店"齐名。但"锦江"的著名还是在名人效应，如美国笑星卓别林、摄影家郎静山、《申报》总编卜少夫以及外国大使等，均为锦江的座上客。不久，香港、台湾、巴黎居然出现了冒牌的锦江餐馆，可见其影响之大。

1937年"八一三"事变爆发，日军大举进攻上海。一日，一个汉奸带着两名日本特务来"锦江"吃饭，对"锦江"的菜肴赞不绝口。他们邀请董竹君到日本军部的虹口旅馆开家"锦江"分店，这使董竹君陷入困境。答应吧，自己马上就会背上汉奸的罪名；不答应吧，日本人是什么事都干得出来的。董竹君开始以聘川菜名厨困难为由，与对方一拖再拖。最后，在朋友们的建议下，董竹君决定一走了之。1940年底，她登上了前往菲律宾的海轮。董竹君打算在马尼拉开设"锦江"分店，便托在上海的经理张进之物色到马尼拉的人员，可张进之知道董老板已被困马尼拉，一时无法回来，不仅不给她介绍人员，而且竟不惜牺牲锦江的利益，为自己大肆敛财。

董竹君在日军统治下的菲律宾历经多次磨难，根本无法实现在马尼拉开设"锦江"分店的愿望。一直到1945年返回上海，才将张进之加以处理，重新大力整顿"锦江"，终于恢复元气。

新中国成立以后，中共上海市委需要设立一个招待中央首长、高级干部及外宾的高级宾馆，董竹君毅然将16年来苦心经营、价值15万美元的锦江两店贡献给国家，在长乐路89号华懋公寓建成了锦江饭店。1951年6月9日饭店开业，董竹君任董事长兼总经理。

（四）为党办事，贡献多多

董竹君出身贫苦家庭，在"五四"运动期间受平等思想影响，经历封建家庭的磨难后毅然与颓废堕落的丈夫离婚，成为"中国的娜拉"。此后，"九一八"事变爆发，她在上海投入抗日游行示威运动，并发表抗日演说；其间陆续与进步人士和左翼人物接触，并且阅读了不少进步书刊和外国文学名著。在20世纪30年代，不论国势多么艰危，政局多么动荡，董竹君同时与国民党人、日本人等巧妙周旋，并且毫不犹豫地帮助革命党人和爱国志士，并在与中共上海地下组织接触中萌生过入党的愿望。

1937年，郭沫若从日本秘密回国，住在高乃依路（今皋芝路）的一所小公寓里，董竹君得知后，每日三餐特派锦江员工专送一个半月，郭沫若为此作诗云："患难一饭值千金，而今四海正陆沉。今有英雄起巾帼，娜拉行踪素所钦。"

1938年，董竹君与《大公报》女记者蒋逸宵共同创办半月刊《上海妇女》杂志，并请中共党员姜平、许广平及作家黄碧野等12人为发起人，黄碧野为主编，董竹君为经济负责人并兼发行等对外事务。该刊积极宣传抗日，在当时拥有广大读者，产生良好影响。共出38期，至1940年2月被迫停刊。

在抗战时期，董竹君凭借自己的经济资本、社会影响和人脉关系，为共产党营救了不少身陷虎口的革命工作者。有一次十几名从事地下情报工作的革命工作者已被特务多次盯哨，特务试图将这些人逮捕、暗杀。上海党组织立刻指示董竹君设法营救。董竹君找到人际关系网络甚广的刘良，以帮助"亲友"为名，让刘良带领他的兄弟，送这十几位革命者乘邮轮离开上海，抵达香港。

抗战胜利后，董竹君还曾巧救过新四军。一日，淞沪警备部司令杨虎来到锦江，与董竹君商谈国共两党的形势。当时杨虎对蒋介石的专制统治深感不满，又对蒋介石是否能与共产党合作共处表示怀疑，正处于思想矛盾状态。董竹君以亲家身份给杨虎晓以大义："战争结束后，不论是哪一党派，它肯定是顺应历史潮流的，正所谓大势所趋，人心所向，逆流是不得人心的。像你这样一位有名望的人可以成就很多的积极事业。"杨虎被董竹君的一番真言所感动。后董竹君根据中共地下组织的指示，新四军城工部正要送一批青年男女去苏北淮阴解放区，但路经扬州时需要通行证，没有军方出面，难以办到。董竹君趁机向杨虎提出有十几个参加过抗战的青年在战后准备回家，其中还有她的远房亲戚，要求杨虎协助此事。杨虎听了立即同意照办。

1946年，董竹君根据中共上海地下党组织的指示，先后投资创办了永业印刷所、协森印务局、美文印刷厂，出版《中国妇女》杂志，印刷《解放》杂志以及毛泽东的《论持久战》《新民主主义论》《论联合政府》《在延安文艺座谈会上的讲话》和朱德的《论解放军战场》、刘少奇的《论共产党员的修养》。这些党的重要文献，在国统区还是第一次出版。1946年冬，中国灯塔出版社以党的整风文献23篇为内容的"灯塔小丛书"一版再版，起初由上海书报联合发行所发行，后被特务干扰，即由地下党组织传送。董竹君所出资办的印刷所在一年余时间里，资金周转全靠锦江两店资助。在这些印刷所里，工人职员大都是从事地下党工作的成员。当时，党工委常有秘密印件要通过上海至台湾以及南洋开辟交通线来传递，为此董竹君又从锦江两店抽调资金在南京路大陆商场楼上创办了"锦华进出口公司"，并在台湾成立分公司，从而完成了党组织交给她的任务。

有一次，董竹君的家里突然来了一位贵客。

她迎来的是邓颖超。当时董竹君因劳累过度在家休养，见了来客惊喜地大叫："啊！邓大姐！有什么指示吗？"说着连忙叫人将门关上。

邓颖超笑着说："我是顺道来看望你的，身体是革命的本钱，你要管锦江，又要办印刷所；听说你从菲律宾回来一直身体不好，干革命也要劳逸结合嘛！至于你的工作任务会由上海地下组织来安排的。"说完将带来的几瓶蜂蜜送上，嘱她注意胃病。

"谢谢邓大姐的挂念，看您，在百忙中还带着礼品来看我。"董竹君送走邓大姐后不禁流下了热泪。

新中国成立后，董竹君无偿将锦江饭店交由人民政府经管，任董事长、总经理，后为顾问。1951年，周恩来与邓颖超设宴招待董竹君，周总理说：

"我敬你一杯！多少年来，你为党和人民做了不少工作！"又说，"一个人革命不容易，一个女人革命更不容易，一个女人要成功并协助着革命更不容易！"1952 年后董竹君当选为上海市民主妇联执行委员、上海市人民代表、第六届全国政协委员。1997 年 12 月 6 日董竹君去世，享年 98 岁。

十五、王宽诚凭诚信智慧创业致富

（一）由猪行学徒到钱庄跑街

王宽诚（1907—1986）出身于宁波南郊农村，父亲王启芳早年以收购苏北生猪为业，王宽诚 8 岁时在乡下私塾和小学读书。七年后遵父命到宁波市去学手艺。

1921 年，14 岁的王宽诚到宁波的永丰猪行当学徒。王宽诚既聪明又勤快，深得师傅和师兄们的欢心。三年学徒期满，王宽诚转入江厦街源吉钱庄当上了很体面的"跑街"，开始接触金融业务。

王宽诚由猪行学徒到钱庄跑街，工作性质真可谓天壤之别。原先与猪打交道，现在与人和钱打交道，一切都得从头学起。比如吸收存款，就要博得有钱人的欢心，让他把钱掏出来交到你的手里。而博取欢心的办法，一是利润加高一点，二是东西便宜一点，三是小礼物多送一点，再收集各地的金融消息提供给老板，使他觉得你信息灵通，对他有用。再如发放贷款，需要审视客户的眼光和心态，一看人品，二论行业，三评身价。人品不好，借给他的钱可能无法收回；人品好而行业不好，也有可能有去无回；人品好行业也好但身价不高，则要考虑放贷的额度，不能有求必应。

这对 18 岁的青年王宽诚来说，不能不说是个严峻的考验。好在王宽诚平时不吸烟、不喝酒、不赌博，工作上宽厚为怀、诚信为本，故没过多久便得心应手了。王宽诚转学金融业，这独立人生第一步迈得坚实而又精彩，犹如鲤鱼跳龙门，对他以后的事业产生了巨大的影响。王宽诚在源吉钱庄干了整整 8 年，为源吉钱庄的发展立下了汗马功劳。这期间的跑街生涯使他在经营企业和管理业务方面获得了相当丰富的知识。

（二）开设维大号，执同业之牛耳

王宽诚精明能干、诚信为本的品质被宁波一位立丰面粉厂老板看中，老板聘请这位25岁的年轻人为该厂的采购部主任。该厂创办于1930年，原有30万银元资金，通过上海英商安利洋行购置14台磨粉车，可以日产4000余包面粉。不料，由于事先调查不确，立丰面粉厂翌年的销售量仅为数百包，于是大量小麦积压在仓库里。"屋漏偏逢连夜雨"，立丰仓库设在甬江边岸东胜路，1932年宁波大潮汛，江水漫进仓库，致使全部小麦浸湿，难以制粉。贷方钱庄老板因立丰厂亏损累累，遂与该厂大股东戴瑞卿商量，双方同意请王宽诚任采购部主任。按当时行规，采购部主任这一职务乃是"肥缺"，它可收取不少佣金。王宽诚一贯以诚信为本，一到任就改革陋规，把收取佣金视之为不义之财，是发展企业的一大弊端。因此他运用独有的智慧，以果敢的措施、崭新的方法，革除这一陋规。

他向采购人员提出，收了佣金之后，会让供应商牵着鼻子走，但拒收佣金又会使供应商感到不安，影响业务。为此，他亲自带头放弃佣金，同时推动所有采购员放弃佣金，并建议厂设立奖励金以提高采购员的工资收入。王宽诚认为这一兴利除弊、改善经营管理的措施将会打开新的局面。

但是，王宽诚的革故鼎新却招来了守旧势力的攻击，流言蜚语、冷潮热讽纷纭而起。有人还在背后说他用过去养猪的方法待人，王宽诚一时感到无所适从，十分苦恼。正在这时，有两家富商劝王宽诚离开是非之地，王宽诚便与他们共同合作，开设了"维大鼎记面粉号"，在1935年正式开张，王宽诚任总经理。

王宽诚像许多宁波商一样，善于革新，善于开动脑筋来总结钱庄跑街和采购工作的经验，以适应新的形势。一是采用现代化的经营手段，在"维大"开业后，他制定了一整套革新方案，以自己的商业经营理念经营"维大"。首先，是用人问题。一是他根据切身体验，取人以德才兼备、唯贤唯能为标准，不讲情面，不讲资历。每当学徒进店，取消封建式的拜师仪式，改称西式的练习生。二是学徒不明文规定以三年为期，若工作表现出色，能力超群，哪怕是进店六个月，亦可提升为职员。三是对店内急需的专业人员，特事特办，不惜高薪聘请。

其次，是设立岗位职任制。王宽诚根据经营需要，设置主任、会计、出纳、进货、推销、门市、勤杂等岗位，每岗位均有明确的职责和奖惩条例。每到年终，召集全体职工来家吃年夜饭。凡成绩优秀、创利多的人员让坐首席；而坐在末位的职工将被除名。在派送红利时也分三等九级，特优的人员由他亲授红包，坚决打破传统的"大锅饭"，以激励职工为"唯大"多作贡献。

再次，是建立信誉，学习西方采用传媒广告以招徕顾客的经验。"维大"

开业时，为了给市民留下深刻的印象，他不惜重金在宁波《时事公报》上刊登大幅广告，"顾客至上，信誉第一，'维大'最讲信用，劣质面粉不卖……"，连登七天。当时有人为高额的广告费而心疼，他们反对道："七天生意赚来的钱还不够登广告，别登了！"王宽诚深知现代广告对于提高厂家信誉的效应，他对他们说："我还要登，连登半个月，让全市老百姓都知道'维大'，生意就好做了。"事实真如他所料，连续半月的广告引来了大批市民和客户，开始出于好奇，后来得到实惠，这样，"维大"人气渐旺，终于门庭若市。

王宽诚以诚信和智慧创业，在他经营"维大"二年后大见成效。维大鼎记在市区及余姚、镇海、慈溪设有分号六家，已执当时宁波地区面粉业的牛耳。于是，正当"三十而立"的王宽诚，雄心勃勃，踌躇满志，决定循着宁波帮先驱的道路，经往大上海，开辟新天地。

1937年春，王宽诚将宁波维大鼎记面粉的所有分号一律收缩，只留总号一家，筹集资金调往上海，在泗泾路30号开设维大华行。王宽诚深知上海为对外贸易的良好基地，首先要引进有经验的外贸人才。他用高薪和拆账分红等优惠待遇，拉到几位在洋商进出口行当高级职员的人才；并请这些人员把原来洋行中所熟悉的国外关系带到维大来积极向国外联系业务，如美国的披斯板雷面粉厂、加拿大的罗宾汉面粉厂以及澳大利亚的诺斯克面粉厂等，都先后与维大华行建立了业务关系。由于王宽诚在外贸上特重信誉，维大依托这些外国厂商关系为后盾，广取货源，不断开拓业务，最后竟压倒当时上海所有经营进口面粉的华商和洋行进出口商，稳执上海面粉业之牛耳。

王宽诚一贯坚持"顾客至上，信誉第一"。他了解到上海一般商号是如何交易进口面粉的，结果发现，它们在抛售栈单时，都以1000包为基数。这使许多中小客户感到力不从心，望而却步，做不成生意。于是他灵机一动，将维大华行的栈单基数从1000包减少到500包，从而在栈单交易所抛售时，立刻受到普遍欢迎，中小客户争相下单，生意有增无减。此外，维大华行还长期雇用一批修补包工人，遇有面粉袋破损，随时随地修补，树立起维大面粉栈单的良好信誉。

此外，王宽诚还采取两种订货办法：一方面，自己向国外公司订货，自己向国内市场销售；另一方面，又代客订货，赚取佣金。这两者之比例为2:8，即自订自销占20%，代客订货占80%。这样，维大华行既可利用到货先后的时间差，视国内市场价格之升降而随时机动调剂，又能假借订户的力量以壮大自己的声势，用20%之实力即可控制80%的多数，从而左右全上海的面粉市场。

当 1937 抗战开始，至 1941 年上海沦为"孤岛"，维大行在五年之内进口面粉 84000 吨，为"孤岛"时期上海面粉总进口额之一半。其中 1940 年，几乎占上海进口面粉之 75%，即使洋商进口行也不是他的对手。

与此同时，王宽诚深知维大行在发展过程必须大力扩大企业资金。他以维大良好信誉千方百计吸收社会游资。一是他竭力与实力雄厚的银行保持良好关系，如他与有利银行买办、宁波同乡虞鲁伯，有着可靠的信誉，在订货时可少付银行押金以方便资金周转。二是他直接投资于亚洲银行、新汇银行，成为股东，取得了融资的便利。另外，王宽诚还从事国际贸易业务和外汇买卖，以营利所得扩大维大行的资金积累。于是，维大行的资本增值成倍地增加，至 1940 年维大行资金已达 20 万元。

有了相当的资金，王宽诚还投资实业，与人合作开设金城铁工厂，开办永兴地产公司、祥泰航运公司等。而他最为得意的是他与中国国货公司总经理李康年共同经营中国钟厂，主持"三五"牌时钟的生产与销售。

1949 年，王宽诚不断扩大营业范围，成为一位名副其实的香港亿万富翁。由于他为人处世中的崇高信誉，被选为首届香港中华总商会会长。

十六、卢绪章深入虎穴办企业

（一）在租界创办广大华行

卢绪章于 1911 年出生于浙江鄞县一个小商之家，14 岁到上海源通轮船公司当店员。他白天兢兢业业干活，夜晚在灯下读高尔基的《人生三部曲》和鲁迅的《呐喊》，时刻感到自己文化水平太低，生活天地太小。1926 年夏季，他参加上海市商会商业补习夜校学习，先后结识了进步青年叶春年、田鸣皋、张平、郑栋林、徐治国等同学，经常研究社会问题，由卢绪章发起成立商业补习夜校的同学会。

1932 年"一·二八"淞沪战争爆发，在民族危急的时刻，卢绪章率领商业补习夜校童子军团奔赴前线，运送抗日伤员，参加战地服务。5 月 5 日，淞沪停战协定签订后，十九路军军部专门写了感谢信给童子军团。不久，由于该团个别领导生活腐化，卢绪章等人斗争无效，最后卢绪章等 8 人集体退出该组织，并共同发起成立文艺性社团"兰社"。经过一年多的活动，该社活动经费发生困难，他们决定弃文就商，"下海"办公司。

1932年秋，由卢绪章、田鸣皋、钱兴中3人合资300元创办了一家小企业——广大华行，租宁波路河南路口的一家保险公司一室为办事处。经营方式是为外地教会医院等单位办理医药用品邮购业务。广大华行为招揽更多外地客户，向洋人的教会医院和学校散发广告，并制定低于英商合利洋行的价格，在竞争中取得了胜利，迫使合利洋行在1935年关门歇业。

是年年底，卢绪章等人在嘉兴南湖召开会议，推举田鸣皋为广大华行经理，卢绪章为财务主管，并确定该行的性质不是为个人发家致富，而是一个为救国救民的进步抗日救亡青年组织。这次会议对广大华行发展成为中共上海地下党第三战线秘密组织起着里程碑的作用。

（二）接受周恩来的指示

1937年8月，中共上海地下党"职委会"成立了洋行界工委，建立了洋行华员联谊会党支部。因广大华行成员有不少在洋行兼职，卢绪章是该联谊会的骨干分子。当时他热衷于阅读进步书刊，得知毛泽东、朱德率领的红军已胜利抵达延安，感到自己决心参加革命就应寻找中国共产党，参加这一光荣的组织。

1937年9月，卢绪章被吸收参加上海文化界救亡协会举办的抗日救亡干部训练班。在训练班上聆听了潘汉年等人的报告，接受了马列主义革命理论的教育。在训练班内，经过党组织的教育，卢绪章由曾参加"一二·九"学生运动的杨浩卢介绍于1937年10月18日入党，时年28岁。不久，上海成为"孤岛"，洋行华员联谊会按照地下党的指示，改为"华联同乐会"，卢绪章任党团书记。

1939年9月，欧战爆发，日本帝国主义扶植汪精卫集团对上海孤岛加强控制。华联同乐会根据上级指示，凡已暴露的同志全部撤出华联同乐会，卢绪章虽未暴露，但已被敌人注意，不再担任华联同乐会党团书记，专职从事广大华行的业务工作，将价值数千元的药品和医疗器械大部分赠予红十字会。由于许多医学院和医院机构迁往昆明等西南大后方，决定由田鸣皋去昆明设立昆明分行。上海的广大华行仍由卢绪章任经理。卢绪章心中经常想去苏南参加新四军江南抗日义勇军，后因病留上海三个月。这时，抗战的中心已在重庆，上海党组织根据周恩来指示，要派卢绪章去重庆。1940年夏，卢绪章奉命抵达重庆主持广大华行，但心中仍想去解放区抗日前线，不想当共产党的"资本家"。一日，他独自去红岩村见周恩来同志。

周恩来对卢绪章的情况早已作了充分了解，听了卢绪章的要求，非常诚恳地说："过去有人说你办公司只知道赚钱发财，又说同乐会缺乏抗日斗争精神,你为人耿直,办事公道,不谋私利,党组织信任你,千万别为了一点委屈离开岗位。你去前线打仗,无非是消灭几个敌人,而你到重庆广大华行,组织不给一分钱,而已经有了社会地位和信誉,你的才能在于经办商务,为党赚钱,党正需要像你这样的干部。"

卢绪章第一次见到周副主席,听到他对自己过去工作的评价,心里涌起一股热流。周恩来继续给他指示:"你们的广大华行以后由南方局直接领导,切断与地方党的一切联系;你要广交朋友,利用一切社会关系作掩护,通过这一秘密组织来完成党的特殊任务;作战环境是十分险恶的,你在与各种魔鬼打交道时一定要遵守纪律,即便是亲朋好友也不能暴露你的身份。你这个'资本家'一定要当得像,要像八月的荷花:出污泥而不染,同流而不合污。"

"为党赚钱,而不同流合污……"对于周恩来的教诲,卢绪章句句铭刻在心里。离开周副主席后,卢绪章决心筹建好重庆的广大华行。

1941年初,经过几个月的筹备,广大华行在重庆正式开业,卢绪章担任总经理兼支部书记。

(三) 与魔鬼们打交道

为了在广大华行建立党的秘密机关,卢绪章必须扩大社会交往,多交各式朋友,必须以"资本家"的身份与"魔鬼"们打交道。他先后结识了中统CC系特务施公猛、梁若节、严少自、张军光,还结识了国民党昆明市政府秘书长刘哲熙、中央银行高级职员卢孟野、国民党参政会参议员卢前、重庆税务局局长汪石清、国民政府卫生署医务司司长俞松筠、药品处处长曹志功、重庆市卫生局局长王祖祥、成都市市长余中英、西安警察局局长肖绍文等十余名党政要人。一些人是因卢绪章有钱而慕名前来巴结,另一些人是想与广大华行合做生意赚钱而与卢绪章相来往,从中获利。

在与这些"魔鬼"打交道中,CC特务设法给卢绪章送来国民党第二十五集团军少将参议的证明,特别党员党证上的介绍人是国民党中央组织部长吴开先。1942年春,卢绪章根据周恩来指示将8.5万元党费交给韶关的党组织。他到韶关交给当时党的一名联络员,后此人被逮捕,经不起考验而叛变。在紧急情况下,卢绪章必须暂时离开重庆。卢绪章处变不惊,利用那个"少将参议"的证件买到去昆明的飞机票,平安到达昆明。

1942—1944年之间,卢绪章为广大华行扩大资金积累,除原来药品和医疗器械业务外,还利用中央银行和卫生系统的关系,开辟新的业务渠道,如买卖高级强身滋补品,向苏联有关商业单位购买大量进口的白报纸。还利用重庆与上海汇兑，买卖黄金、美钞，另外还经营化工、钢铁、五金等业务，从中获得巨额利润。

1943年初，卢绪章经过一段时间的准备，计划创办一家民营保险公司。当时在重庆最著名的保险业专家是从事三家大型保险公司的杨经才。杨经才曾是上海保险业的领导人，到重庆后积极参加爱国抗日活动。卢绪章怀着虚心学习之心结识了杨经才先生，后又通过他与民生轮船公司创办人卢作孚先生相识。卢作孚在重庆任交通部长，声誉极高。经过杨经才等努力，卢作孚同意与卢绪章合作创办民安保险公司，于1943年11月正式成立，卢作孚把民生公司的50余艘轮船运输保险业务统由民安保险公司承保。另外，业务扩大到中国糖业公会，并在昆明、成都、西安、宜宾等地设立分支机构，民安保险公司的业务蒸蒸日上，获利丰厚，先后多次为党提供经费达数十万美元。

1944年，广大华行与民生公司合作，又筹办了一家民孚企业公司，由卢作孚和卢绪章分别任董事长和总经理，主要从事进出口贸易，从美国进口五金、化工商品，从苏联进口白报纸；投资造纸、化学制药、纺织工业；运销药材、五金电料、布匹、日用百货；经营运输和地产业。由于董事和股东众多，资本总额扩大，业务经营范围广泛，民孚企业公司在西南地区声誉日隆，并影响到上海和苏联。

1945年8月15日，日本帝国主义宣布无条件投降，抗日战争取得最后胜利，卢绪章的广大华行准备由重庆返回上海。10月下旬，卢绪章等人在上海外滩租下亚细亚大厦一层楼，同时迁入的有民安保险公司和民孚企业公司。以广大华行为中心，分管着重庆、昆明、成都、西安、兰州各地分支机构。

卢绪章回上海后，想到的第一件事是在上海办一所广大药房，以便出售进口的畅销西药。由于资金充足，进口药品来源丰富，加上党组织派来一批地下党员充实干部队伍，1946年夏，广大药房在广东路正式开业。开业仪式上花篮遍地，爆竹喧天，锣鼓齐鸣，门前挂着美国"盘尼西林"等宣传条幅。上海各界名人如卫生局长俞松筠、青帮头目黄金荣等前来祝贺。此时，广大华行迁沪后业务发展至国内外，可谓鼎盛时期。至1946年底，总行及分支机构营业额达119亿元法币，净利润达39亿元，在沪上已成为一个著名企业。但为了抵御风险，立住脚跟，需要寻找一个政治靠山。

早在抗战时期，卢绪章就在衡阳找到了他的表弟包玉刚，现包玉刚回上海开办银行，经他介绍，广大华行与西北大军阀马步芳合作开办中国毛皮公司，产品主要销往欧美各地，广大华行为党的事业开发了新的财源。后卢绪章从CC特务施公猛处得知陈果夫在南京"劫收"了一批敌伪医疗设备，准备筹备一笔资金开办一家西药厂。卢绪章在重庆时已是陈果夫所办中国特效药研究所的理事，所以决心与陈果夫合作共办一家制药厂。于是通过施公猛向陈果夫介绍，说卢绪章的公司越办越大，资金十分雄厚，最近又与西北王马步芳合作开办中国毛皮公司，专搞出口，生意做得很大。当陈果夫问及卢绪章的政治态度时，施公猛介绍说卢绪章早已是国民党特别党员、少将参议，但平时从不过问政治，在重庆时什么政治活动均不参加，一心办企业，做生意赚钱。陈果夫听了当下拍板，要施公猛去上海找卢绪章办一家中心制药厂，并要卢绪章到南京来共同商议。

1947年4月20日，卢绪章邀上海卫生局局长俞松筠随施公猛到达南京陈果夫官邸。时陈果夫正患肺结核，卢绪章在问候时送上两盒特效链霉素。陈果夫正在找人代购此药，见到刚由美国航运来的名药十分高兴。在了解广大华行、中国毛皮公司的资金利润等情况后，陈果夫对卢绪章说："你办企业的能力我素有所闻，我早想办一所中心制药厂，居然你也有意在此。"陈果夫说："我当董事长，由你当总经理，厂址由你来确定。"卢绪章不卑不亢地回答："中心制药厂已在江湾购下基地，8月10日举行开工典礼，届时望果公驾到。"遂即告辞。

在中心制药厂举行开工奠基仪式时，陈果夫亲自到场，上海市市长吴国桢率警察局局长俞叔平，以及吴开先、潘公展、包玉刚等名人前来祝贺。

1948年7月4日，蒋介石颁布了"戡乱总动员令"，在上海对进步人士大肆搜查，白色恐怖活动越来越猖獗。中共上海地下党负责人刘晓的家已被特务"拜访"两次，刘晓立即转告卢绪章转移。

卢绪章处变不惊，他带着公司人员飞往东北从事大豆贸易，后上海卢湾区警察局局长告诉他有人向南京国防部告密，说他到东北有通共嫌疑。此事后传到陈果夫处，陈果夫向施公猛询问。陈果夫得知卢绪章去东北，卫立煌、廖耀湘两将军曾宴请他，并帮他做了一笔大豆生意，也就无话可说了。

不久，上海警察局稽查处传讯卢绪章，说他经常去苏联驻华上海总领事馆，问他："你是不是共产党？"卢绪章从容回答："我去的不是领事馆，而是苏联驻沪商务代表处，双方做的是鹿茸精等高级滋补品和白报纸双边贸易，我们广大华行还与美国、日本做贸易，在香港、日本均有分行，你如要了解情况可去找陈果夫、卢作孚两位先生，也可到卫生局长那里去调查。"这名特务听了无言以答，只得悻悻而去。

几天以后，国民党情报处少将特务梁若节到广大华行悄悄地对卢绪章说："卢兄，有人怀疑广大华行是共党机构，你是共产党，但又无证据，我已替你说了好话。"卢绪章听了哈哈大笑："多谢老兄仗义执言，如果我是共产党，那陈果夫先生请我办制药厂，难道他也有通共嫌疑？笑话！"

面对着种种险情，卢绪章感到形势严峻，决定采取以下措施。

首先，多打陈果夫、卢作孚名人王牌，并利用中统、军统和CC派的朋友来宣传广大华行的后台老板是陈果夫，使公司"在大树底下好乘凉"，置自己于不败之地。陈果夫也接到一些情报，说卢绪章有通共嫌疑，但均无实据。他已把卢绪章当做他的"财神"和不可多得的人才，于是告诉部下，人家开药厂和苏联做生意，没有什么可以怀疑的。

其次，卢绪章在上海不断对许多企业进行投资，其中有银行、钱庄、报社、药房、运输公司、乳品公司、保险公司、化工企业、贸易公司、造纸厂等数十家企业，总投资额达33余亿元。从此，广大华行、民安、民孚三家公司，在国内外的名声大振。广大华行集团在新中国成立之前是中国共产党最大一家"党产"企业，也是一家隐蔽最深的党的地下特殊机构。

1948年6月，敌人的魔爪又一次伸来。专门联络广大华行的地下党联络员邵平和他的妻子到余姚扫墓时被特务发现并被捕。

邵平是周恩来指定的广大华行联系的唯一的交通员，来上海后由地下党领导人刘少文分管。邵平被捕后坚贞不屈，勇敢地跳楼潜逃，但他妻子沙平经不起敌人拷打而叛变，暴露了刘少文的机构和地址。如果沙平说出广大华行是共产党机构，地下组织可能被彻底破坏，卢绪章的生命将受到严重威胁。好在那天卢绪章正在陈果夫处参加家宴，刘晓同志派人前去通知，卢绪章即向陈果夫借口离去。此事发生后，上海地下党组织向广大华行发出紧急指令，卢绪章等人立即从银行取出大批黄金与同事们迅速离开上海到达香港。1949年初，中统CC系特务和上海特务头子宣铁吾、毛森准备向广大华行下毒手时，广大华行已空无一人，卢绪章他们正在香港召开董事会处理各地公司的善后事宜呢。

十七、白手起家的金笔女王汤蒂因

（一）不愿给老板当妾

汤蒂因是民国时少数著名女企业家之一，她于1916年出身于上海一个小商人之家，父亲汤蒙锡因在外纳妾，抛弃了妻儿。汤蒂因随母亲生活困难，14岁高小毕业后考取一家名叫"益新教育用品社"，分配在金笔柜台当实习生。她经过勤学苦练，逐步熟悉了经手各种金笔的性能、特点与价格，从此她与金笔结下了"不解缘"。

中国的制"自来水钢笔"起步于20世纪20年代后期，国产金笔如关勒铭、金星、华孚等刚刚起步，进口笔如派克、康克林等居于垄断地位。由于汤蒂因以"顾客是衣食父母"为座右铭，她服务态度良好，又四处拜访制笔行家，了解市场需要，三个月后破格升为门市部主任，并负责整个门市部营业的盈亏。这时，汤蒂因在管各个柜台时，把金笔、文具、绘图仪器、誊写用品等各种商品的名称、价格背得滚瓜烂熟，晚上还要加班到批发部去做打包、装箱、配货等分外活，忙得她每天只睡5个小时。在她的努力下，营业额月月攀升。以前，门市的布置是由老板每月花40元大洋请一个白俄来做的，汤蒂因认为其中还有很大的改进空间。她带领店员主动向老板提出，不要雇白俄，自己来布置。很快，橱窗里拉起了彩灯，在彩灯下各色文具格外醒目，引得行人纷纷驻足。同时她还增设特价部，将积压商品削价处理，并大批进紧缺商品的货。1932年1月，汤蒂因当上了进货部主任，从此她与老板面对面办公了。后来，老板甚至把经货单签字权也交给了她，此时汤蒂因才16岁。

汤蒂因精明能干又年轻美貌，引起了已40开外而无子女的陈老板的邪念。一日，陈老板与妻子双管齐下劝汤蒂因做陈家的小老婆，并赠给她一幢小洋房，每日汽车接送。

汤蒂因没有想到老板会施出这一招棋，她的自尊心受到极大伤害。愿做天上的鸟，决不做地上的小。汤蒂因婉言拒绝老板的"美意"，毅然辞职。她决心自己做老板。

（二）一曲哀怨的情场悲剧

自从汤蒂因离开"益新"后在家里办起了一家小店，白手起家挂起了"现代教育物品社"的招牌，从事文具批发。"益新"陈老板得知汤蒂因居然也做文具批发，千方百计压制汤的文具货源，并在报上制造谣言，企图扼死"现代"在摇篮之中。正当汤蒂因处于困境时，一日遇到常来"益新"采购文具的毕子桂。此人与汤同年，为人正直诚恳，谈吐很有见解，平时常借给她《生活周刊》等进步书籍。经过多次接触，两人友谊有所发展。在一家茶室里，汤蒂因向他倾吐了事业的困境。毕子桂劝她，日寇即将侵占上海，不如早日准备到内地发展。果然，"八一三"战争爆发，日寇轰炸上海时将汤家化为一片废墟，汤蒂因一家逃往上海租界，但营业大受影响，连日常开支都不能维持。

正当汤走投无路之时，一日忽然接到毕子桂寄自昆明的来信。毕已在昆明由邹韬奋主持的生活书店当了经理,他建议汤到西南大后方,那里机关云集,学校林立,大有用武之地。汤蒂因经再三考虑决定携带一些资金和文具,由香港辗转半月来到昆明。毕子桂亲自来车站迎接,陪她到滇池等名胜游览。

毕子桂的才能、品格、风度、修养给汤蒂因留下了极为美好的印象。当时汤蒂因已在昆明忙着办从内地到上海沦陷区的文具批发业务,赚了不少钱。一日,汤蒂因准备去上海组织一批货源,毕子桂来找她,告诉她,上级已决定他去新疆当生活书店经理,希望她同往新疆:"你卖文具,我卖书,不是很好吗?但是你不能再做老板。"同时,毕还向她提出结婚的愿望。

汤蒂因望着对方,凝视良久,心潮起伏,她何尝不想两人生活在一起?但是,她终于痛苦地发现对方与自己的理想追求距离太远:"你要我不当老板,做不到;我不当老板,全家的生活靠谁?还有上海和昆明的两爿店交给谁?"两人相对无言,沉默片刻后毕子桂送汤去昆明码头,从这里汤将由香港去上海。

1940年春,汤蒂因回到昆明,一到车站见不到毕子桂,遂到生活书店询问,才知道他患盲肠炎,送入医院时已去世。闻此噩耗,她心如刀绞,泪如雨下。此后,她终生未婚。

(三) 绿宝金笔成为名牌

汤蒂因初办"上海现代物品社"时,根据她在"益新"时的经营经验,为了扩大销售渠道,她发出一张张通知单给客户,所有订货都可以放账,先送货再付款。另外,她根据客户需要的进口货,到大文具批发部去批进,国产货直接向厂商进货,货源有保证,销售也畅通。经过3年惨淡经营,靠着区区数百元本钱起家,生意蒸蒸日上。

1941年底,太平洋战争爆发,日寇进入上海租界,汤蒂因带着2名职员装运一批货,去重庆跑单帮。1942年初,她与哥哥穿过封锁线,历尽艰难,到达重庆。在重庆和昆明,她面临的是被同行大杀价,只得与哥哥和两名职员回到上海。由于内地交通阻隔,生意难做,一家数口加上10名职员,坐吃山空,总非办法,形势迫她再动脑筋。汤蒂因是个女强人,她在困难面前决不屈服,开始与上海几个朋友集资在卡德路(今石门二路)盘下一座里弄房,于1944年元旦开起了"现代教育物品社门市部"。开张后顾客大多是中小学生来买文具小商品,营业额十分有限。

几个月后,汤蒂因另辟渠道,她从美国"绿宝派克金笔"得到启发,她向一家自来水笔厂定做"绿宝金笔",笔杆用绿色赛璐珞,笔挟上小的斜方嵌上绿色,以"绿宝标记,永久使用"为号召,在报上刊登广告,扩大影响。另外还生产两头稍尖的男用"长寿金笔"和女用的"幸福金笔"与之匹配，两支合成一对，装在装潢考究的锦盒里叫做"鸳鸯金笔"。后来又生产"小朋友绿宝金笔""实用金笔"等。为了进一步扩大宣传，她结识了著名越剧演员袁雪芬、范瑞娟等，在电台里广播演唱时插进广告，使绿宝金笔销路不断上升。抗战胜利后，随着美货大量倾销，不少笔厂关门倒闭，而绿宝金笔却在夹缝中始终不倒。

汤蒂因通过袁雪芬结识了许广平。许广平鼓励她："你知道鲁迅先生一生都在用笔，当然是毛笔。金笔也一样，同样能发挥战斗作用。人都要学习，金笔肯定有前途。另外我还可以帮你把金笔打到解放区去。"

新中国成立后，汤蒂因主动接受国营公司收购，1954年，上海绿宝金笔厂完成了公私合营，与华孚金笔厂合并，汤任私方经理，同年任全国人大代表，去北京时受到毛泽东、周恩来接见。3年后，这个厂成为国营英雄金笔厂，"100号英雄金笔"被评为全国同产品第一。在"文革"中，汤蒂因遭受迫害，平反昭雪后，晚年致力于创办上海工商专科学校和上海工商学院。1988年去世，享年72岁。著有《金笔缘》。

第五章　娱乐——全国游艺业的中心

戏剧和电影是娱乐业的两大领域。京剧进入上海最初源于茶馆。1867年刘维忠开办丹桂茶园，梅兰芳、周信芳等名伶在此演出，成为海派京剧的发源地。1916年，顾竹轩在福州路创办天蟾舞台，与共舞台、大舞台、黄金大戏院并称为"四大戏院"，名伶迭出，久盛不衰。京剧之外，当称话剧，源于文明戏。1907年，兰心大戏院演出名剧《黑奴吁天录》，开创了上海话剧运动之先河。

中国的电影发源于上海。1913年张石川和郑正秋创办明星影片公司，所拍人伦片《难夫难妻》是我国第一部故事片。1933年起，中国电影进入黄金时代，左翼作家夏衍、阳翰笙、阿英等被"明星"聘为编剧，第一部左翼影片《狂流》由此诞生。1936年"明星"二厂推出《十字街头》《马路天使》等名片，受到广大观众的欢迎。"明星"创办14年来培养出宣景琳、阮玲玉、胡蝶、周璇、赵丹等一大批电影明星。昆仑影片公司由夏云瑚等创办于1947年，所摄四大巨片（《八千里路云和月》《一江春水向东流》《万家灯火》《乌鸦与麻雀》）是我国电影史上的经典之作。另一家电影公司为"天一"，由邵醉翁创立于1925年，它拍摄了第一部武侠片《女侠李飞飞》，第一部有声片《歌女红牡丹》，又是第一家将国产影片推向海外的公司。

被称为娱业乐巨商的黄楚九，于1917年在法租界创建"大世界"游艺场。在共和厅内，京剧、越剧、绍剧、淮剧、沪剧、评弹、文明戏等剧种各派纷呈，蔚为大观。另设建哈哈镜、西洋镜、机器飞船、升高轮等游戏以及溜冰场、舞厅、餐饮店等。这一综合性的大型游艺场开办后观众如潮，时称"不到大世界，枉来大上海"。

一、刘维忠办丹桂茶园开创海派京剧

（一）杨月楼风流案

京剧是中国的国粹，发端于道光年间的北京。1867年进入上海茶园，受到观众的欢迎。在众多茶园中，位于洋泾浜（今延安东路）宝善街（今广东路）的丹桂茶园称得上鹤立鸡群，盛况空前。该园的创办人刘维忠生于1847年，浙江定海人。他于1868年集资4.5万两，又向兆丰银行借贷6000两造了一座两层戏台，大厅和二楼配有矮桌和带坐褥的椅子，可容500余人观看。刘维忠在开张前亲赴北京，请来"三庆班"名角于次年开张演出。三庆班是北京最大的戏班，"沪人初见，趋之若狂"，演出大获成功。

第二年刘维忠又赴京请来名角杨月楼，每月包银1200两。此人嗓音嘹亮，昂扬激越，武功卓绝，且有英武之气。

当年来看戏的观众，不少是富商豪绅，文人雅士，他们大多喜欢带青楼女子陪伴而来。在杨月楼登台演出不到一月，场场客满，特别受到不少名妓的喜爱，其中沈月春、李巧玲两人居然租屋与杨幽会。不久广东富商韦某之女阿宝，年方十七，性情娴雅，在丹桂茶园看了杨月楼的几场戏竟对杨月楼想入非非，萌动春情。一日韦阿宝随母亲到丹桂茶园看杨月楼演《梵王宫》，此剧既有传奇色彩又多煽情成分，杨月楼演美少年花云。他演得十分卖力，韦阿宝看得如痴如醉。回家后她写信向杨月楼求爱，杨看了怦然心动，虽然觉得自己是个伶人，社会地位低下，不配与富家女子成婚。最后经不住韦阿宝的诱惑，多次与她幽会。后韦母找了奶妈当作媒人于11月初三在杨月楼租的文运里小屋结婚。忽然，消息走漏，新郎新娘还没有来得及拜堂便被会审公堂派人抓去。

杨月楼与韦阿宝案件发生在租界里，但会审公堂中方审官陈宝渠以"此案与洋人无涉"为由，转发上海知县审处，致使杨月楼备受酷刑与牢狱之灾。

这件风月案一时轰动了上海滩，社会舆论纷纷议论，有的认为既经韦母同意且有媒人，并不触犯清律，应为无罪；有的认为此案纯属戏子诱拐良家女子，罪有应得。两种观点针锋相对，在《申报》上展开多次笔战。最后由租界出面痛斥中国官员滥用刑罚以索取口供，违反人道，应予重审。此案一直拖至同治驾崩，光绪继位，才由松江府将杨月楼释放。丹桂茶园刘维忠在杨月楼受刑坐牢时不断买通监卒送钱送酒，杨月楼一获自由即在丹桂茶园登台演出老生戏《牧羊卷》、武生戏《泗州城》。他的风采和功夫不改当年，观众如潮，看得如痴似醉，黑市票买到 10 两一张。5 天演完，刘维忠赢得 3500 两。

（二）海派京剧的开创者

上海开埠后，由于商业经济的日趋繁荣，加上西方文明的大量输入，使上海人的眼界大为开拓，这些变化，影响了上海人对艺术的审美情趣。他们对文词华丽深奥的"雅部"昆曲逐渐生厌，而喜欢起声、情、形并茂的激越动人、雅俗共赏的京腔。同时，他们处在日新月异的上海，形成了"求新"的心理，加之一批富裕起来的商人在生活中讲究"气派"，追求"华丽"。京剧从官僚云集的京都来到商贾云集的上海，观剧对象发生了变化，口味要求也不一样，要在上海站稳脚跟，就得去适应这全新的环境，就得在剧目上翻新。据统计，1872 到 1874 年两年间，《申报》戏曲广告所载出的剧目就 800 个左右。舞台上采用彩色布景，表现上趋于惊险火爆，以此去迎合上海人求新、重华丽的心理。京戏在上海逐步脱离了传统的格局，走上一条具有上海地方特色的"海派"艺术之路。

丹桂茶园在杨月楼多次演出后，开创了上海戏剧生活的新时代。刘维忠深知海派京剧的发展前景。当时《申报》曾提出"京角儿不仅最想到上海演戏"，还提出京角"到上海唱红了，才算真红"。丹桂茶园以丰厚的报酬吸引艺人，并从广州定制精美戏装、华丽道具，还免费向观众提供香茗、热毛巾，戏演至半夜，还供应点心。1883 年刘维忠将丹桂茶园迁至四马路大新街（今湖北路），建"新丹桂茶园"，他到北京请来谭鑫培等来"丹桂"献艺。谭鑫培连演 10 场，观众爆满。后又请梅兰芳来丹桂演出。梅兰芳 8 岁学戏，11 岁登台，以嗓音圆润、唱腔柔婉、身段优美而蜚声剧坛。在丹桂茶园演出时，他吸收了海派京剧的精粹，将青衣、花旦、刀马旦融为一炉，又对旦角表演进行全面创新。他曾称赞海派京剧"使观众真正抬起头来看戏"。这是他在"丹桂"演出 10 天后的真切体会。

周信芳进"丹桂"前后达 8 年之久。"丹桂"可以说是"麒麟童"成名的舞台。海派京剧的发展离不开周信芳。他 6 岁学艺，攻老生，7 岁登台，用"七龄童"艺名，后改为"麒麟童"。他认为"处于今之时代，万不能再以戏剧视为贵族之娱乐品，当处处以平民化为目标"。他念白铿锵有力，唱腔苍劲质朴，善于通过节奏感强烈的形体动作表演人物内心感情和思想变化，形成独特的艺术风格,为"海派"京剧的开创者,也称"麒派"。他的代表剧《徐策跑城》,为表演徐策急于上朝面君的心情,在"跪"字上下了一番功夫。他的"跪城"完全是舞蹈化的,动作性极强,为传统京剧所无有。

1919 年刘维忠去世,丹桂茶园由许少卿接办,上海茶园演出的历史结束,被新式舞台代替。海派京剧又有发展,而刘维忠在海派京剧的诞生和发展中功不可没。

二、顾竹轩与天蟾舞台拆迁风波

(一) 青帮门徒筹办戏园

顾竹轩(1885—1956),江苏盐城人,名松茂。16 岁时因苏北天灾兵祸,随全家逃荒到上海,因在兄弟中排行第四,人又称"顾阿四"。他以拉黄包车为生,后当过工部局巡捕。几年后,稍有积蓄开了一爿车行,拜青帮"大"字辈曹幼珊为"老头子",后又拜"青"字辈刘登洽为师。1914 年后在闸北广收门徒,又转黄金荣门下,扩张势力,开设茶园,演江淮戏,后任闸北保卫团团附。

顾竹轩在开办车行时结识同乡寡妇王月花,一来二往,两人感情正笃。一日,他与王月花谈起办戏院,准备将茶馆卖掉开一家戏院,他说,"你看刘维忠开的丹桂茶园,每夜演戏,场场客满,十多年来不知赚了多少钱"。王月花经常到湖北路丹桂茶园听戏,特别是近年来邀请名角儿杨月楼,唱腔身段吸引了许多男女观众,被称为"杨迷",王月花也是"杨迷"之一。她听了顾竹轩想开一家戏馆深表同意,但不同意将车行盘出,说:"多一爿店,多一条门路,你看黄金荣开了多少爿店,我们江北人也要争口气!"接着要顾竹轩打听办一家戏院要多钱,她准备将多年积蓄都拿出来。

顾竹轩听了心中有了底,在对王月花感激之余决心要开家戏园为江北帮在上海争个名。

当时,顾竹轩已任闸北保卫团团附,在巡捕房熟人颇多。其中一名江北老乡姓陆,人称小陆子,告诉他:南京路永安公司旁有一块地工部局要出租,对面是一乐天茶馆,地段不错。你要开戏院不妨去打听打听。顾竹轩听了便去找"青"字辈师父刘登洽。刘告诉他,这里一带地盘由季云卿管,我可帮你打通关节。不久,顾竹轩花了 4000 元钱终于向工部局买了下来。

经过半年多的整地、建楼、装修，一幢三层的戏院终于建成。季云卿给顾竹轩的戏院取名"天蟾舞台"，意谓"刘海戏金蟾"，天赐戏院将发财。

天蟾舞台开张以后，顾竹轩学刘维忠亲自到北京聘请梅兰芳、荀慧生、高庆奎、杨宝森、马连良、周信芳、盖叫天、姜妙香、俞振飞登台献艺，每日在《申报》上刊登演出广告。从此天蟾舞台名声大振，其中由文武老生花旦丑角演出连台本戏《开天辟地》，卖座率极高。因此便有"京角不进天蟾不成名"之说。

（二）天蟾舞台遭拆迁

正值天蟾舞台在上海滩游艺界声誉鹊起，老板顾竹轩腰缠万贯之际，忽一日季云卿派人传来消息：工部局要将天蟾拆迁，卖给永安公司建造新大楼。顾竹轩听了简直不相信自己的耳朵，连忙备礼去拜见地头蛇季云卿。

季云卿对他说："永安公司要将你的戏院拆迁造大楼，我已打听得明明白白。永安是在香港注册的，英租界工部局一定要买他们的账，听说上头已接到香港英国领事馆的通知。"

原来，永安公司老板是广东人郭乐，他早在香港开了一家永安环球百货公司。1918年他在南京路开了永安公司，除商场外，附设酒楼、茶馆、咖啡厅、跳舞场，最高的一层名为日昇楼。在永安建成之前已有先施公司，后有大新、新新公司。这四大公司中永安营业最好，但场地较窄，故郭乐计划由其侄郭琳爽出任总经理，在日昇楼旁建造一幢十层大楼。顾竹轩得知此情后说："我要与永安公司打官司，看它是广东帮赢还是我江北帮行！"

季云卿对顾说："你不是与永安打官司，以后工部局会通知你的。"

果然，不出数日，工部局派人来见顾竹轩，说："天蟾舞台的地皮当初是工部局卖给你的，现在香港英国领事馆已同意永安公司在你的地皮上盖新的大楼……所以我们也是奉命办事"。接着他交给顾竹轩一纸公文：令天蟾舞台在一个月内拆迁，由工部局支付迁移费800元。接着那位来人未等顾竹轩反应过来便礼貌地转身走了。

顾竹轩回家后与王月花商量，王月花说："工部局卖地合同难道就这样算了？这不是欺侮咱江北人？我们偏偏不理他，天蟾舞台照常开业，与周老板、荀老板他们的包银全部不变。"

"但是一个月是很快会过去的，到时间工部局派人来拆房子，我们措手不及，总得想个法子。我要去找人想想办法。"

顾竹轩离开王月花去找季云卿。季云卿说："与英国人打交道，我不行，你得去找杜月笙。"后顾竹轩带份重礼去见杜月笙，杜见顾竹轩也是青帮头面的"江北大亨",热情相待。当他得知事件经过,想了半天才取出一张名片写了几个字交给顾竹轩说:"跟洋人打交道,我不如虞洽卿,他是英租界首席华董,当年与洋人开仗没有一次输的,你去找他,自会给你一个办法。"

顾竹轩离开杜月笙家后到海宁路虞洽卿家,连访三次,虞都不在。最后一次夜晚才见到这位上海滩上的头面人物。虞洽卿详细听取了顾竹轩关于拆迁的前因后果,他又详细看了工部局出卖给顾竹轩的一张地契。虞洽卿对顾说:"外国人讲理不认人,不像中国有些人认人不讲理。你有这张地契在身,可以与英国人打官司。但打官司要花本钱,如果打不赢呢?"

顾竹轩说:"虞老先生,我们江北人的脾气是争气不争财,这场官司若是打不赢,我宁愿到江北去种地。"

虞洽卿看他态度坚决,又觉得这个案子实在是工部局理亏。出于仗义之心,虞洽卿决定给顾竹轩帮忙:(1)介绍一名律师,出面告工部局;(2)如果双方谈判对原告有利,不妨见好收场,这800两银子千万不能拿;(3)官司看来要超过一个月,得有个长期的思想准备。

不到两天,由虞洽卿介绍顾竹轩请了一位穆安素大律师。第二天在报上刊出一以穆律师名义的启事:传闻工部局要拆迁天蟾舞台,本律师受顾竹轩先生委托已向工部局递上强迫拆迁、违反合同的上诉书。本律师已授权向英国驻沪总领事馆上告,天蟾舞台营业不受影响。

且说一份诉状递进英国驻上海总领事馆,又收到虞洽卿代表公共租界华董的一封信,称拆迁天蟾舞台违反卖地合同,也违反华商利益,希予郑重考虑云云。领事馆和工部局见报又见信,一时感到十分棘手,决定暂时置之不理。

半个月后,顾竹轩与穆律师签订了委托书,向北京英国公使上诉,理由是拆迁违反合同,应赔偿损失。

英国在京公使接到诉状,经过一番调查,认为工部局办事欠慎,既然卖给顾竹轩地皮,就属于顾的私产,不可任意侵犯。可永安公司在香港英国政府注册,要顾的一块地皮却未与顾本人商量即发出拆迁通知,两厢理亏,希望驻沪领事与天蟾舞台老板以优惠条件协商。

工部局拆迁通知已有一月,顾竹轩与王月花正在烦难之际,忽然穆律师来访,告诉他:"我的上诉有眉目了,英方在驻京公使批示下决定让步,请你到本律师事务所与工部局代表见面协商。"

在事务所客厅里,工部局代表史密斯一反平时高傲姿态,满脸笑容:"关于天蟾舞台事宜,顾先生,工部局决定让步,请您提出要求,双方协商解决。"

顾竹轩通过穆律师得知对方意图，便请穆告诉对方："我的要求只有两条：一是天蟾舞台原地不动迁，继续营业，也不要你们什么赔偿；二是如一定要拆迁，必须在市中心给我盖一座三层楼的大戏院，否则我还要继续打官司！"

史密斯听了顾的两个条件后说："非常遗憾，我认为顾先生的要求太不明智，恐怕将来的解决办法未必会达到你的要求。"

（三）拒绝调解，官司打到伦敦

事后，顾竹轩问穆律师，如果北京的英国公使仍然庇护工部局，下一部怎么办？

"按照英国的法律可以一直告到英国伦敦大理院，但这要花不少钱，还要静加等待。"

"我不怕花钱，一定要把官司打到底，不达目的决不罢休。"两个星期后，穆律师兴致勃勃地赶到顾竹轩家中："顾先生，好消息来了！我上诉给英国大理院的诉状已经作了最后裁决，你看这个判决书的中文副本"。顾竹轩打开一看，其中写道："穆律师并转顾经理：你的上诉本院已终审裁定：工部局违约拆迁不合法，应赔偿损失费十万，由你择新址，重新修建天蟾舞台。"

这场历经两个多月的涉外官司终于使顾竹轩获胜。第二天，报上就发布消息：顾竹轩为天蟾舞台拆迁与工部局打官司取胜，天蟾舞台将在福州路建造一个比原来舞台更大、更精美的天蟾舞台。

次年，天蟾舞台新建后，顾竹轩在上海滩的名声大振。天蟾舞台与共舞台、大舞台成为上海滩"三大舞台"。1929年，顾竹轩先后任闸北商团会董、江淮旅沪同乡会主席、苏北难民救济会副主任等职。新中国成立初，顾竹轩作为特邀代表出席上海市各界人民代表会议。

三、张石川创办明星影片公司

（一）从人伦影片起步

在中国电影业的草创阶段，明星公司是公认的佼佼者。它的创始人张石川在我国电影史上占有举足轻重的地位。他一生编导的120余部电影瑕瑜互见，他所培养的电影演员群星灿烂。

张石川（1890—1953），出生于宁波蚕茧商人之家，自幼聪敏好学，在就读私塾之余常帮助父亲管理商务，为以后经营影业打下了基础。1905年，张石川的父亲不幸去世，15岁的张石川不得不中断学业，随舅父经润三远离家乡到上海华洋公司当文书。经润三在上海曾做地产商并与黄楚九开设新新舞台，张石川在工余之暇常到新新舞台看戏，养成了对戏剧艺术的特殊爱好。

当时，文明戏正在上海兴起，引起上海市民的极大兴趣。舅父经润三正在创办"立鸣社"，张石川开始在这个新剧团担任经理。

1912年初，张石川结识了比他大2岁的著名剧评家郑正秋，两人一见如故。张石川希望他的好友为立鸣社的文明戏撰写剧评，郑正秋慨然应允，从此两人成为终生好友。

1922年3月，张石川向岳父何渌昌借了两千银元在贵州路租了房子，与郑正秋联系，成立了明星影片股份有限公司。不久他们认识了年轻剧评人、《金声日报》主笔周剑云。从此以后，张、郑、周三巨头长期合作，一直到明星公司在抗战爆发后被日军焚毁。

张石川的戏路是拍人伦片，要求演技过硬的明星主演。张石川在公司里任经理兼拍摄指挥（当时未有导演名称），他与郑正秋商量拍摄的第一部人伦片是《孤儿救祖记》。张石川曾对明星职工说过："不让太太小姐们流点眼泪，她们会说电影没味道；但剧情太惨了，又叫她们过于伤心，不爱看了。必须做到使她们哭要哭得凄惨，笑要笑得开心。"《孤儿救祖记》在一定程度上暴露了封建家庭的内部矛盾和掩盖在伦常关系下人与人之间的金钱关系，最后以大团圆结尾，宣扬了"平民教育在于从善惩恶"的改良思想。

影片第一次采用试镜头方式录用演员，出身封建家庭的王汉伦因受包办婚姻的压迫而被遗弃，她的遭遇十分适合出演影片中的悲剧主角寡妇。王汉伦靠自己的过人勇气和毅力，在张石川培育下一举成名。

《孤儿救祖记》一经上映，引起了空前的轰动，每张门票竟然卖到一元钱（五元可买米一石）。

1924年初，明星公司添置了玻璃摄影棚，开始将当时徐枕亚的畅销小说《玉梨魂》改编成电影，影片的悲剧主角仍由王汉伦出演。她以自己的亲身经历把寡妇梨娘的悲伤落寞、凄楚可怜命运表演得淋漓尽致。女配角小姑，是一个美艳高雅而又放荡不羁的浪漫小姐，年方21岁，由出身大家闺秀的杨耐梅出演。此片一经演出又获得巨大成功，创造了空前的票房奇迹。张石川曾对郑正秋说："我说过人伦剧中的悲哭和嬉笑是影片的灵魂，而女明星的选定是魂中之魂。"

1925年，明星公司以不断推出红人的策略来吸引观众。于是，继王汉伦、杨耐梅之后，张石川和郑正秋又发现了自幼家境贫寒，后被人贩子骗到会乐里当妓女的宣景琳。开始由她在讽刺喜剧《最后之良心》中演配角，后来张石川发现宣景琳身上埋藏着巨大的表演潜力，其成就可能在王汉伦、杨耐梅之上。张石川邀宣景琳出演《苦儿流浪记》中痛失孩子的母亲唐沈氏。影片演出后获得观众的好评。一天，宣景琳哭着走进明星公司办公室向张石川倾吐隐情：她辛辛苦苦所挣的拍戏钱被老鸨全部没收，今后她已无出入自由。张石川和周剑云听了，当即决定到会乐里用一张2000元支票把宣景琳赎出。

因受宣景琳身世的启发，明星公司以最快的速度拍摄了表现妓女不幸命运的《上海一妇人》，由宣景琳主演。宣景琳在水银灯下重新演绎了在火坑中那种万劫不复的生活。影片一经上演，宣景琳成了上海滩一颗耀眼的明星。

张石川与周剑云配合默契，明星影片公司摄制了一批以人物悲欢离合的命运为主题的人伦片。但他们也屈从于商业的要求，拍摄了不少"营业主义"的媚俗之作。

1925年，明星影片公司与当时以"欧化"风格著称的大中华百合公司、以"注意旧道德，发扬文明传统"为宗旨的天一影片公司、以重人情和天伦为宗旨的神州影片公司、以"移风易俗、针砭社会"为创作主题的长城影片公司，先后崛起于上海影坛，竞争十分激烈。明星影片公司必须在市场中开辟一条新路。

一个偶然的机会，张石川与刚从美国学成回国的洪深在"笑舞台"会面。张石川的豪爽、真诚和强烈的事业心给洪深留下了深刻印象，他当即加盟明星公司。洪深为张石川介绍法国唯美派作家王尔德的名剧《少奶奶的扇子》，上演后一炮而红，剧场天天客满。1926年，由洪深编剧的《爱情与黄金》《卫女士的剧业》《同学之爱》相继上演，但市场效果不佳。张石川对留学归来的作家充满了好感，于是把戏剧家田汉的《湖边春梦》搬上了银幕，但由于女主角不够理想，该片在市场上反响冷淡。

不断推出新人是张石川的明星公司制胜其他公司的法宝。张石川在报上刊登招聘《挂名夫妻》女主角的广告。次日，便有一名素衣淡妆、神情忧郁的女子前来报名应征。她便是中国无声电影时代最优秀的女明星阮玲玉。

在试考时，阮玲玉多次表现均不能使主考官满意。张石川和郑正秋认为她外形典雅，气质不俗，聪明伶俐，是可塑之才，决定让她在《挂名夫妻》中出演女主角玉英——一个深受封建礼教毒害、终身守节的善良女性。影片公映后，受到广泛好评。继《挂名夫妻》之后，阮玲玉连续主演了《血泪碑》、《杨小真》和《状元建造洛阳桥》等三部影片。

明星公司大牌明星众多,因此阮玲玉并没有很受重视。在拍摄《杨小真》和《白云塔》时,阮玲玉与个性浮躁、傲慢跋扈的杨耐梅经常发生矛盾,于是在拍完《白云塔》后脱离了明星公司。这是张石川一生中聘名角史上的一次最大失败。

当阮玲玉离开明星公司时,张石川因祸得福。他曾说自己一生中费尽心机在挖明星,最使他感到得意的是把胡蝶拉进明星公司。

在一次招考短期培训班学员时,张石川发现胡蝶打扮得与众不同,看起来特别大气,并且会讲一口流利的普通话。他曾在一篇文章中写道,他之所以看中胡蝶,主要是她有别的女演员不具备的坚强信心,从她身上看到了巨大的商业价值,于是以800元的月薪从天一公司挖走胡蝶,力邀胡蝶加盟。

(二)《火烧红莲寺》一炮打响

1928年,张石川花重金从天一影片公司挖来了胡蝶。胡蝶,广东人,幼年随父到天津、北京,后到上海考入中华电影学校演员班。张石川看过她主演的《秋扇怨》,觉得胡蝶多才多艺,不仅相貌身段好,能讲国语和广东话,还会唱京戏,又不怕累,能吃苦,决心给她拍一部重头大片,但一时找不到戏路。一天,张石川在家里上卫生间时将儿子的一本平江不肖生写的《江湖奇侠传》拿在手里,一看半小时,觉得其中一段故事写得引人入胜,决定将它改编成电影,片名为《火烧红莲寺》。故事情节如下:

> 河南少年陆小青由异人传授武术后访师求道。一日夜迷路,投宿时过红莲寺,偶见一黑影向佛龛礼拜后消失在莲花座中,他触手掀开,下见深穴,男女尸体枕籍于内,恶臭呛鼻。他回房时,知客僧告知小青:既知寺中秘密,命他受戒为僧,拒则处死。小青不从,与之搏斗。在胜败难定时,武官卜文正率官兵包围红莲寺,后被主持常德庆率众僧在斗打时遭捕。正在双方酣斗时,恰逢女侠甘联珠路过,助陆小青斗败常德庆,救出卜文正,火烧红莲寺,甘、陆在相遇中一见钟情。

张石川编导的《火烧红莲寺》是我国第一部武侠片,一时震惊了中国影坛。它的出现为20世纪20年代的中国影坛注射了一针强心剂。茅盾曾说:"《火烧红莲寺》对于市民魔力之大,只要你到影戏室内就可以看到,从头至尾,你都在狂热的包围中。"

当初，张石川在写这个故事时，只想到儿子这个年纪喜欢的东西，总会有一批年轻人的市场，如果把这些都变成活动的电影镜头，那一定比看书更为过瘾。可当时没有人写过武侠片，心里没底，他只想碰碰运气，想不到它会一炮打响，立即让明星公司摆脱了经济困境。

《火烧红莲寺》的结尾是一把火烧了罪恶的红莲寺，但有一个老和尚离寺逃走。这个老和尚其实是张石川留下的一个伏笔，如果片子反映好，就再从老和尚连续拍摄下去。结果，因为影片内刀光剑影、神仙与邪恶斗法，刺激了市民的好奇心理，轰动全市。于是张石川马不停蹄地连续写了16集，而主演女侠的胡蝶被拍片弄得精疲力竭，当然也红得发紫。

张石川的岳父何泳昌曾说："他是一个聪明、能干，做起事来不要命的人。他写那么多的续集是由于我在许多庙里有不少和尚朋友，他与这些人都混得很熟。庙里的许多事情他都知道七八分。"张石川出身市井，又是鸳鸯蝴蝶派小说的迷恋者，对小市民喜怒哀乐的心理自然了解较深，所以《火烧红莲寺》的续集虽然添了许多难以置信的神怪剑侠故事，但情节的编排也还在情理之中。在许多续集里，张石川动足脑筋，调动厂里最优秀的技术人员，运用电影摄影技巧，通过美工、灯光、布景等手段，突出夸张崆峒派和昆仑派斗法的武功、刀枪格斗和武术变化。演员胡蝶从舞台上被钢丝吊起来，以表现天上飞行的情景，技工用电风扇吹动布景和演员飘逸的衣裙。另外，布景采用山林寺院和动画技术，将故事中错综跌宕的情节构成一幅幅奇异景观，达到近代电影艺术现代化技术的极致。

《火烧红莲寺》的成功产生了一系列的市场效应，各兄弟电影公司大量出产了一批批的武侠片，如《火烧红莲寺》《火烧白莲庵》《火烧平阳城》，等等。上海许多舞台把《火烧红莲寺》配上许多机关布景，一二三本地连续演出，当年成为"武侠年"。这些是张石川所未能料到的。

更使张石川未曾料到的是，《火烧红莲寺》之后，由于《儿女英雄》《荒江女侠》《七剑十三侠》等武侠片的问世，出现了夏佩珠、徐琴芳、范雪明、邬丽珠等一批武侠明星。

张石川去世后，到20世纪70年代在香港和台湾，居然火尽薪传：李小龙和成龙的影片，使当年的《火烧红莲寺》一烧再烧；香港拍摄了新版《火烧红莲寺》（1963年）；香港邵氏公司根据《火烧红莲寺》翻拍了《江湖奇侠》（1965年），还有《新火烧红莲寺》（1994年），等等。

（三）"替穷苦人叫屈"

张石川善于顺势应变，虽然明星公司缺乏拍片的资金，但在他岳父和妻子的资助下，决心改变鸳鸯蝴蝶派人伦、武侠斗打和三角恋爱的戏路，另辟新机。

1931年底，周剑云以同乡之谊邀请左翼作家钱杏邨，请他推荐几位文化新人进入明星公司担任编剧顾问。不久，夏衍、钱杏邨、郑伯奇等人在开会讨论后向瞿秋白作了汇报。

瞿秋白说："在文化艺术工作中，电影是最富有群众的艺术，将来我们取得了天下之后，一定要大力发展电影事业。现在有这么一个好机会，我们不妨利用资本家的设备，学一点本领。"接着，左联作家成立了一个影评小组，在上海各报纸发表左翼作家执笔的影评文章，一时电影评论风气大开。

与此同时，明星公司邀请女明星徐来在影片《残春》中出演女主角，使她一举成名。接着徐来又为明星公司主演了《女儿经》《华山艳史》《到西北去》《落花时节》等影片。

《女儿经》是由张石川提议拍摄的一部由全体导演和演员合作的集锦式影片。该片由张石川、程步高、沈西苓等9位导演联合执导，每人导演一集，是中国影坛空前的大制作。影片由胡蝶主演，故事由主人公胡瑛以召开同学会为线索，展示了8个同学10年来各自的生活经历，揭露了当时社会贫苦妇女的不幸遭遇，在对她们寄予同情的同时也对上流社会进行讽刺和鞭挞。

《女儿经》的拍摄标志着张石川的戏路"为穷苦人叫屈"的起步。接着张石川导演了《劫后桃花》。影片通过一个封建官僚家庭的没落，暴露了帝国主义对中国长期侵略的罪恶，从正面反映了抗战的主题。接着张石川为明星公司推出了一部表现一对孪生姐妹不同命运的影片《姊妹花》。在影片中，胡蝶一人兼饰姊妹两角色，受到观众的称誉。饰演母亲的宣景琳也以高超的演技把母亲这一角色演得惟妙惟肖，获得好评。经过张石川的精心导演，在《姊妹花》中又涌现出王献斋、严月娴、龚稼农、高工上、李倩苹、朱秋痕、夏佩珍、赵丹、顾兰君、黄耐霜等一大批影坛新秀。这是张石川在一生中培养新星最多的一次活动，他常为此而自慰自傲。郑正秋曾对这部影片的成功经验加以总结：一是伦理片容易引人落泪；二是对话的力量；三是胡蝶女士一人饰两个角色，样样"声情并茂"；四是录音水平的高超；五是摄影技术的出色；六是灯光运用得当；七是歌曲恰到好处。张石川则认为《姊妹花》的成功主要是"替穷苦人叫屈"，影片中姐妹俩不同的遭遇，揭露了军阀和地痞流氓相互勾结、鱼肉民众的社会现实，从而受到广大观众的热烈欢迎，创造了上海各大影院连续放映60天国产片的纪录。

自从"九一八"事变、"一·二八"事变之后，上海广大民众抗日爱国情绪高涨。1932年秋的一个夜晚，夏衍、钱杏邨、郑伯奇应张石川的邀请出席由明星公司召集的第一次编剧会。不久，夏衍创作了以"九一八"事变后长江流域发生空前大水灾为背景的电影剧本《狂流》，由程步高导演。在摄影棚里，夏衍主动为导演作场记，在布景、服装、道具、对话、摄影等方面拜张石川为师。张石川为之十分感动。

在《狂流》上演之前，《明星日报》在创刊号上发起评选"电影皇后"的活动，揭晓时，《狂流》主演者胡蝶以21334票名列第一。张石川得知后心花怒放，欣慰不已。

《狂流》是最早在银幕上塑造农民形象的影片，它抨击了土豪劣绅的自私、贪婪，揭示了农民与地主之间的矛盾、各个阶级不同的本质和农民运动所具有的巨大力量。影片在上映后获得广大观众的浓厚兴趣和赞誉，当时许多报上发表《狂流》特辑，称《狂流》是"明星公司划时代的转变力作"。继《狂流》之后，明星公司又请夏衍将茅盾的小说《春蚕》改编成电影。

1932年1月28日夜，日军发动淞沪侵略战争，上海市民纷纷参加救护队，支援十九路军奋起反击。明星等影片公司纷纷派出战地摄影队，抢拍了不少战地纪录片。这时，张石川领导的摄影队拍摄了《国魂的复活》《战地历险记》和《自由之花》等几部宣传抗战的影片，并组织明星救国团，开展"抵制日货"活动。是年，白杨、赵丹、周璇加盟明星公司，拍摄了《马路天使》《十字街头》，成为我国电影史上的经典之作。

1933年底，国民党组织"铲共同志会"捣毁艺华公司的摄影场，并宣称各电影公司不得出品"鼓吹阶级斗争和贫富对立"的影片。

上海电影界陷于一片白色恐怖之中。随之，夏衍、田汉、阳翰笙等左翼剧作家被迫退出明星公司。

1936年7月，张石川在《明星半月刊》上发表的《革新之话》中明确表示："为了民族，也为了本身的事业，我们立即从事国防电影的摄制。"接着，明星公司拍摄了洪深编剧的《新旧上海》，欧阳予倩编剧、张石川执导的《海棠红》和《女权》，另有《夜会》《清明时节》《社会之花》等影片。这些影片最让张石川高兴的是明星公司又培养出一位影坛新秀舒绣文。

1937年10月底，中国军队陆续撤离上海，不久上海沦为"孤岛"，中国电影也改变了原来发展的轨迹。坐落在枫林桥明星公司总部的三层高楼，也是明星公司生产基地。11月中旬，张石川见形势突变，迅速将明星公司的重要人马以及少量主要电影器材撤离枫林桥，安置在法租界静安寺路静安别墅。

几天以后，枫林桥基地被日军占领，成了日军南市司令部。不久，明星公司总部挂起了"国际映画社"的牌子。

一天，一个日本文化特务走进了张石川的寓所，提出要和明星公司合作拍片。张石川想起了洪深握着手对他叮嘱过的一句话："什么都可以干，就是不能当汉奸。"张石川对来者婉言谢绝。

七天后，枫林桥基地东西两侧的四座小楼燃起了熊熊大火，车库和洗印楼也是一片火光，办公楼也随着冒起黑烟。转瞬间，枫林桥基地一片火海。这场大火毁灭了张石川对明星公司的全部希望。直到1953年去世时，他也没有能够完成重振明星公司的心愿。

四、邵醉翁办天一影片公司创三个第一

邵醉翁（1896—1979），浙江宁波人。1914年毕业于上海神州大学法科，后任上海地方法院和会审公廨律师。1921年任中法振业银行经理。1923年因经营不善，与人合股创办"笑舞台"，专演文明戏。1925年，与邨人、仁枚、逸夫兄弟四人合办"天一影片公司"，任总经理兼编导。自1925至1937年，先后共拍摄了近100部电影。

早在天一影片公司成立之前，已有明星等几家电影公司，邵醉翁看到有的公司专拍内容庸俗无聊之作，决心另辟一条新路。他拍摄的第一部电影叫《立地成佛》，但卖座率不佳。后开始拍古装片《珍珠塔》，业绩平平。当时在上海放映范明克主演的美国武打片颇受观众欢迎，邵醉翁见别家影片公司尚未拍过武打片，便于1925年开拍10集本《女侠李飞飞》，由邵邨人、高梨痕编剧，邵醉翁导演，徐绍宁摄影。《女侠李飞飞》故事写一女子被诬不贞，经女侠一次次营救而终于成婚。李飞飞一角特请当红京剧武旦粉菊花主演。主角既有京剧武旦的跌、扑、翻、滚及踢腿等硬功夫，又能使用刀马旦的种种武艺。李飞飞的京剧表演和武打动作表演得相当出色。《女侠李飞飞》是我国第一部武打片，上演后相当成功。后邵醉翁又拍了第二部武打片《孙悟空大战金钱豹》，票房价值不错。这两部武打片使天一公司很快获得不少利润。

自天一公司成立之后，即面临军阀内战和同行联合起来的排挤，放映国产片的影院地处偏远，不能吸引广大观众。邵醉翁与三个弟弟商量，他提出"天一"要发展不能仅靠上海一地，应向外地和国外发展，在华中地区成立金成记分销处，由金耀翔负责，三弟邵仁枚到南洋去开辟电影市场。

与此同时，邵醉翁开始大量拍摄古装片和由民间故事改编的时装片，如《孟姜女》《梁祝痛史》《白蛇传》等。1928年，邵醉翁又派四弟邵逸夫到新

加坡。邵逸夫到新加坡后还到吉隆坡、槟榔屿等地开设多家电影院,放映"天一公司"的许多影片。因此,"天一公司"是将国产电影推向海外市场的先驱者。

我国早期的电影都是无声片,后来开始由电唱机配合,但蜡盘配音非常麻烦,配合不当即闹出笑话,而外国电影来华放映的都是有声片。邵醉翁早就感到电影的发展必然从无声到有声,他不惜重金派邵逸夫前往美国洛杉矶,到好莱坞取经。后邵逸夫从美国购得一部"有声音的机器"带到香港,并请凯恩为摄影师、白兰登为收音师。邵醉翁开始拍摄由姚苏凤编剧、他和李萍倩导演的歌舞片《歌场春色》,主要演员有宣景琳、杨耐梅等名角,该片放映后在国内外轰动一时。后由他自己编导的粤语片《白金龙》也场场客满,创造了当时的卖座最高纪录。因此,"天一公司"在我国电影史上为有声影片制作开创了成功的先例。

1932年,上海抗日炮火激起了全国人民的爱国热情,"天一公司"拍摄记录片《东北二女子》,后又拍摄了由汤晓丹编导的《飞絮》《飘零》等不少有相当社会意义的影片。1937年,抗日战争全面爆发,上海几家影片公司被日军炸毁。邵醉翁早有准备,在该年年初已结束拍片,将资金全部迁往香港,成立南洋影片公司。1950年改组为邵氏兄弟影业公司,一直到21世纪的今天,它是我国电影史上历时最长的一家电影企业。1957年邵醉翁开始退出电影事业,1979年在香港去世。

五、顾联承办百乐门舞厅时发惨案

在"十里洋场"的昔日上海,游乐场所中缺少不了舞厅。1932年,一名曾留学欧美的湖州商人顾联承(1900年生于湖州),来到上海后投资70万银两,购下毗邻于静安寺路愚园路口的地块,委托陆根记营造厂承建一座"百乐门大饭店舞厅"。"百乐门"是"PARAMOUNT"的中文谐音,原意是"至高至大"。

(一)"东方第一乐府"

百乐门楼高三层,底层为饭店和管理处,二楼、三楼为舞厅。最大的舞池有500余平方米,舞池地板用汽车钢板支托,踩上去富有弹性,故人称弹簧地板,人在跳舞时有飘忽灵动之感。三楼还设有小型玻璃舞池,屋顶和地板下安装各色电灯。舞厅建筑面积总计为2550平方米，钢筋混凝土结构。建筑造型有美国前卫风格，顶部耸立有9米高的玻璃高塔，当夜幕降临后顶上灯光熠熠闪亮。

20世纪30年代上海舞厅有数十家之多。可分为三个档次：百乐门名列头牌，其次是新仙林、大都会、丽都、仙乐斯、米高美；第二档有维纳斯、大华、维也纳等；第三档有扬子、中央、大世界、大新、永安等等。百乐门名声显赫，被誉为"远东第一乐府"，主要是有达官显贵、名媛淑女、社会名流、文人雅士等身影的出入。当年张学良少帅、徐志摩和陆小曼以及美国笑星卓别林夫妇、地产大王哈同等人曾在该舞池中旋转身姿。1945年反法西斯战争胜利，俄国侨民在此举行盛大宴会，欢庆胜利。美国空军"飞虎队"将军陈纳德与陈香梅女士也在百乐门举行婚礼。

在百乐门舞厅历史上影响最大的是胡蝶当年被评选为"电影皇后"时举行的一场"时装表演会"，举办者为"鸿翔时装公司"。鸿翔赠送胡蝶一套由高级技师特制的绿色华贵礼服，出席该会的还有身穿"鸿翔"时装的社会名媛。据《申报》载，那盛况空前的活动轰动了整个上海滩，百乐门四周车水马龙、人满为患，以至租界巡捕房不得不出动马队维持交通秩序。

百乐门舞厅又以拥有精良的乐队而驰名。起初，舞厅花重金聘请菲律宾爵士乐队来演奏。后来起用了以金怀祖（吉米·金）为首的爵士乐队，因演奏流行音乐，由此一炮而红。百乐门成为上海爵士乐的发源地，其中像《夜上海》《玫瑰玫瑰我爱你》《香格里拉》等歌曲，流传至今。因此，百乐门被称为"远东第一乐府"决非偶然。

（二）风月场所惨案迭起

1939年12月，国民党军统上海站站长陈恭澍得知他的亲信詹森被汪伪七十六号特工枪杀，岂甘罢休。他买通被特工总部李士群策反过去的王天木的副官马河图，要他伺机杀掉已任特工总部第一厅厅长的王天木和第三厅厅长的何天风。

12月25日，七十六号汪伪特工总部为欢度圣诞节在百乐门举行舞会。王天木、何天风、陈明楚、冯国桢四人带着副官、保镖在舞池里跳了一阵，王天木等四人准备去三楼后房休息室时，突然王天木的副官马河图拔枪向王、何、陈三人连发几枪，何、陈中弹倒地，王天木和冯国桢一听枪声连忙躲到舞池边的沙发背后。一时舞厅内外秩序大乱，马河图乘机逃离现场。事发后，待租界巡警赶来，何天风和陈明楚两人已被击毙，王天木因涉嫌被汪伪特工总部扣押。这是上海舞场最为严重的一次政治谋杀案。

舞厅作为男女交际的风月场所，必然是多事之地。1940年2月25日夜，著名舞星陈曼丽在百乐门坐台。陈曼丽长得亭亭玉立，婀娜多姿，仪态妩媚，举止大方。她擅长京剧，曾与叶盛兰、马富禄合演过《鸿鸾禧》，一时名声大噪。她被中国实业银行经理刘晦之花大钱捧成当红舞女。是日凌晨，陈曼丽正与几名舞客纵情谈笑，突然，音乐台左侧出现一名西装青年，只见他冲到陈曼丽面前，朝她连开三枪，并伤及她身边的舞客刘某、彭某。三人当即被送往邻近海格路的红十字会医院，凶手逃逸。陈曼丽与彭某终因伤势过重死亡。这场血案，当时报上议论纷纷，有的说是陈曼丽不愿与凶手相好，属于情杀；也有的说陈曼丽与汪伪某要员秘密交往，凶手为重庆方面的特工……众说纷纭，这场著名血案至今仍是一个谜。

1947年4月21日晚，百乐门舞女李莉因拒吕祥元求爱，被吕殴打及持枪恐吓，吕某当场被警方抓获。

1948年5月25日晚，三名舞客自称是公务员，酒醉后与仆欧发生冲突，三人竟拔出手枪恐吓，一时舞场紊乱。经理报警后，三人逃逸。

百乐门舞厅发生的案件显然不止上述几件，但与百乐门有关的一次舞女怒捣社会局事件在此值得一提。1947年夏季，正当伪"国大"粉墨登场之际，为了装饰脸面，国民党行政院颁布了一个"妨害风化，厉行节约，实行舞禁"的命令。此禁事关舞厅业职工和大批舞女的生计，他们纷纷起来为生存、为吃饭而反对国民党政府的"舞禁"政策，一场斗争由此而起，为此舞女们还成立了一个"上海舞女联谊会"。1948年1月31日下午，斗争达到了高潮。被激怒的舞女和舞场职工3000余人前往上海社会局请愿，军警用棍棒打人，但请愿的舞女们冲进机关，把社会局砸得落花流水。不久，国民党当局被迫取消禁舞令，百乐门等舞厅继续营业。这场震动全市的舞潮案终于平息。

六、夏云瑚合建昆仑影片公司出四大名片

解放前在我国从事进步电影制片事业中，取得成就最大的制片人是昆仑影业公司总经理夏云瑚。这是由于该公司在抗战胜利后拍摄了四大名片——《八千里路云和月》《一江春水向东流》《万家灯火》和《乌鸦与麻雀》。

夏云瑚，1903年生于四川巴县，1922年毕业于重庆广益书院。1929年代理承办上海美商环球影片公司在西南的影片发行业务。1931年在重庆组建

上江影片公司,常到上海与众多影人交往。1937年"七七"事变后,夏云瑚与蔡楚生、柯灵在沪创办《民族的呼吁》杂志。1945年在沪任亚洲影片公司常务理事和大陆影业公司总经理,1946年他出资成立上海昆仑影业公司并任董事长。

"昆仑"的前身是由蔡楚生、史东山、阳翰笙、郑君里、孟君谋等组成的"联华影艺社"。该社实力充实,有名导陈鲤庭、徐韬、王为一和明星白杨、舒绣文、陶金、赵丹等,还招聘了一批新演员和特约演员。

(一)《八千里路云和月》

该片由史东山编导,白杨、陶金主演,1947年2月出品。影片所表现的是一对男女爱国青年的爱情悲剧。"八·一三"淞沪战役开始,女大学生江玲玉不顾家庭反对,毅然参加上海戏剧界救亡演出队,沿京沪线宣传抗日。不久,她与青年音乐家高礼彬相爱。演剧队辗转湘、桂、黔,最后到达重庆。抗战胜利后,高、江在渝结婚。这时,江玲玉表兄周家荣以接收大员身份回到上海,大发国难财。江、高二人亦随演剧队返沪,礼彬在小学教书,玲玉当上了记者。因物价飞涨,生活贫困,礼彬得了肺病,玲玉在怀孕时拒绝周家荣的引诱,并在报上揭发周的"劫收"罪行。一日深夜,在大雨中江玲玉昏倒在地,礼彬等人将她送到医院后,才知玲玉早产。夫妇俩面对黄浦江怅然无望。

影片以抗战时期日本侵华战争为背景,通过知识青年爱情悲剧,赞扬了他们的爱国热情和正义无畏的气节,揭露国统区官商的罪恶和社会的黑暗。故事虽未指出人民在战后的出路,却能从反战进一步反旧制度,主题依然极为深刻,发人深省。插曲《你这个坏东西》成为当时社会流行歌曲,影片公映后受到广大观众的欢迎,成为抗战电影中的经典之作。

(二)《一江春水向东流》

该片分上下两集。上集《八年离乱》,下集《天亮前后》,由蔡楚生编导,白杨、陶金、舒绣文、上官云珠、吴茵主演。1947年10月出品。故事与《八千里路云和月》一样,也是写一对青年男女的爱情悲剧,但其意义更为深刻,情节更为曲折动人。

"九·一八"事变后的上海,纱厂女工素芬与厂补习学校教员张忠良相爱、结婚。婚后一年,抗战爆发时,生一男孩名抗生。张忠良参加抗日战地救护队,从上海至宜昌时被日军俘虏,备受艰辛,逃往重庆。家乡沦陷后,忠良弟弟忠民参加抗日游击队,老父被敌人杀害。素芬只得带婆婆和孩子回到上海，受尽折磨，日夜等待天亮和思念忠良回来。忠良流落到重庆后无法找到职业，只得求助于交际花王丽珍，从此投入她的怀抱，当上了资本家的秘书。抗战胜利后，张忠良当上接收大员来上海，又勾上了王丽珍的表姐何文艳，并侵吞了何的汉奸丈夫的温公馆，过着花天酒地的糜烂生活，把妻儿老母忘得一干二净。在一次宴会上，在何家当佣人的素芬认出了自己的丈夫张忠良后投江自尽。

这部影片反映了抗战至胜利的国统区的社会黑暗，表现了中国人民在民族和阶级压迫下的苦难命运。该片几个主要人物性格鲜明，张忠良的性格转变刻划得尤为成功，结构宏大谨严，场面交插和对比增强了艺术表现力，被影坛誉为"中国电影新路向"。该片在上海公演时连映3个多月，观众达80多万人次，创造了解放前国产影片上座最高的纪录。

关于这部电影的审查经过，还有一个小插曲。该片在送审至国民党检查官手里后怎么也通不过。夏云瑚反复思量，想出了一个妙计：派人给检查官送去一束鲜花。不久，消息传来，这部影片居然通过了。众人相视而笑，原来夏老板在鲜花里放进了几只金表！这就是"一束花救一部电影"说法的缘由。

（三）《万家灯火》

《万家灯火》由阳翰笙编剧，沈浮导演，蓝马、上官云珠、吴茵主演，1948年出品。影片写的是国统区上海伟达贸易公司职员胡智清，一家三口，尚能温饱。不料老母因在农村生活困难，带次子春生夫妇来上海投靠志清。由于生活负担加重，加上物价飞涨，入不敷出，引起婆媳之间的矛盾。不久胡志清的公司老板投机失败，胡被解雇，使家庭生活越加艰难，夫妻与婆媳之间的矛盾愈加尖锐。妻子云芝负气出走，住在同学家中并因此流产。老母与次子吵着要回老家，一家四分五裂。智清既要对付老母，又要顾及病床上的妻子，心理压力加重。一天，智清在公交车上捡得一只钱包，以为这下可以救急，不料被失主诬为窃贼，痛遭殴打，又遭汽车撞伤被送进医院。妻子与老母四处寻找，发现智清已从医院负伤回来，一家在苦难中团聚。该片通过一个小职员的悲欢离合的遭遇，展现了20世纪40年代后期国统区通货膨胀、民不聊生的社会面貌，描写了小资产阶级知识分子的痛苦、悲哀、挣扎和觉醒。情节跌宕多姿，人物心理刻画细腻感人，富有浓厚的生活气息和哲理性的意蕴。导演在影片中竭力渲染小市民生活中悲喜交集的艺术风格，每个角色均有其个性特色：做儿子的要面子，做媳妇的满腹委曲，做母亲的惊讶意外，做弟媳的畏缩不前，都在团聚生活场景中一一展现，表现了小中见大、悲中有喜的平民化的艺术风格。片名《万家灯火》以一家小小灯火照亮人们向往的前途，启迪观众对现实生活的思考。此作是沈浮的一部力作，由此他被称为"平民导演"。此片公映后，被夏衍誉为"珠联璧合的艺术品""最优秀的国产片之一"。1982年，该片被评为"中国十大电影"第三名。

（四）《乌鸦与麻雀》

《乌鸦与麻雀》由沈浮、郑君里编剧，郑君里导演，赵丹、魏鹤龄、孙道临、黄宗英主演，1949年4月摄制。上海解放前夕，国防部小官僚侯义伯霸占一座民房后，急于卖掉，捞钱逃命。这事引起一群住户的骚乱。摊贩萧洁云家的手饰和西药被侯义伯借故侵吞；原房主孔有文害怕提出收回房产；华先生被扣上"鼓动学潮"的罪名投入牢狱，华太太向侯义伯求援反被调戏。他们经事实的教训，终于团结起来与侯义伯开展斗争。1948年底，侯义伯狼狈逃跑，大家同庆新生活的到来。编导以敏锐的观察力和辛辣的笔触，生动地再现了解放前夕国统区的混乱、黑暗与光明即将到来的社会面貌。此作的片名具有极强象征意义。一个是以国民党军官侯义伯为代表的"乌鸦"世界，他们为所欲为、横行霸道，反映贪婪、暴戾、色厉内荏的国民党崩溃前的一个侧面；另一个是以小商贩肖老板、老校对孔有文、教书先生华洁云为代表的"麻雀"世界，他们生活在底层，苦苦挣扎，表现了他们从自私、犹豫到觉醒、斗争的转变过程。而他们共同居住的小屋则隐喻了人民的江山。影片构思精巧独特，人物个性鲜活逼真。该片放映后受到广大观众的热烈赞颂，它强烈的战斗性和卓越的艺术成就影响深远，成为中国电影史上的一部经典之作。新中国成立初该片获文化部优秀影片一等奖。

《乌鸦与麻雀》的拍摄跨越了解放前后两个时期，经历了极其尖锐的斗争。电影刚拍摄时，国民党警备司令部审查机关以"鼓动风潮、扰乱治安、破坏政府威信、违反戡乱法令"的罪名禁令停止拍摄，企图把它扼杀在摇篮里。为对付敌人，摄制人员把剧本藏在稻草堆里，特务一走，他们就立即赶拍，一直坚持到上海解放时完成。

夏云瑚于1949年后赴香港、印尼、美国等地继续经营电影业务。1957年回国，任中国电影发行放映公司顾问，1968年在京去世。

七、拍180部电影的老板张善琨

在20世纪30~40年代中国电影史上有一名著名的上海大老板，他曾任

"新华"、"华新"、"华成"和"中国联合"四家电影制片厂董事长,一生共拍摄180部电影。此人名叫张善琨。

(一) 获得进步影人支持

张善琨于1905年生于浙江吴兴,上海南洋大学毕业,曾在药店、烟草公司供职。后投靠黄金荣,加入青帮,任大世界游乐场和共舞台经理。1934年创办上海新华电影业公司,次年拍摄《红羊豪侠传》,内容描写太平天国金田起义经过,公映后票房反映不错。张善琨便请刚从国外归来的欧阳予倩编导了《新桃花扇》,描写一位革命志士反对军阀,抵制了种种强迫利诱,最后投向抗日前线。这部影片获得了广大观众的欢迎和赞赏。左翼人士看到"新华"是新成立的公司,尚未受到国民党当局的注意,便给它以支持。善于编导悲剧的马徐维邦于1937年推出了他的力作《夜半歌声》(金山、胡萍、施超主演)。该剧写青年演员宋丹萍与大地主女儿李晓霞相爱,遭到李父的阻挠和恶霸汤俊的陷害,汤俊派流氓用硝酸毁了宋丹萍的面容。宋丹萍假称自己已死,一直秘密隐居在戏院顶楼上,准备复仇。十年后,来戏院演出的一位青年演员孙小鸥认识了隐藏已久的宋丹萍,宋向他诉说了自己的身世和不幸遭遇,希望他能与封建势力斗争,并代他去安慰李晓霞。最后宋丹萍目睹恶霸汤俊来剧团侮辱女演员绿蝶,幸好小鸥及时赶到,与汤展开搏斗,在楼顶上的宋丹萍目睹此景爆发了心中的深仇大恨,将恶霸逼到顶楼,双双坠楼而死。

《夜半歌声》通过青年演员的不幸遭遇,控诉了旧社会封建势力的黑暗统治,表现了反封建、争自由的主题。马徐维邦在编写此剧原作时,曾征求田汉的意见,田汉认为剧本未能涉及抗战的内容,于是插进了一首《热血》:"谁愿意做奴隶,谁愿意做马牛,人道的烽火,燃遍了整个的欧洲,为了博爱平等自由……"从而突出争取自由、反对敌人压迫的抗战思想,使反封建的主题更具有时代感。

该片放映后震撼了上海千万观众,无论是恐怖阴森的场景和人物情节的悲剧气氛,以及主题歌的音韵效果都取得了感人肺腑的艺术效果。

(二) 从拍历史片到拍媚日片

就在《夜半歌声》放映后不久,1937年"七七"卢沟桥事变爆发。8月13日,又爆发了淞沪抗战。不久,上海成为"孤岛",日本军方对各种影片加以限制和审查。原来的"明星"等影片公司均停业或转移,张善琨为了扩大营业另办"华新""华成"和"中国联合",拍摄了大量不直接涉及政治题材的影片。如《雷雨》（方沛霖编导，陈燕燕、董引等主演），《日出》（沈西楚改编，岳枫导演，袁美云、梅熹等主演），《胭脂泪》（吴永刚编导，胡蝶主演）等。另外拍摄根据民间故事和历史题材改编的影片，如《薛仁贵》《卓文君》《白蛇传》《双凤珠》等。他在1938年一年内共拍摄了18部影片。另外，他还拍摄了《古屋行尸记》《地狱探艳记》等恐怖、色情的影片，受到广大观众与社会舆论的批评。

张善琨为了表示自己还有"爱国心"，决心转换方向，先后拍摄了两部历史片：《木兰从军》和《孔夫子》。《木兰从军》（欧阳予倩编剧，卜万苍导演，陈云裳、梅熹等主演），是战后第一部抵御外侮的古装片，宣扬了中华民族儿女反抗外敌的英雄精神。影片放映后引起了孤岛观众的共鸣和抗敌热情。该片连映三个月，场场客满。

《孔夫子》（费穆编导，唐槐秋、张翼、慕容婉儿等主演），是一部弘扬民族气概，表现"勇者不惧"民族精神的历史片。当时，日本侵略者曾捧出孔子，大力宣传"王道乐土"，即威胁被压迫民族必须归依霸主的"王道"。费穆把情节的重点放于孔子帮助弱小鲁国除奸兴政、励精图治。影片还表现国难当头，必须铲除内外汉奸、发愤图强。另外影片通过齐国借口修好，同时以武力逼鲁国附庸，以此揭露日本以"大东亚和平"为名进行军事威胁的罪行。《孔夫子》的卖座率极佳，不仅受到一般市民的欢迎，而且在教育界引起一股热潮，纷纷组织教师、学生观看，以鼓起民众的抗敌爱国热情和信心。

另外值得一提的历史影片是《苏武牧羊》（周贻白编剧，卜万苍导演，梅熹、陈云裳主演），该片放映时，正值大汉奸汪精卫粉墨登场组织伪政府之期，因此苏武崇高的民族气节，给汉奸们以当头棒喝，同时对广大民众是一场极好的爱国主义教育。

1942年冬，太平洋战争爆发，"孤岛"被日军侵占。日本为了控制电影事业，将上海12家影片公司合并成为中华联合制片股份有限公司。张善琨立即转向，投靠日伪，任"华联"的副总经理。张善琨不愧为投机影片商，他在三年内拍摄了大量爱情片、家庭伦理片、歌舞片、滑稽片、传奇片，共计110部影片。其时，日寇曾强迫张善琨拍摄所谓超特影片《博爱》，该片通过11个小故事鼓吹"人类之爱""互助之爱"等等，借以宣传日寇和汉奸之间的"中日亲善"。另外，张善琨还与日本东宝歌舞团合作拍摄《春江遗恨》，宣传"大东亚共荣圈"，把日寇当作中国人民的救世主。张善琨在请刘琼、舒适等主演时遭到他们的拒绝。

1945年8月，抗日战争终于胜利。伪"华联"被国民党"接收"，张善琨被国民政府以汉奸罪通缉,张辗转到达香港,后去欧美。1951年在香港创办长城影业公司,次年在香港恢复新华影业公司,于1957年病死于日本。张善琨这个投机电影界的"老大",一生拍摄电影约180部,资产达250万港币。

八、 戏霸张春帆逼死名伶筱丹桂

张春帆生于1922年,浙江嵊县人,出身小商人之家,幼时是个顽童,在小学时经常与同学结帮打架。18岁自故乡到上海谋生,做过小工,与人合办过小店,后混迹于十里洋场,从一个马仔变成剧场老板。他原由父母做主娶妻成家,为在上海开办戏院,将妻子和一子留在家乡,在上海开办一家天香戏院,开始只是股东,后任经理。1940年,他回嵊县去请高升班越剧台柱,此人叫钱春风,20岁,未婚。她自幼丧父,家境贫困,曾许配一农户家当童养媳,后由母领回,13岁送到高升舞台学戏,经过几年刻苦磨练,升为台柱。张春帆看中了她,把她带到上海天香楼,以艺名筱丹桂登台亮相,很快便红遍申城。当时越剧界流传"三花不如一娟,一娟不如一丹"(三花即施银花、马樟花、赵瑞花,一娟一丹即姚水娟与筱丹桂)。

张春帆看准越剧生意有利可图,筱丹桂又是当红名伶,是他的一棵摇钱树,因此他与筱讲定每月给他1000元的包银,但是有一个条件:演什么剧由他裁定。筱丹桂家中有老母,还有两个弟弟都要她扶养,当即表示听从张春帆的一切安排。张春帆就逼她演《马寡妇开店》《果报录》《潘金莲》《刁刘氏》等封建、淫秽、凶杀的剧目。筱丹桂虽不满意演出这类剧目,但出于张春帆对她的控制,也只得无奈。

张春帆除了赚钱发财外,还逐渐对筱丹桂的年轻美貌而产生好感,对她百般奉承,惹她喜爱。筱丹桂心地善良,年轻单纯,经不住张春帆的诱惑,由相爱而同居。后受到袁雪芬的影响,筱丹桂有意改弦易辙。1943年与徐玉兰搭档,演出了《秦淮月》《红拂女》《卿何薄命》《青衫迷》等新戏,吸引了很多的观众。1947年8月,她又参加越剧界十姐妹联合义演,在《山河恋》中扮演宓姬,很受观众欢迎,但与张春帆的同居生活使其内心受到极大的苦痛。

张春帆与筱丹桂的关系出现裂痕,首先是张春帆反对她与袁雪芬、徐玉兰等人共同演出新戏,要她继续承诺前约,再演那些封建、色情剧目,由此两人经常发生争吵。其次是筱丹桂在丹桂剧团经常与剧务部寒丘研讨新剧目，并与寒丘一起看电影、逛公园，两人逐渐有了感情。张春帆获悉后对筱丹桂发生怀疑，后又盘问，接着是拳打脚踢，直至要她承认与寒丘有不正当的男女关系。一天，筱丹桂迟些回家，张春帆问：

"你到哪里去了？是不是与那个寒丘开过房间？"

"我只是同他去看电影，绝对没有那种关系。"

接着，张春帆对她一阵施暴，无奈筱丹桂说"我错了！""我对不起你，我始终是你的人，我的身子是清白的！"

张春帆岂甘罢休，他在上海滩是有头有脸的人，岂能戴上绿帽子，叫他怎能咽下这口气！这一夜，张对筱丹桂打骂了一夜，筱则是求饶、认错、哭泣……

第二天，张春帆出门后，筱丹桂一身剧烈的疼痛，使她欲生不能，欲死不得。趁着还有一口气，她使出全力咬破手指，用鲜血在被单上写下"做人难，难做人，死了"八个字，随即把一瓶"来沙尔"消毒药水灌进肚里。

1947年10月13日下午6时15分，年仅27岁的越剧名伶终于挣脱了张春帆的魔爪，也离开了越剧姐妹。

在越剧十姐妹中，筱丹桂年龄最大，被称为"大姐"。筱丹桂自杀的消息一经传出，越剧界姐妹极其悲愤。袁雪芬、徐玉兰、魏兰芳等认为筱丹桂之死是张春帆一手所逼，一致要求追求张春帆的责任。

袁雪芬等人去见张春帆，张装出一副无所谓的面孔，还指使他的爪牙威胁众姐妹："识相点，谁敢无事生非，没有好下场！"但是，通过联合义演，众姐妹认识到团结的力量，大家一致推举袁雪芬、徐玉兰、竺水招三人为代表与张春帆正式交涉，迫使他交出筱丹桂的财物，并要他办好她的丧事。

10月16日上午，上海全部越剧戏院停演一日，以示对筱丹桂的哀悼。上海市民自发地跟着以袁雪芬为首的300多位演员去向筱丹桂遗体告别。在通向大西路"乐园殡仪馆"的马路两旁，站满了五万多吊唁者。这次大殓变成了一场声势浩大的反霸大示威。第二天各报作了大幅报道，有的是"戏迷五万挤破乐园，争看名伶最后一面"，有的是"袁雪芬、徐玉兰痛斥戏霸张春帆"。

事后不久，张春帆向各小报散布流言蜚语，说筱丹桂曾与某人通奸，加以家中经济而自杀。袁雪芬等立即向报界澄清事实并将张春帆告上法庭，要求严惩张春帆。10月25日，国民党当局为避免事态扩大，将张春帆拘捕。但只关了两月多，于12月27日将他无罪释放。原来张春帆支使爪牙和黑道人物向社会局和法院行贿，才以"教唆自杀罪嫌证据不足"提前释放。

1951年，袁雪芬等越剧姐妹联名发表文章，一致要求政府严惩张春帆。通过人民法院审理，这个恶贯满盈的戏霸终于被判处死刑。

附录一　部分上海名商简介

许春荣（1839—1910），浙江宁波人。1863年来沪与宁波翁家合伙在南京路开设大丰洋布店，专营英商泰和洋号棉纱、布匹，生意兴旺，每年盈利达30万余两。1876年任英商泰和洋行买办，后创办阜丰、鼎丰、余通、通源等7家钱庄。1884年因受中法战争影响，这些钱庄相继倒闭。不久，许春荣利用与叶澄衷女儿姻亲关系，与人合伙开设余大、瑞大、志大、承大钱庄；后又与万海峰、席立功、徐冠南合伙开设宏大、正大等钱庄，成为当时钱业界的巨头之一。1889年，许春荣充任上海德华银行第一任买办，后又任上海花旗银行买办，凭他在洋行的势力又投资银楼，成为拥资百万的上海名商。

雷士德（1840—1926），英国人。出生于英国安普顿，早年在一所大学攻读建筑学，获学士学位。1867年来沪，后与马立师等人在上海创立德和洋行和德和建筑设计事务所。1917年承建先施公司、日清汽船公司、普益大楼、字林大楼、台湾银行、仁济医院、电力公司大楼、雷士德工学院、三菱银行、迦陵大楼等10余所大厦。他是当时上海最著名的建筑师之一，曾与美商史密斯洋行合作，成为该行股东。后史密斯回国，德和洋行所有的房地产归雷士德所有，成为名赫一时的上海房地产巨子。1880年起两次任法租界公董局副总董，字林洋行董事长、英商上海电车公司董事。1926年5月，他去世前，在其遗嘱中规定将其资产"用于发展上海教育卫生事业"。捐赠的有：雷士德工学院、雷士德医学院、仁济医院、上海聋哑学校、雷士德中学。另外，他还向中国盲人院、儿童避难所、黄包车夫会等捐银20万两。他一生未娶。1949年，雷士德基金会迁英，但仍资助400名中国学生赴英留学。

经元善（1841—1903），浙江上虞人，号居易居士、亨颐，出身于绅商之家。14岁赴沪从商，25岁继承父业任仁元钱庄董事，致富后在上海首创协赈公所，为河南、河北、山西、陕西等旱灾区组织义务赈灾，达数百万两，受到清廷嘉奖10余次。通过义赈活动，经元善结识了盛宣怀、郑应观等洋务人物，1880 年，任上海机器织布局会办，配合郑应观开展筹建工作。他在报上公开招股，开创了招股集资的股份制之风。次年，他先后任上海电报局会办、总办，经过他的改革，电报局扭亏为赢，并抵制了洋商的竞争，名声大振。1890 年他任上海强学会董事。1893 年在沪创建我国第一家西式女子学校——经正书院，任总理（校长）。次年 12 月，在沪上组织 231 名绅商联名上书，反对慈禧太后废除光绪，被清廷以"叛逆"罪下令逮捕，遂逃亡澳门，家产被抄。1900 年义和团运动后返回上海，在绍兴教育馆任会计。著有《趋庭纪述》《居易初集》等。

郑观应（1842—1922），广东香山人。16 岁放弃科举来上海学商，后在英商宝顺洋行任职。1872 年参与创办太古轮船公司，1874 年任总买办，又经营贸易，办茶栈，投资外商公正长江轮船公司等。1879 年，被任为上海织布总局总办。3 年后被任为轮船招商局帮办，后任总办。中法战争时期，奉调赴广东总办湘军营务处事宜，曾深入暹罗（今泰国）与柬埔寨金边、越南西贡等地探查敌情，反对李鸿章议和。在此期间，因受洋务派排斥和外国公司压制，逐渐形成维新思想，主张改变专制，实行议院制，广设学校，培育人才，以抵制外侮。1892 年写成著名的《盛世危言》。全书贯穿着"富强救国"的主题，对政治、外交、军事、经济、文化诸方面提出切实方案。该书为当时提倡变法影响最大的著作，光绪诏命分发大臣阅读，康有为、孙中山也颇受该书影响。晚年鄙视袁世凯称帝与张勋复辟，对军阀混战表示不满。有《郑观应集》。

周晋镳（1847—?），浙江慈溪人。1887 年参与投资严信厚在宁波创办的通久源机器轧花厂。1902 年任上海商业会议公所协理，1905 年任上海同利机器麻袋公司董事，次年参与抵制美货斗争，后任上海商务总会议董、会长和商办浙路甬属集股处干事长。1908 年参与创办四明储蓄银行，任首届总董。此外还投资华兴水火保险公司、宁绍轮船公司、元丰面粉厂、阜丰植棉公司、上海电报局，任董事。1909 年参与筹办南洋劝业会。辛亥革命时期任沪军督府顾问、中华银行董事。1912 年起任上海总商会三届总理。次年任第一届中华全国商会联合会会长。1915 年被袁世凯任命为上海道尹，支持袁世凯复辟帝制，袁世凯死后被黎元洪免职。继而由于私运大宗鸦片被判刑。

杨斯盛（1851—1908），上海浦东川沙人。早年从事建筑泥水匠，1880 年创设杨瑞泰营造厂，任厂长。1891 年，清政府筹划翻造在外滩的旧海关署屋，在向华商招标时同行皆不敢应，独杨斯盛一人应标。1893 年新海关落成，共三层，有钟楼和热水汀，为当时式样最新之西式建筑。从此，杨斯盛成为建筑界名人。后被江苏铁路公司选为董事局候补董事。为保沪杭铁路股权，认股 13000 余，并发动同业认股数万股，为时人所称颂。后被选为上海水木土业公司领袖总董。晚年出资修筑公路、桥梁并资助上海医院。1903 年捐助同乡黄炎培创办川沙小学，4 年后创办浦东中学，出任董事长，聘黄炎培为校长。为发展浦东中学，他出资其全部家产之三分二，使该校成为上海名校。杨斯盛去世后，由江苏巡抚程德全以倾产兴学专折清政府赐盐运使，并铸立铜像。

聂缉椝（1855—1911），湖南衡南人，字仲芳，曾国藩女婿。1882 年起任江南制造总局会办、总办，制造了大量武器，在中法战争获胜后，聂的名声大振。1890 年升任苏松太道，成为上海县的第一位首脑。在沪时，聂缉椝抗议上海租界工部局侵占黄浦江面而修筑杨树浦路。在第二次四明公所事件中，他支持上海道蔡钧与法租界交涉达成初步协议。1900 年，他照会法国总领事，要求教会向中国政府递交教会学校和医院育婴堂名册并呈报死亡人数及死因。后又抗议工部局任意增税和设门牌捐。20 世纪初，李鸿章来上海设立江南制造局，后改为华盛纺织总厂，聂缉椝以 32.5 万银两收买该厂其余股票，改为独资经营的恒丰纺织新局，即恒丰纱厂前身，成为沪上纺织界著名人物。

王一亭（1867—1938），浙江吴兴人，名震，号白龙山人。早年在上海怡春堂裱画店当学徒，后转入天徐钱庄，从学徒到跑街，后升为经理。1904 年，张謇与王一亭发起在上海创办上海大达内河轮船公司并任董事长，后王一亭又与沈缦云、李云书等先后创办信成商业储蓄银行并经营业成地产公司、立大面粉厂、华商电气公司、浦东电气公司等实业。1907 年后，他还兼任日商大阪商务会社买办、日商上海纺织株式会社董事等。次年，被推为沪南商会分会所议董。1909 年被举为上海内地自来水公司总董，上海城厢联合救火会会长，上海商务总会议董。他积极参加地方自治活动，并加入同盟会。武昌起义后，他联络商团，参与领导上海起义。后任上海都督府交通部长、工商务总长、国民党上海分部部长。北伐战争后，他为国民政府义赈委员，在从事地方慈善事业中贡献甚多。王一亭能书善画，与吴昌硕齐名，为海派书画家中的领军人物。

黄金荣（1868—1953），浙江余姚人。12 岁到上海城隍庙萃华堂裱店当学徒。1892 年入法租界巡捕房当包探，后升为法租界警务处督察长，伙同杜月笙、张啸林成立"三鑫公司"，为转运鸦片的保险公司，包揽烟赌业，敛财成巨富。先后开设日新池浴室、大观园浴室、大舞台、黄金大戏院，为上海头号"大亨"。20 世纪 20 年代初，纳蒋介石为门生，资助蒋赴广州投奔孙中山。1927 年参与组织中华共进会，协助蒋介石发动"四一二"事变。后任南京国民政府少将参议。同年辞去法租界巡捕房职务，成为青帮"通"字辈成员。1931年经营"荣记大世界游乐场"，建立"忠信社"，发展帮派势力。1937年抗日战争爆发，他寓居上海，拒绝出任伪职。抗战胜利后组织帮会势力，维治上海治安。解放战争前夕他曾向共产党地下组织提供帮会头目名单，掩护中共地下党。1949年上海解放后，他检讨过去罪恶。1953年病死于上海。

沈缦云（1869—1915），江苏无锡人。原名张祥飞，以入赘上海沈家，遂改姓为沈。自幼在家中聘教师读书。28岁中举人，后放弃仕途，在铁厂学习技术和经营管理。1906年参与创办上海信成储蓄银行，任董事，并任复旦大学校董。同年，沈缦云参加李平书等人组织的南市商业体操会。1907年任上海南北市商会董事，城厢内外总工程局议董。1909年任上海总商会议董。次年，任江苏铁路协会副干事，并参加同盟会，资助创办《民立报》，呼吁革命。1911年3月11日，在2000多人参加反对英、俄侵略我国边境的"保界会"成立大会上发表演说，号召准备实力，反清斗争。会后与宋教仁等人组织全国义勇队，不久即被清政府解散。同年，与李平书等组织全国商团联合会，任副会长。又于上海成立中国国民总会，被推为会长。辛亥革命后，积极参与领导上海起义。沪军都督府成立时，任财政部长，参与筹备中华银行。曾被孙中山委派赴南洋筹募军饷，出力甚多。二次革命后，避走大连，进行反袁斗争。1915年7月23日被袁世凯派人毒死。

闻兰亭（1871—1948），江苏武进人。早年在家乡煤炭店当学徒工，后到上海经营棉纱业，任上海纱业公所会董。1920年参与组织上海证券物品交易所。后任上海交易所联合会会长，上海市商业整理委员会执行委员、江苏省商业联合会常委、全国商业联合会执行委员、中国佛教学会副会长。又任中国红十字会执行委员会主席、南京国民政府赈济委员会常委、仁济善堂常务董事。1937年参加抗日救亡活动，是上海市商界救国会的主要负责人之一。与袁履登、林康侯合称"海上三老"。1943年出任汪伪全国商业统制总会监事长。抗日战争胜利后以汉奸罪被判8年有期徒刑，后死于狱中。

叶揆初（1874—1949），浙江杭州人。早年就读于北京张元济开设的通艺学堂。1903年中进士。1908年参与创办浙江兴业银行，1915年初出任董事长达30年。在叶揆初任期，聘任诸多名人共同谋事，如蒋抑卮、徐新六、徐寄顾、项叔翔、陈叔通、章伯钧、马寅初等，或任董事，或任研究所主任。"浙兴"在叶揆初主持下，存款从起初的400余万元，到1925年上升至3000余万元，曾五度居全国商业银行之首。叶揆初早年受实业救国思想影响，一再重申浙江兴业银行重点是对民族工商业利率放款。据统计，获得浙兴放款的民族工商业达 600 余家。1934 年，叶揆初向国民政府建议建造钱江大桥，并承担建桥经费 200 万元的一半。在 20 世纪 20 年代曾任汉冶萍公司经理、浙江商业铁路股款清算处主任、中兴煤矿董事长。1945 年辞浙江兴业银行董事长，任常务董事。1947 年与陈叔通等致函上海市长吴国桢，表示对国民党腐败统治的不满。

陆伯鸿（1875—1937），上海市人。原名陆熙顺。18 岁考中秀才后进董家渡天主教堂学法语，后去法国留学。毕业后回国任比国洋行职员、法租界蒲石路律师事务所秘书。1911 年 11 月 4 日，辛亥革命后上海光复，沪军都督府民政总长李平书请陆伯鸿出面招股，改建南市电灯公司和创办电车公司。陆伯鸿接办濒将倒闭的上海华商电灯公司，任总经理。后又集股 20 万元购地铺轨，至 1917 年有轨电车由中华路至民国路全线通车。1918 年，电灯公司与电车公司合并成立"上海华商电器股份有限公司"任总经理。1913 年，先后创办和兴钢铁厂、上海内地自来水公司、大通仁达航业公司、新和兴铁厂任董事，和兴码头堆栈公司董事长兼总经理。陆伯鸿是天主教徒，先后创办慈善机构 7 所、中小学 5 所；捐建圣心医院，任院长。又任上海法租界公董局华董。1937 年参加汉奸组织，在寓所被军统锄奸队击毙。

林康侯（1875—1965），上海人。17 岁中秀才。1901 年任上海南洋公学附小教员，后任该校总教习（校长）。1914 年任北京新华银行储蓄票总发行所主任。1919 年任新华银行上海分行经理。1927 年后历任上海银行公会秘书长、上海总商会主席委员、南京国民政府财政会议委员、财政部政务次长、上海参事会委员等，与袁履登、闻兰亭合称"海上三老"。"八一三"事变后，以中国红十字会总会常务理事身份，救济难民。上海沦陷后赴香港。1941 年被日军抓获，次年押回上海，任汪伪全国商业统制总会理事、伪上海市政府高级参议、商统会秘书长。1945 年 9 月以汉奸罪被判刑，出狱后于 1949 年迁港定居。

邬挺生（1877—1935），浙江奉化人。早年就读于上海中西书院，精通英文。1900 年任上海老晋洋行买办。1902 年被聘为英美烟草公司上海分公司买办，为该公司推销香烟产品，出力甚多，公司为其捐得候补道衔。北洋政府时期被聘为国务院咨议。1911 年随上海市商会组织的中国商业团访美，并任《大陆报》董事。1913 年任财政部调查卷烟税专员，其间任上海南京路商界联合会第二届会长。1917 年在上海组建协和贸易公司，任总经理，兼英美烟草公司驻北京代表。1919 年离开英美烟草公司，先后兴办小型烟厂和中华烟公司，不久相继关闭。1922 年加入南洋兄弟烟草公司，任营业部经理，同时担任全国纸烟捐务总局总稽核。1928 年发起组织华商烟厂联合会，任会长。1932年创办许昌烟叶公司，任总经理，遂成巨富。1935年在许昌被人枪杀身亡。

王才运（1879—1931），浙江奉化人。13岁到上海随其父学西式裁缝，由于学业勤奋，手艺长进很快，经几年苦干，有了一点积蓄，与同乡二人合伙于1910年在南京路西藏路口创办荣昌祥西服号，为上海第一家西服店。后与合伙人拆股，自任经理。1911年孙中山归国后，曾在荣昌祥做了一件以日本陆军士官服为基样改制成的便服，上衣四口袋的袋盖形状像笔架，象征在革命中笔杆子的重要性，上衣自上而下五粒纽扣，象征五权宪法。服装制成后经孙中山试穿，认为式样简朴庄重，大为赞赏，后取名为"中山装"，荣昌祥因此名声大振。荣昌祥款式新颖，技艺高超，备料高档，营业额年年上升。王才运晚年任上海南京路商界联合会会长和上海各马路商界联合会副会长。在"五卅"运动中王才运领导南京路商界开展罢市斗争。

盛丕华（1882—1961），浙江镇海人。14岁来上海，先入宝成银楼当学徒，3年后任账房助理、大丰货号账房。1920年任上海证券物品交易所常务理事、会训主管。后因投机买卖失败，于1927年到汉口，任中国银行汉口分行秘书，后经营花纱布、丝麻贸易及房地产买卖，获利颇丰。1930年回上海，任上海证券物品交易所常务董事、中国银行董事、上海总商会会董。先后在上海创办上元企业公刊、开美科制药厂等。1934年，在上海组织爱国团体"中社"，出版《新社会》半月刊，宣传抗日。"八一三"事变后在上海公共租界筹办红棉酒家，1939年10月开张，出任董事长，并将酒店三楼改为"红楼"，专供民主人士开会活动之用。1946年参加中国民主建国会，6月参加上海市民反内战示威游行，被推为代表赴南京请愿，在南京下关车站遭国民党特务围困、殴打。盛丕华先后任伟大罐头食品厂常务董事、东南商业银行董事、中信银行董事长等职。新中国成立后出任上海市副市长、全国工商联副主任等职。

钱新之（1885—1958），名永铭，字新之，浙江湖州人。早年在上海育才学堂求学。1906年赴日本神户高等学校学习财经，获博士学位。1916年在北京任工商部科长，与张嘉璈、宋汉章等参加上海中国交通银行抗拒停兑活动。次年任上海交通银行上海分行副经理。1920年任上海银行公会会长。1926年任"四行储蓄会"副主任和"四行联合准备库"主任。1927年任江苏省暨上海市财政委员会副主委，从经济上支持蒋介石发动"四一二"反革命政变。后任国民政府财政部次长、代理部长，以及中央银行理事、中华职业教育社董事会主席。1933年为四行储蓄会在南京路上建造国际饭店。抗日战争爆发后，与杜月笙等组织上海市各界抗敌后援会。1938年任交通银行董事长。1947年任国民政府美金公债劝募委员会主任委员，并与杜月笙等筹建复兴航运公司并任董事长。1949年逃往香港，后定居台湾。

方椒伯（1885—1968），浙江镇海人，名积蕃。1902年因科举考试未中转而来到上海。1917年毕业上海神州政法专门学校，接受西方民主法治思想，因而有较强的资产阶级自主自强意识。辛亥革命时曾参加为民军募饷活动；"五四"时期反对上海总商会会长朱葆三的亲日通电，并被推为"各公团联合会"会长。后任北京大陆银行上海分行经理、四明公所董事、上海总商会会董。1920年任上海证券物品交易所董事、上海银行公会董事。1922年与秦润卿等创办大有余榨油厂，任董事长。次年兼任宁绍轮船公司董事长、上海公共租界纳税华人会理事长。1932年起执行律师业务。"八一三"淞沪抗战爆发后，任上海难民救济协会副秘书长兼劝募主任。1939年傅筱庵投敌任伪上海市长后，曾多次邀他出任市府秘书长，均被拒绝。抗战胜利后主要从事律师事务和同乡会的救济工作。新中国成立后，任上海市政协委员、民革上海市委员会委员。

内山完造（1885—1968），日本东京人。早年从事文化用品推销工作。1916年定居上海。次年在四川北路魏盛里弄内开设内山书店。1929年迁入施高塔路11号，后又在福州路开设支店。1938年在日本长崎开设内山书店，业务逐步扩大。从20世纪二三十年代开始结识大量中国文化名人，与鲁迅、郭沫若等关系尤为密切。介绍日本作家、记者与中国左翼文人相识，并经销中日进步书刊，举办版画讲习会、木刻展览会，组织上海童话协会等活动。抗战前后，曾掩护过鲁迅、郭沫若、周建人，营救过许广平、夏丏尊、章锡琛等，使他们脱离险境。1942年，日军占领上海后，被命令接收别发公司和中美图书店公司，改组为内山书店有限公司。1945年抗战胜利后，结束内山书店。1947年在上海开设"一间书屋"。同年被国民党政府国防部强令回国。1950年发起成立中日友好协会，任理事长，积极从事中日两国的文化和友好交流活动。

严春堂（1885—1949），上海市人。早年投拜于黄金荣门下，贩卖鸦片获得暴利。因爱好武术，结识武术界彭飞、查瑞龙。1932年查瑞龙组织艺华影片公司，严春堂任总经理。聘周汉主持摄片业务，拍摄的《民族生存》《肉搏》《中国海的怒潮》《烈焰》等均为抗日影片，吸引了大批爱国观众。国民党政府为打击电影界的进步力量，于1935年11月12日派30多名暴徒捣毁了艺华公司。"艺华"被破坏后，严春荣在黄金荣支持下继续拍片，请国民党御用文人刘呐鸥、穆时英等拍摄《花烛之夜》《化身姑娘》《喜临门》《满园春色》等所谓"软性电影"，宣扬"电影是给眼睛吃的冰淇淋"，以描写色情、荒诞和低级趣味获取卖座。但其中有些电影在导演和演员的努力下仍保持其艺术水平，如歌舞片《三星伴月》中的插曲《何日君再来》流传甚广。太平洋战争爆发后，严春堂任中华电影联合公司协理。抗战胜利后，参与经营新时代影片公司。

王晓籁（1886—1967），浙江嵊县人。1907年参加光复会，秋瑾事发后避居上海，与人创办闸北商团。后开设大来等三家缫丝厂。辛亥革命时参加光复上海北站之战。1913年助饷支援"二次革命"。后任上海商业银行董事、上海闸北商会会长、上海租界纳税华人会主席等职。1927年春策动闸北保卫团响应第三次工人武装起义。后任南京政府江苏省暨上海财政委员会常务委员、财政部特税处副处长等职。1930年任上海市商会主席。1931年"九一八"事变后，任上海市各界抗日救国会常委、上海市地方维持会副会长，为著名"海上闻人"之一。抗日战争爆发后离沪去渝。1945年抗战胜利后返沪，任全国商会联合会理事长以及中国银行、中央信托公司理事。1947年积极筹划捐献飞机，为蒋介石作寿。1948年任"国大"代表，因批评政府当局与蒋介石不和。1949年上海解放前夕避居香港。次年返回上海，赴北京谒见周恩来，后任中国人民银行总行代表、上海市政协委员。

乐振葆（1886—1941），浙江鄞县人。16岁来沪，入其父创办的泰昌祥木器公司，悉心学习西方工艺技术。1923年扩建为泰昌木器有限公司，任董事长兼总经理，并在南京路开办门市部。公司产品做工精良，深受中外客户欢迎，为我国第一家自制自销的西式家具沙发公司。乐振葆还参与多种工商企业。1913年与陆伯鸿创办和兴钢铁厂（今上海第三钢铁厂），任董事长。又兼荧昌火柴公司、三友实业公司、振华油漆厂、煤业银行、恒利银行和宁绍轮船公司董事、董事长。曾任上海总商会会董、国货九业公会总董。1918年任宁波旅沪同乡会常务董事，为建造新会所多方奔走，1921年大厦竣工。1931年，宁波修建灵桥，乐振葆亲躬其事，在沪筹款及个人出资40余万元，为该桥总投资一半以上。后在家乡捐资开办宝林医院、宝林学校。1937年抗日战争爆发，乐振葆写下《劝全国同胞书》："民族存亡，迫于眉睫。娱乐场中，理当绝迹。强邻暴行，暗无天日。最后胜利，属我可必！"

冼冠生（1887—1952），广东佛山人，名炳成。出身于裁缝之家，自幼丧父，14岁经人介绍到上海一家"竹生居"食品店当学徒。1912年，冼冠生在南市新舞台场内当吃食小贩，专卖牛肉干、陈皮梅，风味独特，价格便宜。3年后，新舞台检票员薛瑶卿主动与冼合伙，并与演员潘月樵等人凑足500元，在九亩地开设食品店，取名"冠生园"，后任公司董事长。抗日战争时，冠生园以"食品救国"为口号与洋货相抗衡，并以面包等食品支援淞沪抗战前线。为此，冯玉祥赠以"现代弦高"的扁额。此时，冠生园在五省六市共有20余家分店，成为全国首屈一指的食品企业。解放后，冼冠生继续主持冠生园业务，并任上海市饼干糖果商业同业公会理事长。

李铭（1887—1966），浙江绍兴人。少时就读于杭州教会学校。1905年赴日本山口高等商业银行攻读银行专业。1915年任浙江地方实业银行上海分行经理。1923年任浙江实业银行总行总经理。至1936年总资本额达6400万元，全国分支行88处，使该行成为"南三行"之首。1935年任上海银行公会主席、全国银行联合会主席，成为上海金融界的著名人物。"一·二八"淞抗战后发起成立上海银行联合准备金委员会，任主席，并兼任国民政府公债基金保管委员会主任达18年。他拒绝出任伪职，被汪精卫宣布为第一号通缉犯。抗战胜利后继续任浙江实业银行董事长，并兼国民政府输入管理委员会主任、金圆券发行准备监理委员会主任。1949年去香港，在港创办浙江第一商业银行。曾投资创办上海鼎新纱厂、杭州电力公司和国泰保险公司等企业。1966年在香港病逝。

王开（1888—1972），广东海南人。原名王炽开。15岁到上海耀华照相馆当学徒，满师后，先后到同生照相馆和美商美利丰照相馆当摄影师，由于他勤奋好学颇得洋老板欢心。在美利丰时适逢辛亥革命后孙中山从日本回到上海，他有幸给孙中山夫妻拍摄了大量照片，当夜洗制，翌日在《申报》上刊出，署名王开，使他在摄影界名声大振。30岁时，王开与人合股在南京路开设了一家照相馆，名为"王开照相馆"。王开的营业方针是：认真、多样、大气。凡是不符合要求的照片，不论是单身照、证件照甚至是全家福，都通知免费重拍，有一天重拍竟达100张之多。虽然当时没有彩照，但摄影器材及胶卷均为进口，故王开照相馆所拍照片决不会日久泛黄。"王开"的知名度主要是它拍摄了孙中山奉安大典、远东运动会新闻照片及影后胡蝶等当红明星的生活照和肖像照。1955年在上海退休。

俞佐庭（1888—1951），浙江镇海人。16岁入余姚木行当学徒。20岁满师后入慎余钱庄当职员。1916年任天益钱庄经理。1921年任上海中易信托公司副经理。1926年任天津垦业银行经理。次年回宁波，任宁波财政局局长和宁波总商会会长。1931年在沪集股创办恒巽钱庄，任总经理。后又在宁波开设慎生、正大、东开、万成4家咸鱼行，另投资保险、航运等20余家企业。1932年先后任上海市总商会常务理事、主任委员。其时创办上海商业职业学校、商业补习夜校。1936年当选为上海市商会监察委员会常务委员。次年，创办四明储蓄会，任经理。1937年"八一三"事变后，上海沦陷时期深居简出，停止一切社会活动。1942年，汪伪政府多次胁迫俞出任伪中央储备银行要职，遂绕道香港到达重庆。1947年经陈布雷推荐出任四明银行总经理。1949年上海解放前夕去台湾，后寓居香港。

章锡琛（1889—1969），浙江绍兴人。1912年来沪，进商务印书馆任《东方杂志》编辑。1921年起主编《妇女杂志》。1925年与朱自清、夏丏尊等发起成立"立达学会"，在江湾创办"立达学园"。1926年创办《新女性》月刊，同年8月经胡愈之提议，与其弟章锡珊创办开明书店，任总经理。书店的编辑出版业务长期由夏丏尊、叶圣陶、章锡琛主持。开明书店是由几个知识分子办起来的书店，1928年改为股份有限公司，在福州路开设总店，分店遍布各省、市。章锡琛办开明的宗旨是以中等教育程度的青年读者为对象，出版类型有刊物、教科书、青少年读物，内容包括文学、艺术、语文、自然科学等。开明书店出书严谨，章锡琛从选题、编审到印刷均有严格要求，亲自主编《开明活页文选》。至1949年共出版图书1500种，其中教科书70余种。在当时书店林立的上海独树一帜，在出版界、教育界、文艺界和读者中享有很高的声誉。

竺梅先（1889—1942），字佑庭，浙江奉化人。13岁到上海杂货店当学徒。辛亥革命时参加同盟会，并参加了光复上海攻打高昌庙兵工厂的战斗。曾在中美交易所任经纪人，后积资创办一新印刷厂、民生纸盒厂。1925年任上海六路商界联合会会长，参加"五卅"运动"三罢"斗争。1929年参与创办上海大来商业银行，任董事长兼总经理。1930年，与金润庠建办民丰造纸厂，竺梅先任总经理，后与金买下武林造纸厂，改名为华丰造纸厂。1932年，以民丰、华丰为龙头的纸厂将民丰厂专门生产薄白纸版，经过多次研试，终于在1935年批量生产出高级卷烟纸，以至供不应求，获利丰厚。1936年，竺梅先兼任宁绍轮船公司总经理。曾公开反对国民党对日不抵抗政策，积极投身抗日救亡活动。"八一三"事变后创办长乐路国际红十字会伤兵医院。上海沦陷后在奉化创办灾童学校等慈善事业。1942年在为浙南灾区筹粮中病逝。

杨俊生（1890—1982），江苏淮安人。1906年考取日本弘文书院公费生，留学日本时参加同盟会。1919年从东京帝国大学船舶工艺专业毕业后，应聘至长崎三菱造船厂任工程师。1924年，杨俊生回国，在中日合资的东华造船厂工作，次年该厂因经营不善而倒闭。杨俊生借了一笔钱买下东华造船厂的一些机器设备，在复兴岛创建了大中华机器造船厂，自任厂长兼总工程师。1926至1936年的10年中杨俊生的工厂为民生实业公司建造了客货船11艘，为铁道部建造拖轮等5艘以及破冰船等，同时建造浙赣铁路的钢结构桥达数十座。抗日战争爆发后，大中华造船厂被日军抢占。杨俊生拒绝与日方合作，赴抗战后方。1941年回上海租界养病。太平洋战争爆发后，汪伪政府邀他出山办厂，杨俊生以念经拜佛为借口不问世事，拒绝与汪伪合作，保持了民族气节。抗日战争结束后，杨俊生重返大中华机器造船厂。上海解放前夕他参加了保护工厂，迎接解放。新中国成立后任上海造船学院院长、全国人大代表。

徐新六（1890—1938），浙江余杭人，字振飞。早年在上海南洋公学就读。1908年后赴英国、法国攻读经济。1914年回国，任北洋政府财政部佥事兼北京大学教授。1917年，任财政总长梁启超的助手，赴欧考察战后各国政治经济。1920年回国后在上海经营新通兴贸易公司，任经理。1921年任浙江兴业银行营业部主任，4年后任该行总经理，在该行任职达13年之久。徐新六在浙兴投资颇有魄力，如每逢张謇的大生纱厂、范旭东的永利碱厂、穆藕初的豫大纱厂、荣德生的面粉厂欠款，一直到刘鸿生的股票大跌，徐新六均在他们临危时贷款解救。1934年，徐新六代表浙兴银行向国民党政府铁道部建议，尽快修筑钱江大桥，并投资200万元。在沪时任上海工部局华董、复旦大学校长兼校董。1938年去香港时因飞机遭日军袭击去世。

蔡声白（1894—1977），浙江吴兴人，原名雄。1911年考入清华学堂。1915年赴美国理海大学学地质，1919年获工学硕士学位回国。1921年应聘为上海美亚织绸厂经理，因经营有方，实行科学管理，业务迅速发展。1930年10月30日，适逢该厂成立10周年际，在静安寺大华饭店举办身着美亚绸装的时装表演会，轰动沪城。该厂生产的一批时尚新绸缎，如华丝葛、印度绸、乔奇纱、鸿禧葛（美亚被面）等为同行首创新产品。1933年由于并进天纶、久纶、南新等绸厂，改组为美亚织绸厂股份有限公司，拥有织绸机1200台，其规模占全国同行之首。1942年，美亚股票在上海证券交易所上市，成为股市最为活跃的红股。1944年组织中国丝业股份有限公司，并成立上海丝绸业联合会，任理事长。蔡声白曾先后任中国丝业公司、中国丝绸联营公司总经理，上海市电机丝织业同业公会主席，成为全国丝绸工业界的领军人物，被称为"丝绸之王"。

许达昌（1894—1991），浙江定海人。出身清寒，早年在上海荣昌祥西服店当学徒，经多年刻苦钻研，全面掌握量、算、试、裁、缝等西服制作技艺。1928年在四川中路开设许达昌西服店。1934年迁至南京西路284号，取名"培罗蒙西服公司"，任总经理。他高薪聘请当时号称上海西服业"四大名旦"的王阿福、沈雪海、鲍公海、庄志龙等大师，并配备上等技师。公司要求设计、制作的西服一挺、二平、三服、四圆、五窝，确保不壳、不裂、不走样。他亲自在店堂内参与剪裁或接待客户，服务热情名闻海内外。1948

年在香港开设培罗蒙分店。半个多世纪以来，由于许达昌坚持产品质量的高标准、严要求，吸引了大批中外名人。赵朴初曾题词："剪裁工巧，瞻视端严。"

王志莘（1896—1957），上海市人。1921年入上海商科大学学习，在校期间与杨卫玉相识，曾任中华职业教育社编辑。1923年赴美留学，1925年回国后，任上海商科大学、中华职业学校教师兼《生活周刊》主编。后任上海工商银行储蓄部主任、中国合作学社常务理事、江苏省农民银行总经理。1931年后任新华信托储蓄银行总经理、上海银行学会常务理事。1936年后，提倡"振兴实业、职业救国"，后任国民政府实业部渔业银行团常务理事兼总经理、农本局理事兼协理。1937年"七七"事变后任国民参政会参议员。抗战胜利后，任中国国货联营公司、上海证券交易所常务董事兼总经理，新华物产保险公司董事长，上海银行学会理事长等。曾任中共上海地下党组织领导的银钱业业余联谊会理事会主席。新中国成立后，历任华东财政委员会委员、上海市公私合营银行联合会副董事长、中国银行常务董事、全国人大代表等。著有《中国之储蓄银行史》。

任士刚（1896—1946），浙江慈溪人。毕业于宁波效实中学。1924年在香港大学建筑系获硕士学位。后任上海怡和洋行监工。同年，任士刚与同乡罗庆藩等五人合伙创办五和织造厂，产品注册商标为"鹅牌"，因甬音"鹅"与"和"谐音，不久，鹅牌产品成为国货名牌。1929年，在许昌路购地5亩，创办五和织造厂有限公司，任士刚任董事长，生产"鹅牌"绒布、绒布衫。当时，德商礼和洋行进口一批高支细纱长袖襟汗衫，深受市民欢迎。任士刚瞄准市场机会，立即改进工艺，转产同类产品，质量与洋货不相上下，价格却是舶来品的一半，市民购买踊跃。后德商礼和洋行大量向五和订货，然后偷偷打上洋商标，冒充自产商品在欧洲市场销售，攫取大量利润。1936年，五和公司各类汗衫由32支发展到120支麻纱、棉毛汗衫，生产国货棉纱优质产品。五和向上海申新九厂订货60支以上精梳细支纱，生产的汗衫不粘皮肤，轻薄凉爽，由此"五和"鹅牌汗衫成为全国著名产品。1946年，任在重建厂房时因劳累过度去世，年仅50岁。

支秉渊（1897—1971），浙江嵊县人。1915年考取上海南洋公学电机系（现上海交通大学），毕业后任美商慎昌洋行工程师。1925年受"五卅"运动影响联络大学同学，在上海泗泾路创办新中工程公司，后又创办机器厂，自任厂长兼总工程师。他的公司产品有柴油机、抽水机、压气机，并承包桥梁设计。其间，支秉渊花6年时间研究出一种新型的汽车雏形。1937年，由于抗战爆发，他的所有劳动结晶毁于一旦。在迁往内地后，他重新建立新中厂，以生产柴油机为主，并开发大马力的汽车发动机。后杜聿明送他一辆德国旧卡车，他据此测绘，利用新旧材料，成功制造出一种煤气发动机。1942年夏，支秉渊驾驶着自制的一辆汽车，从湖南祁阳出发，经湖南、广西、贵州的崎岖山路，成功地抵达重庆。这是中国第一辆国产汽车。此事一经报道，举国轰动，支秉渊被誉为"中国的福特""中国汽车行业的实业家"。抗战胜利后，他任中国农业机械公司厂长，解放后任沈阳矿山机械厂副厂长兼总工程师。

李康年（1898—1964），浙江鄞县人。15岁在宁波大昌纸号当学徒，23岁入宁波棉业交易所，任秘书。1925年赴上海任方液仙开设的中国化学工业社总务科长，并结识黄炎培、胡厥文等，开始形成实业救国之志。1932年"九一八"事变一周年纪念日，由李康年在南京路举办"国货临时联合商场"。1933年李康年又倡议在南京路慈淑大楼成立"中国国货公司"，并在《申报》上刊登大幅广告，宣传"抵制洋货，提倡国货"，李康年任总经理。因此，李成为上海百货业巨子。李康年富有爱国热情，曾书"忍令上国沦为衣冠夷狄，相率中华豪杰还我河山"诗句。1938年，李康年创办中国萃众公司，生产"414"钟牌毛巾，由于产品质量优越，畅销国内，并远销南洋，成为国货精品。1939年又办鸿兴袜厂，任董事长。1947年与人合办中国钟厂等企业，所生产的"三五"牌挂钟成为中国名牌。

鲍国昌（1902—1999），浙江鄞县人。早年到上海入圣芳济学堂学习，1921年毕业后升入震旦大学医科学习。1925年入英商怡和洋行供职。1930年由德国药学博士霞飞创办的信谊药厂因资金不足面临困境，鲍国昌约好友筹款入股该厂，并辞去洋行职务，任管理部经理。他扩大产品，除主要产品维他赐保命外，陆续开发秘司莫撒尔、乌罗透宾、麦角素、奴佛卡因肾上腺素、樟脑油剂等注射液，以及力弗肝、旦黄素片剂等20余种产品。由于当时国产注射剂质量在医药界缺乏信任，销路不畅，后经鲍国昌派技术员赴美国鉴定，获得合格证书，从而使信谊产品声誉大增，获利丰厚。1935年因霞飞违章自动退股，从此信谊成为华人集资企业。1937年，鲍国昌出任公司总经理，大力开发食母生、六〇六等10种新药，盈利猛增，并在香港、新加坡等地开设20多家分厂。1945年，在鲍国昌带领下研究出新消炎片剂"消治龙"，成为该厂的拳头产品。后又设立化工、玻璃、血清等厂，使信谊药厂在全国同业中处于领先地位。

吴湄（1911—1967），女，上海人。毕业于暨南大学文学系，后在惠群女中任教务主任。1932年参加田汉领导的"南国剧社"，成为一名话剧演员，后与陈波儿等演过电影，一时成为明星。1938年两名京剧迷在威海卫路上开设一家酒店,取名"梅龙镇",是借京剧《游龙戏凤》中正德皇帝微服私访梅龙镇酒店的典故。不久,该酒店被吴湄盘进,任总经理,迁至南京路营业。梅龙镇以川菜著名,夏衍、田汉、于伶等经常出入于此,成为"文化沙龙"。至 20 世纪 30 年代后,成为中共地下党人士活动场所。抗战胜利初,吴湄改变经营方针,以"由扬入川,川菜扬点"为特色,并组织袁雪芬等越剧十姐妹在梅龙镇举行结拜仪式,曾轰动沪上,名声大振,与锦江、新雅三家鼎足而立。1967 年吴湄在"文革"中惨死于上海市饮食公司。

附录二 上海名商百年大事记（1843—1949）

1843 年

11 月 17 日，根据中英签订的《南京条约》，英军巴富尔上尉宣布上海开埠。

1862 年

李鸿章于 4 月 8 日到上海，开始在沪筹办三大实业：上海江南制造局、轮船招商局和机器织布局。

叶澄衷独资开设顺记五金号，后在各地开办 16 家分号，成为"五金大王"。

1863 年

英商麦克林在上海创办汇丰银行，聘王槐山为买办。

1865 年

江南制造局于 9 月 26 日成立，该局下属机器厂、炼钢厂、枪炮厂、轮船厂等 13 个厂，职工 3590 人，为我国最大的军工企业。

1866 年

刘维忠集资 4.5 万两在大新街（今湖北路）创办丹桂茶园，成为海派京剧的发源地。

方举赞在沪创办发昌机器厂，10 年后制造第一艘小轮船，为我国民营航船业之先驱。

1873 年

唐廷枢出任上海轮船招商局总办。

1874 年

爆发第一次四明公所事件。

1876 年

李鸿章委派魏纶先筹备上海机器织布局，经过 10 余年曲折历程终于 1889 年 12 月正式投产，为我国第一家机器织布厂。

1880 年

杨斯盛开办杨瑞泰营造厂，修建上海海关大楼等，业绩突出，被誉为"建筑界当然领袖"。

1881 年

郑观应出任上海招商局会办，大力进行整改，后被任为总办。

1882 年

聂缉椝任江南制造局总办，赶制大量军需武器用于中法战争，名声大振。

1887 年

严信厚在宁波创办"通久源轧花厂"（后改为"通久源纺织布局"），生产"龙门牌"棉纱，为我国第一家民营纱厂。

1890 年

朱葆三任英商平和洋行买办，甬籍买办中多数由他引荐，被称为"买办中的买办"。

1892 年

叶澄衷创办纶华缫丝厂，总资本 40 万两，职工 1300 人，为当时规模最大的丝厂。

1895 年

严信厚在沪开设源丰润票号，总资本额 100 万两，在各地设 17 家分号，被誉为"钱业之魁"。

1896 年

盛宣怀在徐家汇创办南洋公学（今上海交通大学），1901 年聘蔡元培为总教习。

1897 年

由盛宣怀主持的国人自办的第一家银行——中国通商银行于 5 月 27 日在沪成立。

鲍咸昌集资创办的商务印书馆开业，后于 1903 年与日本"金港堂"合作成立商务印书馆股份有限公司，为我国第一家中外合资企业。

1898 年

5 月，爆发第二次四明公所事件，虞洽卿等组织宁波人罢工、罢市，使斗争取得胜利。

1899 年

叶澄衷于 11 月 5 日在沪去世，临终前出资创办西式澄衷学堂。

1900 年

上海电报局总办经元善联络上海各界 1200 人，通电反对慈禧欲废黜光绪帝，后被通缉。

1901 年

哈同开设哈同洋行。次年兴建哈同花园，又名爱俪园；占地 300 亩，内有佛教寺院和华严大学（后改名仓圣明智大学），总设计师为黄宗仰，园景典雅华丽。

1902 年

清政府下令成立"上海商业会议公所"（后改名为上海总商会），首任总理为严信厚。

1904 年

12 月，俄国水兵击毙无辜车夫周有生，虞洽卿、曾铸出面调解，迫使俄方将凶手遣返回国。

朱葆三任万国红十字会会长。

1905 年

在办理黎黄氏案时，发生大闹公堂案，清官员关炯之被殴打，激起市民愤慨，火烧英国领事馆汽车。虞洽卿发起罢市，在与英租界当局谈判中获胜。

10月16日，上海城厢内外总工程局成立，推选李平书为领袖总董，开展各项民政活动。

1906 年

4月，上海商务总会总理曾铸斥责美国政府的排华政策，提倡抵制美货，引发全国性抵制美货热潮，迫使美国政府修改排华政策。

11月，上海商务总会总理曾铸发动160余商人反对清政府"借款筑路"，提出自办江浙铁路取得成功。

1908 年

沈缦云等集资创办"新舞台"，为我国最早演出话剧的戏院。在演出《波兰亡国惨》后，孙中山赠"警世钟"镜框。

四明储蓄银行成立，周晋镳为总董，陈薰为总经理，虞洽卿为协理。

1909 年

聂云台在上海创办恒丰纱厂，有职工3000人，为20世纪我国最大的纺织厂。聂被称为"中国近代企业的领航员"。

1910 年

"橡皮股票风潮"爆发，大批商家破产，钱庄倒闭，市面萧条，引发金融恐慌。

1911 年

2月，宁波旅沪同乡会在四明公所成立，沈仲礼任会长，朱葆三、虞洽卿任副会长。

3月12日，李平书任全国商团联合会会长，虞洽卿任名誉会长。10月，武昌起义爆发。11月，上海光复后陈其美任上海军政府都督，李平书任民政部长，沈缦云、朱葆三先后任财政部长，王一亭任交通部长，虞洽卿任外交部副部长。

1912 年

孙中山发起筹办中华银行，自任名誉董事，沈缦云为筹备处主任。后改选朱葆三为董事长，发行军票、公债，以筹划军饷。

荣宗敬、荣德生兄弟在上海创办福新面粉一、二、三、四、六、七、八厂；又在沪创办申新纺织厂一至四厂，被称为"面粉大王""棉纱大王"。

宁波旅沪同乡会改选，虞洽卿任会长至1941年。

中国银行上海分行成立，宋汉章任经理。

陈万运等创办三友实业社。

史量才购进《申报》，任董事长兼总主编。

1913 年

虞洽卿创办三北轮埠公司，后又创办宁兴、鸿安两轮船公司。

1914 年

朱志尧创办的求新造船厂生产的内燃机产品获巴拿马国际赛会头等奖。

1915 年

5月9同，袁世凯签订二十一条卖国条约，后上海商务总会在张园召开"劝用国货大会"，推举虞洽卿为会长，成立"中国救国储金团"，号召"国民协力，保卫国家"，上海商界纷纷响应。

简照南、简玉阶兄弟在上海开设南洋兄弟烟草公司，职工8000余人，为上海最大的民营烟草企业。

浙江兴业银行总部迁沪，叶揆初出任董事长，1934年该行出资100万元于1937年建成钱江大桥。

穆藕初在沪创办德大纱厂，1918年创办厚生纱厂，次年在郑州办豫丰纱厂，参与创办恒大、维大工业纺织品公司，并首先采用泰罗制管理。其德大纱厂生产的"宝塔牌"产品在全国商品陈列所质量比赛中名列第一。

1916 年

中国银行上海分行经理宋汉章抗拒北洋军阀停兑令取得胜利。

1917 年

黄楚九组织大发公司，任董事长，在法租界建成上海规模最大的"大世界游乐场"。

上海钱业公会成立，朱五楼任会长，秦润卿任副会长，1920 年后秦润卿任会长达 15 年，被称为"钱业领袖"。

1918 年

郭乐创办的永安百货公司在南京路开业，成为"四大百货公司"之首。

1919 年

"五四"运动爆发，6 月 4 日起上海商界纷纷罢市，并发起抵制日货运动。秦润卿领导上海钱庄业罢市一周。

"五四"运动期间，朱葆三以上海总商会会长身份通电全国支持北洋政府，受到舆论谴责，朱被迫辞职。

1920 年

7 月 1 日，上海证券物品交易所成立，虞洽卿任理事长。

上海水泥厂成立，刘鸿生任总经理，生产"象牌"水泥。

穆藕初翻译出版泰罗的《科学管理原理》。

吴鼎昌出任四行储蓄会主任，其间建造了上海市最高建筑 24 层的四明储蓄会，后改名为"国际饭店"。

1921 年

项松茂创办五洲固本肥皂厂，经 8 年努力战胜英商祥茂肥皂。

"信交风潮"爆发。信托公司和交易所歇业，不少钱庄倒闭，投机者借贷无门，损失惨重。

胡西园为打破洋商垄断，制造出第一只"亚浦耳"国产灯泡，成为名牌产品。

1923 年

吴蕴初成立上海天厨味精厂，生产"佛手牌"味精，击败日本"味の素"。1926 年获美国国际博览会金奖。

邵醉翁在沪创办"天一影片公司"。

浙江实业银行总行迁入上海，李铭任总经理。

1924 年

任士刚等创办五和织造厂，生产"鹅牌"汗衫，畅销南洋、欧洲各地。

1925 年

"五卅"运动爆发，上海各界人士开展"三罢"斗争。6 月 7 日，由市总工会、市总商会、学联等提出与帝国主义交涉的"十七条"，后虞洽卿组织商界另提出"十三条"，遭到市民反对。虞洽卿与李立三商定于 6 月 26 日忍痛开市。

1926 年

9 月 21 日，朱葆三逝世，宁波旅沪同乡会等上海各界团体举行盛大的追悼会和送殡仪式。上海法租界将溪口路改名为"朱葆三路"。

英建筑商雷士德去世，逝世前将雷士德工学院、雷士德医学院、仁济医院、上海聋哑学校等捐赠给上海市民。

张石川与张长福合作在沪组建"中央戏院"，下辖 7 家影院：夏令配克、维多利亚、恩派亚、卡德门、万国、中华和平安。它成为上海唯一的影院集团，所放电影均为国产片。

傅筱庵勾结孙传芳当选上海总商会会长，虞洽卿落选后成立"上海商界联合会"，任会长，与之抗衡。

1927 年

南京国民政府成立江苏省暨上海市财政委员会，由陈光甫为主任，钱新之为副主任，虞洽卿等为常务委员，在经济上支持蒋介石的"四一二"清党运动。

上海市新药业公会成立，黄楚九任理事会主席。

宋汉章多次抵制蒋介石筹饷，愤而辞去中国银行上海分行经理。

1928 年

余芝卿创办大中华橡胶厂，生产双钱牌轮胎等名牌产品，打破英商邓禄普公司的垄断地位。

周祥生开办祥生出租汽车公司，于 1935 年击败美商云飞车行，被称为"出租车大王"。

1929 年

竺梅先、金润庠创办民丰造纸厂，次年又创办华丰造纸厂，以生产卷烟纸品为其特色。

刘鸿生创办章华毛绒纺织厂，任董事长。

中国垦业银行成立，秦润卿任董事长兼总经理。

1930 年

刘鸿生创办大中华火柴公司，为全国同业中最大企业。刘鸿生从事煤炭、火柴、水泥、毛纺等企业取得成功，被誉"企业大王"。

8 月，王晓籁出任上海市总商会会长。

1931 年

"九一八"事变后，全国掀起抵制日货高潮。10 月 1 日，宋汉章、秦润卿组织上海银钱业举行会议，议决当日起与日方实行经济绝交。

1932 年

陈万运在三友实业社内组织抗日义勇军，自任大队长。1 月 18 日遭到日军挑衅，爆发"一·二八"事变。

在"一·二八"事变爆发后，1 月 30 日，由史量才、王晓籁、虞洽卿等人组织上海地方维持会。史量才为会长，虞洽卿、王晓籁、刘鸿生、钱新之、秦润卿等 9 人为理事，从事慰劳将士、救济难民、维持社会秩序。

2 月 5 日，王晓籁和秦润卿等一行赴前线真如十九路军指挥部劳军。

5 月 25 日，在《淞沪停战协定》签订后，虞洽卿、吴鼎昌、宋汉章、秦润卿等通电各地商会、银钱业公会及各界人士发起成立"废止内战大同盟"。

胡厥文出任上海机器同业公会主任。

顾承联投资 70 万两在静安寺路愚园路建造上海最豪华的百乐门舞厅，被称为"东方乐府"。

章乃器创办中国征信所，逐日报道全国各地经济行情。

五洲药房经理项松茂于 1 月 31 日为营救被日军劫持的 11 名职工，遭日本海军陆战队杀害，时年 52 岁。

1933 年

由乐振葆等创办的中国工业炼气股份有限公司成立，乐振葆任董事长，为我国最早、规模最大的炼制氧气和乙烷的工厂。

方液仙在南京路慈淑大楼创办中国国货公司，任董事长兼总经理。次年又创办全国国货联营公司，被誉为"国货大王"。

虞洽卿等组织上海市总商会、宁波旅沪同乡会等于1月28日捐献飞机6架，申明不供内战。

1934年

虞洽卿组织的三北航业集团已有"三北""宁兴""鸿安"三大公司及鸿升码头等，拥有各种船只65艘，61884吨位，为我国最大的航运企业，被称为"中国的船王"。

著名报业领袖史量才于11月13日被国民党特务暗杀，时年54岁。

1935年

陈光甫出任国民政府军委贸易调查委员会主任。9月，奉命赴美签订2500万美元的桐油贷款。1940年又赴美签订2000万美元的滇锡贷款。罗斯福派代表赴渝，称陈光甫为"中国最优秀的金融家"。

虞洽卿任上海轮船同业公会主席。

在国民政府实现"废两改元"后，发生钱业恐慌。6月，秦润卿向孔祥熙求助，因受南京政府经济压迫，愤而辞去上海钱业同业公会会长。

1936年

董竹君于1月28日在雁荡路开办"锦江茶室"，新中国成立后改为"锦江饭店"，任董事长，后将价值15万美金的产业捐献给政府。

由上海总商会、宁波旅沪同乡会、四明银行等发起，于6月19日举行虞洽卿七十大寿盛大活动。10月1日，西藏路改名为"虞洽卿路"。

卢绪章在沪创办广大华行，任总经理，后又办多种企业，为党提供经费。

1937年

鲍国昌任信谊药厂总经理，1947年生产消治龙，为该厂拳头产品。

"八一三"事变后，上海各界代表成立"上海难民救济协会""上海市各界抗战后援会"，虞洽卿出任会长。

1938年

虞洽卿以上海难民救济协会名义在办理平粜米中获取不少利润。

张嘉璈出任交通部长，主管全国铁路、公路、水运、航空、邮政、电信等，建树甚多。

1940 年

7 月 25 日，方液仙在上班途中遭汪伪特工暗杀，时年 47 岁。

傅筱庵在出任伪上海特别市长时，于 10 月 11 日凌晨被国民党军统派人杀死。

自上海沦为"孤岛"至 1941 年太平洋战争爆发日军占领上海期间，虞洽卿、秦润卿、盛丕华、李铭、陈万运、方液仙、刘鸿生、余芝卿、方椒伯、王晓籁、俞佐庭等或拒任伪职，或不与日商合作，或潜往重庆，或英勇就义，表现了爱国商人崇高的民族气节。

1941 年

林康侯去往香港，后被日军抓获送回上海，出任汪伪全国商业统制总会理事长，伪上海市政府高级参议。

袁履登出任汪伪上海市商会理事长、伪上海保甲自警团筹委会会长、汪伪政府米粮统制委员会主任委员。

1942 年

王伯元出任汪伪上海市财政委员会主任委员，伪上海市保甲指导委员会副主席。

1943 年

闻兰亭出任汪伪全国商业统制总会监事长。

1945 年

中国民主建国会成立，胡厥文、章乃器任常务理事。

4 月 22 日，虞洽卿在重庆去世，弥留间赠一千两黄金支援抗战。

王晓籁被选为全国商会联合会理事长。

1946 年

6 月 23 日，由在沪各界代表组织的和平请愿团抵达南京下关车站时，遭到国民党特务围攻、殴打，包达三、黄延芳、盛丕华等受伤，造成震惊全国的"下关事件"。

由夏云瑚任董事长的上海昆仑影业公司成立，拍摄《八千里路云和月》

《一江春水向东流》等我国经典性进步电影。

1948 年

全国钱商业同业公会在南京成立，秦润卿当选为理事会会长。

12月3日，发生震惊全国的江亚轮沉船事件，4000多名乘客在赴宁波途中罹难，黄延芳出任"江亚轮惨案善后委员会"主任，为促使招商局救济死难者家属不遗余力。

1949 年

王宽诚当选为香港中华总商会会长，率领香港观礼团赴京参加开国大典。后在商会顶楼升起香港第一面五星红旗。